Suizidalität von Jugendlichen in der Gegenwartsgesellschaft

Perspektiven sozialpädagogischen Handelns

von

Patrick Schwalm

Tectum Verlag
Marburg 2005

Umschlaggestaltung: Christoph Bott

Schwalm, Patrick:
Suizidalität von Jugendlichen in der Gegenwartsgesellschaft.
Perspektiven sozialpädagogischen Handelns.
/ von Patrick Schwalm
- Marburg : Tectum Verlag, 2005
Zugl.: Dortmund, Univ. Diss. 2005
ISBN 3-8288-8809-7

Tectum Verlag
Marburg 2005

„Abend – du bist allein.
Machst dich plötzlich klein.
Es wird dunkel, und es ist an der Zeit,
du bist zum Sterben bereit.
Hast abgeschlossen mit dir und der Welt –
und es gibt nichts mehr, das dich hält!

Du hast ein Gefühl,
das sich nicht beschreiben läßt –
du bist einfach leer und ausgelaugt.
Es gibt keine Regeln, keine Gesetze,
es gibt kein Denken und keine Vernunft.

Du willst an den Fluß der Ewigkeit,
denn du bist befreit!
Es ist eine Nacht, zum Sterben geschaffen,
denn du willst jetzt die Welt verlassen!

Ein letzter Blick, ein letztes ‚Ciao' –
es ist soweit,
Zeit zum Gehen ...
Sandra"

(Weber 1994, S. 13, im Original hervorgehoben).

Inhaltsverzeichnis

Verzeicnis der Abbildungen 8

Verzeicnis der Tabellen 9

VORWORT 11

1. EINLEITUNG 13

2. TERMINOLOGIE 17

2.1 Der Begriff der Suizidalität 17

2.2 Der Begriff der Jugend 26

3. JUGEND ALS LEBENSPHASE – EIN SOZIALISATIONSTHEORETISCHER BEZUGSRAHMEN 35

3.1 Zum Terminus der Sozialisation 36

3.2 Das Individualisierungstheorem von Beck 38

3.3 Der Entwurf der Entwicklungsaufgaben von Havighurst 48

3.4 Das Modell der Identitätsentwicklung von Erikson 52

3.5 Die Entwicklung des Es, Ichs und Über-Ichs im Konzept der Geschlechtersozialisation von Freud 62

4. EPIDEMIOLOGIE VON SUIZIDHANDLUNGEN IM JUGENDALTER 79

4.1 Auftreten 81

4.2 Geschlechtsverteilung 83

4.3 Methoden 87

5. SUIZIDTHEORIEN 93

5.1 Verschiedene Erklärungsmodelle zur Suizidalität im Überblick 93

5.2 Die soziologische Studie von Durkheim 97

5.3 Die soziologisch biografische Sichtweise von Jacobs ... 102

5.4 Das psychoanalytische Suizidkonzept von Freud ... 108

5.5 Die psychoanalytische Narzissmustheorie von Henseler ... 111

5.6 Die ressourcenorientierte Untersuchung von Schröer ... 116

6. ZUR WAHRNEHMUNG DES SUIZIDGESCHEHENS VON JUGENDLICHEN ... 125

6.1 Das präsuizidale Syndrom von Ringel ... 125

6.2 Die Stadien der suizidalen Entwicklung von Pöldinger ... 133

6.3 Krisenverläufe ... 136

6.4 Risikogruppen ... 141

7. SUIZIDPRÄVENTION ... 143

7.1 Therapeutische Verfahren für suizidgefährdete Jugendliche ... 143

7.1.1 Roger`s Gesprächspsychotherapie ... 143

7.1.2 Familientherapie ... 148

7.1.3 Ringels Antisuizidale Psychotherapie ... 153

7.2 Institutionen zur Suizidprävention ... 156

7.2.1 Das Therapiemodell Die Arche ... 156

7.2.2 Die Laienhilfe Arbeitskreis Leben (AKL) ... 159

7.2.3 Die Beratungsstelle NEUhland ... 160

8. SOZIALPÄDAGOGISCHE KONZEPTIONEN ... 165

8.1 Die Lebensweltorientierte Soziale Arbeit von Thiersch ... 166

8.2 Die Sozialraumorientierung von Hinte ... 180

8.3 Die Gesundheitsförderung der World Health Organisation ... 193

9. ZUR STRUKTUR DER SOZIALPÄDAGOGISCHEN ARBEITSBEZIEHUNG 209

9.1 Nohls pädagogischer Bezug 209

9.2 Oevermanns Überlegungen zum Arbeitsbündnis 221

9.3 Die Bedeutung der helfenden Beziehung im Umgang mit der Suizidalität von Jugendlichen 231

10. RESÜMEE 239

11. LITERATURVERZEICHNIS 245

Verzeichnis der Abbildungen

Abbildung 1: Die Entwicklungsaufgaben 49
Abbildung 2: Das Identitätskonzept 54
Abbildung 3: Das Spannungsverhältnis zwischen Individuation und Integration 59
Abbildung 4: Die Herausbildung des psychischen Apparates 67
Abbildung 5: Der Verlauf der ödipalen Situation. 72
Abbildung 6: Die Entwicklungsphasen 74
Abbildung 7: Entwicklung der Suizidhäufigkeit aller Altersgruppen in der Bundesrepublik Deutschland von 1990-2000 81
Abbildung 8: Entwicklung der Suizidhäufigkeit von Jugendlichen in der Bundesrepublik Deutschland von 1990-2000 83
Abbildung 9: Entwicklung der Suizidhäufigkeit weiblicher Jugendlicher in der Bundesrepublik Deutschland von 1990-2000 85
Abbildung 10: Entwicklung der Suizidhäufigkeit männlicher Jugendlicher in der Bundesrepublik Deutschland von 1990-2000 86
Abbildung 11: Die drei häufigsten Suizidmethoden bei Jugendlichen in der Bundesrepublik Deutschland im Jahr 2000 89
Abbildung 12: Die Triade des präsuizidalen Syndroms 126
Abbildung 13: Inhaltliche Darstellung der drei Bausteine des präsuizidalen Syndroms 130
Abbildung 14: Die Stadien der suizidalen Entwicklung 134
Abbildung 15: Die Krisenentwicklung 139
Abbildung 16: Das Schema zur Beurteilung der Suizidgefahr 142
Abbildung 17: Das Wesen der Erziehung in seiner polaren Struktur 215
Abbildung 18: Die Struktur der pädagogischen Beziehung 217

Verzeichnis der Tabellen

Tabelle 1: Gesamtzahl der Suizidtoten in der Bundesrepublik Deutschland von 1990-2000 ... 80

Tabelle 2: Gesamtzahl der jugendlichen Suizidtoten in der Bundesrepublik Deutschland von 1990-2000 ... 82

Tabelle 3: Suizidtote: weibliche Jugendliche in der Bundesrepublik Deutschland von 1990-2000 ... 84

Tabelle 4: Suizidtote: männliche Jugendliche in der Bundesrepublik Deutschland von 1990-2000 ... 86

Tabelle 5: Suizidmethoden von Jugendlichen in der Bundesrepublik Deutschland im Jahr 2000, aufgeteilt nach Alter und Geschlecht ... 89

Tabelle 6: Vier Suizidtypen ... 100

Tabelle 7: Die „Verhaltensprobleme" ... 104

Tabelle 8: Ergebnisse der Befragung ... 117

Tabelle 9: Zusammenfassung der sozialpädagogischen Implikationen, die aus den erläuterten Suizidtheorien hervorgehen ... 123

Tabelle 10: Suizidindikatoren zur Wahrnehmung der Suizidalität im Kindes- und Jugendalter ... 132

Vorwort

An dieser Stelle möchte ich mich bei all denen bedanken, die durch Anregungen, Unterstützung und auf viele andere Arten zum Zustandekommen dieser Arbeit beigetragen haben.

Mein besonderer Dank gilt meiner „Doktormutter" Prof. Dr. Gaby Flösser. Ihre freundlichen Ermutigungen und Anregungen haben in den verschiedenen Stadien dieser Dissertationsschrift immer wieder die Motivation gestärkt und die Freude an der Arbeit erhalten. Bedanken möchte ich mich auch bei Prof. Dr. Vogel, der sich bereit erklärte, das Zweitgutachten zu dieser Arbeit zu erstellen.

Meine Verbundenheit gilt überdies Erhard Fipper, Edeltrud Freitag-Becker, Inkeri Kleinsorge, Dr. Uwe Lehmpfuhl, Dr. Elmar Reuter und dem Dipl.-Pädagogen Ansgar Röhrbein für die inhaltlichen Anregungen und den kritischen Blick auf die stilistischen Unebenheiten des Manuskriptes.

Dem Dipl.-Designer Christoph Bott habe ich für die Hilfestellung bei der Gestaltung der Abbildungen zu danken.

Für die moralische Unterstützung möchte ich mich bei Stephanie Kohla und André Scholz bedanken.

Gesondert danken möchte ich meiner Freundin Inkeri Kleinsorge, die alleine weiß, was ich ihr zu verdanken habe.

Besonderer Dank gilt meinem Vater, der in vielen Stunden die Mühsal des Kopierens auf sich nahm.

Ich widme diese Arbeit in Dankbarkeit meinen Eltern.

Während des Entstehungsprozesses der Arbeit sind von mir viele Überlegungen angestellt worden, eine gelungene sprachliche Form für die Verwendung des Geschlechts zu finden. In der vorliegenden Schrift wird vorzugsweise die männliche Form personenbezogener Begriffe verwendet. Dies hat ausschließlich sprachökonomische Gründe. Nur aufgrund der besseren Lesbarkeit des Textes wird durchgehend die männliche Form gewählt, gleichzeitig ist die weibliche Form mitgemeint.

Ferner ist darauf hinzuweisen, dass in der vorliegenden Arbeit die Ausdrücke Sozialpädagogik und Sozialarbeit synonym verwendet werden. Der Terminus „Soziale Arbeit" wird als Oberbegriff für diese beiden Bezeichnungen gewählt. Falls dennoch von Sozialpädagogik bzw. Sozialarbeit gesprochen wird, hat dies ausschließlich sprachpragmatische Gründe.

Der Begriff „Suizidologie" kann im Anschluss an Herbert Ernst Colla definiert werden, als

> *„(...) das wissenschaftliche Bemühen (...), das Phänomen ‚Suizid' zu erklären und zu verstehen. Die Mehrdimensionalität von suizidalen Handlungen erfordert eine interdisziplinäre Forschung" (Colla 2001a, S. 1853).*

1. Einleitung

Das Thema Suizidalität von Jugendlichen beinhaltet eine hohe Dramatik und viele tragische Aspekte, sodass eine sachliche Auseinandersetzung mit diesem Bereich schwierig erscheint. Der einleitende Abschiedsbrief der vierzehnjährigen Sandra verdeutlicht eindrucksvoll die Schwierigkeit, persönlich unberührt zu bleiben. Dennoch und gerade deswegen ist der Gegenstand aus einer Reihe von Gründen ein aktuelles und wissenschaftlich interessantes Thema. Weitere Gründe sind: Die Zahl der Suizide von Jugendlichen im Alter zwischen 10 und 24 Jahren wird für die Bundesrepublik Deutschland im Jahr 2000 mit 745 angegeben (vgl. Arbeitsmaterial des Statistischen Bundesamtes 2000a). Der Suizid von Jugendlichen gehört zu den häufigsten Todesursachen. Von einigen Autoren wird die Suizidhandlung an erster Stelle (vgl. Stober 1981, S. 168; Welz/Pohlmeier 1981, S. 7) bzw. an zweiter Position nach Unfällen (vgl. Colla 2001a, S. 1852) oder neben Unfällen und Tumoren an dritter Stelle geführt (vgl. Mišek-Schneider/Schneider 1997, S. 21). Da sich die Soziale Arbeit unter anderem mit der Lebensphase der Jugend und den eventuellen Schwierigkeiten dieser Klientel beschäftigt, besteht ein großer Forschungsbedarf für eine wissenschaftliche Klärung.

Für die Hinterbliebenen ist der Suizid eines Heranwachsenden besonders schwer nachvollziehbar und zu begreifen, verbinden sie doch Jugend eher mit positiven Assoziationen wie Zukunft oder Leben und weniger mit Sterben und Tod. Der Suizid eines Jugendlichen erzeugt bei den Angehörigen unterschiedliche emotionale Reaktionen, wie Schmerz, Trauer, Ohnmacht, Hoffnungslosigkeit, Schuld und Wut. Aber hauptsächlich wird die Frage gestellt, warum hat sich ein so junger Mensch gegen das Leben und für den Tod entschieden? Diese Frage war für mich einer der Hauptgründe, mich intensiver mit der Thematik zu beschäftigen.

Suizid von Adoleszenten ist zunehmend Gegenstand der Untersuchung verschiedener Wissenschaftsdisziplinen geworden. Die Diskussion ist breit gefächert und wird in unterschiedlichen Richtungen mit ihren jeweils spezifischen Forschungsperspektiven verschieden akzentuiert geführt. Einen umfassenden Überblick über den Diskussionsstand zur Suizidalität von Jugendlichen bieten Heidrun Bründel, Jürgen Langer und Ursula Wunderlich (vgl. Bründel 1993; Langer 2001; Wunderlich 1999), speziell für den Bereich der Suizidalität im Alter soll auf die Arbeiten von Christel

Christe, Norbert Erlemeier und Martin Teising verwiesen werden (vgl. Christe 1989; Erlemeier 1992; Teising 1992). Gelungene zusammenfassende Darstellungen liegen von Thomas Bronisch, Herbert Ernst Colla und Manfred Wolfersdorf vor (vgl. Bronisch 1995; Colla 2001a; Wolfersdorf 2000). Zum Suizid aus sozialpädagogischer Perspektive, insbesondere für die Population des Jugendalters, sind die Arbeiten von Ada Abram, Beate Berkemeier und Karl-Josef Kluge, Herbert Ernst Colla und Herbert Ernst Colla-Müller zu berücksichtigen (vgl. Abram/Berkemeier/Kluge 1980a; Abram/Berkemeier/Kluge 1980b; Colla 1999; Colla-Müller 1984). Bei der systematischen Durchsicht der Fachliteratur fällt zum einen auf, dass der Schwerpunkt bei den allermeisten Veröffentlichungen primär auf der Analyse der Thematik liegt, während die Erarbeitung von Präventionsansätzen nachrangig erscheint. Zum anderen ist im Verhältnis zur übrigen Literatur die Zahl der Veröffentlichungen aus Sicht der Sozialen Arbeit äußerst gering. Die fehlende sozialpädagogische Präsenz innerhalb der Suizidologie lässt sich auch daran erkennen, dass Manfred Wolfersdorf bei der Zusammenstellung der unterschiedlichen wissenschaftlichen Disziplinen, die sich zur Suizidalität äußern, die Soziale Arbeit unerwähnt lässt. So werden von ihm ausschließlich die religiösen, philosophischen, juristischen, medizinischen, psychiatrischen, psychoanalytischen, lerntheoretischen, epidemiologischen und neurobiologischen Diskussionsstränge genannt (vgl. Wolfersdorf 2000, S. 13). Nach Gerhard Amendt und Michael Schwarz wird der Suizid im Kindes- und Jugendalter als Folge der fehlgeschlagenen Erziehung interpretiert (vgl. Amendt/Schwarz 1990, S. 137). Jedoch ist dieser Aspekt für eine kausale Erklärung suizidalen Verhaltens zu simplifizierend, und die Thematik bedarf einer differenzierteren Betrachtung und Analyse.

Anliegen der vorliegenden Arbeit ist es, die sozialpädagogischen Möglichkeiten in Bezug auf Suizidalität im Jugendalter darzustellen, die unterschiedlichen Konzepte miteinander zu vergleichen und sie im Hinblick auf ihre immanenten theoretischen Grenzen zu bewerten. Vorrangig ist zu überlegen, ob und inwieweit die bereits existierenden Konzepte der Sozialen Arbeit ausreichen, um den Erkenntnissen der Suizidologie gerecht zu werden. Im Wesentlichen tauchen die zwei nachfolgenden Hauptfragestellungen auf:

- Reichen die existierenden Ansätze aus oder bedarf es einer spezifischen konzeptionellen Neuorientierung zum Gegenstand der Suizidalität?

- Inwieweit besteht die Möglichkeit, Erkenntnisse der Suizidologie in die sozialpädagogischen Entwürfe zu implementieren?

Zur Überprüfung der sozialpädagogischen Konzeptionen dienen die nachfolgenden sechs Kriterien: Ressourcenorientierung, fallbezogener Zugang, individuelle Hilfeleistung, Verbesserung der Lebensbedingungen, Thematisierung der Beziehungsebene zwischen Berater und Klient und Realisierung des Ansatzes in der Praxis. Während das zuletzt genante Kriterium als Grundvoraussetzung zur Bearbeitung des Themenfeldes anzusehen ist, ergeben sich die ersten fünf Merkmale unmittelbar aus den Forschungsergebnissen der Suizidologie.

Um sich den beiden Fragestellungen anzunähern, bekommt die Arbeit den folgenden Aufbau: Forschung über Suizidalität und Jugend bedeutet zunächst vor allem die Erschließung von und Auseinandersetzung mit diesen beiden Begriffen und den jeweils gebräuchlichen verschiedenen Synonymen, um eine Grundlage für die weitere Beschäftigung mit der Thematik zu erhalten. Das dritte Kapitel beschäftigt sich mit der Lebensphase Jugend, die unter der Perspektive der Sozialisation analysiert wird. Dazu soll zunächst der Terminus Sozialisation näher betrachtet werden. Anschließend werden zu diesem Gegenstandsbereich vier verschiedene Modelle vorgestellt. Im nächsten Teil der Arbeit findet eine epidemiologische Beschäftigung mit der Suizidalität von Adoleszenten im Hinblick auf das Ausmaß, die Geschlechtsverteilung und die Methoden statt. Die statistischen Daten führen zu der Frage, welche unterschiedlichen, wissenschaftlichen Konzeptionen in der Literatur existieren, um die Entstehung von Suizidalität zu erklären. In diesem Kapitel werden kurz verschiedene Beiträge zur Entstehung suizidalen Verhaltens skizziert. Anschließend werden dann fünf ausgewählte Erklärungsansätze näher betrachtet und ihre sozialpädagogischen Implikationen herausgearbeitet. Das nachfolgende sechste Kapitel enthält Konzepte zur Wahrnehmung von Suizidalität. Im siebten Kapitel steht die Auseinandersetzung mit der Suizidprävention im Jugendalter im Vordergrund. Hierzu werden therapeutische Verfahren und Einrichtungen zur Suizidverhütung vorgestellt. Das achte Kapitel betrachtet drei verschiedene Ansätze der Sozialen Arbeit, die daraufhin überprüft werden, inwieweit sich ihre fachlichen Prämissen mit den Erkenntnissen der Suizidologie überschneiden. Im Kapitel neun werden drei Konzeptionen diskutiert, welche die Arbeitsbeziehung zwischen den Klienten und dem Helfer in den Mittelpunkt stellen. Zum Abschluss erfolgt eine zusammenfassende Betrachtung der vorliegenden Arbeit und ihrer Befunde.

2. Terminologie

In diesem Kapitel soll die Auseinandersetzung mit den beiden zentralen Begriffen der Suizidalität und der Jugend im Mittelpunkt stehen. So werden zunächst die jeweils verwandten Termini diskutiert, damit anschließend der Versuch einer Definition erfolgen kann.

2.1 Der Begriff der Suizidalität

Im wissenschaftlichen Sprachgebrauch werden unterschiedliche Substantive zur Bezeichnung des suizidalen Handelns verwendet. Vorwiegend werden in der Fachliteratur die Termini Selbstmord, Selbstvernichtung, Selbstzerstörung, Suizid, Selbsttötung und Freitod genannt. Eine Auseinandersetzung mit der Terminologie ist sinnvoll, weil schon die Wahl des Begriffs deutlich macht, welche Perspektive der Betrachter dem Suizid gegenüber einnimmt. Einige Termini implizieren eine bestimmte Wertung des Suizids und Einstellung zum Suizid. Vor dem Hintergrund der unterschiedlichen Bewertungen, die mit den Bezeichnungen assoziiert werden, lassen sich die Ausdrücke auf einer Wertungsskala anordnen. Diese reicht von der Verurteilung aller Suizide, die durch das Synonym Selbstmord ausgedrückt werden, bis zur bewundernden Anerkennung, die durch den Terminus Freitod ihre Bedeutung erhält (vgl. Lüdke 1992, S. 7). Die unterschiedlichen Perspektiven lassen sich historisch in den verschiedenen Kulturen, Gesellschaftsschichten und Jahrhunderten nachzeichnen, wobei die ablehnende Haltung überwiegt (vgl. Colla 1999, S. 543 ff.). Während die Begriffe Selbstmord und Freitod das jeweils äußere Ende der Skala bilden, liegen die Ausdrücke Suizid und Selbsttötung im Zentrum des gedachten Kontinuums, da die beiden Termini wertneutraler erscheinen.

Der bekannte Suizidforscher Erwin Ringel, Gründer und bis zu seinem Tod im Jahre 1994 Präsident der Gesellschaft für Selbstmordverhütung, spricht überwiegend von Selbstmord, wie die Titelangaben einiger seiner Veröffentlichungen verdeutlichen (vgl. Ringel 1989b; 1990; 1997b). Dieser im alltäglichen Sprachgebrauch häufig benutzte Terminus findet sich zum ersten Mal im Jahre 1643 bei John Conrad Dannhawer (vgl. Holderegger 1979, S. 34). Dieser Begriff ist nicht wertneutral, weil der zweite Teil des Wortes (Mord) im Zuhörer einen Moment des Schreckens und Abschreckens erzeugt und als ein Verbrechen verstanden werden könnte (vgl. Dubitscher 1971, S. 5). Im juristischen Sinne lässt sich bei einem Selbstmord nicht von einem Mord sprechen. Nach dem Strafgesetzbuch gehören zu einem Mord zwei Menschen: Eine Person, die die tödliche Handlung vollzieht und ein Mensch, der die Zielperson darstellt. Darüber hinaus umfasst der Mord unter anderem die Merkmale Befriedigung des Geschlechtstriebs, Habgier, niedere Beweggründe und Heimtücke (vgl. Joecks 2001, S. 361 ff.). Beim Suizid handelt es sich um eine Person, die ihren eigenen Tod herbeiführt. Ausgenommen sind hier die drei unterschiedlichen Erscheinungsformen von Suizidalität: die des „Doppelsuizids", die des „erweiterten Suizids" und die des „Massensuizids". Bei diesen Suizidtypen sind noch andere Personen in das Geschehen involviert. Selbstmord und Selbstmörder – beiden Bezeichnungen haftet immer noch etwas Unheimliches und oft Unbegreifliches an. Auch bei den Ausdrücken Selbstvernichtung (vgl. Zwingmann 1965) und Selbstzerstörung (vgl. Menninger 1989) kommt eine stark normative Komponente zum Ausdruck. Sie betonen besonders die aggressive Dimension und implizieren eine gedankliche Assoziation mit dem Terminus Selbstmord. Aus diesen Gründen erscheint die Verwendung der Termini Selbstmord, Selbstvernichtung und Selbstzerstörung ungeeignet.

Während den drei Begriffen eine negative Konnotation zugrunde liegt, birgt der Ausdruck Freitod eine positive Wertung in sich, insofern als er die (angeblich) freiheitliche Intention des Menschen betont, sich das Leben zu nehmen. Diese Bezeichnung wird vielfach in der philosophischen Literatur benutzt und wurde von Arthur Schopenhauer eingeführt (vgl. Holderegger 1979, S. 35). Besonders Jean Améry, ein in Belgien lebender österreichischer Philosoph, entfachte eine Diskussion um diesen Terminus, als er 1976 das Buch „Hand an sich legen. Diskurs über den Freitod" verfasste. Er interpretiert den Freitod als eine freie Willensentscheidung des Suizidenten. Aus diesem Grund sollte jeder Mensch die Freiheit besitzen, sich das Leben zu nehmen (vgl. ebd.). Nach vielen wissenschaftlichen Auseinandersetzungen mit anderen Suizidologen setzte er seine Ansicht in die Tat um: Er beging im Oktober 1978 Suizid. Seit Mitte des 18. Jahrhunderts steht die Suizidalität im deutschen Rechtsraum nicht mehr unter Strafe (vgl. Baumgarten 1998, S. 117; Gropp 1996, S. 14; Lungershausen 1984, S. 174). Vor diesem Hintergrund gilt die Meinung von Améry als rechtlich abgesichert. Auch wenn durchaus in der deutschen Rechtsprechung Beteiligungsarten angeführt werden, die nicht mehr straffrei sind (vgl. Chatzikostas 2000, S. 30 ff.; Gropp 1996, S. 15 ff.; Sonneck 2000, S. 288). Wie noch zu zeigen sein wird, besitzt der Suizident in der Regel keine vielfältigen Verhaltensoptionen mehr. Sein Handlungsrepertoire ist im Vorfeld des Entschlusses derart eingeschränkt, dass der Suizid aus seiner Sicht als einzige ihm verbleibende Möglichkeit erscheint. Bei einem Suizid kann daher nicht von einer autonomen Entscheidung gesprochen werden (vgl. Haenel 1989, S. 4; Holderegger 2002, S. 79; Wolfersdorf 2000, S. 19 f.). Außerdem steckt in dieser Terminologie eine Glorifizierung der Tat (vgl. Colla 1987, S. 1161; 2001a, S. 1850). Demzufolge erscheint die Verwendung des Terminus Freitod problematisch. Nur in den seltenen Fällen, in denen keine missliche Zwangslage beim suizidalen Menschen vorliegt, hat er eine Berechtigung (vgl. Haenel 1989, S. 134 f.; Wolfersdorf 2000, S. 17). Im Wesentlichen lässt sich die Frage, ob eine autonome Entscheidung hinter der suizidalen Entscheidung liegt, nur sehr schwer beantworten. Sinnvoller ist es zu eruieren, in welchem Grad Anteile von Autonomie bestehen. Auf einer anderen Ebene diskutiert Herbert Ernst Colla den Begriff des Freitodes; ihm ist grundsätzlich zu folgen, wenn er eindringlich argumentiert:

> *„Ohne die von* ***Améry*** *wieder herausgestellte Bedeutung des ‚freien Willens' verwässern zu wollen, kann es dem Pädagogen schwerfallen, sich auf eine Generalisierung seiner Sichtweise einzulassen. Kann sich die Pädagogik auf eine radikal-individualistische Ethik einlassen, die nichts weiß von Pflichten und Verpflichtungen gegenüber Gesellschaft und Angehörigen? Haben Jugendliche ausreichend Alternativen erfahren und lernen können, um sich ‚frei' für diese Art von Konfliktlösung zu entscheiden? Für die Pädagogik bleibt eine Suche nach humanen Bedingungen und Gestaltungsweisen des Lebens vor dem Tode von zentraler Bedeutung" (Colla 1987, S. 1161 f., Hervorhebung im Original).*

Die Termini Selbstmord, Selbstvernichtung, Selbstzerstörung und Freitod werden vom Verfasser aus den oben genannten Gründen nicht verwendet, es sei denn, es wird durch Zitate oder Abbildungen erforderlich. Um eine wertfreie Diskussion führen zu können, wird der affektneutrale Fachausdruck Suizid verwendet (vgl. Bründel 1993; Malchau 1987; Myschker 1999; Schmidtke 1988; Steffen 2001, S. 5; Wolfersdorf 2000; Wunderlich 1999). Diese Bezeichnung stammt von Walter Charleton, der sie im Jahr 1651 in die Literatur einführte (vgl. Willemsen 1989, S. 19). Die Substantivbildung Suizid ist abgeleitet vom lateinischen Verb sui cadere, was „sich töten" bedeutet. Daran anknüpfend wird Suizid auch als Selbsttötung in die deutsche Sprache übersetzt. Beide Begriffe sind nicht durch eine normative Wertung belastet. Sie sind wertneutral und frei von positiven und negativen Assoziationen und bieten die Chance, den Sachverhalt distanzierter zu betrachten, da die Termini die Möglichkeit enthalten, nicht durch persönliche Gefühle, Werte und Vorurteile vereinnahmt zu werden. Allerdings kann der Begriff Suizid dem der Selbsttötung vorgezogen werden, da einerseits die Begriffsvariante Selbsttötung die suizidale Handlung auf das Motiv des Sterbens reduziert, wobei die Absicht der Tötung jedoch nicht die einzige konstitutive Eigenschaft der Suizidalität ist, sondern der suizidalen Handlung liegen eine Vielzahl von zum Teil widersprüchlichen Intentionen zugrunde. Andererseits wird im Vergleich zu dem Terminus Suizid das Synonym der Selbsttötung nicht so häufig in der zeitgenössischen Literatur verwendet. Zu folgen ist günstigenfalls dem Suizidologen Herbert Ernst Colla-Müller, wenn er die folgende Definition von Suizid vorschlägt:

> *„Mit ‚Suizid' wird (...) die gewollte Handlung oder intendierte Unterlassung einer Handlung eines Menschen definiert, durch die sein Leben beendet wird. Weiter läßt sich der Suizid auch begreifen als eine Extremform abweichenden Verhaltens. Das Individuum weigert sich durch sein Verhalten, gesellschaftliche Normen zu erfüllen. Der Tod kann aber auch durch die Aufgabe des Willens zum Leben, ohne gewaltsame Eigeneinwirkung auf den Körper, herbeigeführt werden (...)" (Colla-Müller 1984, S. 15).*

Nach dieser Begriffsbestimmung kann es sich auch dann um einen Suizid handeln, wenn eine bewusste Weigerung besteht, ein drohendes Unheil abzuwenden. Dies wäre beispielsweise dann der Fall, wenn der Mensch einen Arzt abweist, der eine lebenserhaltende Maßnahme vollziehen wollte (vgl. Schobert 1989, S. 23). Überdies ist die Begriffsbestimmung sinnvoll, da sie den Prozesscharakter des Suizids betont. Aus dieser Definition heraus ist es schlüssig, dass ein interdisziplinärer Ansatz benötigt wird, um sich den verschiedenen Motiven und Entscheidungsspielräumen anzunähern und dann entsprechende sozialpädagogische Interventionskonzepte zu entwickeln oder in schon bestehenden Arbeitsprinzipien zu integrieren.

Der Begriff des Suizids gewinnt noch an Komplexität, wenn der Terminus des Suizidversuchs herangezogen wird. Die Frage, ob Suizid und Suizidversuch äquivalente oder gegensätzliche Phänomene sind, ist in der Literatur kontrovers diskutiert worden. Ein Befürworter dieser Unterscheidung ist der österreichische Psychiater Erwin Stengel (vgl. Stengel 1969). Die getrennte Betrachtungsweise von Suizid und Suizidversuch begründet er mit dem Hinweis auf den unterschiedlichen Ausgang der Handlungen (vgl. ebd., S. 102). Außerdem unterscheiden sich die beiden Gruppen hinsichtlich der epidemiologischen Häufigkeit, der Alters- und Geschlechtsverteilung und der Methoden (vgl. Stengel 1981, S. 22 ff.). Zudem ist der Wunsch nach der eigenen Letalität bei einem Suizid stärker ausgeprägt als bei einem Suizidversuch. Dem Suizidversuch liegt eine zweifache Intention zugrunde: die des Warnsignals und des Schicksals. Das Ziel des Appells beinhaltet die ungeplante Aufforderung an das nahe Umfeld, Maßnahmen zur Verbesserung der bisherigen Lebenssituation für den Suizidenten zu ergreifen. Wird die Botschaft von den Mitmenschen verstanden und umgesetzt, verringert sich beim Individuum die Todessehnsucht. Falls der Suizidversuch als ein Wunsch nach der eigenen Letalität missinterpretiert wird, nimmt die Bereitschaft zum Leben weiter ab. Bei der zweiten Intention will der Suizident keine eigene Entscheidung treffen, sondern er überlässt sein Leben dem Schicksal. Überlebt die Person das „Gottesurteil", wird sie es zumindest anfänglich als schicksalhaftes Ergebnis annehmen. Neben den kalkulierenden Absichten sind demzufolge auch immer zufällige und nicht zwangsläufig beabsichtigte Anteile in einem Suizidversuch enthalten (vgl. Stengel 1969, S. 102 ff.).

Der Arzt Fred Dubitscher unterteilt den Suizidversuch in vier Kategorien, die sich durch die unterschiedliche Ernsthaftigkeit und den Grad der Absichtlichkeit auszeichnen (vgl. Dubitscher 1971, S. 10 f.). Auch in der neueren Fachliteratur lassen sich Kategorisierungsversuche für Suizidversuche finden (vgl. Colla 2001a, S. 1851). In Übereinstimmung mit einigen anderen Autoren soll von derartigen Abstufungen Abstand genommen werden, da solche Betrachtungsweisen oft beliebig und zu wenig differenziert erscheinen. Es ist kaum jemals exakt zu unterscheiden, welcher Anteil an Suiziden „misslungene Suizidversuche" und welche Suizidversuche „misslungene Suizide" gewesen sein mögen (vgl. Lauterbach 1976, S. 5; Lewinsky-Aurbach 1980, S. 5; Schmitz 1984, S. 25; Teising 1992, S. 27). Gerade bei Kindern, aber auch bei Adoleszenten, sind solche Differenzierungen zwischen Suizid und Suizidversuch – ernst gemeint und nicht ernst gemeint – unzutreffend. Da in diesen Altersgruppen sehr häufig aus Unwissenheit, Mittel in zu geringer oder zu hoher Dosis eingenommen werden, unterliegt ihrer Suizidhandlung oft eine falsche Beurteilung. Der Ausgang einer suizidalen Handlung kann sowohl durch Unkenntnis als auch durch Zufälligkeiten, wie das Hinzukommen eines weiteren Menschen oder das Versagen des Suizidmittels, beeinflusst werden. Wichtig ist, dass jeder Suizidversuch, jede Ankündigung, jedes Signal ernst genommen wird. Ein Heranwachsender, der durch Worte oder Gesten seinen Suizid ankündigt oder im extremeren Fall einen Suizidversuch begeht, signalisiert damit, dass er sich in einer äußerst schwierigen Situation befindet, die er alleine nicht bewältigen kann. Für ihn ist das Leben so nicht mehr lebenswert. Daher muss sich der Pädagoge mit jeder (ob nun versteckten, offenen oder witzigen) Ankündigung auseinander setzen, um dann die entsprechende Interventionsmaßnahme einzuleiten (vgl. Bründel 1993, S. 43).

Jede Form von suizidalem Verhalten ist somit sehr ernst zu nehmen, da diese Handlung eine spezifische Bedeutung hat und als ein Zeichen der fehlenden Problemlösungsstrategie aufzufassen ist. Dieses Bewältigungsverhalten verfolgt einen subjektiven Sinn. Dies gilt auch dann, wenn dem Pädagogen der Anlass banal erscheint. Für den Jugendlichen kann er aus seiner Sicht einen bedeutenden Stellenwert haben. Ausgehend vom Anlass sind somit keine Rückschlüsse auf die Ernsthaftigkeit festzustellen. Der Anlass ist der „Tropfen, der das Fass zum Überlaufen“ bringt. Zusätzlich bedarf es einer Differenzierung zwischen dem aktuellen Anlass und den zugrunde liegenden Ursachen. Auf diese notwendige Unterscheidung hat schon der Psychiater Robert Gaupp am Anfang des 20. Jahrhunderts hingewiesen (vgl. Gaupp 1905).

Im klinischen Bereich wird, um die Ernsthaftigkeit von Suizidversuchen besser einschätzen zu können, nach den Motiven, der gewählten Methode und dem Suizidsetting gefragt. Diese Vorgehensweise ist aus den oben genannten Gründen nur mit Vorbehalten zu betrachten, da hier immer die Gefahr besteht, den Suizidversuch zu unterschätzen. Sinnvoller ist es, nach den Intentionen zu gehen, die vom Menschen in Gesprächen selbst angegeben werden. Auch wenn so die Möglichkeit gegeben ist, dass der Betreffende aus Furcht vor den Reaktionen seiner Umwelt nicht wahrheitsgemäß antwortet (vgl. Colla 1999, S. 555; Wolfersdorf 2000, S. 22). Die „Stadien der suizidalen Entwicklung“ von Walter Pöldinger und das „präsuizidale Syndrom“ von Erwin Ringel sind unter anderem als Modelle hilfreich, um eine Einschätzung der Suizidalität zu geben (vgl. Pöldinger 1968; Ringel 1989b; 1997a; 1997b; 1999). Um sich einen weiteren Zugang zu den Intentionen des Jugendlichen zu ermöglichen, sind zusätzliche Gespräche mit den Bezugspersonen sinnvoll. In Rücksprache mit dem Heranwachsenden und den Bezugspersonen könnten die Gespräche sowohl getrennt als auch zusammen stattfinden. Wie die Konstellation bei den Gesprächen ist, hängt von den Möglichkeiten der Familie ab. Falls es dennoch schwierig ist, eine Einschätzung hinsichtlich der Gefährdung eines Menschen abzugeben, so kann auf das Team, die Supervision oder andere Fachgruppen zurückgegriffen werden. Dies kann auch eine Einweisung in die Psychiatrie bedeuten, die auch, zumindest kurzfristig, gegen den Willen des Betroffenen geschehen kann.

Aus diesen Gründen sind die Definitionen am geeignetsten, die nicht zwischen „ernsthaft" und „nicht ernsthaft" unterscheiden, sondern sich am Ergebnis orientieren. Dennoch lassen sich Suizid und Suizidversuch als gleichartige Phänomene auffassen, deren Gemeinsamkeit in der Perspektive des letalen Ausganges liegt. Während aber der Suizid tödlich endet, hat der Suizidversuch einen nicht tödlichen Ausgang. Dabei ist zu berücksichtigen, dass die suizidale Handlung von Heranwachsenden mit verschiedenen Absichten verbunden wird und das Ergebnis ihres Verhaltens nicht zwangsläufig antizipiert werden kann:

> *„Daher bezeichne ich Suizidhandlungen von Jugendlichen als paradoxe Handlungen, mit denen unterschiedliche Intentionen verfolgt werden und deren letaler Ausgang in der Regel eine zwar mitgedachte, aber nicht immer gewünschte und unter Verfolgung anderer Intentionen häufig eine unvermeidbare Handlungsfolge darstellt" (Malchau 1987, S. 11).*

Diese Absichten lassen sich zum Teil auch als widersprüchliche Intentionen bezeichnen, da sie sowohl lebensbejahende als auch lebensverneinende Tendenzen aufweisen (vgl. Stengel 1969, S. 74). Aus dieser Perspektive ist ebenfalls eine Abgrenzung zwischen Suizidversuch und Parasuizid nur schwerlich möglich. In der gegenwärtigen Fachliteratur wird der Terminus Parasuizid benutzt, um eine selbstverletzende Handlung zu kennzeichnen, bei der das letale Ergebnis ausbleibt. Im Vordergrund der Motivation steht für den Betroffenen das Bedürfnis nach Hilfe, während die Absicht zu sterben gering ist (vgl. Wolfersdorf 2000, S. 29). Die Verwendung der Bezeichnung erscheint bedenklich, da die Möglichkeit einer Nichtbeachtung oder Bagatellisierung seitens der Pädagogen besteht und die damit erforderlichen Interventionen ausbleiben könnten. Die Bewertung ist analog zum Thema „ernsthaft" bzw. „nicht ernsthaft" einer Suizidhandlung zu sehen.

In der Fachliteratur finden sich häufig Bezeichnungen, bei denen aber die Frage offen bleibt, ob die Ausdrücke den Suizid oder Suizidversuch bezeichnen oder ob sie als Oberbegriffe zu verstehen sind. Beispiele hierfür sind Suizidalität (vgl. Gerisch 1998; Pöldinger 1968; Wenglein 1995), suizidales Verhalten (vgl. Klemann 1983,

S. 10; Orbach 1997, S. 44) oder Suizidhandlung (vgl. Henseler 1984, S. 15; Remschmidt 1983, S. 8; Welz 1992, S. 19). Um der sprachlichen Ungenauigkeit zu entgehen, werden in dieser Arbeit die Begriffe suizidales Verhalten, Suizidhandlung, Suizidgeschehen, Suizidalität und suizidales Handeln synonym als Oberbegriffe gebraucht. Unter diesen Termini sind Suizidgedanken, Suizidankündigungen, Suizidversuche und Suizide zu verstehen. Mit Suizidgedanken soll eine gedankliche Auseinandersetzung mit dem eigenen Suizid gemeint sein. Dies kann bedeuten, dass man allgemein über den eigenen Tod nachdenkt bis hin zu detaillierten Suizidfantasien, die den Wunsch zu sterben mit einer ausgewählten Methode und einer konkreten Vorstellung darüber, an welchem Ort es geschehen kann, beinhalten. Die gedankliche Beschäftigung mit der Suizidthematik besitzt auch eine durchaus befreiende Wirkung (vgl. Sonneck 2000, S. 154). Suizidgedanken können auch nicht mehr bewusst intendiert sein, sondern sie drängen sich passiv auf (vgl. Ringel 1989b, S. 23; 1997a, S. 63; 1997b, S. 145 f.). Sowohl bei Suizidgedanken als auch bei Suizidankündigungen von Adoleszenten kann es sich um eine entwicklungsbedingte Beschäftigung mit dem Sterben und dem Tod handeln. Unter Suizidankündigungen sollen die verbalen und nonverbalen Hinweise zu verstehen sein, die auf eine Suizidthematik hinweisen (vgl. Sonneck 2000, S. 156). Nonverbale Hinweise können beispielsweise in Zeichnungen, Gedichten oder Briefen enthalten sein, die sich mit dem Thema des eigenen Tods bzw. Sterbens auseinander setzen, während verbale Hinweise das Artikulieren von Suizidgedanken bedeuten, wobei es sowohl sehr direkt als auch versteckt geschehen kann. Dies kann in Form von Appellen, Drohungen oder witzigen Andeutungen etc. erfolgen. Im Vorfeld von Suizidankündigungen sind fast immer Suizidgedanken zu finden (vgl. Bründel 1993, S. 50), wobei dem Suizid bzw. dem Suizidversuch Suizidgedanken vorausgehen. Aus dieser Perspektive lassen sich die Begriffe auf einem gedachten Kontinuum anordnen, das von Suizidgedanken über Suizidankündigungen bis hin zum Suizidversuch bzw. Suizid reicht. Dementsprechend wird der Suizid als Endpunkt einer längeren Entwicklung angesehen (vgl. Henseler 1984; Orbach 1997; Schröer 1995).

In der vorliegenden Arbeit werden überwiegend die Oberbegriffe benutzt, um den Aspekt des Kontinuums aufzunehmen. Dahinter steht der Gedanke, dass eine klare Abgrenzung zwischen den Begriffen schwierig ist. So gibt es mehr empirische Hinweise für die Ähnlichkeiten als für die Verschiedenheit zwischen dem Suizid und dem Suizidversuch (vgl. Wunderlich 1999, S. 13 f.). Allerdings ist in einigen Fällen eine sprachliche Differenzierung vorzunehmen, da der Suizid ein definitives Faktum beschreibt, bei dem es keine Möglichkeit mehr gibt, Gespräche mit dem Betreffenden selbst zu führen, während nach einem Suizidversuch die Gelegenheit gegeben ist, Kontakt zu der Person herzustellen und Aussagen über ihr Handeln zu erhalten. Zudem ist es für den Suizidenten, den Hinterbliebenen oder unter epidemiologischen Gesichtspunkten ein Unterschied, ob der Suizid letal oder nicht tödlich endet. Wenn eine Unterscheidung unumgänglich ist, wird ganz explizit von den Begriffen Suizidgedanke, Suizidankündigung, Suizidversuch und Suizid gesprochen. Stellvertretend für die Verwendung der Oberbe-griffe soll der Definition von Manfred Wolfersdorf zur Suizidalität gefolgt werden:

> *„Suizidalität ist die Summe aller Denk- und Verhaltensweisen von Menschen oder Gruppen von Menschen, die in Gedanken, durch aktives Handeln, Handelnlassen oder passives Unterlassen den eigenen Tod anstreben bzw. als mögliches Ergebnis einer Handlung in Kauf nehmen" (Wolfersdorf 2000, S. 18, im Original hervorgehoben).*

Die Begriffsbestimmung bildet eine notwendige theoretische Grenze zum „risikoreichen Freizeitverhalten" und zur „nicht suizidalen Autoaggression". Diese Grenze erscheint wichtig, da meistens bei diesen Verhaltensweisen die suizidalen Absichten nicht intendiert werden. Dennoch handelt es sich hierbei um eine theoretische Grenze, weil durchaus suizidale Absichten bei der Ausübung dieser Verhaltensweisen bestehen, wenngleich sie eher selten vorzufinden sind (vgl. Steinert 1993; Wolfersdorf 2000, S. 18 ff.). Demzufolge könnte auch hier die Intention des Betroffenen herangezogen werden. Die Definition enthält die Möglichkeit, die Erscheinungsformen erweiterter Suizid, Doppelsuizid und Massensuizid als einen Bestandteil der Suizidalität zu betrachten (vgl. ebd., S. 34 f.). Zudem integriert diese Begriffsbestimmung sowohl das Entstehen erster Suizidgedanken als auch den Suizidversuch bzw. Suizid. Ebenfalls wird das bewusste Nichthandeln bzw. die von einer anderen Person ausgeführte Handlung, welche dann die eigene Letalität verursacht, zu Recht thematisiert. Eine intensive Beschäftigung mit den Erscheinungsformen des erweiterten Suizids und des Doppelsuizids findet sich bei dem Psychiater Thomas Haenel (vgl. Haenel 2001).

2.2 Der Begriff der Jugend

In der Alltagssprache scheinen mit der Verwendung des Terminus Jugend keine Verständigungsschwierigkeiten verbunden zu sein. Sobald die Bezeichnung detaillierter beschrieben werden soll, wird allerdings die Vielfältigkeit und Vielschichtigkeit des Bedeutungsinhaltes umgehend deutlich. Nach Erwin Nagl wird der Jugendbegriff in den verschiedenen wissenschaftlichen Richtungen uneinheitlich verwendet. In Anlehnung an den 8. Jugendbericht führt dieser Erziehungswissenschaftler aus, dass der Terminus sogar zwischen den verschiedenen Autoren einer Disziplin keinen kongruenten Gebrauch erfährt (vgl. Nagl 2000, S. 27).

Im alltäglichen Sprachverständnis lassen sich mit dem Begriff der Jugend auch die Sprachformen Pubertät und Adoleszenz assoziieren (vgl. Zimmermann 2000, S. 146). Die Substantive Jugend und Adoleszenz werden in der durchgesehenen Literatur zum Teil gleichbedeutend (vgl. Fend 2000, S. 23), zum Teil begriffsdifferenzierend verwendet (vgl. Kaiser-Asmodi 1997, S. 20; King/Müller 2000, S. 10). Während Katja Kaiser-Asmodi die beiden Termini auf unterschiedliche und spezifische Altersangaben bezieht (vgl. Kaiser-Asmodi 1997, S. 20), nehmen Vera King und Burkhard K. Müller eine inhaltliche Differenzierung vor. Für sie wird die Bezeichnung Jugend dann favorisiert, wenn sie aus sozialstruktureller Perspektive oder unter dem Aspekt von soziologischen Merkmalen analysiert wird. Hingegen dominiert der Fachausdruck Adoleszenz in der Entwicklungspsychologie und in der psychoanalytischen Forschung. In der sozial- und erziehungswissenschaftlichen Debatte überwiegt der Terminus Adoleszenz, wenn hier der Zusammenhang von emotionalen und sozialen Prozessen thematisiert wird (vgl. King/Müller 2000, S. 10).

Übereinstimmend wird der Fachausdruck der Pubertät von den beiden anderen Bezeichnungen abgegrenzt (vgl. Fend 2000, S. 23; Kaiser-Asmodi 1997, S. 20). Der Terminus Pubertät wird präziser gebraucht und im Zusammenhang mit den naturbedingten und körperlichen Wachstumsprozessen gesehen, wobei im Mittelpunkt dieser Entwicklungsabläufe für die Mädchen der Beginn der Monatsblutung und für die Jungen die erste Pollution steht (vgl. Müller-Bülow 2001, S. 17). Ungeklärt bleibt allerdings die Frage, ob mit diesen biologischen Vorgängen das Ende oder der Ausgangspunkt der Pubertät bezeichnet wird (vgl. Kluge 1998, S. 24).

Die synonyme Verwendung der Bezeichnung Pubertät mit dem Begriffspaar Jugend und Adoleszenz erscheint problematisch, weil dieses Substantiv vorwiegend auf die sexuelle Reife fokussiert wird. Unterdessen können die Begriffe Jugend und Adoleszenz gleichbedeutend gebraucht werden, da die Diskussion um einen konsensfähigen und einheitlichen Sprachgebrauch in der Fachliteratur noch nicht abgeschlossen ist. Adoleszenz lässt sich laut Kaiser-Asmodi mit dem lateinischen Wort „adolescere" in Verbindung bringen und mit „heranwachsen" ins Deutsche übersetzen (vgl. Kaiser-Asmodi 1997, S. 20). So kann neben den Termini Jugendlicher und Adoleszent ebenfalls der Ausdruck Heranwachsender in der vorliegenden Arbeit seine Verwendung finden.

Um sich dem Terminus Jugend anzunähern, werden im Folgenden einige unterschiedliche Definitionszugänge diskutiert. In der Fachliteratur existieren nach Karl Lenz drei verschiedene Typen von Begriffsbestimmungen. Zum einen wird versucht, eine altersspezifische Eingrenzung vorzunehmen, zum anderen kann der Jugendbegriff im Gegensatz zu der Kindheits- und der Erwachsenenphase erläutert werden. Ferner besteht die Möglichkeit, diese Lebensphase durch eine primäre Anforderung zu bestimmen (vgl. Lenz 1986, S. 19 ff.).

In der fachlichen Diskussion existieren mehrere unterschiedliche Altersmarken, die das Jugendalter zeitlich einzugrenzen versuchen (vgl. Loviscach 1996, S. 43 f.; Neidhardt 1970a, S. 16 f.). Überwiegend wird in der Fachliteratur der Versuch unternommen, den Begriff Jugend auf junge Menschen vom 13. bis zum 25. Lebensjahr anzuwenden (vgl. Zimmermann 2000, S. 146). Nach dem Soziologen Bernhard Schäfers teilt sich das Jugendalter in drei Abschnitte, wobei sich die 18 bis ca. 25jährigen unter der Bezeichnung „Post-Adoleszenz" oder „Post-Adoleszenten" subsumieren lassen:

„1. *die 13- bis 18-Jährigen (pubertäre Phase): Jugendliche im engeren Sinn;*
2. *die 18- bis 21-Jährigen (nachpubertäre Phase): Die Heranwachsenden;*
3. *die 21- bis 25-Jährigen (und ggf. Älteren): Die jungen Erwachsenen, die aber ihren sozialen Status und ihrem Verhalten nach zum großen Teil noch als Jugendliche anzusehen sind" (Schäfers 2001, S. 19).*

Eine Einteilung nach den Altersstufen birgt aber Ungenauigkeiten in sich. Diese Ansicht wird von mehreren Wissenschaftlern geteilt (vgl. Böhnisch 1997, S. 129; Reinders 2001, S. 56; Zimmermann 2000,

S. 146). So lässt sich eine genau zeitliche Markierung, die den Übergang von der Kindheit zum Jugendalter beschreibt, nicht eindeutig angeben, da sich schon 9- bis 13-Jährige in der Pubertätsphase befinden können und Handlungen aufweisen, die dem Jugendalter zuzuordnen wären (vgl. Langer 2001, S. 28). Auch erscheint es schwierig, den Zeitpunkt festzulegen, ab wann die Jugend endet und das Erwachsenenalter beginnt. In diesem Zusammenhang nennt Zimmermann ein treffendes Beispiel, welches die fehlende Präzision zum Ausdruck bringt:

> *„So kann ein 25-jähriger schon als sogenannter Jungunternehmer tätig sein und voll und ganz einen Erwachsenenstatus einnehmen, ein 25-jähriger kann genauso gut bei den Eltern wohnen, in der Hip-Hop-Szene lebend als Jugendlicher gelten" (Zimmermann 2000, S. 146).*

Eine deutlich gezogene Altersgrenze der Lebensphasen der Kindheit, der Jugend und des Erwachsenenalters lässt sich nicht mehr präzise determinieren. Eine altersspezifische Datierung reicht somit zur Kennzeichnung des Begriffs Adoleszenz nicht aus. Laut dem Erziehungswissenschaftler Klaus-Jürgen Tillmann hat sich insbesondere durch die gesellschaftliche Modernisierung die Lebensphase Jugend zunehmend ausdifferenziert und verlängert. Als Grund für diese Diversifikation wird eine Triade aus unterschiedlichen Grundelementen beschrieben. So wird erstens die Expansion im Bildungsbereich als Argument für die Ausdehnung der Jugendphase angeführt (vgl. Tillmann 1994, S. 263 f.), die in der sozialwissenschaftlichen Terminologie durch den Begriff der Post-Adoleszenz als *„(...) Mündigkeit ohne wirtschaftliche Grundlage"* (Gillis 1980, S. 206, im Original hervorgehoben) gekennzeichnet wird. Zweitens ist durch die Gefahr der Erwerbslosigkeit die Möglichkeit gegeben, dass der Eintritt ins Berufs- und damit ins Erwachsenenleben für den Heranwachsenden erst zeitlich später erfolgt. Als letztes Element hat die Eindeutigkeit für die Beendigung der Lebensphase Jugend und für den Eintritt ins Erwachsenenalter abgenommen. Historisch gesehen wurde der Status des Erwachsenen vor allem durch die Ablösung aus der Herkunftsfamilie, Berufsausübung und Gründung einer eigenen Familie definiert, allerdings wird diese Orientierung an der Vorstellung einer entsprechenden Normalbiografie durch die uneinheitlichen Lebensentwürfe der Gegenwartsgesellschaft in Frage gestellt (vgl. Tillmann 1994, S. 264 ff.).

Angesichts der veränderten, sozialen Rahmenbedingungen sprechen einige Autoren von dem „Verschwinden" der Lebensphase

Jugend (vgl. Nagl 2000, S. 30). Diese Auffassung scheint nicht haltbar zu sein, da die Etablierung von speziellen Bereichen und Einrichtungen für Heranwachsende die Existenz dieses Lebensabschnitts belegen, wie beispielsweise das Jugenddorf, die Jugendberatung, der Jugendtreff, das Jugendamt oder das Jugendstrafrecht. Ferner ist mit Hurrelmann auf die Eigenständigkeit dieser Lebensphase hinzuweisen (vgl. Hurrelmann 1999, S. 50 f.), wodurch der These des Verschwindens der Jugendphase widersprochen wird. Überdies kann das Bestehen der Jugend dadurch plausibel untermauert werden, wenn auf den Aspekt der Hinwendung der Heranwachsenden zur Gleichaltrigenkultur hingewiesen wird, deren Frequentierung zugenommen hat. Erwin Nagl führt aus,

> *„(...) dass Jugendliche sich verstärkt Peer-group-Kontakte suchen und eben sehr wenige altersheterogene Gruppen in der Gesellschaft vorfindbar sind. Könnte man wirklich vom Verschwinden der Jugendphase sprechen, müssten auch die Gruppenbildungen von Jugendlichen abgenommen haben. Das Ausmaß der Peer-group-Zuwendung zeigt jedoch deutlich, dass Jugendliche nicht im Erwachsenenleben aufgehen, sondern ihnen eigene Aufgaben zur Bewältigung bleiben" (Nagl 2000, S. 30).*

Weitere Argumente, die für die unzureichende, altersmäßige Trennschärfe des Jugendbegriffs in der Abgrenzung zur Kindheits- und Erwachsenenphase ausschlaggebend sind, lassen sich in Übereinstimmung mit Hartmut Kasten anführen. Die Altersangaben können dann variieren, wenn ein spezifisches Kennzeichen als Kriterium für die Heranwachsenden herangezogen wird, wie zum Beispiel die physische Entwicklung. Als eine weitere Erklärung für die Ungenauigkeit zwischen Kindheits- und Jugendphase werden die „Entwicklungsbeschleunigung" und die physische Veränderung gesehen, die heute früher beginnen als in der Vergangenheit. Ferner ist die Dauer der Jugend abhängig von der Gesamtentwicklung der Einzelperson. Somit ist sowohl der Anfang als auch das Ende des Lebensabschnittes uneinheitlich. Im Gegensatz zum weiblichen Geschlecht erfolgt der Eintritt in die Pubertätsphase beim männlichen Heranwachsenden bis zu ca. zwei Jahre später (vgl. Kasten 1999, S. 14 f.).

Definitionszugänge geschehen aber nicht nur über die Alterseinteilung, sondern können auch formal und negativ erfolgen. Diese Vorgehensweise differenziert zwischen Eigenschaften, die Heranwachsende im Unterschied zu der Lebensphase der Kindheit und des Erwachsenenalters aufweisen. Stellvertretend für diese Argumentationslinie können die Begriffsbestimmung des Soziologen Friedhelm Neidhardt und die Definition des Sozialwissenschaftlers Klaus Hurrelmann diskutiert werden. Aus zeitlicher Perspektive gesehen hat Neidhardt seinen Entwurf vor dem von Hurrelmann geschrieben. Daher soll zunächst die Begriffsbestimmung von Neidhardt dargestellt werden. Er bemerkt:

> *„In Abgrenzung gegenüber Kindern und Erwachsenen lassen sich **Jugendliche** also als diejenigen definieren, welche mit der Pubertät die biologische Geschlechtsreife erreicht haben, ohne mit Heirat und Berufsfindung in den Besitz der allgemeinen Rechte und Pflichten gekommen zu sein, welche die verantwortliche Teilnahme an wesentlichen Grundprozessen der Gesellschaft ermöglichen und erzwingen" (Neidhardt 1970b, S. 14, Hervorhebung im Original).*

Diese Definition bezeichnet die Jugendphase als Übergangsphase, die sich eindeutig von der Kindheit und dem Erwachsenenalter unterscheidet. Demnach sind Adoleszenten im Gegensatz zu Kindern geschlechtsreif, aber sie verfügen noch nicht über den Status eines Erwachsenen. In der Jugendphase sind sie gegenwärtig nicht vollständig in die Gesellschaft mit den dazugehörigen Befugnissen und Verhaltensvorschriften integriert, da sie zu diesem Zeitpunkt weder einen Ehebund eingegangen sind noch eine berufliche Position bekleiden. Diese Begriffsbestimmung von Jugend erscheint schwierig, da insbesondere die Grenzen zum Erwachsenenalter fließend sind. Der Übergang zur Erwachsenenphase entwickelt sich langsam und vollzieht sich nicht parallel zu der Hochzeit und der Aufnahme einer Arbeitsstellung. Zudem müssen diese Lebensereignisse nicht zwangsläufig gleichzeitig stattfinden, wie Neidhardt selbst kritisch anmerkt (vgl. ebd., S. 25). Seine Ausführungen sind normativ ausgerichtet und orientieren sich an dem Profil einer „männlichen Normalbiografie", welches anschließend verallgemeinert wurde. Dabei bleiben geschlechtsspezifische und individuelle Aspekte unberücksichtigt (vgl. Lenz 1986, S. 23 f.). Auch altersspezifische Inhalte von Jugend werden bei dieser Definition vernachlässigt.

Dieser Aspekt wird in die Überlegungen von Klaus Hurrelmann mit einbezogen, wenn er die Lebensphase Jugend in Abgrenzung von Kindheit und Erwachsenenalter definiert. Nach ihm ist das Ende des Jugendstadiums erreicht, sobald weitgehende Anteile von Eigen- und Zuständigkeit in den wichtigsten Lebensgebieten entwickelt wurden. So muss der Heranwachsende, um als Erwachsener zu gelten, im öffentlichen Bereich seine Ausbildungs- und Schulzeit beendet und den Eintritt in das Berufsleben gefunden haben. Im privaten Bereich ist die Trennungslinie zum Erwachsenenalter dann überschritten, wenn die innere und äußere Lossagung vom Elternhaus stattgefunden hat und der Aufbau einer eigenen Beziehung im Mittelpunkt steht. Zudem ist die Jugendphase erst durch die Partizipation im politischen Handlungskomplex und die Eigenständigkeit unter anderem im wirtschaftlichen Bereich abgeschlossen. In Abgrenzung zum Kindesalter wird der Beginn der Jugendzeit mit den beiden Merkmalen der autonomen Ausübung von Beziehungsaufnahmen und der schulischen Leistungserbringung gesehen (vgl. Hurrelmann 1999, S. 46). Wenngleich diese Begriffsbestimmung differenzierter als die von Neidhardt erscheint, so enthält die Definition von Hurrelmann dennoch einige Schwachstellen. Es bleibt unklar, ab wann der Adoleszent die erwähnten Anteile von Eigen- und Zuständigkeit erreicht hat, um als Erwachsener zu gelten. Bei seinen Überlegungen werden vorwiegend äußere Lebenslaufereignisse herangezogen, um Heranwachsende in Abgrenzung von Kindheit und dem Erwachsenenalter zu definieren. Dadurch ist fragwürdig, wie die innere Entwicklung des Betreffenden dazu aussehen muss. Analog zu der Definition von Neidhardt geht auch Hurrelmann nicht auf geschlechtsspezifische Differenzierungen ein. Demzufolge reicht es nur bedingt aus, den Terminus Jugend in Abgrenzung von Kindheit und Erwachsenenalter zu erläutern. Dies ist auch dann der Fall, wenn die Begriffsbestimmung, wie die von Hurrelmann, eine stärkere inhaltliche Betonung erfährt.

In der Fachliteratur wird auch versucht, den Jugendbegriff durch eine primäre Anforderung inhaltlich zu beschreiben. Als die zentralste Herausforderung für den Heranwachsenden wird die „Identitätsbildung“ hervorgehoben, wobei vor allem die Veröffentlichungen von Erik Homburger Erikson zu dieser Thematik einflussreich waren (vgl. Lenz 1986, S. 25). Nach Erikson ist die Identitätsentwicklung zwar eine dauerhafte, über die gesamte Biografie des Menschen verteilte Aufgabe, die aber vor allem für Heranwachsende als der zentrale Konflikt beschrieben wird. Diesen Prozess bezeichnet Erikson als „Identitätskrise“ (vgl. Erikson 2000, S. 140 f.). Der zentrale Konflikt wird aber nicht als eine pathologische Störung verstanden, sondern als eine „normative Krise“. Sie beinhaltet die Möglichkeit einer persönlichen Weiterentwicklung, mit der sich alle Jugendlichen auseinander setzen müssen (vgl. ebd., S. 144). Der Begriff der „Identität“ wird von Erikson wie folgt definiert:

„Das bewußte Gefühl, eine ***persönliche Identität*** *zu besitzen, beruht auf zwei gleichzeitigen Beobachtungen: der unmittelbaren Wahrnehmung der eigenen Gleichheit und Kontinuität in der Zeit, und der damit verbundenen Wahrnehmung, daß auch andere diese Gleichheit und Kontinuität erkennen" (ebd., S. 18, Hervorhebungen im Original).*

Nach dieser Begriffsbestimmung ist Identität eine individuelle Empfindung, die auf zwei Aspekten basiert. Zum einen sollte der Betreffende eine in sich stimmige und einheitliche Person sein, die zum anderen von dem sozialen Umfeld diese kongruente Rückmeldung hinsichtlich ihrer Persönlichkeit erhält. Der Definitionsversuch von Erikson, die Jugendphase ausschließlich als Stadium der Identitätsentwicklung darzustellen, wird den vielfältigen Dimensionen des Jugendbegriffs nicht gerecht. So nimmt die Identitätsbildung einen wichtigen Stellenwert für den Heranwachsenden ein, allerdings werden damit nicht alle Facetten von Jugend thematisiert. Es bedarf verschiedener differenzierender Betrachtungsweisen, um eine Annäherung an eine geeignete Definition zu erhalten (vgl. Lenz 1986, S. 27 f.). Eine ausführliche Darstellung des Identitätskonzepts von Erikson findet im dritten Kapitel statt (vgl. Kapitel 3.4).

Die verschiedenen Begriffsbestimmungen haben nur ansatzweise zur Klärung des Jugendausdrucks beigetragen. Demzufolge herrscht in der Fachliteratur eine Begriffsvielfalt, die zu Unklarheit hinsichtlich der einheitlichen Verwendung des Terminus geführt hat. Vor allem haben einige Forscher zur Verwirrung beigetragen, indem sie partiell von verschiedenen Bedeutungsgehalten der Bezeichnung mit teilweise unterschiedlichen Altersangaben ausgingen, um ihre eigenen wissenschaftlichen Themenvorstellungen hinreichend abdecken zu können. Insgesamt ist zu resümieren, dass es aufgrund der gesellschaftlichen Rahmenbedingungen schwierig erscheint, eine allgemein verbindliche, inhaltlich bestimmte Definition von Jugend zu formulieren. Wilfried Ferchhoff kommt nach der Durchsicht von verschiedenen definitorischen und analytischen Gesichtspunkten zu dem folgerichtigen Schluss:

„Alle bisher herangezogenen Bestimmungsmomente, ***Jugend*** *im Kontext einer fest umrissenen Statuspassage zu definieren, scheinen angesichts der vielen kontingenten Wandlungen, der zeitlichen Verschiebungen und Entkopplungen von Übergangsereignissen und angesichts der vielfältigen und zugleich diskrepanten Verhaltensanforderungen, aber schließlich auch ange-*

sichts des Nachlassens der Zielspannung erwachsen zu werden nicht mehr weiter zu helfen. Alle diese Überlegungen, so plausibel sie auch waren, stehen derzeit zur Disposition" (Ferchhoff 1999, S. 74, Hervorhebung im Original).

Folglich ist von allgemein gehaltenen Aussagen über die Jugend Abstand zu nehmen, da die Jugendforschung keine abschließende konsensfähige Begrifflichkeit hervorgebracht hat und eine systematische Präzisierung noch geleistet werden muss.

Während hinsichtlich der identischen Verwendung des Jugendbegriffs in der fachlichen Diskussion Uneinigkeit herrscht, besteht demgegenüber Einigkeit in der Frage, auf welche historischen Wurzeln der Ausdruck zurückgeht. So wird von den Jugendforschern übereinstimmend postuliert, dass sich die Lebensphase Jugend als Folge des Industrialisierungsprozesses am Anfang des 19. Jahrhunderts entwickelte (vgl. Böhnisch 1996, S. 249; Münchmeier 2001, S. 816). Demnach lässt sich das Jugendalter als eine gesellschaftliche Konstruktion bezeichnen, auch wenn es Heranwachsende schon in der Vergangenheit gegeben hat (vgl. Böhnisch 1996, S. 249), da sie schon von Anfang an mit den damit verbundenen biologischen Vorgängen und den markanten physiologischen Veränderungen existent waren (vgl. Hurrelmann 1999, S. 26). Allerdings wurde Jugend fortan als ein Zeitraum angesehen, der auf das Arbeits- und Erwachsenenleben vorbereiten sollte, um durch Aufgabenklärung Rollenausformung und -übernahme in der fortschreitenden Gesellschaft einen Platz zu finden. Dieser Grundgedanke entstand aus der „Philosophie der Moderne", die das Bild der sich ständig verändernden Gesellschaft hervorgehoben hat (vgl. Böhnisch 1992, S. 21).

Eine Zusammenführung der beiden zentralen Begriffe Jugend und Suizidalität (Jugendsuizidalität) erscheint problematisch, da sich die Motive und Intentionen von Suizidhandlungen bei Jugendlichen, Erwachsenen oder älteren Menschen überschneiden können. Der Terminus Jugendsuizidalität impliziert aber eine ausschließliche Abgrenzung dieser Formen von Suizidalität im Vergleich zum Suizidgeschehen in anderen Lebensphasen, die nicht zwangsläufig vorliegen muss. Suizidales Verhalten von Jugendlichen ist demnach gesondert zu betrachten, als dass die Altersgruppe epidemiologische Besonderheiten aufweist (vgl. Kapitel 4) und bei der Motivsuche spezifische Inhalte dieser Lebensphase berücksichtigt werden müssen (vgl. Kapitel 3). Bei der Betrachtung des Suizidgeschehens von Jugendlichen, scheint demzufolge eine differenzierende Perspektive notwendig zu sein, die offen ist für verborgene Gemeinsamkeiten, fließende Übergänge aber auch tatsächliche und scheinbare Unterschiede zur Suizidalität in anderen Lebensphasen.

3. Jugend als Lebensphase – ein sozialisationstheoretischer Bezugsrahmen

Um jugendliche Denk- und Handlungsweisen verstehen zu können, bedarf es eines genaueren Verständnisses von den Eigentümlichkeiten der Lebensphase Jugend. Aufgrund der Fülle von Publikationen scheint eine zusammenfassende Darstellung über alle relevanten Beiträge aussichtslos. Trotz unüberschaubarer Literatur mit zum Teil widersprechenden Ergebnissen und Erkenntnissen sollen aber in diesem Kapitel die diesbezüglichen Diskussionsstränge zumindest in einigen Grundkonturen nachgezeichnet werden. Dabei wird die Auseinandersetzung um die Thematik der Jugend unter dem Leitgesichtspunkt der Sozialisation erfolgen.

Diese Zugangsweise und Schwerpunktsetzung erfordert eine begriffliche Beschäftigung mit dem Terminus Sozialisation (vgl. Kapitel 3.1). Die anschließenden Ausführungen orientieren sich hauptsächlich an drei Theorieebenen. Zunächst soll das Individualisierungstheorem herangezogen und analysiert werden. Dieser Entwurf richtet zuerst seinen Blick auf die Makroebene der gegenwärtigen Gesellschaft und erläutet anschließend unter Bezugnahme der sozialstrukturellen Veränderungen die Auswirkungen für die Lebenswelt der Menschen (vgl. Kapitel 3.2). Bei den zwei anschließenden Modellen werden jeweils Konzepte entwickelt, die als Bindeglied zwischen der gesellschaftlichen und individuellen Ebene fungieren. Erst wird der Entwurf der Entwicklungsaufgaben vorgestellt (vgl. Kapitel 3.3) und anschließend soll das Identitätskonzept diskutiert werden (vgl. Kapitel 3.4). In einem deutlichen Gegensatz zum Individualisierungstheorem stehen die psychoanalytischen Überlegungen zur Geschlechtersozialisation, da es sich hierbei um einen Ansatz handelt, der beim Individuum ansetzt und unter der Berücksichtigung der Sexualentwicklung die Subjektwerdung der Frau und des Mannes von der Kindheit an beschreibt. Allerdings entwickelt sich im Verlauf der individuellen Biografie die Instanz des Über-Ichs heraus. In dieser Teilstruktur der menschlichen Persönlichkeit sind die gesellschaftlichen Werte und Normen verankert, die mit den individuellen Anforderungen und den Möglichkeiten der Umgebung in Einklang gebracht werden müssen. Aus dieser Perspektive wird deutlich, dass sich der Ansatz auch der zweiten Theorieebene zuordnen lassen kann. Denn mit der Herausbildung des Über-Ichs werden bei der Erläuterung nicht nur die individuellen Bedürfnisse, sondern auch die gesellschaftlichen Anforderungen berücksichtigt. Trotzdem kann dieses Modell als eine eigenständige Richtung charakterisiert werden, da der Mensch mit seinen Bedürfnissen der Ausgangspunkt aller Überlegungen ist und die individuell-biographischen Akteursebenen intensiver als die gesellschaftlichen Rahmenbedingungen betrachtet werden (vgl. Kapitel 3.5).

3.1 Zum Terminus der Sozialisation

Der Sozialisationsbegriff wurde im wissenschaftlichen Diskurs erstmalig zu Beginn des 20. Jahrhunderts von dem Soziologen Emile Durkheim verwendet. Nach Durkheim ist damit die Subjektentwicklung gemeint, welche durch gesellschaftliche Faktoren beeinflusst wird (vgl. Durkheim 1907, zitiert nach: Gudjons 1999, S. 73). Gegenwärtig kann Sozialisation definiert werden,

> *„(...) als der Prozeß der Entstehung und Entwicklung der Persönlichkeit in wechselseitiger Abhängigkeit von der gesellschaftlich vermittelten sozialen und materiellen Umwelt. Vorrangig thematisch ist dabei (...), wie der Mensch sich zu einem gesellschaftlich handlungsfähigen Subjekt bildet" (Geulen/Hurrelmann 1980, S. 51).*

Diese Begriffsbestimmung kann als anerkannt angesehen werden, da sie in ihren Hauptaussagen bestätigt wurde (vgl. u.a. Gudjons 1999, S. 73; Tillmann 1994, S. 10). Demzufolge liegt der Vorteil der Definition darin, wesentliche Aspekte und Ergebnisse der Sozialisationsforschung lakonisch zusammengefasst zu haben. Nach Tillmann impliziert die begriffliche Festlegung die Bedeutung von der Gesamtheit aller Umweltbedingungen, vorausgesetzt, sie haben einen Stellenwert für die menschliche Entwicklung. Bei der Komplexität der Umgebung wird zwischen sozialen und materiellen Umweltfaktoren differenziert. Unter sozialen Variablen lässt sich unter anderem der elterliche Erziehungsstil verstehen, während materielle Faktoren sich beispielsweise auf Spielzeuge beziehen. Beide Einflussgrößen sind gesellschaftlich bedingt. Das Spielzeug, welches von einem Unternehmer überlegt entworfen wurde, ist somit genauso gesellschaftlich geprägt, wie der Erziehungsstil von Erziehungsberechtigen (vgl. ebd., S. 10 f.). Nach der Definition darf die Sozialisation nicht als einseitiger Prozess abhängig von der Umwelt beschrieben werden, wie dies noch bei Durkheim der Fall war, sondern als eine vielschichtige Wechselwirkung zwischen dem Menschen und seiner sozialen Umgebung. Laut Tillmann wird dem

Menschen dabei eine aktiv gestaltende Rolle in seiner Entfaltung zugesprochen (vgl. ebd., S. 12). Ein weiterer verwendeter Begriff ist bei der Sozialisationsdefinition der Terminus „Persönlichkeit", dessen Präzisierung ebenfalls notwendig ist. Klaus Hurrelmann definiert ihn folgendermaßen:

> *„Mit Persönlichkeit wird das einem Menschen spezifische organisierte Gefüge von Merkmalen, Eigenschaften, Einstellungen und Handlungskompetenzen bezeichnet, das sich auf der Grundlage der biologischen Ausstattung als Ergebnis der Bewältigung von Lebensaufgaben jeweils lebensgeschichtlich ergibt" (Hurrelmann 1993, S. 14, im Original hervorgehoben).*

Demnach gehören zur Persönlichkeit sowohl die von außen sichtbaren Handlungsoptionen als auch die innerpsychischen Prozesse (vgl. Tillmann 1994, S. 11). Der von Dieter Geulen und Klaus Hurrelmann eingeführte Sozialisationsbegriff akzentuiert die Entstehung und Entwicklung der Persönlichkeit. Unter Verweis auf Tillmann scheint die Persönlichkeit im Sozialisationsprozess zwei Vorgänge zu bezeichnen. Zum einen die „Individualisierung" und zum anderen die „Vergesellschaftung". Mit der Individualisierung ist die Genese des emotionalen Gesamtbildes gemeint, welche bei jeder Person verschieden ist. Die Vergesellschaftung hingegen beschreibt den Prozess des Sozialcharakters, der innerhalb einer Gesellschaft ausgebildet wird. Dazu gehören beispielsweise geschlechtsspezifische Verhaltensweisen ebenso wie die gebräuchlichen Umgangsformen (vgl. ebd., S. 11 f.). Der verwendete Terminus des „Prozesses" bietet die Möglichkeit, Sozialisation nicht als ein temporäres Geschehen zu begreifen, sondern als eine lebenslange Entwicklung, die in allen Lebensphasen erfolgt.

Ein weiterer Vorteil der oben genannten Sozialisationsdefinition von Geulen und Hurrelmann liegt in der gelungenen Abgrenzung von drei wissenschaftlichen Auffassungen. Erstens grenzt die Begriffsbestimmung sich gegenüber der biologischen Annahme ab, welche die menschliche Entwicklung ausschließlich oder zumindest hauptsächlich auf naturbedingte Einflüsse reduziert. Allerdings werden diese Bedingungen zwar bei der wissenschaftlichen Betrachtung von Sozialisation beachtet, aber ihnen wird nicht der Stellenwert einer einseitigen Determination zugesprochen. Es wird vielmehr die Bedeutung hervorgehoben, die sowohl biologische als auch gesellschaftliche Faktoren haben. Beide stehen im Sozialisationsprozess in einem wechselseitigen Verhältnis zueinander. Zweitens weist die Definition die idealistische Annahme als veraltet zurück, nach der die sozialen Faktoren unwesentlich für den Sozialisationsprozess sind und sich menschliche Entwicklung akademischen Fragestellungen entzieht. Die Erkenntnisse des idealistischen Standpunktes werden aber nicht generell ausgeschlossen, sondern die darin enthaltene Vorstellung eines sich entwickelnden Menschen wird berücksichtigt. Diese Beachtung erfordert, den Menschen als ein Individuum anzuerkennen, welches reflektierend und zielgerichtet handelt. Dabei ist der Sozialisationsvorgang nicht ausschließlich gesellschaftlich erklärbar, obwohl diese Bedingung einen Einfluss auf ihn hat. Drittens bezieht die Begriffsbestimmung gegen eine erziehungswissenschaftlich verringerte Sichtweise Stellung, die ausschließlich die intentionale Einflussnahme des Pädagogen auf die zu erziehende Person akzentuiert. Die zielgerichtete Einwirkung des Erziehers auf den betreffenden Menschen kann zwar ein Bestandteil der Sozialisation sein, muss aber im Zusammenhang mit anderen, vielfältigen Bedingungen gesehen und thematisch klassifiziert werden (vgl. ebd., S. 13 ff.). Der Terminus „Erziehung" kann von dem Begriff der Sozialisation abgegrenzt werden, da er eine Subkategorie beschreibt (vgl. Hurrelmann 1993, S. 14).

3.2 Das Individualisierungstheorem von Beck

Um weitere Erkenntnisse zur Jugendphase zu erzielen, ist eine Auseinandersetzung mit den gesellschaftlichen Lebensumständen von Heranwachsenden erforderlich. Die sozialen Strukturen sind dabei nicht als ein starres Gebilde zu sehen, sondern es existieren immer wieder Impulse und Begebenheiten, die eine gesellschaftliche Veränderung bewirken können. Den Wissenschaftlern fehlt es dabei nicht an Termini, die strukturellen Rahmenbedingungen der Gegenwartsgesellschaft mit einem Hauptbegriff zu beschreiben. Diese Schlagwörter erheben den Anspruch, die soziale Entwicklung pointiert zum Ausdruck zu bringen. Sie sind von dem spezifischen Blickwinkel des jeweiligen Forschers abhängig. So wird unter anderem von einer „Erlebnisgesellschaft" (vgl. Schulze 1992), von einer „Mediengesellschaft" (vgl. Kombüchen 1999), von einer „Multioptionsgesellschaft" (vgl. Gross 1994) oder von einer „Kommunikationsgesellschaft" (vgl. Münch 1991; 1995) gesprochen. Der Soziologe Ulrich Beck veröffentlichte im Jahre 1986 ein Buch mit dem Titel „Risikogesellschaft. Auf dem Weg in eine andere Moderne". An dieser Stelle soll eine Auseinandersetzung mit seiner Veröffentlichung erfolgen, da sie innerhalb der wissenschaftlichen Diskussion eine vielfache Beachtung erfahren hat (vgl. Galuske 2002, S. 38 ff.; Volkmann 2000, S. 23 ff.; Witterstätter 2002, S. 37). Eine weitere Begründung für die Darstellung seiner Arbeit liegt darin, dass die Publikation mit dem darin beschriebenen „Individualisierungstheorem“ bis heute die Forschungsdiskussion um das Verhältnis von Jugend und Gesellschaft bestimmt (vgl. Zimmermann 2000, S. 160). Seine Gegenwartsanalyse erhebt zwar nicht den Anspruch eine Sozialisationstheorie zu sein (vgl. Beck 1986, S. 206 f.), dennoch lassen sich unter Bezug auf sein Individualisierungstheorem damit zusammenhängende Themen erörtern (vgl. Heitmeyer/Olk 1990, S. 12; Zimmermann 2000, S. 160 ff.).

Nach Ulrich Beck lässt sich die gegenwärtige Gesellschaft als „industrielle Risikogesellschaft“ charakterisieren. Sie bildet sich allmählich aus der vorangegangenen Industriegesellschaft, der ersten Moderne, heraus. Demgegenüber hat die erste Moderne die Agrargesellschaft abgelöst. Dieser Transformationsprozess wurde durch einen „einfachen“ Modernisierungsprozess ausgelöst. Die industrielle Risikogesellschaft wird als zweite Moderne charakterisiert. Der Übergang von der Industrie- zur Risikogesellschaft wird als „reflexive Modernisierung“ bezeichnet. Der Ausdruck reflexiv kennzeichnet nicht einen ausgearbeiteten, detaillierten und planmäßigen Wandel, sondern lässt sich eher als unbeabsichtigte und undurchdachte Entwicklung charakterisieren, die im Verborgenen verläuft (vgl. Beck 1986, S. 13 f.; 1996, S. 27). Im Gegensatz dazu war der Übergang von der Agrargesellschaft zur ersten Moderne ein beabsichtigter Prozess, der zum einen die Abwendung der bisherigen überlieferten Bräuche und zum anderen die Erwartung auf finanziellen Wohlstand ermöglichen sollte (vgl. Volkmann 2000, S. 24). Dagegen wurde der Wandel von der ersten zur zweiten Moderne durch die Gegebenheiten der Industriegesellschaft selbst zum Auslöser der Veränderung. Das Bewusstwerden der „Modernisierungsrisiken“, die im Verlauf der Industriegesellschaft selbst entwickelt und erzeugt wurden, löste diese Entwicklung aus (vgl. Beck 1993, S. 36 f.).

Beck begründet den Wandel zur Risikogesellschaft mit zwei Hauptgedankengängen: Auf der einen Seite wird die Konsequenz der industriegesellschaftlichen Denk- und Handlungsweisen der „Reichtumsverteilung“ mit dem momentanen und sich noch weiter entwickelnden Resultat der wohlfahrtsstaatlichen „Risikoverteilung“ verglichen (vgl. Beck 1986, S. 25 ff.), auf der anderen Seite wird auf die modifizierte Lebenssituation der Menschen verwiesen, die er im Zusammenhang mit dem Begriff der Individualisierung erläutert (vgl. ebd., S. 121 ff.). Durch die Darstellung und Interpretation dieser zwei Bedingungen scheint die gesellschaftliche Realität nicht mehr unter dem Begriff der Industriegesellschaft subsumiert werden zu können, da sich spezifische Gesellschaftsmerkmale herausgebildet haben (vgl. ebd., S. 14). Für Beck sind die daraus resultierenden entstehenden Umrisse die Legitimation dafür, um von einer Risikogesellschaft zu sprechen, deren Formen zunehmend deutlicher werden, die sich aber noch nicht vollständig entwickelt hat (vgl. ebd., S. 27).

Während für die klassische Industriegesellschaft die Verteilung der zur Verfügung stehenden Reichtümer bezeichnend war, liegt das gegenwärtige charakteristische Strukturmerkmal in der Dominanz der Verteilung von Risiken. Allerdings ist das Prinzip der Reichtumsverteilung nicht gänzlich verschwunden, sondern nimmt nur einen untergeordneteren Stellenwert als das Konzept der Risikoverteilung ein (vgl. ebd., S. 25). Unter Rückbezug auf die beiden Grund- und Hilfsbegriffe des Risikos und des Reichtums wird der Unterschied zwischen der Industrie- und der Risikogesellschaft erläutert. Während Beck unter Reichtum beispielsweise Lohn oder Bildung versteht (vgl. Volkmann 2000, S. 26), werden mit dem Risikoterminus die Umweltverschmutzung, das Waldsterben (vgl. Beck 1986, S. 48) oder die atomare Bedrohung verbunden (vgl. ebd., S. 29). Die Risiken sind das Resultat der technischen und ökonomischen Entwicklung, die eine Vernichtung der eigenen Lebensgrundlage nicht ausschließt (vgl. ebd., S. 67 ff.). Für die Menschheit existiert eine weltweite Bedrohung, die nicht nur den Standort gefährdet an dem sie entwickelt wurde. Demzufolge sind die Gefahren allgegenwärtig und universell. Allerdings wird in diesem Kontext auf die gesellschaftliche Verteilung der Risiken hingewiesen, die eher die sozial schwächeren Bevölkerungsgruppen betreffen (vgl. ebd., S. 48). Jedoch bleibt die Feststellung einer weltweiten Gefährdung bedeutender:

> *„Auch hier gibt es Ungleichheiten: Not zieht Gefahr an. Aber diese nehmen im globalen Überfluß der Gefahren ab. Schadstoffe im Trinkwasser machen auch nicht halt vor den Trinkwasserhähnen der Generaldirektoren" (Beck 1991, S. 187).*

Das Gefährdungspotenzial hat ein solches Ausmaß und eine solche Brisanz erreicht, dass es mit den vergangenen Risiken nicht mehr zu vergleichen ist (vgl. Beck 1986, S. 29 f.). Anhand von fünf Thesen werden diese Sprengkraft und die spezifischen Eigenschaften der Risiken angerissen und im Vergleich zu dem Begriff des Reichtums als charakteristische Eigenschaft der Industriegesellschaft analysiert. Zum Ersten wird ein Unterschied zwischen Risiken und Reichtümern thematisiert. Während der Wert von Reichtümern ermittelbar ist, entziehen sich Risiken den individuellen Beobachtungen, da sie für die Menschen oftmals nicht wahrnehmbar sind. Zweitens wird auf das egalisierende Resultat der Gefährdungen hingewiesen. Die gegenwärtigen Risiken betreffen alle Menschen und nicht nur Einzelpersonen oder bestimmte Teilgruppen der Bevölkerung. In der Industriegesellschaft hingegen waren vor allem diejenigen gefährdet, die in der gesellschaftlichen Rangordnung einen sozial schwächeren Platz eingenommen haben. Drittens werden die Risiken im Zusammenhang mit einer höheren Ebene der „kapitalistischen Entwicklungslogik" betrachtet, da diese Gefahren für die Wirtschaft finanziell lohnenswert geworden sind. Sie gleichen einem „Bedürfnis-Fass ohne Boden", welches unerschöpflich, selbst produzierbar und nicht geschlossen werden kann. Viertens wird ein weiterer Unterschied zwischen Reichtümern und Risiken erläutert. Während das Individuum Reichtümer besitzen kann, ist der Mensch von Risiken betroffen. Die Erkenntnis der Allgegenwart von Gefährdungen enthält einerseits einen wichtigen Bezugspunkt zur politischen Diskussion, andererseits besteht die Notwendigkeit, diese Einsicht soziologisch zu erörtern. Fünftens wird das Konfliktpotenzial der Gefährdungen beschrieben, welches sich aber nicht ausschließlich auf das Wohlergehen der Umwelt und der Bevölkerung bezieht, sondern auch gleichzeitig Konsequenzen für Politik, Wirtschaft und Gesellschaft enthält (vgl. ebd., S. 29 ff.).

Das Konzept der Risikoverteilung stellt aber nur einen Indikator für die zweite Moderne dar. Ein weiteres Kennzeichen der Risikogesellschaft wird in dem Individualisierungstheorem gesehen (vgl. ebd., S. 115). Laut Beck hat seit den fünfziger Jahren in den Industrieländern ein Individualisierungsprozess begonnen (vgl. Beck 1994, S. 44), der hauptsächlich von drei sozialstrukturellen Entwicklungstendenzen verursacht wurde (vgl. Beck 1986, S. 122 ff.). An erster Stelle wird die enorme Steigerung des materiellen Lebensstandards angeführt. Die Relationen der sozialen Ungleichheit sind zwar weitgehend konstant geblieben, dennoch wird von einem „Fahrstuhl-Effekt" gesprochen: *„(...) die ‚Klassengesellschaft' wird* ***insgesamt*** *eine Etage höher gefahren"* (ebd., S. 122, Hervorhebung im Original).

Zweitens lässt sich eine gestiegene „soziale, geografische und alltägliche Mobilität" konstatieren. Die verschiedenen Formen der Mobilität haben zur Folge, dass die Biografie der Menschen weniger

Kontinuität erfährt, sondern destandardisiert wird (vgl. ebd., S. 125 ff.). Als dritten Grund für den Individualisierungsprozess wird auf die weit reichenden Folgen der Bildungsexpansion verwiesen. Eine Erhöhung des Bildungsniveaus bedeutet einerseits die Möglichkeit von „Selbstfindung- und Reflexionsprozessen" und andererseits eine grundsätzliche Infragestellung der klassischen Ansichten und Lebenshaltungen. So wird unter anderem eine sukzessive Verschlechterung der Beziehungen zwischen den beiden Geschlechtertypen und den Generationen deutlich (vgl. ebd., S. 127 ff.).

Beck konkretisiert den Terminus der Individualisierung durch eine inhaltliche Unterscheidung, die sich ternär begreifen lässt. Mit dem Verweis auf diese drei Komponenten der Individualisierung werden Widersprüchlichkeit und Ambivalenz des Prozesses verdeutlicht (vgl. ebd., S. 206). Beck definiert Individualisierung wie folgt:

> *„Modernisierung führt (...) zu einer dreifachen ‚Individualisierung': **Herauslösung** aus historisch vorgegebenen Sozialformen und -bindungen im Sinne traditionaler Herrschafts- und Versorgungszusammenhänge (‚Freisetzungsdimension'), **Verlust von traditionalen Sicherheiten** im Hinblick auf Handlungswissen, Glauben und leitende Normen (‚Entzauberungsdimension') und – womit die Bedeutung des Begriffes gleichsam in ihr Gegenteil verkehrt wird – eine **neue Art der sozialen Einbindung** (‚Kontroll- bzw. Reintegrationsdimension')" (ebd., Hervorhebungen im Original).*

Die „Freisetzungsdimension" bezeichnet die zunehmende Auflösung familiärer Versorgungsverbände, klassischer Systeme und sozialer bzw. hierarchischer Einteilungen. Der Mensch wird somit aus den gesellschaftlichen Lebenskontexten dispensiert (vgl. Beck/Beck-Gernsheim 1994, S. 11). Die Gestaltung der eigenen Biografie wird nicht mehr so stark durch soziale Zwänge geregelt, wie dies noch vor wenigen Jahrzehnten Bestandteil des Lebens war (vgl. Beck 1986, S. 251). Dadurch wächst die Anzahl der Optionen und Alternativen für den eigenen Werdegang (vgl. Zimmermann 2000, S. 58). Diese Erweiterungen von Handlungsoptionen sind allerdings ambivalent zu sehen. Einerseits bietet sich nun eine Reihe von Wahlmöglichkeiten für den Einzelnen, aber andererseits besteht die Gefahr der Überforderung. Die Möglichkeit einer zu starken Beanspruchung ist mit dem Verschwinden klassischer Hilfesysteme verbunden. Dies beinhaltet einen Verzicht auf die normative Gewissheit und die Orientierungsmöglichkeiten (vgl. Beck/Beck-Gernsheim 1993, S. 179). Hiermit findet die zweite Individualisierungsform, die „Entzauberungsdimension", ihre Entsprechung. Der Einzelne muss nun ständig aus der Vielzahl von Optionen eine einzelne aussuchen (vgl. Beck 1986, S. 190; Beck/Beck-Gernsheim 1993, S. 179), ohne dabei die klassischen Orientierungsmuster in Anspruch nehmen zu können (vgl. ebd.; 1994, S. 12). Die Einzelperson ist somit auf sich selbst gestellt (vgl. Beck 1986, S. 119; Beck/Beck-Gernsheim 1993, S. 179). Sie muss mit ihren Entscheidungen und den daraus resultierenden Folgen leben (vgl. Beck 1986, S. 218). Die dritte Individualisierungsform, die „Kontroll- bzw. Reintegrationsdimension", verweist auf die moderneren Verpflichtungen, denen der Mensch unterliegt. Zwar ist das Leben nicht mehr durch vorgegebene und soziale Abhängigkeiten festgelegt, jedoch sieht sich der Mensch institutionellen Verpflichtungen gegenüberstehen, auf die er nur bedingt Einfluss nehmen kann. Dabei sieht sich die Einzelperson hauptsächlich mit den Bedingungen des Arbeitsmarktes konfrontiert, nach denen sie ihre Lebensgestaltung ausrichten muss (vgl. ebd., S. 211).

Zur Begründung des Übergangs von der Industrie- zur Risikogesellschaft werden somit hauptsächlich sowohl das Individualisierungstheorem als auch die Verteilung der gegenwärtigen Risiken herangezogen. Diese beiden Aspekte scheinen überwiegend der Existenznachweis für die immer präsenter werdenden Strukturen der Risikogesellschaft zu sein. Beck betont das bedeutende Verhältnis dieser zwei Komponenten zueinander, die sich gegenseitig komplettieren:

> *„Beide Seiten zusammen, die Summe der Risiken und Verunsicherungen, ihre wechselseitige Verschärfung oder Neutralisierung, machen die soziale und politische Dynamik der Risikogesellschaft aus. (...) An der Wende ins 21. Jahrhundert hat der entfachte Modernisierungsprozeß nicht nur die Unterstellung einer der Gesellschaft gegenüberstehenden Natur überrollt, sondern auch das innergesellschaftliche Koordinatensystem der Industriegesellschaft brüchig werden lassen (...)" (ebd., S. 115).*

Ein gemeinsames Moment zwischen den beiden Komponenten liegt in der Auflösung der traditionellen Klassengesellschaft. Nicht nur beim Individualisierungsprozess, sondern auch beim Schema der Risikoverteilung, verliert das Orientierungsmodell der hierarchischen Einteilung der Gesellschaftsgruppen seine Gültigkeit (vgl. ebd., S. 18 u. S. 61).

Im Hinblick auf die abschließende Bewertung und Einschätzung der soziologischen Gegenwartsdiagnose von Beck kann die Ungenauigkeit des Begriffsinstrumentariums Risiko kritisiert werden. So wird von dem Soziologen Wolfgang Bonß die zu eindeutige Fokussierung des Risikoterminus auf „technische Gefährdungen" bemängelt (vgl. Bonß 1991, S. 260). In der Diskussion um den Risikobegriff besteht folglich die Gefahr einer zu engen und begrenzten Sichtweise. Nach dem Erziehungswissenschaftler Thomas Rauschenbach scheint es notwendig zu sein, den Terminus nicht ausschließlich in dem Bereich der Physik, der Biologie, der Medizin und der Chemie anzuordnen, sondern ihn auf „soziale Risiken" zu erweitern. Diese Ausdehnung des Begriffs ist möglich, da ökologische mit sozialen Risiken in ihrer Struktur vergleichbar sind. Unter Verweis auf Luhmann spricht Rauschenbach von drei zentralen Kennzeichen, die er mit Beck durch die Ausdrücke „Entsinnlichung", „Entgrenzung" und „Wissensabhängigkeit" charakterisiert. Entsinnlichung meint das fehlende Empfinden der unmittelbaren Konsequenzen. Entgrenzung bezeichnet die Unmöglichkeit, das potenzielle Ergebnis, im Hinblick auf den Zeitpunkt, auf den Standort und auf die Einzelperson zu begrenzen. Wissensabhängigkeit bezieht sich schließlich auf die Angewiesenheit von „Möglichkeits- und Wahrscheinlichkeitswissen". Rauschenbach differenziert zwei verschiedene Typen von sozialen Risiken, die voneinander abgegrenzt werden können. Diese existieren einerseits als Resultat von früheren Entschlüssen, andererseits gibt es solche, die als Folge kommender Wahlmöglichkeiten aufgefasst werden können (vgl. Rauschenbach 1999, S. 242 ff.). Durch die Erweiterung des ursprünglichen Risikobegriffs, der auf technische Gefährdungen begrenzt war, wird durch die Analyse von Rauschenbach eine Übertragung des Ausdrucks auf soziales Handeln möglich. So ist ein direkter Bezug zur Sozialpädagogik denkbar.

Ein weiterer kritischer Gesichtspunkt wird in der Darstellungsweise der soziologischen Gegenwartsdiagnose gesehen. Der beschriebene Übergang von der Industrie- zur Risikogesellschaft beinhaltet eine zu deutliche Akzentuierung und zu überspitzte Formulierungen. Somit werden die Ausführungen von Beck zu unpräzise und oberflächlich (vgl. Joas 1988, S. 2). In diesem Zusammenhang bemängelt Klaus-Jürgen Tillmann unter Verweis auf Joas die Grundlage der Argumentation von Beck, da die gegenwärtigen Entwicklungen übereilt generalisiert werden. Insgesamt sind seine Ansichten nur begrenzt bewiesen (vgl. Tillmann 1994, S. 276). Ähnlich argumentiert Mackensen, der auch bei Beck die fehlende Durchgängigkeit von empirischer Beweisführung kritisiert (vgl. Mackensen 1988, S. 9). Zweifelhaft ist zudem Becks Argumentation, die Geschehnisse in Tschernobyl und die damit verbundenen Folgen als Beleg anzuführen (vgl. Beck 1986, S. 10 f.). So bemerkt Hans Joas:

> *„Tschernobyl hat wohl die Gefährlichkeit der Kernenergie, nicht aber die Richtigkeit einer von vielen konkurrierenden sozialwissenschaftlichen Deutungen bestätigt" (Joas 1988, S. 2).*

Dennoch kommt dem Soziologen Beck unverkennbar das Verdienst zu, mit seinem beschriebenen Individualisierungstheorem bereits vorhandene Überlegungen zur Gegenwartsgesellschaft systematisch erfasst und dadurch den Zugang für eine wissenschaftliche Debatte ermöglicht zu haben. (vgl. Tillmann 1994, S. 275). Zwar gehört das Individualisierungstheorem zum festen Bestandteil der soziologischen Terminologie, allerdings wurde dieses Konzept auf aktuelle Entwicklungen bezogen und analysiert (vgl. Joas 1988, S. 2). Die Bedeutung und der Einfluss des Konzepts werden zudem durch die zahlreichen Beiträge erkennbar, die innerhalb der Jugendforschung auf diesen Ansatz verweisen. So hat der Beitrag zum einen im Hinblick auf den Strukturwandel der Jugendphase (vgl. Heitmeyer/Olk 1990; Schröder 1995, S. 18 ff.) und zum anderen bezüglich des Rechtsextremismus von Heranwachsenden einen enormen Zuspruch erhalten (vgl. Heitmeyer 1987, 1994; Heitmeyer et al. 1992). Drittens werden die Auswirkungen der strukturellen Veränderungen auf die Identitätsbildung von Jugendlichen thematisiert (vgl. Baethge 1985; Fuchs 1983; Heitmeyer/Olk 1990, S. 23 ff.).

Im Wesentlichen wird die Debatte um die jugendspezifischen Folgen von Individualisierungsprozessen auf zwei Ebenen geführt. Zum einen geht es um die Veränderungen im Hinblick auf die „äußere Gestalt" der Lebensphase Jugend, die unter dem Terminus „Strukturwandel der Jugendphase" einen Eingang in die Literatur gefunden hat. Zum anderen wird die Bewertung von Individualisierung in Bezug auf die Identitätsbildung im Jugendalter thematisiert. Überwiegende Einigkeit besteht hinsichtlich der äußerlich sichtbaren Veränderung der Lebensphase Jugend. Im Prozess der industriellen Entwicklung war die Jugendphase hinsichtlich der Reihenfolge der Entwicklungsaufgaben und den Ereignissen, die den Übergang zum Erwachsenenalter markieren, deutlich strukturiert. Für die Gegenwartsgesellschaft scheint diese Eindeutigkeit ihre Gültigkeit zu verlieren. So wird von einer modifizierten Abfolge der Lösung von „Entwicklungsaufgaben" ausgegangen und auch die „Übergangsereignisse" sind nicht mehr standardisiert, sondern individuell verschieden. Der Diskurs über die Auswirkungen der strukturellen Veränderungen auf die Identität des Heranwachsenden wird hingegen in älteren Publikationen kontrovers geführt. Vor allem zwei gegensätzliche Argumentationslinien betonen in einseitiger Weise die „Sonnen- bzw. die Schattenseiten" des Individualisierungsprozesses (vgl. ebd., S. 22 ff.). Während Werner Fuchs in seiner These der „Biografisierung von Jugend" vor allem die positiven Gesichtspunkte hervorhebt (vgl. Fuchs 1983), akzentuiert Martin Baethge besonders die negativen Aspekte der Individualisierung für die Heranwachsenden (vgl. Baethge 1985). In neueren Arbeiten werden demgegenüber beide Seiten des Individualisierungsprozesses betrachtet, da sich hierbei sowohl Gefahren als auch Chancen für den Adoleszenten ergeben können (vgl. Heitmeyer/Olk 1990, S. 23 ff.; Mansel 1995, S. 18 ff.; Zimmermann 2000, S. 161 f.). In Anlehnung an Heitmeyer und Olk werden von der Erziehungswissenschaftlerin Ulrike Popp die Vorteile des Individualisierungsprozesses folgendermaßen zusammengefasst:

> *„Die positiven Aspekte dieser sozialen Entwicklung lassen sich mit Emanzipation, Freisetzung aus traditionellen Geschlechterrollen, einer Vielzahl von Wahlalternativen und einer Erhöhung von Entscheidungsspielräumen bezeichnen. Dies reicht für den einzelnen Jugendlichen von der Entscheidung für unterschiedliche Schullaufbahnen, über die Zuordnung zu Gleichaltrigen-Gruppen bis hin zur Nutzung des Medien- und Konsumwarenmarktes" (Popp 2002, S. 66).*

Ein nachteiliger Aspekt des Prozesses wird von Popp in Übereinstimmung mit Heitmeyer et al. wie folgt beschrieben: „Die ‚Schattenseiten' dieser Entwicklung sind zunehmende Isolierung, Einsamkeit, Entscheidungszwänge, Verlust von Zugehörigkeiten und Orientierungslosigkeit" (ebd.). Einen weiteren negativen Gesichtspunkt führt Popp an:

> *„Normative Traditionsbestände wie Religion, Sitten und Sekundärtugenden erleiden im Zuge der Individualisierung einen Verbindlichkeitsverlust, stattdessen wird eine verstärkte Hinwendung zu ‚Selbstentfaltungswerten' (...) festgestellt" (ebd.).*

So lässt sich in der Gegenwartsgesellschaft für Heranwachsende zwar eine Zunahme der Handlungsoptionen konstatieren, die aber nicht zwangsläufig als Garantie für eine erfolgreiche Bewältigung der Biografie angesehen werden können, da eine Vergrößerung der Anzahl von Optionen die Gefahr der Überforderung in sich birgt. Diese ambivalente Situation scheint durch die Auswirkungen der gesellschaftlichen Strukturen auf die Biografieverläufe der Adoleszenten entstanden zu sein (vgl. Zimmermann 2000, S. 162). Aus dieser Perspektive heraus ist als ein weiterer Vorteil des Entwurfs festzuhalten, dass, obwohl Beck mit seiner Gesellschaftsdiagnose nicht um eine Entwicklung einer Sozialisationstheorie bemüht war (vgl. Beck 1986, S. 206 f.), dennoch, unter Verweis auf ihn, Aussagen zu den Strukturbedingungen der Lebenswelt und den daraus resultierenden Folgen für die Jugendlichen möglich sind (vgl. Heitmeyer/Olk 1990, S. 12; Zimmermann 2000, S. 160 ff.). Die Diskussion über die Handlungsmuster, auf die der Heranwachsende zurückgreift, um auf die veränderte gesellschaftliche Situation zu reagieren, wird hingegen als noch nicht abgeschlossen betrachtet (vgl. ebd., S. 162). Als gesichert kann die Annahme gelten, dass durch den Individualisierungsprozess eine verstärkte Hinwendung der Heranwachsenden zur Gleichaltrigenkultur stattfindet (vgl. Popp 2002, S. 67).

Eine weitere Stärke des Individualisierungstheorems liegt darin, dass der Blick auf gesellschaftliche Prozesse nicht nur auf einheitliche Entwicklungstendenzen, sondern auch auf verschiedene, widersprüchliche und ambivalente Vorgänge gerichtet wird. Demzufolge liegt mit dem Individualisierungstheorem eine Interpretationsfolie für die Gegenwartsgesellschaft vor, mit der die paradoxen Strukturen erfasst werden können. Die Aussagen des Theorems sind jedoch nicht vollständig empirisch belegt. Diesen kritischen Einwand entschärft Beck schon zu Beginn seiner Publikation, indem er darauf verweist, dass sich die Intention seiner Arbeit beschreiben lässt, als *„(...) **ein Stück empirisch orientierter, projektiver Gesellschaftstheorie** – ohne alle methodischen Sicherungen"* (Beck 1986, S. 13, Hervorhebungen im Original). Insgesamt liegt mit dem Individualisierungstheorem ein analytisches Konzept vor, welches eine Annäherung an die soziale Realität der Gegenwartsgesellschaft ermöglicht. Allerdings ist der Forscher mit diesem Entwurf nur bedingt in der Lage, die gesellschaftlichen Bedingungen zu beschreiben, da die empirische Bestätigung nicht ausreicht und insofern noch geleistet werden muss.

3.3 Der Entwurf der Entwicklungsaufgaben von Havighurst

Jugendliche stehen im Verlauf ihres Lebens vor verschiedenen Anforderungen, die sie zu bewältigen haben. Dieser Aspekt wurde zum ersten Mal von dem amerikanischen Pädagogen Robert James Havighurst aufgegriffen und in seiner Arbeit „Developmental Tasks and Education" thematisiert (vgl. Havighurst 1948). Nach Havighurst muss der Mensch während seiner biografischen Entwicklung verschiedene, vorwiegend im sozialen und emotionalen Bereich liegende Handlungsoptionen erwerben. Die verschiedenen Lebensphasen sind in inhaltlich normierte Sequenzen von Aufgabenkomplexen eingeteilt. Diese altersgebundenen Zielsetzungen werden als „Entwicklungsaufgaben" bezeichnet. Sie sind die Verbindung zwischen dem eigenen Anliegen und den sozialen Erfordernissen (vgl. Havighurst 1982, zitiert nach: Oerter/Dreher 1998, S. 326).

Laut Havighurst weisen die Entwicklungsaufgaben drei Eigenschaften auf. Das erste Kennzeichen ist die „Kulturabhängigkeit". So sind einige Anforderungen in allen Kulturen gültig, während andere Herausforderungen nur in spezifischen sozialen und gesellschaftlichen Kontexten ihre Berechtigung haben. Das zweite Charakteristikum ist der „Zeitpunkt". Einzelne Anforderungen können sich über den Zeitraum von verschiedenen Lebensphasen erstrecken, unterdessen sind andere innerhalb einer Altersspanne abgeschlossen. Als letzte Variable wird die „Interdependenz" genannt, da die Bewältigung bzw. die unzureichende Meisterung von Anforderungen abhängig von der Vergangenheit ist und Bezüge zur Zukunft aufweisen. So führt die altersspezifische adäquate Lösung der Aufgaben zur Zufriedenheit und erleichtert die Meisterung der Ansprüche, die aus der darauf folgenden Entwicklungsphase resultieren (vgl. Havighurst 1982, zitiert nach: Dreher/Dreher 1985b, S. 57 f.). Falls das Individuum an den Herausforderungen scheitert, kommt es zur sozialen Ablehnung, und die Aufgabenbewältigung in der nächsten Lebensphase wird erschwert (vgl. Havighurst 1956, zitiert nach: Dreher/Dreher 1985a, S. 30).

Die nachstehende Abbildung von Eva und Michael Dreher veranschaulicht die unterschiedlichen Herausforderungen, die sich nach Havighurst in den verschiedenen Lebensspannen ergeben:

Abbildung 1: Die Entwicklungsaufgaben.

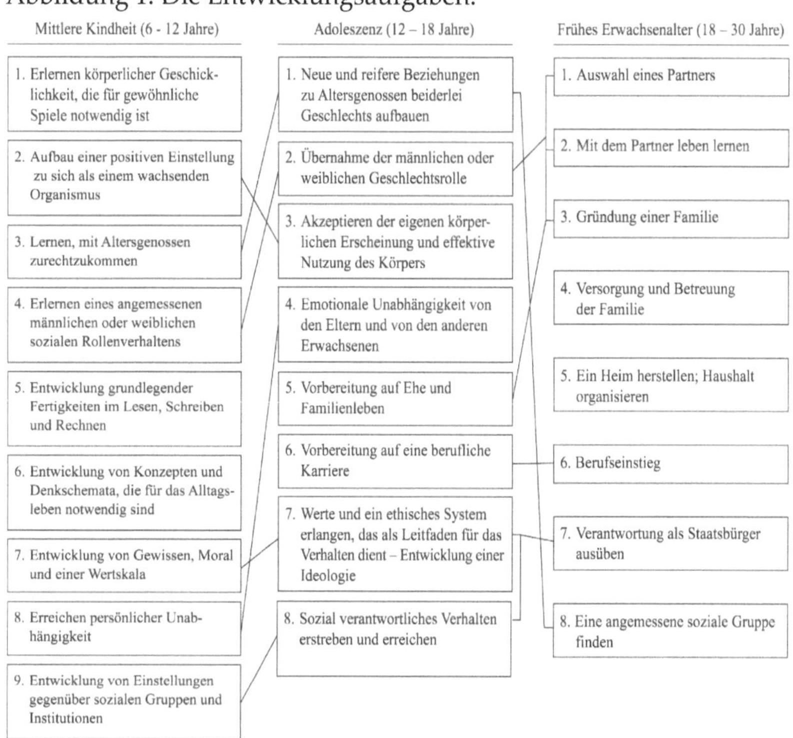

Quelle: Dreher/Dreher 1985b, S. 59.

Petra Kolip bezieht sich auf Haberlandt et al., wenn sie an Havighursts Modell das Folgende bemängelt: die fehlende Begründung seiner Ansichten, die unzureichende Beziehungen der Aufgaben untereinander, die ungenügende Differenzierung der einzelnen Anforderungen und die eingeengte Sichtweise von einem „reduktionistischen Person-Umwelt-Verhältnis" (vgl. Kolip 1997, S. 90). Für den deutschsprachigen Raum legten die Psychologen Eva und Michael Dreher eine aktuellere Untersuchung vor, bei der sie 210 Mädchen und 230 Jungen im Alter von 15 und 18 Jahren mithilfe eines Fragebogens zur Thematik der Entwicklungsaufgaben befragten (vgl. Dreher/Dreher 1985b). Dabei erfuhr der Entwurf von Havighurst an einigen Stellen punktuelle Erweiterungen (vgl. Dreher/Dreher 1985a; 1985b). Rolf Oerter und Eva Dreher fassen die Veränderungen pointiert zusammen:

„Die Thematiken 7 und 8 (Werte, sozial verantwortliches Verhalten) wurden interessanterweise nicht als getrennte, sondern integrierte Entwicklungsaufgaben betrachtet. Sozial verantwortliches Verhalten galt als Komponente der Weltanschauung und jener Werte, nach denen eigenes Verhalten ausgerichtet wird. Ferner wurden als fehlende Thematiken ***Partnerbeziehungen, Selbstkenntnis*** *und* ***Zukunftsplanung*** *moniert und ergänzend hierzu Entwicklungsaufgaben festgelegt" (Oerter/Dreher 1998, S. 329, Hervorhebungen im Original).*

Nach der Untersuchung von Eva und Michael Dreher sind für das Jugendalter folgende Entwicklungsaufgaben (EA) bezeichnend, welche für die Gegenwartsgesellschaft einen typischen Charakter haben sollen:

1. *„Aufbau eines Freundeskreises: Zu Altersgenossen beiderlei Geschlechts werden neue, tiefere Beziehungen hergestellt. (EA 1: Peer)*
2. *Akzeptieren der eigenen körperlichen Erscheinung: Veränderungen des Körpers und sein eigenes Aussehen annehmen. (EA 2: Körper)*
3. *Sich das Verhalten aneignen, das man in unserer Gesellschaft von einem Mann bzw. von einer Frau erwartet. (EA 3: Rolle)*
4. *Aufnahme intimer Beziehungen zum Partner (Freund/ Freundin). (EA 4: Intim)*
5. *Von den Eltern unabhängig werden bzw. sich vom Elternhaus loslösen. (EA 5: Ablösung)*
6. *Wissen, was man werden will und was man dafür können muß (lernen muß). (EA 6: Beruf)*
7. *Vorstellungen entwickeln, wie der Ehepartner und die zukünftige Familie sein sollen. (EA: 7: Part./Fam.)*
8. *Über sich selbst im Bild sein: Wissen, wer man ist, was man will. (EA 8: Selbst)*
9. *Entwicklung einer eigenen Weltanschauung: Sich darüber klar werden, welche Werte man hochhält und als Richtschnur für eigenes Verhalten akzeptiert. (EA 9: Werte)*
10. *Entwicklung einer Zukunftsperspektive: Sein Leben planen und Ziele ansteuern, von denen man glaubt, daß man sie erreichen kann. (EA 10: Zukunft)"* (Dreher/Dreher 1985a, S. 36).

In der einschlägigen Fachdiskussion sind einige negative Aspekte zu den beiden Modellen vorgetragen worden. Die Einwände beziehen sich nicht nur auf den Entwurf von Eva und Michael Dreher, sondern können auch in Bezug auf Havighursts Konzeption geäußert werden. So lassen sich bei beiden Modellen die normativen Ausrichtungen und die fehlenden geschlechtsspezifischen Unterscheidungen bei der Formulierung der Anforderungen bemängeln. Zudem ist fragwürdig, ob die gegenwärtigen mehrdimensionalen Gesellschaftsstrukturen mit ihren individualisierten Biografieverläufen in dem Entwurf der Entwicklungsaufgaben ausreichend berücksichtigt wurden (vgl. Kolip 1997, S. 91).

Dennoch ist die Studie von Eva und Michael Dreher wertvoll, da sie sowohl die Ergebnisse von Havighurst bestätigen konnte als auch eine geschlechtsspezifische Differenzierung vornahm. So konnte einerseits festgestellt werden, dass im Unterschied zu den Jungen die weiblichen Teilnehmer einzelne Anforderungen, wie zum Beispiel das Thema „Ablösung vom Elternhaus", als wichtiger empfanden. Andererseits sind spezifische Entwicklungsaufgaben im Kontext mit anderen Anforderungen zu betrachten. Für die Jungen steht beispielsweise „die Aufnahme intimer Beziehungen" in einem engen Bezug zu der „körperlichen Reife" (vgl. Dreher/Dreher 1985b, S. 64). Überdies konnten sie im Rahmen ihrer Studie den drei charakteristischen Eigenschaften von Entwicklungsaufgaben (Kulturabhängigkeit, Zeitpunkt und Interdependenz), die von Havighurst eingeführt wurden, noch eine weitere hinzufügen; die der „historischen Dimension". Somit unterliegen die Entwicklungsaufgaben sowohl den individuellen als auch den sozialen Einflüssen der Gegenwartsgesellschaft (vgl. ebd., S. 58). Ein weiterer Vorteil des Modells von Havighurst und des nachfolgenden Entwurfs von Eva und Michael Dreher liegt darin, näher bestimmen zu können, mit welchen gesellschaftlichen Werten und Normen sich die Adoleszenten auseinander setzen müssen. Insgesamt wird mit der Konzeption von Dreher und Dreher eine Annäherung an die spezifischen Belastungen und Anforderungen des Jugendalters formuliert.

Die Thematisierung von Entwicklungsaufgaben findet in der zeitgenössischen Fachliteratur zur Jugend noch immer Berücksichtigung (vgl. Fend 2000, S. 210 ff.; Mohr 2000, S. 49 ff.; Müller-Bülow 2001, S. 22 ff.; Nagl 2000, S. 62 ff.; Reinders 2001; Thalmann-Hereth 2001; Zimmermann 2000, S. 154 ff.), die zu weiteren Erkenntnissen führte. So sind nach dem Sozialwissenschaftler Klaus Hurrelmann in der Lebensphase der Jugend im Unterschied zum Erwachsenenalter komplexere Aufgaben zu bewältigen. Jedoch gelingt es dem überwiegenden Teil der Heranwachsenden, sie zu meistern. Unter Bezug auf den englischen Entwicklungstheoretiker Coleman sieht Hurrelmann den Grund dafür in der chronologischen Beschäftigung mit den Herausforderungen. Sie werden somit nicht synchron gelöst, sondern zu bestimmten Gelegenheiten isoliert bewältigt (vgl. Hurrelmann 1999, S. 63). Ausschlaggebend für die aktuelle Beachtung des Themas sind nach dem Erziehungswissenschaftler Peter Zimmermann zwei Argumente. Erstens führt er unter Bezug auf Dreher und Dreher die nachfolgende Forschung an, die das Modell von Havighurst punktuell bestätigen konnte. Zweitens liegt mit dem Entwurf der Entwicklungsaufgaben ein Interpretationsschema vor, welches den Verlauf der Persönlichkeitsentwicklung des Adoleszenten erläutern kann (vgl. Zimmermann 2000, S. 156). Eine weitere Bedeutung erhält die Darstellung der Entwicklungsaufgaben durch die ihr zugrunde liegende Auffassung eines Heranwachsenden, der sich selbstbestimmt mit Herausforderungen auseinander setzen kann. Der Adoleszent nimmt gegenüber den jugendspezifischen Anforderungen nicht die Rolle des Opfers ein, sondern wird vielmehr als Gestalter gesehen, der einen Beitrag zu seiner biografischen Entwicklung leisten kann (vgl. Dreher/Dreher 1985a, S. 32; Larisch 1997, S. 11).

3.4 Das Modell der Identitätsentwicklung von Erikson

Die Herausbildung der eigenen Identität wird als die wesentlichste Anforderung an Jugendliche genannt (vgl. Rossmann 1996, S. 147). In der Psychoanalyse findet sich der Terminus Identität zum ersten Mal bei Erik Homburger Erikson (vgl. Bohleber 1996, S. 270; Conzen 1996, S. 43). Der Psychoanalytiker konzipierte in der zweiten Hälfte des 20. Jahrhunderts ein Phasenmodell zur Beschreibung der Identitätsentwicklung (vgl. Erikson 1961; 1966; 1970). Dieser Entwurf soll nun im Folgenden vorgestellt werden, da Eriksons Konzept einerseits als die prominenteste Auseinandersetzung in der Psychologie angesehen wird (vgl. Haußer 1995, S. 75) und andererseits gegenwärtig hauptsächlich auf ihn verwiesen wird, wenn die Jugendphase im Mittelpunkt der Publikation steht (vgl. Kohnstamm 1999, S. 63). Erikson stellte den Identitätsprozess als eine Abfolge von acht Lebensphasen dar, die das menschliche Leben von der Geburt bis zum Tod umfassen. Jede dieser einzelnen Phasen wird in Verbindung mit einem spezifischen Grundkonflikt gebracht (vgl. Erikson

2000, S. 62 ff.). Nach Erikson gehen dem Jugendalter vier Entwicklungsphasen voraus, die er in Anlehnung an Freud unter dem Gesichtspunkt *„(...) der Entfaltung der kindlichen Trieborganisation (...)“* (Tillmann 1994, S. 212) betrachtete. Im Gegensatz zu Freud werden bei den ersten vier Stadien von Erikson soziale Gesichtspunkte intensiver mit einbezogen. Dem für das Identitätsverständnis zentralen Lebensabschnitt des Jugendalters folgen drei weitere Entwicklungsstadien (vgl. ebd., S. 206). Im Vergleich zu den ersten vier Entwicklungsabschnitten des Lebens werden die in diesen Phasen zu bewältigenden Aufgaben nicht mehr „triebtheoretisch“, sondern fast ausschließlich durch soziale Herausforderungen gekennzeichnet (vgl. ebd., S. 212).

Dem Modell von Erikson liegen nach Heinz Abels drei relevante Vorstellungen zugrunde. Zunächst wird das „epigenetische Prinzip“ genannt. Damit ist die organische, individuelle Entwicklung gemeint, die mit den gesellschaftlichen und altersabhängigen Anforderungen verbunden werden muss. Das zweite Charakteristikum des Modells bezieht sich auf die Entwicklung des Menschen, welche durch körperliche und gesellschaftliche Anforderungen geprägt ist. Diese Herausforderungen sind ein fester Bestandteil des Lebens, deren adäquate Bewältigung die Möglichkeit beinhaltet, sich weiterzuentwickeln, während eine ungenügende Problemlösung die vollkommene Bewältigung der nächsten altersabhängigen Aufgabe inhibiert. Die Herausforderung erlebt der Jugendliche durch die Diskrepanz zwischen seinen individuellen Zielvorstellungen und den Anforderungen seiner physischen Entwicklung, der gesellschaftlichen sowie der kulturellen Aufgaben. Als dritte Eigenschaft wird die Bedeutung der gegenseitigen Abhängigkeit von Mensch und Umfeld angeführt. Durch die Bewältigung von acht Herausforderungen baut sich die „gesunde Persönlichkeit“ auf. In diesem Prozess entwickelt der Mensch zunehmend mehr Handlungsoptionen, um sich in die Gesellschaft zu integrieren. Außerdem vergrößert sich sein Freundes- und Bekanntenkreis im Verlauf seiner Biografie (vgl. Abels 1993, S. 243 f.). Nach Erikson lässt sich sein Identitätskonzept grafisch folgendermaßen zusammenfassen:

Abbildung 2: Das Identitätskonzept.

	A Psychosoziale Krisen	B Umkreis der Beziehungspersonen	B Elemente der Sozialordnung	D Psychosoziale Modalitäten	E Psychosexuelle Phasen
I	Vertrauen gg. Mißtrauen	Mutter	Kosmische Ordnung	Gegeben bekommen Geben	Oral-respiratorisch, sensorisch kinästhetisch (Einverleibungsmodi)
II	Autonomie gg. Scham, Zweifel	Eltern	»Gesetz und Ordnung«	Halten (Festhalten) Lassen (Loslassen)	Anal-urethral Muskulär (Retentiv-eliminierend)
III	Initiative gg. Schuldgefühle	Familienzelle	Ideale Leitbilder	Tun (Drauflosgehen) „Tun als ob" (= Spielen)	Infantil-genital Lokomotorisch (Eindringend, ein-schließend)
IV	Werksinn gg. Minderwertig-keitsgefühl	Wohngegend Schule	Technologische Elemente	Etwas „Richtiges" machen, etwas mit anderen zusammen machen	Latenzzeit
V	Identität und Ablehnung gg. Identitätsdiffusion	»Eigene« Gruppen, »die Anderen«. Führer-Vorbilder	Ideologische Perspektiven	Wer bin ich (wer bin ich nicht) Das Ich in der Gemeinschaft	Pubertät
VI	Intimität und Solidari-tät gg. Isolierung	Freunde, sexuelle Partner, Rivalen, Mit-arbeiter	Arbeits- und Rivalitäts-ordnungen	Sich im anderen verlie-ren und finden	Genitalität
VII	Generativität gg. Selbstabsorption	Gemeinsame Arbeit, Zusammenleben in der Ehe	Zeitströmungen in Erziehung und Tradi-tion	Schaffen Versorgen	
VIII	Integrität gg. Verzweif-lung	»Die Menschheit« »Menschen meiner Art«	Weisheit	Sein, was man gewor-den ist; wissen, daß man einmal nicht mehr sein wird.	

Quelle: Erikson 2000, S. 214 f.

Der erste Konflikt tritt im Säuglingsalter auf und ist durch die Polarität des „Urvertrauens" bzw. „Urmisstrauens" gekennzeichnet. In dieser Lebenspanne, der „oralen Phase", ist das Kleinstkind von seiner Mutter abhängig. Demzufolge ist dieses Beziehungsverhältnis für das Grundgefühl des Kindes verantwortlich, welches seinen weiteren Lebensweg determiniert. Erfährt das Kleinstkind eine Zuverlässigkeit hinsichtlich seiner Bedürfnisbefriedigung, bildet sich das Gefühl des Urvertrauens heraus. Die Gefahr des Urmisstrauens ist dann gegeben, wenn der Säugling eine Vielzahl von negativen Erfahrungen erlebt, wie beispielsweise die Isolation, das Desinteresse oder die Vernachlässigung (vgl. ebd., S. 62 ff.).

In der „analen Phase" liegt der Fokus des Kindes auf der Entwicklung der Muskulatur, wie beispielsweise im Afterbereich, und die daraus resultierende Kompetenz des Festhaltens und des Loslassens. In dieser Zeit entwickelt sich die Selbstbestimmung des Kindes, welche in einer maßgeblichen Abhängigkeit zu den Verhaltensweisen der beiden Elternteile steht. Massive Intervention seitens des Vaters und der Mutter bezüglich des motorischen Experimentierens des Kindes mit gleichzeitigem Versagen seiner Muskulatur führt bei ihm zu einem beständigen Gefühl von Zweifel und Scham. Falls es dem Kind allerdings möglich ist, Kontrolle über seine eigenen Körperfunktionen zu erlangen und die Eltern diesem Prozess mit Einfühlungsvermögen gegenüberstehen, kann sich bei ihm das Gefühl von Autonomie und Stolz entwickeln (vgl. ebd., S. 75 ff.).

In der dritten Phase, dem Spielalter, erweitert sich zum einen der Radius des aktiven Handlungsrahmens und zum anderen verbessern sich die Verbalisierungsmöglichkeiten des Kindes. Beide Faktoren bilden die Grundlage für die Erweiterung seiner Fantasie. Diese Entwicklung fördert bei ihm die ungebrochene Initiative. Mit Initiative ist die Erforschung der Umgebung mit allen Personen und Gegenständen gemeint. Das Kind entwickelt das Bedürfnis, seine eigenen Ziele zu verwirklichen. Analog zu diesem Anliegen entsteht das Gewissen, welches seine Verhaltensweisen und Fantasien beobachtet und kontrolliert. Schuldgefühle treten dann auf, wenn die kindliche Initiative beispielsweise durch unverhältnismäßig viele elterliche Einschränkungen unterbunden wird (vgl. ebd., S. 87 ff.). Somit ist das Kind nicht fähig, *„(...) [herauszufinden], was für eine Art von Person es werden will"* (ebd., S. 87).

Als Nächstes entwickelt sich in der Schulzeit der Konflikt „Werksinn gegen Minderwertigkeitsgefühl". In dieser vierten Phase erweitert sich das soziale Umfeld des Kindes von der elterlichen Wohnsituation auf die nahe Umgebung des Heims und der Schule. Das Stadium enthält die Möglichkeit, den Werksinn zu entfalten. Mit Werksinn ist die Fähigkeit des Kindes gemeint, spezifische Anforderungen, die unter anderem im Rahmen von Unterricht erfolgen, zu bewältigen. Das Kind signalisiert in dieser Zeit seine Bereitschaft zur Leistung, zum Arbeitseifer, zur Ausdauer und zur Teamarbeit. Insuffizienzgefühle treten beim Schüler dann auf, wenn Aufmerksamkeit und Anerkennung für die erledigten Aufgaben ausbleiben (vgl. ebd., S. 98 ff.).

Im fünften Lebensabschnitt, der Adoleszenz, differenziert Erikson zwischen den beiden Gegensatzpaaren „Identität" und „Identitätsdiffusion". Aufgrund des körperlichen und des geschlechtlichen Reifungsprozesses kommt es in der fünften Phase zur Identitätsbildung. Im Kontext dieser physiologischen Veränderungen steht der Heranwachsende vor der Aufgabe, seine früheren und momentanen Erlebnisse in einem harmonischen Gesamtbild zu verbinden.

Der Heranwachsende muss sich augenblicklich mit sich selbst und den Botschaften und Eindrücken seiner sozialen Umwelt befassen und sie damit in Einklang bringen (vgl. ebd., S. 106). Erikson resümiert:

> *„Der wachsende und sich entwickelnde Jugendliche ist nun, angesichts der physischen Revolution in ihm, in erster Linie damit beschäftigt, seine soziale Rolle zu festigen. Er ist in manchmal krankhafter, oft absonderlicher Weise darauf konzentriert herauszufinden, wie er, im Vergleich zu seinem eigenen Selbstgefühl, in den Augen anderer erscheint und wie er seine früher aufgebauten Rollen und Fertigkeiten mit den gerade modernen Idealen und Leitbildern verknüpfen kann" (ebd.).*

Um diese Anforderung zu bewältigen, wird dem Adoleszenten eine Übergangsphase von der Gesellschaft zugesprochen. Erikson nennt dieses Stadium „psychosoziales Moratorium" in Anlehnung an die Psychoanalyse, die von einer „Latenzperiode" spricht. Damit ist gemeint, dass der Heranwachsende sich nicht augenblicklich den gesellschaftlichen Aufgaben zu stellen braucht, sondern einen zeitlich begrenzten Freiraum erhält, in dem er seine Persönlichkeit entwickeln und seine Stellung innerhalb der Gesellschaft finden sollte. Demzufolge ist mit dieser Schonphase auch gleichzeitig eine gesellschaftliche Frist verbunden, die eine normative Ausrichtung auf das Erwachsenenleben beinhaltet (vgl. ebd., S. 136 ff.). Nimmt sich der Jugendliche nach Beendigung dieses Prozesses als eine handlungsfähige und in sich stimmige Person wahr, entwickelt sich das „Gefühl der Ich-Identität" (vgl. ebd., S. 107). Voraussetzung hierfür ist, dass diese subjektive Empfindung auch von der sozialen Umwelt bestätigt wird (vgl. ebd., S. 18).

Die Möglichkeit der Identitätsdiffusion ist dann gegeben, sobald der Adoleszent vor eine Vielzahl von verschiedenartigsten Ansprüchen gestellt wird und Zweifel darüber entstehen, ob er diese Herausforderungen adäquat bewältigen kann (vgl. ebd., S. 155). Das Subjekt ist dann extrem verunsichert und orientierungslos; es muss sein inneres Gleichgewicht entbehren (vgl. ebd., S. 154). Die Identitätsdiffusion offenbart sich unter anderem in vier Bereichen. Zunächst wird das „Intimitäts-Problem" angeführt. Diese Unzulänglichkeit zeigt sich oftmals erst in dem frühen Erwachsenenalter, der sechsten Phase von Erikson. Der Betreffende ist unfähig, engere Beziehungen zu seinen Mitmenschen aufzubauen. Dies kann einerseits zur völligen Auflösung von Sozialbeziehungen führen, oder es existieren nur sehr oberflächliche Beziehungen. Andererseits besteht die Möglichkeit, dass sich die Person permanent auf Liebesbeziehungen einlässt, deren Auflösungen schon im Vorfeld absehbar sind (vgl. ebd., S. 156 f.). Anschließend wird als Zweites die „Diffusion der Zeitperspektive" beschrieben. Damit ist zum einen die Empfindung gemeint, nur unzureichende Zeit zu haben, um Ansprüche und Wünsche zu realisieren, aber zum anderen ist gleichzeitig das eigene Zeitgefühl verschwunden (vgl. ebd., S. 159). Der dritte Bereich bezieht sich auf die „Diffusion des Werksinnes". Dies beinhaltet einen Mangel in der Entfaltung seines Produktivitätspotenzials, welches sich einerseits in der fehlenden Aufmerksamkeit bei der Ausübung einer Handlung zeigt und sich andererseits in der Verrichtung einer einzigen spezifischen Tätigkeit ausdrückt (vgl. ebd., S. 161). Als Viertes wird die „Flucht in die negative Identität" genannt. Damit ist die Entwicklung einer Identität gemeint, die im vollkommenen Gegensatz zu der Identität steht, die das nahe Umfeld von den Heranwachsenden erwartet (vgl. ebd., S. 163 ff.).

In der nachfolgenden sechsten Entwicklungsphase ist der Übergang zum frühen Erwachsenenalter vollzogen, wobei diese Zeitspanne durch die gegensätzlichen Begriffe der „Intimität" und „Distanzierung" charakterisiert wird. Falls es dem Jugendlichen in der vorherigen Phase gelungen ist, eine Stabilität der Identität annähernd zu erreichen, bildet dies die Voraussetzung für den Aufbau von Beziehungen und einer intimen Partnerschaft. Ist die Person hingegen zur Aufnahme von sozialen Kontakten nicht fähig, besteht die Gefahr der Distanzierung und der Isolation (vgl. ebd., S. 114 ff.).

Die siebte Phase bezieht sich auf das Erwachsenenalter. Mit dem Erreichen dieses Stadiums ist das Verlangen nach „Generativität" verbunden. Generativität bedeutet, dass der Erwachsene das Bedürfnis hat, eigene Kinder zu zeugen und sie zu umsorgen. Es besteht aber auch die Möglichkeit, dieses Anliegen auf eine künstlerische Beschäftigung zu lenken. Falls weder die kreative Befriedigung noch die Gründung von Nachwuchs gelingt, entsteht das Gefühl der Stagnierung, da der Erwachsene Langeweile und Einsamkeit ertragen muss (vgl. ebd., S. 117 f.).

Im letzten Lebensabschnitt steht die Bilanzierung des Lebens im Vordergrund. Wenn die Reflexion der Biografie für den älteren Erwachsenen zu der Erkenntnis eines Lebenssinns mit gleichzeitiger Zufriedenheit seiner Existenz führt, entsteht das Gefühl der „Integrität". Jedoch kann eine negative Lebensbilanzierung Verzweiflung und Ekel verursachen, die oftmals das Resultat der Angst vor dem eigenen Exitus sind (vgl. ebd., S. 118 ff.).

Bei der intensiven Analyse des Identitätskonzepts von Erikson bleiben bedeutende Kritikpunkte unübersehbar. Die Grundlage seines Modells basiert auf den Erkenntnissen der Psychoanalyse, kulturanthropologischen Studien und seinen eigenen tiefenpsychologischen Beobachtungen. Die daraus abgeleiteten und gewonnenen Erkenntnisse wurden verallgemeinert und in seiner Konzeption integriert. Demzufolge entziehen sich seine Ansichten den wissenschaftlichen Anforderungen, da keine empirischen Belege für die Gültigkeit seiner tiefenpsychologischen Aussagen herangezogen werden können. Ein weiterer Zweifel an dem Modell von Erikson kommt in Übereinstimmung mit Klaus-Jürgen Tillmann auf, sobald der theoretische Hintergrund für die Entwicklung der Lebensphasen betrachtet wird. Obwohl sich die ersten Entwicklungsabschnitte eindeutig an der Phasenanordnung von Freud orientieren, bleiben die charakteristischen Bedingungen für die Einteilung in der Zeit als Erwachsener unklar oder lassen zumindest Raum für Spekulationen. So sind zwei gegensätzliche Interpretationen möglich und denkbar. Zum einen kann die Phaseneinteilung nach den Konflikten erfolgen, die von innen bzw. naturbedingt verursacht wurden. Zum anderen kann die Anordnung der Phasen über die sozialen Anforderungen geschehen, welche durch die Gesellschaft bedingt werden. Allerdings scheint diese zweite Interpretationsmöglichkeit den Ausführungen von Erikson eher gerecht zu werden, da sich die Konflikte und Schwierigkeiten auf die Anforderungen der gesellschaftlichen Realität beziehen (vgl. Tillmann 1994, S. 212 f.).

Ein zusätzlicher Einwand konzentriert sich auf die Vorstellung der Identitätsentwicklung, die durch die Integration der sozialen Ansprüche gelingt (vgl. Zimmermann 2000, S. 158). Demzufolge muss sich der Mensch mit den gegenwärtigen sozialen Bedingungen arrangieren und die gesellschaftlichen Ansprüche übernehmen, um seine Identität aufzubauen. Die Internalisierung schützt das Individuum vor der Identitätsdiffusion. Damit wird aber die Identitätsentwicklung als ein einseitiger Anpassungsprozess beschrieben, der in der unreflektierten Übernahme der sozialen Anforderungen besteht (vgl. ebd.). In den neueren Identitätstheorien, wie sie zum Beispiel von Klaus Hurrelmann entworfen wurden, wird die Einflussnahme des Individuums stärker hervorgehoben. Im Gegensatz zu den Ausführungen von Erikson entscheidet nicht die bloße Übernahme der sozialen Ansprüche über einen erfolgreichen weiteren Lebensweg, sondern die Fähigkeit des Heranwachsenden, die individuellen mit den gesellschaftlichen Herausforderungen in Einklang zu bringen. Dem Menschen wird dabei die Fähigkeit zugesprochen, seine Lebensbedingungen zu modifizieren (vgl. Hurrelmann 1999, S. 72 ff.). Gerade in der Betonung dieser individuellen Kompetenz erfährt der Entwurf von Erikson eine wesentliche Bereicherung. Dem Sozialisationsmodell von Hurrelmann liegt die folgende Annahme zugrunde:

> *„Der Sozialisationsprozeß kann als gelungen gelten, wenn eine Synthese von Individuation und Integration erreicht wird, die sich in der Kompetenz zu autonomem Handeln und einer zwischen personaler und sozialer Identität ausgewogenen Ich-Identität niederschlägt (...)" (ebd., S. 74).*

Die nachfolgende Abbildung stellt das Sozialisationsmodell von Hurrelmann grafisch dar:

Abbildung 3: Das Spannungsverhältnis zwischen Individuation und Integration.

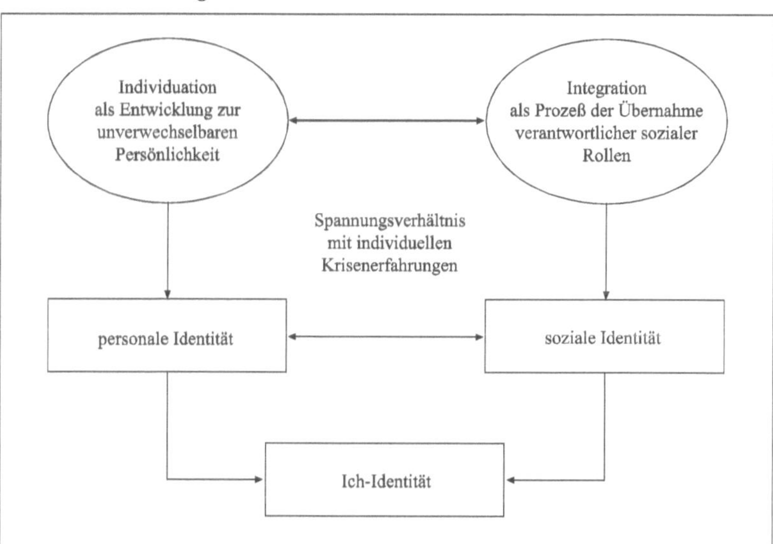

Quelle: ebd., S. 75.

Mit „Integration" ist die individuelle Entwicklung gemeint, die sich an die sozialen Rahmenbedingungen der Gesellschaft assimiliert. Damit bildet dieser Vorgang die Voraussetzung für den Erwerb der sozialen Identität. Die „Individuation" beschreibt die menschliche Entwicklung zu einzigartigen Eigenschaften, welche die Grundlage für die Entfaltung der personalen Identität sind. Diese zwei Entwicklungsvorgänge muss der Heranwachsende miteinander vereinbaren, um eine „Ich-Identität“ aufzubauen. Anderenfalls besteht die Möglichkeit, dass der weitere Lebensweg des Heranwachsenden konfliktreich verläuft (vgl. ebd., S. 74). Inwieweit der Adoleszent diese Herausforderung bewältigen kann, steht mit den Verhaltensweisen nahe stehender Personen in einem engen Zusammenhang. Damit die Identitätsbildung gelingt, benötigt der Heranwachsende zum einen Ermunterungen zur Autonomie und zum anderen sollte ihm die Möglichkeit gegeben werden, sich Freiräume schaffen zu können (vgl. ebd., S. 76 f.). Durch diese Ansicht wird die inhaltliche Verbundenheit zu dem psychosozialen Moratorium von Erikson deutlich.

In der Fachliteratur sind die Grundvorstellungen der Persönlichkeitsentwicklung von Erikson wiederholt Anlass für kritische Auseinandersetzungen gewesen (vgl. Griese 1982, S. 75; Tillmann 1994, S. 213). So wird das Bild eines sich entwickelnden Menschen entworfen, welches sich an den Normen und Werten der Gesellschaft orientiert, die für das Individuum als wichtig erscheinen (vgl. ebd., S. 213). Als Resultat der Lebensphase der Jugend wären dies die charakteristischen Kennzeichen *„(...) eines erfolgreichen Mittelschicht-Amerikaners (...)“* (ebd.), da in diesem Lebensabschnitt insbesondere die Fähigkeiten der Entschlossenheit, der Tatkraft und des Fleißes im Vordergrund stehen (vgl. ebd.). Pointiert formuliert bedeutet dies:

> *„Wer diese Eigenschaften nicht besitzt, kann als nicht-gesunde Persönlichkeit abqualifiziert werden, (...) d.h. der Gesunde ist der Wohlangepaßte, und wer sich abweichend von den Standards verhält, ist krank“ (Griese 1982, S. 75).*

Dazu werden in dem Modell von Erikson die gesellschaftlichen Erfordernisse, Vorschriften sowie das Rollenverständnis nicht ausreichend skeptisch reflektiert und analysiert. Ferner bleibt es weitestgehend unklar, inwieweit sich verschiedene gesellschaftsstrukturelle Lebensumstände, die spezifischen Klassen und Schichten der Gesellschaft und „historisch-ökonomische“ Aspekte auf die Persönlichkeitsentwicklung auswirken (vgl. Tillmann 1994, S. 213 f.). Zudem betrachtet Erikson die Strukturen der Gesellschaft als beständig und kalkulierbar. Eine solche Orientierung an festen sozialen Mustern wird angesichts der gesellschaftlichen Veränderung, die durch die Termini der Individualisierung, Pluralisierung und Globalisierung (vgl. Keupp 2001, S. 808) thematisiert werden, nicht mehr für möglich gehalten. Vor diesem Hintergrund wird Identität als das individuelle Ergebnis einer kontinuierlichen Auseinandersetzung mit der personalen und sozialen Realität beschrieben, was eine lebenslange „alltägliche Identitätsarbeit" bedeutet. Dementsprechend wird von der Ansicht Eriksons Abstand genommen, der die Identitätsbildung schon am Ende des Jugendalters als weitestgehend abgeschlossen betrachtet (vgl. ebd.). Angesichts der Herausbildung einer komplexen modernen Gesellschaft mit ihren „multiplen Realitäten" scheint eine „multiple Identität" notwendig zu sein (vgl. Keupp 1989, S. 54), die aus mehreren Teilidentitäten besteht, welche sich aber nicht zwangläufig ergänzen oder vervollständigen (vgl. Rauschenbach 1999, S. 253). So findet sich an dieser Stelle ein Hinweis auf die Disparität von Identität. Diese begriffliche Festlegung bedeutet, sich von der Vorstellung Eriksons abzugrenzen, da er den Identitätsterminus auf eine einheitliche und stimmige Person bezogen hat (vgl. Erikson 2000, S. 18).

Die Autoren Bernhard Rosemann und Sven Bielski äußern grundsätzliche Zweifel an Entwürfen, die die Abfolge spezifischer Stadien beinhalten. Bei diesen Konzepten muss das Individuum, um innerhalb eines bestimmten Entwicklungsabschnittes liegende Anforderungen zu meistern, die früheren Herausforderungen hinreichend gelöst haben. Dazu ist es notwendig, dass der Mensch bestimmte Kompetenzen erworben hat. Werden diese Entwicklungsfortschritte nicht geleistet, können sie in späteren Stadien nur noch unzureichend entwickelt werden. Diese Ansicht vernachlässigt aber die Thematik der Spätentwickler, die zu einem späteren Zeitpunkt eine spezifische Kompetenz vollständig entfalten können (vgl. Rosemann/Bielski 2001, S. 87). Ein weiterer Kritikpunkt bezieht sich auf den geschlechtsspezifischen einseitigen Akzent des Identitätskonzepts, welches sich eher an einer männlichen Biografie orientiert (vgl. Gugutzer 2002, S. 27).

Insgesamt stellt der Ansatz von Erikson einen gelungenen Versuch dar, eine Annäherung an die Komplexität der Lebensphase Jugend mit ihren spezifischen Anforderungen zu leisten. Seine Arbeiten bestimmen bis zur Gegenwart die Forschungsdiskussion um das Thema der Jugend und der Identität (vgl. Zimmermann 2000, S. 158). Zweifelsohne ist es ein weiterer Verdienst von ihm, dass sein Ansatz nicht ausschließlich bestimmte Entwicklungsabschnitte, sondern die lebenslange Entwicklungslinie des Menschen betrachtet. Nur vereinzelt haben Forscher ein Phasenmodell konzipiert, welches die gesamten, unterschiedlichsten Entwicklungsstadien des menschlichen Lebens thematisiert hat. Dabei ist Eriksons

Entwurf als einer der detailliertesten Beschreibungen des biografischen Entwicklungsprozesses aus psychoanalytischer Perspektive zu betrachten (vgl. Conzen 1996, S. 158). Mit seinem Modell hat er somit die tiefenpsychologischen Vorstellungen von Sigmund Freud maßgeblich bereichert. Während sich die Ausführungen von Freud lediglich auf die Zeit der Kindheit bis zum Einsetzen der Pubertät beschränken, betrachtet Erikson die lebenslange Entwicklungslinie des Menschen. Zudem werden gesellschaftliche Faktoren in dem Identitätskonzept intensiver betrachtet als dies noch in den ersten psychoanalytischen Ausführungen der Fall war (vgl. Tillmann 1994, S. 212).

Obwohl Eriksons Modell erhebliche inhaltliche Einwände aufkommen lässt, liegt sein weiterer Vorteil darin, dass es die Identitätsentwicklung vorwiegend beginnend mit dem Lebensabschnitt der Jugend thematisiert, da Kinder noch keine Grundlagen für die Identitätsbildung besitzen. Erst mit der physischen Veränderung und der kognitiven Erweiterung im Jugendalter ist es möglich, sich mit der personalen und sozialen Wirklichkeit auseinander zu setzen und somit eine Identität zu entwickeln (vgl. Hurrelmann 1993, S. 174). Allerdings bildet sich das Identitätsgefühl schon zu Beginn des Lebens eines Menschen aus (vgl. Gugutzer 2002, S. 56), aber nachhaltig kann diese Entwicklungsaufgabe in der Jugend erstmalig wahrgenommen werden und kennzeichnet somit diese Lebensphase (vgl. Hurrelmann 1999, S. 73). Somit besitzt sie gegenüber den anderen Lebensabschnitten ein entscheidendes Wesensmerkmal. Diese charakteristische Eigenschaft beinhaltet ein Gefahrenpotenzial, da die Jugendlichen zum ersten Mal in ihrem Leben vor der komplexen Aufgabe der Identitätsbildung stehen und ihnen die Erfahrung und das Bewältigungswissen, mit dieser Anforderung umzugehen, fehlt.

3.5 Die Entwicklung des Es, Ichs und Über-Ichs im Konzept der Geschlechtersozialisation von Freud

Das Geschlecht des Individuums ist ein zentraler Definitionsraum für den Aufbau und die Erhaltung der Identität. Beide Bezugsgrößen scheinen dementsprechend unmittelbar zusammenzuhängen. Um sich der Themenstellung der Geschlechtersozialisation anzunähern, soll im weiteren Verlauf des Kapitels hierzu ein Erklärungsmodell vorgestellt werden. Hauptsächlich wird zwischen den drei psychologischen Ansätzen unterschieden: der Psychoanalyse, der Lerntheorie und dem kognitivistischen Modell (vgl. Bischof-Köhler 2002, S. 33; Rolff/Zimmermann 1997, S. 42). Im Folgenden werden die Überlegungen zur Entstehung und Charakteristik der Geschlechtersozialisation berücksichtigt, welche bei Sigmund Freud zu finden sind. Die Auswahl der psychoanalytischen Richtung bedarf einer Legitimation. Freuds Abhandlung nimmt eine besondere Stellung ein, da seine Beschreibung der Subjektentwicklung im Vergleich zu anderen Ansätzen die größte Beachtung erfahren hat (vgl. Atkinson et al. 2001, S. 445). Zudem haben sich nachfolgende Autoren immer wieder auf seine Erkenntnisse und Einsichten bezogen und diese weiterentwickelt (vgl. Erikson 1961; 1970; 2000; Chodorow 1994). Ein weiteres Selektionskriterium ist, dass an späterer Stelle der vorliegenden Arbeit ein anderer Entwurf Freuds dargestellt wird (vgl. Kapitel 5.4).

Die Konzeption der Psychoanalyse geht in ihren Anfängen auf das Ende des 19. Jahrhunderts zurück (vgl. Brenner 1988, S. 14). Der Begründer dieses Gedankengebäudes war der Mediziner Sigmund Freud (vgl. Geulen 1980, S. 34). Ziel seines Ansatzes war es, eine Behandlungsmethode für seelische Störungen zu entwickeln. Um den Verlauf und die Entstehung der Krankheiten zu beschreiben, schien es notwendig zu sein, eine Persönlichkeitsentwicklung des Menschen zu entwerfen, die als Grundlage für seine psychotherapeutische Konzeption diente (vgl. Tillmann 1994, S. 55). Im Hinblick auf das hier zu behandelnde Thema der Geschlechtersozialisation soll die Phasenlehre von Freud im Mittelpunkt der Darstellung stehen. Zum besseren Verständnis der psychoanalytischen Persönlichkeitsentwicklung scheint es dabei unentbehrlich zu sein, die wesentlichen Postulate und Hypothesen, die die Grundlage der psychologischen Richtung bilden, in ihren Grundzügen vorzustellen. So wird zunächst der theoretische Entwurf des „Unbewussten" betrachtet. Im Anschluss daran wird die strukturelle Konzeption der Einteilung der menschlichen Psyche in die Systeme des „Es", „Ichs" und „Über-Ichs" thematisiert. Abschließend erfolgt dann die Betrachtung der Freudschen Phasenlehre.

Ausgangspunkt und fundamentaler Ansatz der Freudschen Theoriebildung ist die Überzeugung von unbewussten, seelischen Vorgängen (vgl. Zimmermann 2000, S. 22). Diese nicht direkt sichtbaren Entwicklungsabläufe scheinen von einer erheblichen Relevanz zu sein, da sehr viele Handlungen sowie die Wahrnehmung des Menschen auf die Wirkung des Unbewussten zurückzuführen sind. Analog zu dem Begriff der Psychoanalyse wird daher auch die Bezeichnung der „Tiefenpsychologie“ verwendet (vgl. Herkner 1986, S. 329). Zur Bestätigung der unbewussten Prozesse werden unterschiedliche Phänomene herangezogen, welche die hypothetischen Annahmen stützen sollen (vgl. Brenner 1988, S. 21 ff.). Zwei dieser Belege sollen nun zur Darstellung kommen. Zum einen wird die „posthypnotische Suggestion“ angeführt. Bei dieser Methode können Personen unter Hypnoseeinfluss vom Therapeuten aufgefordert werden, eine bestimmte Handlung nach Beendigung der „Trance“ auszuführen, ohne den Grund ihrer Handlung zu erkennen. Daraus wurde geschlossen, dass die Motivation ihres Verhaltens im Unbewusstsein liegen könnte. Zum anderen wird die Traumanalyse erwähnt. Dabei wird der Traum als eine Manifestation der Wirkung des Unbewussten in die Psyche angesehen, welcher durch spezifische Anliegen hervorgerufen wird. Diese Begehren sind dem Bewusstsein des Betreffenden nicht zugänglich, aber sie lassen sich mithilfe der Psychoanalyse erschließen (vgl. ebd., S. 21 f.). Die Hauptaufgabe der Psychoanalyse ist es, therapeutische Behandlungstechniken zu entwerfen, die in der Lage sind, die unbewussten Vorgänge aufzudecken (vgl. Tillmann 1994, S. 57). Zu diesem Zweck hat die Psychoanalyse beispielsweise das „freie Assoziieren“ entwickelt. Hierbei soll sich der Klient die Inhalte des Traums in Erinnerung rufen und sie anschließend verbalisieren, möglichst ohne eine vorherige Gedankenzensur. Auf diese Weise können die unbewussten Anliegen herausgearbeitet bzw. bewusst gemacht werden (vgl. Herkner 1986, S. 335).

Neben der Konzeption des Unbewussten soll nun eine weitere Grundlage der Psychoanalyse vorgestellt werden, nämlich der systematische Entwurf der psychischen Persönlichkeitsstruktur. Die individuelle Psyche wird in drei Instanzen aufgegliedert: das Es, das Ich und das Über-Ich. Diese Teilstrukturen bilden zusammen genommen die menschliche Persönlichkeit, wobei jeder der genannten Begriffe mit spezifischen Aufgaben in Verbindung gebracht werden kann (vgl. Freud 1967, S. 79 ff.).

Mit Beginn des menschlichen Lebens entsteht zunächst das Es (vgl. Freud 2001a, S. 42), welches dem Unterbewusstsein zugeordnet wird (vgl. ebd., S. 58; 2001b, S. 264). Das Es verfügt über keine ethischen oder sittlichen Wertmaßstäbe; es differenziert nicht zwischen anständigen und anstößigen Bedürfnissen (vgl. Freud 1967, S. 81). Von ihm gehen Begierden aus, die nach einer unmittelbaren Realisierung streben. Diese Funktionsweise des Es wird unter dem Terminus „Lustprinzip“ subsumiert (vgl. Zimmermann 2000, S. 23). Als Bestandteil dieser Instanz werden die Triebe angeführt (vgl. Freud

2001a, S. 42), welche die Schnittstelle zwischen der Psyche und dem Körper bilden (vgl. Freud 2001b, S. 84). Als Triebe lassen sich physiologische Spannungsgefühle bezeichnen, die als Grund für jede menschliche Handlung angesehen werden können. Denn um ein Anliegen beizulegen, muss eine Tätigkeit vorausgehen (vgl. Zimmermann 2000, S. 23). Die Ausübung der Handlung zur Aufhebung des Reizzustandes wird vom Individuum als befriedigend erlebt. Diese Emotion lässt sich keinesfalls als beständig beschreiben, sondern wird nur sehr kurzweilig empfunden, da sich das Spannungsgefühl wieder einstellt. An dieser Stelle schließt sich der Kreislauf (vgl. Tillmann 1994, S. 60).

Innerhalb des Es werden zwei grundlegende Triebe angenommen. Dabei wird dem „Eros" oder „Liebestrieb" der „Destruktions-" bzw. „Todestrieb" gegenübergestellt. Während die Intention des Erostriebes die Sicherung der eigenen Existenz ist, geht es dem Todestrieb um die Vernichtung von Leben. Die Energie des Eros wird als „Libido" bezeichnet (vgl. Freud 2001a, S. 45 f.), ein Begriff, der synonym mit der Bezeichnung der „sexuellen Triebenergie" verwendet werden kann (vgl. Pfingsten 1985, S. 70). Unter Berücksichtigung und in Bezug auf die Libido, die sich im Verlauf der Biografie auf spezifische Körperregionen richtet, wird die menschliche Entwicklung in fünf verschiedenen Stadien dargestellt (vgl. Steden 1999, S. 39 f.). Das sexuelle Verlangen ist in den Stadien unterschiedlich stark ausgeprägt, sodass es im vierten Stadium zu einer teilweisen oder völligen Aussetzung der Sexualentwicklung kommt. Demnach wird in diesem Zusammenhang von einer Zeit der „Latenz" gesprochen (vgl. Freud 1997, S. 85). Eine ausführliche Beschäftigung mit der psychosexuellen Entwicklung des Individuums erfolgt weiter unten.

Aus dem Es entwickelt sich das Ich (vgl. Freud 2001b, S. 265). Der Grund für die Entstehung liegt darin, dass eine Instanz benötigt wird, die zwischen den impulsiven Bedürfnissen des Es und deren Verwirklichungsmöglichkeiten in der Umgebung vermittelt. Das Ich orientiert sich folglich am „Realitätsprinzip" (vgl. Zimmermann 2000, S. 23). Diese Instanz strebt primär nicht nach direkter Erfüllung der Bedürfnisse, sondern überprüft die Anliegen unter Berücksichtigung der Umgebung. Erst nach Beendigung der Kontrolle wird die Eventualität einer unmittelbaren Beilegung des Begehrens in Erwägung gezogen. So besteht ebenfalls die Möglichkeit einer temporären Verzögerung oder Suppression des WunscheS. Die Zielvorstellung des Ichs ist jedoch, eine Verwirklichung des Bedürfnisses anzustreben (vgl. Freud 2001a, S. 42 f.). Insofern steht es dem

Lustprinzip als dominierende Eigenschaft des Es bei. Nach Freud wird aber durch den Vorgang der Realitätsprüfung die Existenz des Organismus nicht gefährdet und die Wahrscheinlichkeit des Gelingens erhöht sich. Die Fähigkeiten des Ichs liegen im Kognitionsbereich. Die Instanz trifft Entscheidungen nach rationalen Gesichtspunkten. Dabei werden nicht nur die Wünsche des Es berücksichtigt, sondern es wird versucht, die Anliegen im Einklang mit der Realität zu befriedigen (vgl. Freud 1967, S. 82). Bei der Entscheidungsfindung des Ichs ist jedoch zu berücksichtigen, dass diese Instanz vom Es abhängig ist, da sie von ihm die Energie empfängt (vgl. ebd., S. 83). In einer bildhaften Sprache beschreibt Freud die Beziehung zwischen diesen beiden Teilstrukturen der menschlichen Psyche:

> *„Man könnte das Verhältnis des Ichs zum Es mit dem des Reiters zu seinem Pferd vergleichen. Das Pferd gibt die Energie für die Lokomotion her, der Reiter hat das Vorrecht, das Ziel zu bestimmen, die Bewegung des starken Tieres zu leiten. Aber zwischen Ich und Es ereignet sich allzu häufig der nicht ideale Fall, daß der Reiter das Roß dahin führen muß, wohin es selbst gehen will" (ebd.).*

Die zuletzt zitierte Bemerkung von Freud impliziert zwei Beziehungsmöglichkeiten. Auf der einen Seite kann die Kraft des Reiters – als Metapher für das Ich – stärker sein, wenn es ihm gelingt, die Ansprüche des Es, also die des Pferdes, zu zügeln. In diesem Fall besitzt das Ich die Oberhand über das Es. Auf der anderen Seite besteht die Eventualität, dass der Reiter den Wünschen des Pferdes unterliegt, wobei dann das Es über das Ich dominiert.

In einem antagonistischen Verhältnis zum Es steht das Über-Ich, welches sich aus dem Ich entwickelt. In dieser dritten Teilstruktur der menschlichen Persönlichkeit sind die Normen, Werte und Auffassungen lokalisiert, die als Folge der Einwirkungen der Erziehungsberechtigten oder anderer sozialer Vorbilder internalisiert wurden, die ebenfalls durch ihre spezifische Umgebung eine Prägung erfahren haben (vgl. Freud 2001a, S. 43). Diese Instanz lässt sich umgangssprachlich unter dem Begriff des Gewissens zusammenfassen. Nach Zimmermann lässt sich der beherrschende Grundsatz des Über-Ichs als „Moralitätsprinzip" charakterisieren (vgl. Zimmermann 2000, S. 23), welches im Alter von zirka sechs Jahren in der so genannten „ödipalen Situation" entsteht (vgl. Tillmann 1994, S. 59). Die Darstellung dieser ereignisreichen Sachlage wird im Zusammenhang mit der Phasenlehre betrachtet. Mit Ausbildung des Über-Ichs fällt dem Ich die schwierige Funktion zu, nicht mehr nur eine Balance zwischen dem Es und der Umgebung herzustellen, sondern die beidseitigen Forderungen in Einklang mit den Ambitionen des Über-Ichs zu bringen. Erst dann wird die Aufgabenbewältigung des Ichs als geeignet bezeichnet (vgl. Freud 2001a, S. 43). Freud formuliert dieses folgendermaßen:

> *„Eine Handlung des Ichs ist dann korrekt, wenn sie gleichzeitig den Anforderungen des Es, des Über-Ichs und der Realität genügt, also deren Ansprüche miteinander zu versöhnen weiß" (ebd.).*

Die nachstehende Übersicht veranschaulicht die Herausbildung des psychischen Apparates:

Abbildung 4: Die Herausbildung des psychischen Apparates.

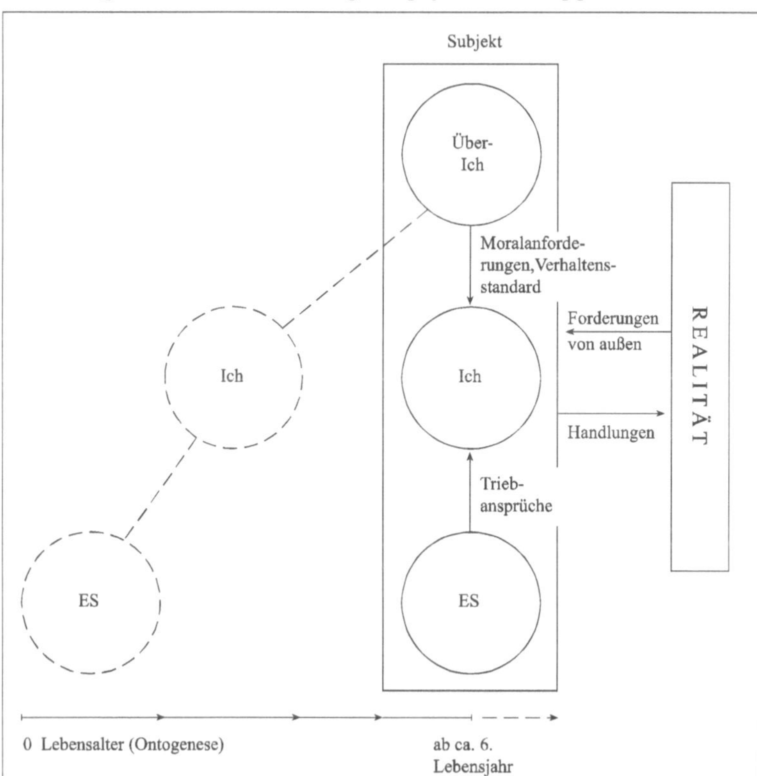

Quelle: Tillmann 1994, S. 58.

Freud stellt die psychosexuelle Entwicklung, wie bereits angedeutet, als Prozess von fünf aufeinander folgenden, verschiedenen Phasen dar. Bei dieser Beschreibung und Analyse orientiert er sich an den Körperregionen, die der Mensch im Verlauf seiner Biografie als lustvoll erlebt (vgl. Geulen 1980, S. 34; Pervin 2000, S. 112 ff.; Zimmermann 2000, S. 24). Nach Freud wird die Entstehung der Sexualität nicht erst während der Pubertät zeitlich angesiedelt, sondern kann schon zu Beginn des menschlichen Lebens als existent angesehen werden (vgl. Freud 2001a, S. 48).

In der ersten Lebensphase steht für das Neugeborene der Mundraum im Mittelpunkt der sexuellen Lustgewinnung. Daran anknüpfend wird dieses erste Stadium als orale Phase bezeichnet. Insbesondere durch das Saugen erfährt das Baby eine orale Befriedigung (vgl. ebd., S. 49). Dies beinhaltet eine der frühsten, innerlichsten und bedeutungsvollsten Begegnung zwischen dem Neugeborenen und der Mutter (vgl. Tillmann 1994, S. 61).

Die anale Phase ist das zweite Stadium der frühkindlichen Sexualität. Von nun an steht die orale Befriedigung nicht mehr im Zentrum des kindlichen Lustgewinns, sondern das Interesse verlagert sich auf den analen Bereich. Die Kontrolle über das Ausscheidungsorgan wird vom Kind als lustvoll erlebt. Sowohl durch das Festhalten als auch durch das Loslassen des Kots wird die Empfindung der Befriedigung hervorgerufen. Das Ich scheint sich für beide Geschlechter durch diesen Vorgang zu entwickeln (vgl. ebd.).

In der nachfolgenden „phallischen Phase" steht für beide Geschlechter der Penis im Mittelpunkt ihres Interesses. Künftig nehmen aber das weibliche und das männliche Geschlecht ihre individuellen Entwicklungsverläufe (vgl. Freud 2001a, S. 50). Für den Jungen steht in dieser Phase die Masturbation im Vordergrund. Diese Handlung ist mit sexuellen Wünschen an seine Mutter verbunden, die somit das erwünschte Liebesobjekt für ihn darstellt (vgl. ebd.). Der Grund hierfür scheint darin zu liegen, dass der Junge in der ersten Phase seiner Entwicklung erlebt hat, wie stimulierend ihr Körper ist (vgl. Tillmann 1994, S. 62). Der Vater wird folglich als Konkurrent erlebt, dem der Junge fortan aggressive und mörderische Impulse entgegenbringt (vgl. Freud 2001b, S. 271). Diese Beziehungskonstellation wird in Anlehnung an eine historische Überlieferung als „Ödipuskonflikt" charakterisiert (vgl. Rolff/Zimmermann 1997, S. 50 f.). Die kindliche Masturbation bleibt allerdings nicht ohne elterliche Reaktion. Es kommt zur „Kastrationsdrohung", die oftmals vom weiblichen Geschlecht ausgeht. Diese Aufforderung wird vom Jungen anfänglich missachtet und er kommt ihr noch nicht nach. Dies ändert sich, sobald er das Fehlen des Gliedes beim Mädchen bemerkt. Die ausgesprochene Anweisung erfährt durch diese Feststellung eine verspätete Akzentuierung. Wie Freud betont, verfolgte der Junge zuvor noch zwei Ziele (vgl. Freud 1997, S. 246). Er schreibt hierzu:

> *„Der Ödipuskomplex bot dem Kinde zwei Möglichkeiten der Befriedigung, eine aktive und eine passive. Es konnte sich in männlicher Weise an die Stelle des Vaters setzen und wie er mit der Mutter verkehren, wobei der Vater bald als Hindernis empfunden wurde, oder es wollte die Mutter ersetzen und sich vom Vater lieben lassen, wobei die Mutter überflüssig wurde" (ebd., S. 247).*

Beide Alternativen sind angesichts der Kastrationsdrohung und der Entdeckung der Penislosigkeit des weiblichen Geschlechts für den Jungen nicht mehr akzeptabel, da sie den Verlust des Penis bedeuten würden. Dies sind einerseits ein Resultat der Androhung und andererseits eine Vorbedingung, um vom Vater geliebt zu werden. Daraus ergeben sich für das männliche Kind zwei Entscheidungsmöglichkeiten. Es hat die Wahl zwischen dem Verlust seines Gliedes oder der Aufgabe seiner Triebwünsche an die Mutter. In den meisten Biografieverläufen werden anschließend die sexuellen Interessen gegenüber der Mutter beendet (vgl. ebd., S. 248). Dies geschieht jedoch nicht sukzessiv, sondern plötzlich und abrupt (vgl. ebd., S. 265). Aufgrund der getroffenen Entscheidung sind weit reichende Folgen für die Entwicklung des Jungen zu konstatieren. Von nun an identifiziert er sich mit seinem Vater. Durch die Identifikation mit ihm richtet der Junge auf der einen Seite das Über-Ich auf, da die väterliche Autorität in das Ich internalisiert wird. Auf der anderen Seite übernimmt der Junge analog zu diesem Vorgang die männliche Geschlechtsrolle (vgl. Tillmann 1994, S. 63).

Sowohl für den Jungen als auch für das Mädchen ist die Mutter das erste „Liebesobjekt". Somit ist die erste Beziehung, welche die Tochter erlebt, eine homosexuelle, während für den Sohn zunächst eine heterosexuelle Orientierung vorliegt (vgl. Freud 1997, S. 278). Als wichtigste Befriedigungsquelle wird für das Mädchen, genauso wie für den Knaben, die kindliche Masturbation angegeben. Auch für die Tochter ist die Onanie mit Fantasien an die Mutter begleitet (vgl. Freud 1967, S. 135). Demzufolge ist die Ausgangslage in dieser Phase für beide Geschlechter gleich. Allerdings zeichnet sich die ödipale Situation des weiblichen Kindes vor allem durch die Modifikation der Fixierung von der Mutter auf den Vater aus. Innerhalb des zunächst engen Beziehungsgefüges zwischen der Mutter und ihrer Tochter wird diese Veränderung durch die bedeutungsvolle, weibliche Beobachtung des männlichen Gliedes eröffnet, welches dem Mädchen im Gegensatz zu seinem Organ viel voluminöser erscheint (vgl. Freud 1997, S. 260). Aufgrund dieser Unvollkommenheit hinsichtlich seines eigenen Organs fühlt es sich minderwertig (vgl. ebd., S. 279). Dieser Vorgang wird als „Penisneid" bezeichnet (vgl. ebd., S. 260). Als Resultat dieser geschlechtlichen Eifersucht wird die Masturbation beendet, da das Mädchen aus seiner Sicht kein vollwertiges Sexualorgan besitzt (vgl. ebd., S. 263 f.), und es entsteht ein „Kastrationskomplex" (vgl. Tillmann 1994, S. 65). Mit dieser analytischen Bezeichnung wird der Unterschied zwischen der weiblichen und der männlichen Entwicklung verdeutlicht:

> *„Während der Ödipuskomplex des Knaben am Kastrationskomplex zugrunde geht, wird der des Mädchens durch den Kastrationskomplex ermöglicht und eingeleitet" (Freud 1997, S. 264, im Original hervorgehoben).*

Das Mädchen ist nun in der ödipalen Situation. Die Tochter zieht sich von der Mutter zurück, da sie kein Glied besitzt und als Grund für ihre eigene Penislosigkeit angesehen wird (vgl. Tillmann 1994, S. 65). Vor diesem Hintergrund liegt es nah, dass sich die Tochter ihrem Vater zuwendet. Hingegen wird die Mutter beneidet, da sie vom Vater geliebt wird. Mit der töchterlichen Zuwendung zum Vater sind gleichzeitig das Bedürfnis und das Beziehungsmotiv verbunden, ein Kind von ihm als Gliedersatz zu erhalten. Auf diese Weise vollzieht sich die weibliche Abwendung von der homosexuellen hin zu einer heterosexuellen Orientierung (vgl. Freud 1997, S. 264). Durch diesen gesamten Prozess ist das Verhältnis zwischen Tochter und Mutter, aber auch das zu anderen Frauen, von zwiespältigen Gefühlen begleitet. Zum einen kommt es zwar zur Identifikation mit der Mutter, um so für den Vater begehrenswert zu sein, aber zum anderen fällt diese Rollenübernahme aufgrund der Organminderwertigkeit der Frau nicht so stark aus. Dennoch ist mit diesem Vorgang die Übernahme der weiblichen Geschlechteridentität verbunden (vgl. Tillmann 1994, S. 65). Im Gegensatz zu der Entwicklung des Jungen, bei dem die ödipale Situation schlagartig beendet wird, besteht für das Mädchen kein Beweggrund, diese Beziehungskonstellation augenblicklich zu bewältigen. Im Unterschied zum Jungen, der den Ödipuskomplex vor allem aus Angst, seinen Penis zu verlieren, überwunden hat, liegt diese Motivation beim Mädchen nicht vor, da es keinen besitzt, ihn somit schon entbehrt hat und daher die ödipale Situation bedächtiger verlassen kann (vgl. Bischof-Köhler 2002, S. 37). Nach Freud hat dies weit reichende Folgen für die weibliche Entstehung des Über-Ichs. Er bemerkt:

> *„Man zögert es auszusprechen, kann sich aber doch der Idee nicht erwehren, daß das Niveau des sittlich Normalen für das Weib ein anderes wird. Das Über-Ich wird niemals so unerbittlich, so unpersönlich, so unabhängig von seinen affektiven Ursprüngen, wie wir es vom Manne fordern. Charakterzüge, die die Kritik seit jeher dem Weibe vorgehalten hat, daß es weniger Rechtsgefühl zeigt als der Mann, weniger Neigung zur Unterwerfung unter die großen Notwendigkeiten des Lebens, sich öfter in seinen Entscheidungen von zärtlichen und feindseligen Gefühlen leiten läßt, fänden in der oben abgeleiteten Modifikation der Über-Ichbildung eine ausreichende Begründung" (Freud 1997, S. 265 f.).*

Insgesamt verdeutlicht die angeführte Belegstelle, dass die Errichtung des Über-Ichs als mangelhaft charakterisiert und infolgedessen dem weiblichen Geschlecht ein unzureichendes moralisches Gewissen zugesprochen wird.

Die drei zuvor beschriebenen Stadien gehen nicht zwangsläufig strikt ineinander über, sondern können sich überschneiden und parallel zueinander verlaufen (vgl. Freud 2001a, S. 51). Als zusammenfassende Darstellung der weiblichen und männlichen Entwicklung innerhalb der dritten, phallischen Phase dient die nachstehende Abbildung:

Abbildung 5: Der Verlauf der ödipalen Situation.

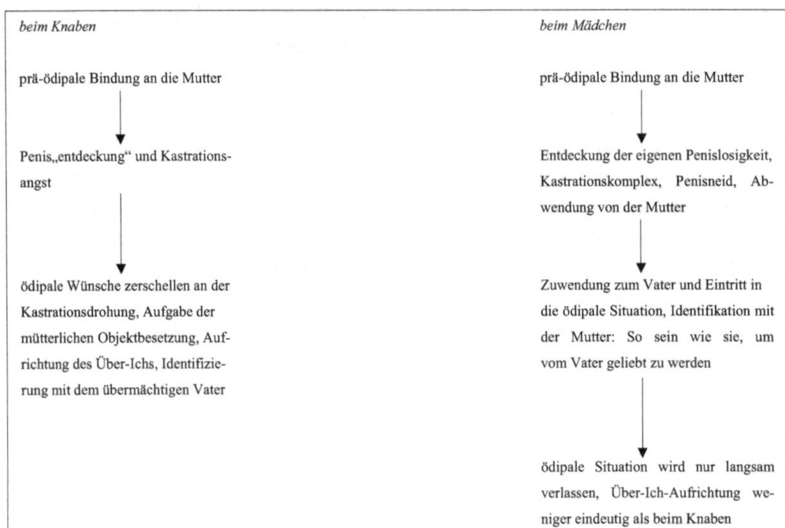

Quelle: Tillmann 1994, S. 64.

Für beide Geschlechter folgt im Anschluss an die phallische Phase die „Latenzzeit" oder „sexuelle Latenzperiode". In dieser Zeit, dem vierten Stadium, setzt die Sexualentwicklung teilweise oder völlig aus. Beim Auftreten der Phase bilden sich die Verhaltensweisen aus, die sich dem Sexualtrieb entgegenstellen. Sie sind hauptsächlich biologisch bedingt, aber auch erzieherischen Faktoren wird nicht völlig ihre Wirkung abgesprochen. Da in diesem Stadium der Sexualtrieb eine erhebliche Einschränkung erfährt, können die Triebkräfte auf andere Gebiete umgeleitet werden. Um diesen Vorgang begrifflich festzulegen, wird der Terminus der „Sublimierung" verwendet. Diese Bezeichnung unterliegt einer beachtlichen sozialen Relevanz, denn die sexuellen Triebziele werden auf andere, höhere Bereiche umgelenkt, wie beispielsweise auf die Wissenschaft oder auf die Kunst. Dies beinhaltet eine Weiterentwicklung der Kultur (vgl. Freud 1997, S. 85). Folglich wird der Latenzzeit einerseits eine wesentliche gesellschaftliche Bedeutung zugesprochen, andererseits besteht auch die Gefahr einer psychopathologischen Fehlentwicklung, denn der Sexualtrieb wird nicht auf sein eigentliches Ziel hin gelenkt, sondern er wird sublimiert (vgl. ebd., S. 137).

Die durch die Latenzperiode teilweise oder völlig unterbrochene Sexualfunktion findet in der anschließenden „genitalen Phase" ihre

Fortsetzung. In dieser fünften Stufe der Entwicklungsphase kann sich die Sexualität entwickeln, die für das Erwachsenenalter charakteristisch zu sein scheint (vgl. ebd., S. 112 ff.). Besonders zwei Entwicklungsprozesse werden bei dieser Phase als bedeutend angesehen. Einerseits obliegt die Sexualtriebentwicklung der Dominanz der Genitalzonen und andererseits findet der Vorgang der „Objektfindung" statt (vgl. ebd., S. 137). Der Sexualtrieb wird als ein verbindendes Element zwischen den Geschlechtern gesehen, da er sich sowohl beim Mann als auch bei der Frau nicht mehr als autoerotisch charakterisieren lässt, wie dies noch überwiegend in den vorherigen Phasen der Fall war, sondern fortan werden die Sexualobjekte in deutlicher Angrenzung von dem eigenen Körper wahrgenommen. Für den Mann steht die Triebbefriedigung und die Erzeugung von Nachkommen im Vordergrund, und er ist somit an einer gegengeschlechtlichen Beziehungsaufnahme interessiert (vgl. ebd., S. 112). Die Frau richtet ihre sexuellen Bestrebungen auf den Mann, da nicht mehr die Klitoris, sondern die Vagina zur dominierenden erogenen Zone geworden ist. Die masturbatorischen Erfahrungen ermöglichen es ihr, den Penis als Sexualorgan zu identifizieren, da sie die Erregbarkeit ihrer Klitoris kennt. Dennoch wird die klitorale zugunsten der vaginalen Reizbarkeit aufgegeben, weil ihr sonst die vaginale Frigidität droht (vgl. ebd., S. 124 f.). Nach dem Verständnis von Freud komplettieren sich fortan die sexuellen Orientierungen der beiden Geschlechter. Sie lassen sich nun als heterosexuelle Strebungen bezeichnen, die sich dem Diktat der phallokratischen Ordnung stellen (vgl. ebd., S. 241). Sowohl der Mann als auch die Frau streben nun die „genitale Vereinigung" an (vgl. Nolting/Paulus 1996, S. 151).

Bei dem zweiten kennzeichnenden Merkmal dieser Phase wird zwischen zwei grundsätzlichen Auswahlmöglichkeiten der Objektfindung unterschieden. Auf der einen Seite wird der „Anlehnungstypus" dargestellt. Hierbei erfolgt die Partnerwahl auf der Grundlage der frühsten Entwicklung. So werden diejenigen Personen zum Sexualobjekt, welche mit der ersten Pflegeperson der Kindheit vergleichbar sind. Auf der anderen Seite wird bei dem narzisstischen Typus die eigene Persönlichkeit in der Partnerschaft gesucht. Tendenziell trifft die Frau ihre Beziehungswahl nach dem narzisstischen Vorbild, während für den Mann vor allem der Anlehnungstypus als Liebesobjekt in Frage kommt (vgl. Freud 2001b, S. 63 ff.). Demzufolge erfolgt in der Pubertät eine Umorientierung der Partnerwahl. Nicht mehr die Eltern stehen im Vordergrund des sexuellen Interesses, sondern es werden außerhalb der eigenen Familie Personen zur

Beziehungsaufnahme gesucht. Der Grund hierfür wird vor allem in der Herausbildung der „Inzestschranke“ gesehen. Sie wird in der Latenzphase weiter aufgebaut und untersagt eine sexuelle Hinwendung zu den Eltern (vgl. Freud 1997, S. 128). Nachfolgendes Schema soll die Ausführungen zu den verschiedenen Phasen zusammenfassen:

Abbildung 6: Die Entwicklungsphasen.

1. Lebensjahr	Orale Phase	Befriedigung durch Saugen und Lutschen (Mundkontakt)
2.-3. Lebensjahr	Anale Phase	Befriedigung durch Kontrolle der Ausscheidungsorgane; Festhalten, Loslassen
3.-6. Lebensjahr	Phallische Phase	Befriedigung durch Berühren der Sexualorgane; Masturbation
5.-11. Lebensjahr	Latenzphase	Ruhen der Sexualentwicklung
12.-20. Lebensjahr	Genitale Phase	Reife Art des Lustgewinns; genitale Vereinigung

Quelle: Nolting/Paulus 1996, S. 151.

Bevor nun die positiven Aspekte der Psychoanalyse zur Geschlechtersozialisation herausgestellt werden, sollen zunächst einige Mängel und Grenzen dieser psychologischen Richtung geäußert werden. An der Psychoanalyse Freuds lässt sich im Wesentlichen aus zwei verschiedenen Perspektiven Kritik äußern. Die Einwände beziehen sich sowohl auf den methodischen als auch auf den inhaltlichen Teil seiner Arbeit.

Aus formaler Sicht kann gegen die Psychoanalyse die mangelnde Nachweisbarkeit der theoretischen Aussagen beanstandet werden. So sind die in Gebrauch befindlichen Termini überwiegend nur sehr vage definiert und es fehlt ihnen die Genauigkeit. Dem einzelnen Begriff können verschiedene Bedeutungen zugesprochen werden, womit sie sich der Operationalisierung und damit der empirischen Überprüfung entziehen. Der Vorwurf der fehlenden Nachweisbarkeit ist allerdings auch dann gegeben, wenn ein vereinzelter Terminus die notwendige Exaktheit in der sprachlichen Festlegung vorweisen kann, da sich die psychoanalytischen Annahmen auf unbewusste Prozesse beziehen, sind sie weder beobachtbar noch messbar (vgl. Pervin 2000, S. 166). Auch die Verfahrensweise der Tiefenpsychologie wird bemängelt, jedes beliebige Ereignis und jede Handlung im Sinne einer Bestätigung ihrer theoretischen Annahmen zu deuten. Selbst konträre Beobachtungen können mit der Theorie in Einklang gebracht werden. So ist es von vornherein undenkbar, die Aussagen zu entkräften bzw. den Gegenbeweis anzutreten. Dies ist deswegen nicht erreichbar, weil es die Psychoanalyse unterlässt, Voraussagungen abzugeben, unter welchen kennzeichnenden Bedingungen eine bestimmte Handlung zum Vorschein kommt. Die Psychoanalyse hält folglich dem wissenschaftlichen Anspruch einer empirischen Überprüfung nicht Stand, da die Hypothesen nicht falsifizierbar sind und somit keine Korrektur der tiefenpsychologischen Aussagen möglich erscheint (vgl. ebd., S. 167).

Eine weitere methodische Schwierigkeit der Freudschen Untersuchung liegt darin, dass er sich bei seinen Aussagen auf die Erfahrungen stützt, die er als Psychoanalytiker im Umgang mit seinen Klienten sammelte. Allerdings war seine Patientengruppe, die überwiegend aus der oberen Mittelschicht stammte, nicht sehr groß und konnte daher nicht als repräsentativ für die Bevölkerung der Stadt Wien zu Beginn des 20. Jahrhunderts gewertet werden (vgl. Bourne/Ekstrand 1992, S. 375). Hinsichtlich seiner Falldarstellungen lassen sich noch zwei zusätzliche Kritikpunkte anführen. Zum einen hat Freud nicht während, sondern erst nach Beendigung der therapeutischen Sitzungen Aufzeichnungen über seine Analysanden angefertigt. Insofern existiert die Unsicherheit, inwieweit seine Berichte glaubwürdig und zuverlässig sind. Zumindest besteht bei dieser Vorgehensweise die Möglichkeit, sich nur an die Beobachtungen und Aussagen seiner Klienten zu erinnern, die seine Annahmen und tiefenpsychologischen Deutungen belegen können. Zum anderen bilden die Falldaten der erwachsenen Untersuchenden die Grundlage seiner Interpretationen. Um Informationen und Hintergründe der Klienten zu erfahren, wurden sie vom Analytiker nach den Ereignissen und Erlebnissen aus ihrer Kindheit und ihren Träumen gefragt. Diese Vorgehensweise ist nur bedingt zuverlässig, da es schon schwierig wird, nach wenigen Tagen eine detaillierte Angabe über die Inhalte zu erhalten. Die Fehlerquelle erhöht sich dann, wenn zwischen dem Erzählen und dem Zeitpunkt des Geschehens ein größerer Zeitraum liegt. Zwar war sich Freud dieser Einschränkung bewusst, dennoch hielt er an seiner Methode fest, da es für ihn weniger wichtig war, eine vollständige Aussage zu erhalten, sondern es war bedeutender, die Inhalte zu erfahren, an die sich der Betroffene gegenwärtig noch erinnern kann. Die Darstellungen waren nicht exakt und beinhalteten somit potenzielle Lücken. Dem ungeachtet bleibt für den Analytiker die Frage bestehen, inwieweit es sich um authentische Aussagen seiner Klienten handelt (vgl. Miller 1993, S. 149).

Neben diesen formalen Schwierigkeiten werden gegenüber der Tiefenpsychologie auch kritische Argumente geltend gemacht, welche sich auf den inhaltlichen Teil der psychoanalytischen Forschungen von Freud beziehen. Nach Tillmann kann bezüglich der Darstellung der verschiedenen Entwicklungsphasen ein schwerwiegender Einwand erhoben werden, da Freud den sozialen Kontext bei der Subjektwerdung nur unzureichend berücksichtigt. Sowohl die gesellschaftlich-strukturellen als auch die institutionellen Hintergründe werden in seine Forschungen nicht mit einbezogen. Soziale Einflüsse werden lediglich mit dem Terminus der Kultur in Verbindung gebracht, ohne ihn allerdings systematischer, intensiver und detaillierter im Hinblick auf die Einflussmöglichkeiten, die der Einzelne dadurch erlebt, zu erforschen. Zudem richten sich die Untersuchungen von Freud ausschließlich auf die „bürgerliche Kleinfamilie", weitere Formen sozialen und familiären Zusammenlebens werden nicht beachtet. In Übereinstimmung mit Mitchell sind nach Tillmann auch die frauenfeindlichen Aspekte der patriarchalischen Gesellschaft von Freud nicht erfasst worden und bieten somit Anlass zur Beanstandung (vgl. Tillmann 1994, S. 73).

Unter Verweis auf verschiedene wissenschaftstheoretische Kritiker führt Tillmann noch einen weiteren Kritikpunkt an der Psychoanalyse an. Nach Auffassung von Freud wird der Trieb als Motivation zur Ausübung einer Handlung angesehen. Dies stellt tendenziell eine verkürzte, einseitige und veraltete Sichtweise dieses Vorgangs dar. Inzwischen geht die neuere tiefenpsychologische Forschung von einer Modifikation dieses Konzepts aus und sieht eher einen Zusammenhang zwischen Motivation und Gefühlsebene (vgl. ebd.).

Neben den angeführten Schwächen der Psychoanalyse lassen sich auch positive Aspekte der psychologischen Richtung formulieren. So stellt das Instanzmodell der menschlichen Persönlichkeit eine adäquate Deskriptions- und Orientierungsmöglichkeit dar, um die emotionalen Prozesse einer Person in Relation zu den Anforderungen der Gesellschaft zu bringen. Innerhalb dieser Konzeption scheint dem Über-Ich als eine Teilstruktur der menschlichen Persönlichkeit der erheblichste und einflussreichste Wert zugesprochen werden zu können. Hierbei ist die Einführung des Terminus der Internalisierung hervorzuheben. Unter Bezugnahme dieser Bezeichnung kann die Verinnerlichung von gesellschaftlichen Normen dargestellt werden. Insofern bietet der Begriff die Möglichkeit, den

Verlauf der Übernahme von sozialen Anforderungen in den innerseelischen Bereich zu erklären (vgl. ebd., S. 72).

Die Phasentheorie von Freud, bei der sowohl das Konzept der Entwicklung und Einteilung der menschlichen Psyche in die Systeme des Es, Ichs und Über-Ichs als auch die Überlegungen zur Bildung der „Geschlechtsidentität" eingegliedert werden, bilden ein zusammenhängendes Modell zur Beschreibung der Subjektwerdung. In Bezug auf Hurrelmann hebt Tillmann die Möglichkeit des Entwurfs hervor, mithilfe dieses Modells die Persönlichkeitsstrukturen des Menschen zu erläutern, die sich aus dem Verhältnis zu den frühsten Hauptbezugspersonen ergeben können (vgl. ebd., S. 73).

Sigmund Freud hat – und darin liegt ein großes Verdienst – auf die Bedeutung und Dramatik hingewiesen, die darin liegt, dass sowohl für das Mädchen als auch für den Jungen die Frau der erste Mensch ist, zu dem sie eine intensive und signifikante Beziehung aufbauen (vgl. Dinnerstein 1979, S. 13). Anders noch als bei Freud wird in neueren Arbeiten dies nicht als unweigerlich angesehen, sondern als gesellschaftlich verursacht. Modifizieren sich die äußeren Rahmenbedingungen, kann sich dadurch eine Veränderung für das Innenleben des Menschen ergeben (vgl. Zimmermann 2000, S. 167).

Der Wert und die Leistung der Arbeit von Freud wird zudem dadurch deutlich, dass sein Ansatz als viel diskutierter Beitrag zum Thema der Subjektentwicklung gilt (vgl. Atkinson et al. 2001, S. 445). Dabei kann besonders die Ergiebigkeit des Ansatzes als bedeutend herausgestellt werden, da die Psychoanalyse als Grundlage und Denkanstoß für viele weiterführende Gedanken diente (vgl. Erikson 1961; 1970; 2000; Chodorow 1994).

4. Epidemiologie von Suizidhandlungen im Jugendalter

Der wissenschaftliche Diskurs über die Suizidalität lässt sich in diesem Kapitel in den Kontext einer epidemiologischen Betrachtung stellen. Dazu werden zunächst einige Suizidangaben für die Bundesrepublik thematisiert. Im Vordergrund stehen hierbei die Forschungszahlen von jugendlichen Suizidenten. Diese Daten lassen sich im Hinblick auf Auftreten, Geschlechtsverteilung und Methoden untersuchen. Als Quelle dienen hauptsächlich die Arbeitsmaterialien des Statistischen Bundesamtes, welche die Suizidzahlen in unterschiedliche Altersgruppen (1-5, 5-10, 10-15 Jahre etc.) zusammenfassen (vgl. Arbeitsmaterial des Statistischen Bundesamtes 2000a; 2000b). Dies birgt die Schwierigkeit und Unausweichlichkeit in sich, eine altersmäßige Festlegung der Lebensphase der Jugend vorzunehmen. Auf die Ungenauigkeit, die diese Vorgehensweise beinhaltet, wurde im Kapitel 2.2 bereits hingewiesen. Für die hier zu behandelnde Thematik der Suizidalität von Adoleszenten ist es notwendig, die Jahrgänge der 10- bis 25jährigen auszuwählen. Der Grund für diese altersmäßige Markierung liegt darin, dass in der Literatur überwiegend versucht wird, den Begriff des Jugendalters auf Heranwachsende anzuwenden, die zwischen 13 und ca. 25 Jahren alt sind (vgl. Zimmermann 2000, S. 146). Aufgrund des Klassifizierungssystems des Statistischen Bundesamtes lässt sich jedoch die Alterseinteilung nicht mit 13 Jahren beginnen, sondern erfordert eine Ausweitung der Altersgruppen auf die 10jährigen. Um den Überblick zu vervollständigen, werden aber nicht nur die Suizidzahlen, sondern auch die Daten für Suizidversuche betrachtet. Da das Statistische Bundesamt aber keine Angaben über Suizidversuche veröffentlicht, besteht die Notwendigkeit, die Forschungsbefunde aus der einschlägigen Literatur heranzuziehen.

Nach Colla, der sich auf die WHO bezieht, sterben weltweit jährlich 500.000 Personen durch den Suizid. Allein in (West-)Europa sind davon 100.000 Menschen betroffen (vgl. Colla 1999, S. 553). Unabhängig vom Lebensalter sind in den europäischen Ländern die Suizidraten für das männliche Geschlecht höher als die für das weibliche Geschlecht (vgl. Bronisch 1995, S. 22). Dies gilt auch für den weltweiten Vergleich. China scheint hierbei eine Ausnahme zu sein, wobei dieser Sonderfall angezweifelt wird (vgl. Schmidtke/Weinacker/Löhr 2000, S. 63).

Im Jahr 2000 starben in Deutschland 11.065 Menschen durch Suizid. Dabei handelt es sich um 2.934 Frauen und 8.131 Männer (vgl. Tabelle 1). Bei einer Betrachtung der Forschungsdaten über den Zeitraum von zehn Jahren fällt auf, dass sich keine gravierenden Veränderungen ergeben, allenfalls ein leichter Rückgang der gesamten Suizidhäufigkeit konstatieren lässt (vgl. Abbildung 7). Dabei weist das Jahr 2000 mit 11.065 Suizidtoten den niedrigsten Wert auf. 1991 wurde die höchste Größe mit 14.011 Fällen verzeichnet. Ein Vergleich der Geschlechter beim Suizid ergibt eine deutliche und konstante Überrepräsentanz der Männer. Für beide Geschlechter gab es 1991 die meisten Suizide. Für das Jahr 2000 lässt sich für Frauen die niedrigste Suizidzahl mit 2.934 feststellen, während bei Männern der kleinste Wert von 8.080 im Jahr 1999 angegeben wird (vgl. Tabelle 1). Eine differenziertere Angabe zur Suizidrate, d.h. die Zahl der Suizide pro 100.000 Einwohner, ist bei dem Psychiater Teising zu finden. Dieser verweist auf die mit zunehmendem Alter ansteigende Suizidrate (vgl. Teising 1992, S. 28). Die Autoren Schmidtke und Weinacker liefern eine weitere Aufschlüsselung der Suizidrate im Hinblick auf die deutschen Bundesländer. Ihre Studie ergab, dass die Differenzen zwischen den einzelnen Ländern keine signifikante Relevanz für die jüngeren Jahrgänge besitzen. Indessen wird der Unterschied beim Ost-West-Vergleich vor allem in der Altersstufe der über 35jährigen deutlich. Hierbei weisen die ostdeutschen Länder eine höhere Suizidrate auf, besonders Sachsen, Sachsen-Anhalt und Thüringen (vgl. Schmidtke/Weinacker 1994, S. 5).

Tabelle 1: Gesamtzahl der Suizidtoten in der Bundesrepublik Deutschland von 1990-2000.

Gesamtzahl der Suizidtoten in der Bundesrepublik Deutschland											
Jahr	1990	1991	1992	1993	1994	1995	1996	1997	1998	1999	2000
Weiblich	4.390	4.355	4.132	3.730	3.588	3.666	3.497	3.424	3.069	3.077	2.934
Männlich	9.534	9.656	9.326	8.960	9.130	9.222	8.728	8.841	8.575	8.080	8.131
Gesamt	13.924	14.011	13.458	12.690	12.718	12.888	12.225	12.265	11.644	11.157	11.065

Quelle: Arbeitsmaterial des Statistischen Bundesamtes (Zweigstelle Bonn), Todesursachenstatistik (2000a), ausgewählte Daten durch den Verfasser.

Abbildung 7: Entwicklung der Suizidhäufigkeit aller Altersgruppen in der Bundesrepublik Deutschland von 1990-2000.

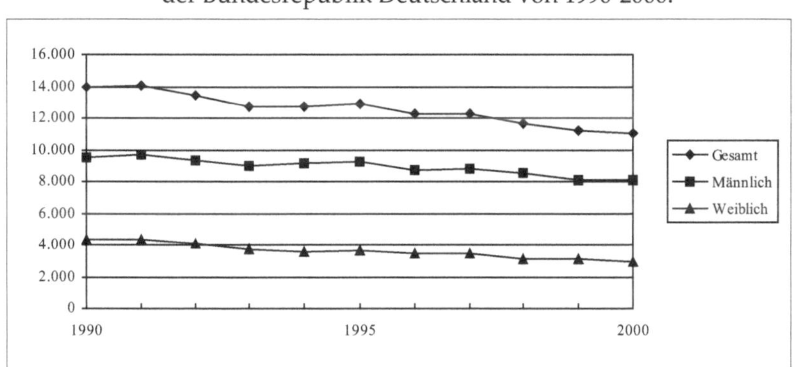

Quelle: vgl. ebd. (eigene Darstellung).

Werden die Zahlen der Suizide mit denen der Suizidversuche verglichen, so wird deutlich, dass zwar mehr Männer Suizide begehen, aber Frauen häufiger einen Suizidversuch zu unternehmen scheinen (vgl. Wolfersdorf 2000, S. 80). Sobald die Suizidversuche auf Alter und Geschlecht weiter aufgeschlüsselt werden, wird eine Besonderheit erkennbar: Nach der Einschätzung des Psychiaters Thomas Bronisch werden Suizidversuche zwar in der Altersklasse der 15- bis 24jährigen häufiger von Mädchen unternommen, allerdings scheinen sich die Zahlen von Frauen und Männern mit zunehmendem Alter anzunähern, wobei ab dem 50. Lebensjahr keine gravierenden Differenzen zwischen den beiden Geschlechtern vermutet werden (vgl. Bronisch 1995, S. 24).

4.1 Auftreten

Einen Überblick über die Anzahl der Suizidtoten in Deutschland für die Altersgruppen der 10- bis 25jährigen gibt die nachstehende Tabelle. Dabei wird die Zahl der Suizide über die Zeitspanne von 1990 bis 2000 betrachtet. Den aktuellsten Wert bildet dabei das Jahr 2000, indem sich 745 Jugendliche suizidierten (vgl. Tabelle 2). Genau wie bei der Gesamtzahl der Suizidtoten ist auch hier ein tendenzielles Absinken der Häufigkeit zu verzeichnen (vgl. Abbildung 8). Beim genaueren Betrachten der einzelnen Altersgruppen lassen sich jedoch Unterschiede feststellen. Für die Jugendlichen im Alter von 20 bis 25 Jahren ist insgesamt ein Rückgang der Suizidzahl erkennbar.

Ausnahmen bilden hier die Jahre 1994 und 1998, in denen ein leichter Anstieg zum Vorjahr ersichtlich wird. Bei den 15- bis 20jährigen scheint allenfalls eine geringfügige Zunahme der Suizidhäufigkeit feststellbar zu sein. Allerdings ist festzuhalten, dass die Zahlen von Jahr zu Jahr sehr stark schwanken. Der höchste Wert wird für 1997 mit 298 Fällen konstatiert. In den darauf folgenden Jahren nimmt die Zahl ab, sie liegt jedoch höher als zu Beginn des Jahrzehnts. Die kleinste Anzahl von 234 Suizidtoten wird für 1992 angegeben. In der Gruppe der jüngsten Jahrgänge, den 10- bis 15jährigen, ist in der untersuchten Zeitspanne kein eindeutiger Trend zu finden. Zu Beginn des Jahrzehnts ist die Zahl mit ca. 28 Suizidtoten relativ konstant, sie erhöht sich jedoch im Jahr 1993 um fast das Doppelte. Für die darauf folgenden drei Jahre lässt sich eine zwischenzeitliche geringfügige Abnahme erkennen. 1997 ist mit 34 Suizidtoten ein neuer Tiefpunkt zu verzeichnen. Dieser Wert entspricht den Jahren 1999 und 2000. Eine Ausnahme bildet hier lediglich das Jahr 1998, in dem wieder ein plötzlicher, signifikanter Anstieg auf 50 Suizidtote erkennbar ist (vgl. Tabelle 2).

Tabelle 2: Gesamtzahl der jugendlichen Suizidtoten in der Bundesrepublik Deutschland von 1990-2000.

Suizidtote Jugendliche in der Bundesrepublik Deutschland											
Jahr	1990	1991	1992	1993	1994	1995	1996	1997	1998	1999	2000
10-15 Jahre	24	28	31	58	46	52	46	34	50	35	33
15-20 Jahre	257	265	234	237	271	286	276	298	294	286	272
20-25 Jahre	771	695	603	552	581	520	470	444	449	441	440
Gesamt	1.052	988	868	847	898	858	792	776	793	762	745

Quelle: Arbeitsmaterial des Statistischen Bundesamtes (Zweigstelle Bonn), Todesursachenstatistik (2000a), ausgewählte Daten durch den Verfasser.

Abbildung 8: Entwicklung der Suizidhäufigkeit von Jugendlichen in der Bundesrepublik Deutschland von 1990-2000.

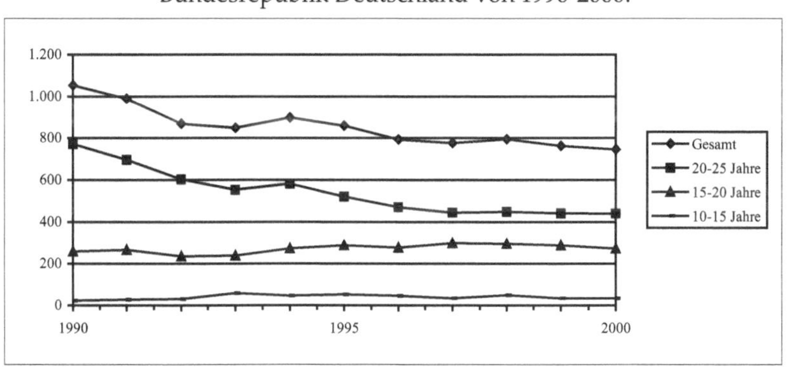

Quelle: vgl. ebd. (eigene Darstellung).

Beim Vergleich der Relation zwischen Suizid und Suizidversuch divergieren die Angaben in der Fachliteratur. Während der Psychiater Helmut Remschmidt die Relation für das Kindes- und Jugendalter mit 1 zu 5 bzw. 1 zu 10 angibt (vgl. Remschmidt 1983, S. 9), schätzt Pierre van Wissen das Verhältnis für das Jugendalter auf 1 zu 40 (vgl. van Wissen 1997, S. 14). Einigkeit besteht demgegenüber in der Vermutung, dass auf alle Altersgruppen bezogen der Suizidversuch im Jugendalter am häufigsten ist (vgl. Bronisch 1995, S. 27; Varbelow 2000, S. 170).

4.2 Geschlechtsverteilung

Bezogen auf alle Altersgruppen lässt sich bei den Mädchen ein deutlicher Rückgang der Suizidfälle feststellen (vgl. Abbildung 9). In den Jahren von 1990 bis 1993 fällt bei den weiblichen Suizidenten der Wert von 232 auf 169 zurück und steigt dann in den darauf folgenden zwei Jahren auf 187 bzw. 190. Ab diesem Zeitpunkt geht die Anzahl zurück. Ein abweichender Wert findet sich im Jahr 1998, in dem die Häufigkeit der Suizide von 149 auf 171 steigt. Eine weitere Aufschlüsselung der Altersgruppen ergibt folgende Erkenntnisse: Für die Altersgruppe der 20- bis 25jährigen Mädchen lässt sich der Rückgang der Todesfälle durch Suizid konstatieren. Von 1990 bis 1993 ist ein kontinuierlicher Abstieg des Wertes, von 180 auf 101, zu verzeichnen. Nach erneutem Anstieg der Zahl auf 111 bzw. 110 in den Jahren 1994 und 1995, lässt sich ein Rückgang der Daten auf 71 ablesen. Bei den 15- bis 20jährigen kann keine eindeutige Aussage hinsichtlich der Entwicklung getroffen werden. Die Zahlen sind stark schwankend, insgesamt ist allenfalls ein leichter Zuwachs des Wertes zu beobachten. Die Anzahl der weiblichen Suizidenten lässt sich im Jahr 1990 mit 48 angeben, welches zugleich die niedrigste Ziffer ist. 1991 ist ein Anstieg zu bemerken, 1992 fällt die Zahl jedoch auf 49 zurück. Zwischen 1993 und 1995 erhöht sich der Wert, um dann im nächsten Jahr zu sinken. Ab 1996 nimmt die Häufigkeit wieder zu, 1998 ist die höchste Zahl mit 71 Fällen erreicht. Im kommenden Jahr fällt der Wert auf 56 zurück und steigt 2000 wieder auf 66. Für die Altersgruppe der 10- bis 15jährigen Mädchen lässt sich über den Zeitraum von einem Jahrzehnt ein deutlicher Zuwachs verzeichnen. Bei der Betrachtung der Jahre 1990 bis 1994 fällt auf, dass sich die Zahl der Suizidenten um das Drei- bis Vierfache erhöht. Ab dem darauf folgenden Jahr kann für die nächsten drei Jahre ein Rückgang beobachtet werden. Es folgt ein erneuter starker Anstieg im Jahr 1998, in den kommenden beiden Jahren fallen die Zahlen jedoch wieder zurück. Diese beiden Werte sind allerdings doppelt so hoch wie zu Beginn des Jahrzehnts (vgl. Tabelle 3).

Tabelle 3: Suizidtote: weibliche Jugendliche in der Bundesrepublik Deutschland von 1990-2000.

Suizidtote: weibliche Jugendliche in der Bundesrepublik Deutschland											
Jahr	1990	1991	1992	1993	1994	1995	1996	1997	1998	1999	2000
10-15 Jahre	4	4	9	12	17	14	11	7	16	9	8
15-20 Jahre	48	65	49	56	59	66	52	61	71	56	66
20-25 Jahre	180	120	114	101	111	110	105	81	84	77	71
Gesamt	232	189	172	169	187	190	168	149	171	142	145

Quelle: Arbeitsmaterial des Statistischen Bundesamtes (Zweigstelle Bonn), Todesursachenstatistik (2000a), ausgewählte Daten durch den Verfasser.

Abbildung 9: Entwicklung der Suizidhäufigkeit weiblicher Jugendlicher in der Bundesrepublik Deutschland von 1990-2000.

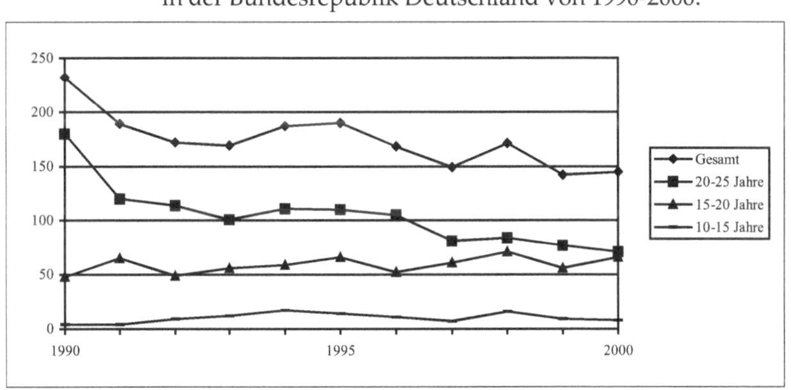

Quelle: vgl. ebd. (eigene Darstellung).

Aus der Abbildung 10 geht ein eindeutiges Absinken der gesamten Suizidhäufigkeit der männlichen Jugendlichen hervor. Die Entwicklung der Gesamtzahlen der Suizidtoten nimmt einen nahezu parallelen Verlauf mit den Werten der 20- bis 25jährigen ein. Dabei sind die für alle Altersgruppen zusammen genommenen Zahlen auf einem höheren Niveau als die des oben genannten Jahrgangs. Bei beiden Vergleichsgruppen liegen die Hoch- und Tief- bzw. Wechselpunkte im gleichen Jahr. In der Altersgruppe der 20- bis 25jährigen findet sich der höchste Wert mit 591 am Anfang des Jahrzehnts. Danach kann eine kontinuierliche Abnahme der Zahlen beobachtet werden. Eine Ausnahme bildet hier das Jahr 1994, in dem die Suizidhäufigkeit noch einmal auf 470 ansteigt. Von 1996 bis 2000 bleibt der Wert konstant. Bei den 15- bis 20jährigen lässt sich weder eine gravierende Zu- noch Abnahme der männlichen Suizidenten erkennen, da die Werte zu Beginn mit 209 und am Ende der Dekade mit 206 nahezu identisch sind. In dieser Zeitperiode wird die niedrigste Suizidzahl von 181 im Jahr 1993 statistisch erfasst, während der höchste Wert im Jahr 1997 mit 237 angegeben wird. Die Kurve der 10- bis 15jährigen Jungen weist keine schwerwiegenden Schwankungen auf. Die Ausgangs- und Endwerte sind vergleichbar, eine Besonderheit stellt das Jahr 1993 dar, in dem sich die Anzahl der Suizide der Vorjahre verdoppelt (vgl. Tabelle 4).

Tabelle 4: Suizidtote: männliche Jugendliche in der Bundesrepublik Deutschland von 1990-2000.

Suizidtote: männliche Jugendliche in der Bundesrepublik Deutschland											
Jahr	1990	1991	1992	1993	1994	1995	1996	1997	1998	1999	2000
10-15 Jahre	20	24	22	46	29	38	35	27	34	26	25
15-20 Jahre	209	200	185	181	212	220	224	237	223	230	206
20-25 Jahre	591	575	489	451	470	410	365	363	365	364	369
Gesamt	820	799	696	678	711	668	624	627	622	620	600

Quelle: Arbeitsmaterial des Statistischen Bundesamtes (Zweigstelle Bonn), Todesursachenstatistik (2000a), ausgewählte Daten durch den Verfasser.

Abbildung 10: Entwicklung der Suizidhäufigkeit männlicher Jugendlicher in der Bundesrepublik Deutschland von 1990-2000.

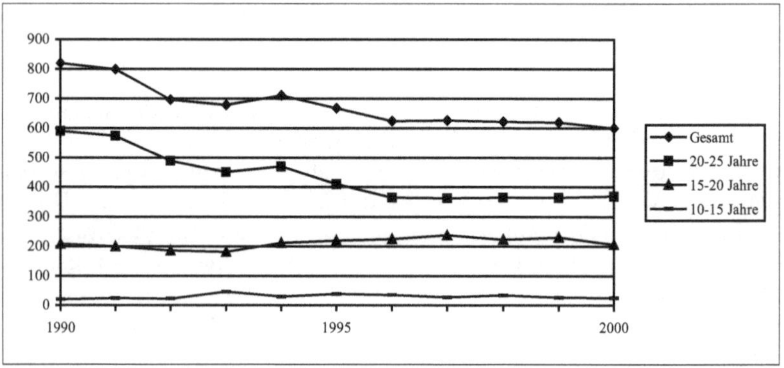

Quelle: vgl. ebd. (eigene Darstellung).

Beim Vergleich der männlichen und weiblichen Suizidtoten fällt das Folgende auf: Im Hinblick auf die Geschlechtsverteilung bei jugendlichen Suizidenten überwiegt der männliche Anteil um ein Vielfaches (vgl. Tabelle 3; 4). Dieses Verhältnis entspricht den Gesamtzahlen der Suizidtoten in der Bundesrepublik (vgl. Tabelle 1). Bei beiden Geschlechtern steigt die Zahl der Suizide mit zunehmendem Alter an (vgl. Tabelle 3; 4). Sowohl bei Mädchen als auch bei Jungen liegt der höchste Suizidwert zu Beginn des Jahrzehnts. Die niedrigste Anzahl ist für weibliche Suizidenten im Jahr 1999, für männliche Jugendliche im Jahr 2000 zu finden. Werden die Altersgruppen der 20- bis 25jährigen Jungen und Mädchen verglichen, ist festzustellen, dass hier der ausgeprägteste Abwärtstrend der Suizidhäufigkeit vorliegt. Bei der Betrachtung der 15- bis 20jährigen weiblichen und männlichen Adoleszenten divergieren die Verlaufskurven. Während die Kurve bei den Mädchen starken Schwankungen unterliegt und insgesamt ein leichter Zuwachs zu verzeichnen ist, bleibt sie bei den Jungen relativ konstant. Für die jüngsten Altersgruppen haben die Entwicklungskurven nahezu den gleichen Verlauf, da sie keinen schwerwiegenden Schwankungen unterliegen und als relativ beständig zu bezeichnen sind (vgl. Tabelle 3; 4; Abbildungen 9; 10).

Im Hinblick auf den Suizidversuch wird in der einschlägigen Literatur die Vermutung aufgestellt, dass weibliche häufiger als männliche Jugendliche einen Suizidversuch unternehmen (vgl. Colla 1999, S. 554; Crepet 1996, S. 53; Hurrelmann 1999, S. 226; van Wissen 1997, S. 14). Bei den Angaben divergieren allerdings die Schätzungen. Der Psychiater und Soziologe Paolo Crepet vermutet beim Suizidversuch eine Relation zum Suizid von 1,5-2 zu 1 (vgl. Crepet 1996, S. 53), dagegen gibt der Sozialwissenschaftler Klaus Hurrelmann ein Zahlenverhältnis für Jungen von 1 zu 12 und bei den Mädchen von 1 zu 39 an (vgl. Hurrelmann 1999, S. 226).

4.3 Methoden

Wie aus der dargestellten Abbildung 11 hervorgeht, lassen sich im Jahr 2000 für die Altersgruppe der 10- bis 25jährigen vor allem drei häufig gewählte Suizidmethoden ablesen: Erhängen, Strangulieren oder Ersticken; Sturz in die Tiefe und Sichwerfen oder Sichlegen vor ein sich bewegendes Objekt. Diese Aussage muss aber bezüglich des weiblichen Geschlechts differenziert betrachtet werden. In der Altersgruppe der 10- bis 15jährigen kommt die Suizidmethode Erhängen etc. im Jahr 2000 nicht vor. Stattdessen werden verschiedene Methoden der vorsätzlichen Selbstvergiftung und die Vorgehensweise des vorsätzlichen Suizids durch Rauch, Feuer und Flammen jeweils einmal gewählt. Ferner haben sich in der Altersgruppe der 20- bis 25jährigen neun Mädchen durch vorsätzliche Selbstvergiftung und durch Exposition gegenüber sonstigen und nicht näher bezeichneten Arzneimitteln, Drogen und biologisch aktiven Substanzen suizidiert. Diese Zahl entspricht der angegebenen Häufigkeit der Methoden Sturz in die Tiefe und Sichwerfen oder Sichlegen vor ein sich bewegendes Objekt (vgl. Arbeitsmaterial des Statistischen Bundesamtes 2000b).

In allen Jahrgängen überwiegt der Suizid durch die Methode Erhängen, Strangulieren oder Ersticken. Bei den 15- bis 25jährigen ist die zweithäufigste Methode Sturz in die Tiefe, während Sichwerfen oder Sichlegen vor ein sich bewegendes Objekt an letzter Stelle vorzufinden ist. Diese Rangfolge ist bei der jüngsten Altersgruppe nicht anzutreffen. Hier sind die zweite und dritte Methode hinsichtlich der Häufigkeit ihrer Anwendung miteinander vertauscht. Bezogen auf die Geschlechterdifferenzierung lassen sich folgende statistische Daten konstatieren. Unter den Jugendlichen, die sich im Alter zwischen 10-15 Jahren suizidierten, starben zwölf durch Erhängen, Strangulieren oder Ersticken. Hervorzuheben ist hier, dass es sich ausschließlich um männliche Adoleszenten handelt. Von den sechs Heranwachsenden, bei denen der Tod durch einen Sprung in die Tiefe erfolgte, waren zwei weiblich und vier männlich. Drei Mädchen und vier Jungen wählten die Suizidmethode des Sichwerfens oder Sichlegens vor ein sich bewegendes Objekt. Bei den 15- bis 20jährigen suizidierten sich 107 durch Erhängen, Strangulieren oder Ersticken, davon waren 16 weiblich und 91 männlich. 64 Jugendliche, 21 Mädchen und 43 Jungen, starben durch einen Sturz in die Tiefe. Die Methode Sichwerfen oder Sichlegen vor ein sich bewegendes Objekt wählten 9 weibliche und 35 männliche Adoleszenten. Dieses Vorgehen war bei den 20- bis 25jährigen Jugendlichen 49-mal der Grund für ihren Tod. Hierunter sind 9 Mädchen und 40 Jungen statistisch erfasst worden. Von den 60 Personen, die den Sturz in die Tiefe wählten, entfallen 9 auf das weibliche und 51 auf das männliche Geschlecht. Die meist präferierte Methode, Erhängen, Strangulieren oder Ersticken, wurde von 23 Mädchen und 199 Jungen angewandt (vgl. Tabelle 5).

Abbildung 11: Die drei häufigsten Suizidmethoden bei Jugendlichen in der Bundesrepublik Deutschland im Jahr 2000.

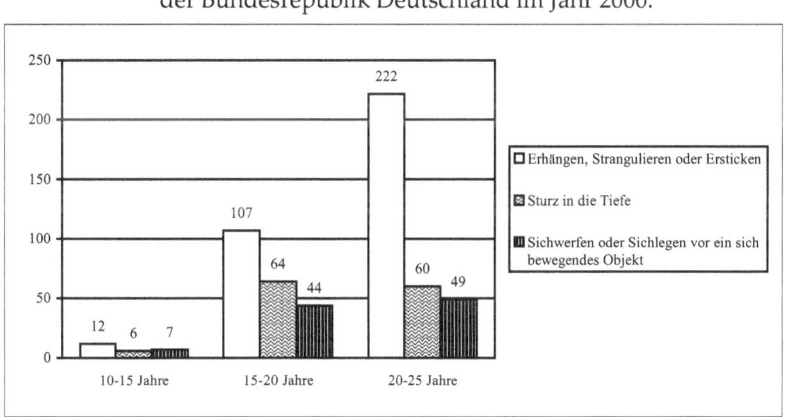

Quelle: vgl. Arbeitsmaterial des Statistischen Bundesamtes (Zweigstelle Bonn), Todesursachenstatistik (2000b), ausgewählte Daten durch den Verfasser (eigene Darstellung).

Tabelle 5: Suizidmethoden von Jugendlichen in der Bundesrepublik Deutschland im Jahr 2000, aufgeteilt nach Alter und Geschlecht.

Suizidmethoden von Jugendlichen in der Bundesrepublik						
Methoden	Mädchen	Jungen	Mädchen	Jungen	Mädchen	Jungen
	10-15 Jahre		15-20 Jahre		20-25 Jahre	
Erhängen, Strangulieren oder Ersticken	0	12	16	91	23	199
Sturz in die Tiefe	2	4	21	43	9	51
Sichwerfen oder Sichlegen vor ein sich bewegendes Objekt	3	4	9	35	9	40

Quelle: ebd.

Alle drei erwähnten Methoden gehören zu den so genannten harten Methoden. Demgegenüber wird von weichen Verfahrensweisen gesprochen, wenn sich die betreffende Person beispielsweise durch Tabletten vergiftet hat oder ertrunken ist. Wie oben dargestellt überwiegen bei Suiziden die harten Methoden, während bei Suizidversuchen weichere Methoden bevorzugt werden (vgl. Langer 2001, S. 63).

Das statistische Datenmaterial zur Suizidalität ist aufgrund von verschiedenen Mängeln bedenklich und kann nur unter Vorbehalt betrachtet werden. Die Unzulänglichkeiten resultieren aus einer Vielzahl von methodischen Schwierigkeiten. Demzufolge dokumentiert das statistische Material nicht die genaue Zahl von Suizidhandlungen. Die Suizidstatistik ermöglicht insofern nur einen partiellen Einblick in die Auftretenshäufigkeit von Suizidalität. Das Ausmaß von Suizidalität ist größer als die Angaben in Erhebungen (vgl. Colla 2001a, S. 1852; Wunderlich 1999, S. 18). Ausführungen vermuten eine Diskrepanz von 1,8 bis zu 400 Prozent (vgl. Schmidtke/Häfner 1986, S. 27).

Der Suizid wird retrospektiv durch die nähere Betrachtung der Beweggründe und des Ortes bestimmt. Dabei können sich die Angehörigen aus den verschiedensten Gründen vornehmen, beispielsweise um die „Schande" zu vertuschen oder um einen finanziellen Vorteil zu erhalten, den Suizid zu verschweigen. Ein weiterer statistischer Mangel entsteht durch die nicht eindeutigen Klassifizierungsmöglichkeiten zwischen Unfällen und Suiziden (vgl. Colla 2001a, S. 1852). Nach Christine Swientek werden Suizide erst dann im statistischen Material angegeben, wenn diese Todesursache zweifelsfrei ermittelt wurde. Besteht allerdings Skepsis, ob es sich bei einem Todesfall um einen Suizid handelt, wird dieser im Datenmaterial für Suizide nicht erwähnt (vgl. Swientek 1990, S. 14). Überdies ergibt sich die hohe Dunkelziffer aus den unterschiedlichen Registrierungsweisen in den verschiedenen Ländern (vgl. Wedler 1987, S. 12).

Für die Altersgruppe der Heranwachsenden wird insbesondere ein Defizit im Datenmaterial gesehen, da ein Teil der Suizide unter der Todesursache Drogentote subsumiert wird (vgl. Colla 1999, S. 554; Mišek-Schneider/Schneider 1997, S. 21; Schmidtke/Häfner 1986, S. 27). Eine genauere Erfassung der Suizidzahlen von Adoleszenten wird zudem durch die unklare Grenze zwischen einem Unfall und einem Suizid erschwert, da die Situation entweder undurchsichtig ist oder die Familienmitglieder die Handlung aus Angst vor Stigmatisierungen vertuschen (vgl. Stober 1981, S. 168). Der zuletzt genannte Grund wird als Haupterklärung für die Unschärfe in der Suizidstatistik bei Heranwachsenden angeführt (vgl. Langer 2001, S. 50; Mišek-Schneider/Schneider 1997, S. 21). Ein weiteres Argument für die zu problematisierende Aussagekraft der Statistik bezieht sich auf die Frage, ab welchem Alter sich die Erfahrung der Endgültigkeit des Todes einstellt. Die Einsicht in die Komplexität des Todes entwickelt sich im Laufe des Lebens. Ab welchem Zeitpunkt die Tragweite des Entschlusses, dem Leben ein Ende zu setzen, in vollem Umfang erfasst werden kann, lässt sich nur unpräzise beantworten. Die Psychologin Heidrun Bründel geht davon aus, dass dieser Prozess ungefähr zwischen dem 12. und dem 14. Lebensjahr beginnt (vgl. Bründel 1993, S. 40). Somit lässt sich kein genaues Lebensjahr angeben, ab dem die Person eine sichere Vorstellung von der Bedeutung des Todes entwickelt. So können auch individuelle Unterschiede eine altersgemäße Entwicklung verhindern, wie beispielsweise bei einer Entwicklungsverzögerung. Von einem Suizid kann aber erst dann gesprochen werden, wenn sich die Einsicht in die Unausweichlichkeit und die Endgültigkeit des Todes einstellt.

Im Gegensatz zu den Suiziden sind die Suizidversuche in Deutschland seit 1963 nicht mehr anzugeben (vgl. ebd., S. 27). Dies lässt eine genauere statistische Aussage zu Suizidversuchen noch schwieriger erscheinen, als es beim Suizid der Fall ist. Um dennoch themenrelevante Forschungsbefunde zu erhalten, wird der Versuch unternommen, Daten von Klienten zu erfassen, die in einem Krankenhaus versorgt worden sind. Bei dieser Vorgehensweise bleiben jedoch die Personen mit einem Suizidversuch unbeachtet, die keine medizinische Versorgung erhalten haben. Überdies bleibt es fragwürdig, inwieweit die Angaben der Kliniken verlässlich sind (vgl. Langer 2001, S. 51). So gibt Langer in Übereinstimmung mit Holderegger zu bedenken, dass ein Suizidversuch von den Medizinern nicht zwangsläufig als ein solcher dokumentiert wird, sondern oftmals als Depression, Vergiftung oder Unfall (vgl. ebd., S. 53).

5. Suizidtheorien

Im Folgenden werden einige Erklärungsbeiträge zur Entstehung von suizidalem Handeln vorgestellt. Eine vollständige Auseinandersetzung mit allen theoretischen Erörterungen zur Suizidalität ist aufgrund der Fülle der Publikationen kaum mehr möglich (vgl. die Literaturübersichten von Bründel 1993; Colla 2001a; Hirzel-Wille 2002; Langer 2001; Schmidtke 1988; Wunderlich 1999). Eine Annäherung kann deshalb nur durch eine grobe Skizzierung der unterschiedlichen Wissenschaftsdisziplinen gelingen. Im Anschluss daran findet eine ausführlichere Beschäftigung mit fünf ausgewählten Suizidtheorien statt.

5.1 Verschiedene Erklärungsmodelle zur Suizidalität im Überblick

Chronologisch betrachtet haben sich zunächst die philosophischen Schulen der Antike, wie beispielsweise die der Kyniker, Stoiker und Epikureer, mit dem Suizidgeschehen beschäftigt. Innerhalb der philosophischen Schulen gab es zwar durchaus gegensätzliche Positionen (vgl. Haller/Lingg 1987, S. 252 f.), dennoch lässt sich im Wesentlichen die Haltung der Stoiker und Kyniker zum Suizid als befürwortend bezeichnen, während die Epikureer die suizidale Handlung ablehnten (vgl. Alvarez 1999, S. 81 ff.; Bronisch 1995, S. 83; Lüdke 1992, S. 39 ff.; Seyfried 1995, S. 4).

Die soziologische und zugleich erste systematische Untersuchung begann 1897 mit dem Werk „Le Suicide. Etude de Sociologie" von Emile Durkheim. In dieser klassisch gewordenen Abhandlung postuliert Durkheim die Klassifikation der suizidalen Handlungen in vier Kategorien, die er im Rahmen seiner Anomie- und Integrationstheorie interpretiert (vgl. Durkheim 1973). In der soziologisch-biografischen Untersuchung von Jerry Jacobs wird die suizidale Handlung im Jugendalter thematisiert (vgl. Jacobs 1974).

Die epidemiologische Suizidforschung untersucht unter anderen die Häufigkeit und Entwicklung der Suizidrate im Hinblick auf verschiedene soziale, geschlechtsspezifische und internationale Merkmale.

In den psychoanalytischen Konzeptionen werden vor allem Persönlichkeitsmerkmale oder unbewusste Antriebe als Genese für die suizidale Handlung gesehen. Als führender Vertreter dieser Richtung lässt sich Sigmund Freud nennen (vgl. Hoffmann 1994, S. 579). Im Vordergrund seiner Theorie zur Suizidalität steht die Aggression, die sich gegen die eigene Person richtet. Anknüpfend an die Theorie von Freud wird nach Heinz Henseler die Suizidhandlung als eine „narzisstische Krise" interpretiert (vgl. Henseler 1984). Eine neuere Untersuchung zur Suizidalität legte Jürgen Kind mit seinem objektbeziehungstheoretischen Entwicklungsmodell vor. Nach ihm enthält die Suizidalität die Funktion, eine Beziehung zu einem anderen wichtigen Menschen zu verändern (vgl. Kind 1992; 1997).

In den medizinisch-psychiatrischen und deskriptiv-psychodynamischen Erklärungsversuchen wird die Beschreibung der suizidalen Entwicklung thematisiert. Dazu zählen Erwin Ringels Konzept des präsuizidalen Syndroms und die Stadien der suizidalen Entwicklung von Walter Pöldinger (vgl. Pöldinger 1968; Ringel 1989b; 1997a; 1997b). Bei diesen Konzepten steht neben der Beschreibung der suizidalen Entwicklung aber auch die Darstellung der Motivstruktur im Vordergrund. In dieser Richtung arbeitet Erwin Stengel, der auf die Ambivalenz einer Suizidhandlung verweist. Für ihn ist beim Suizid sowohl eine lebenserhaltende als auch eine lebenszerstörende Motivstruktur zu erkennen. Zudem will der Suizident mit seiner Handlung seine Mitmenschen beeinflussen (vgl. Stengel 1969). Karl Menninger beschreibt drei Motive für eine suizidale Handlung: zu töten, zu sterben und getötet zu werden (vgl. Menninger 1989). Für Wilhelm Feuerlein liegen drei Motive einer Suizidhandlung zugrunde. Erstens eine Appellfunktion, zweitens eine Autoaggression und drittens der Wunsch nach einer Zäsur oder nach einer Pause (vgl. Feuerlein 1971).

In den lerntheoretischen Konzeptionen wird davon ausgegangen, dass jedes Verhalten, so auch das suizidale Verhalten, auf Lernprozesse zurückzuführen ist. In Krisensituationen greift der Suizident auf die erlernten Verhaltensweisen zurück (vgl. Linehan 1981; Schmidtke 1988). Die Autoren Heinz Häfner und Armin Schmidtke beschäftigen sich mit der Frage, ob die Illustration von Suizidhandlungen in den Medien nachahmende Wirkung besitzt. In ihrer Studie konnten sie die These empirisch belegen, dass durch die Darstellung von suizidalem Verhalten in den Massenmedien die Häufigkeit von Suizidgeschehen zunimmt (vgl. Häfner/Schmidtke 1991). In einigen lerntheoretischen Konzeptionen wird suizidales Verhalten in Verbindung mit Depressionen thematisiert. So stellt beispielsweise Martin E. P. Seligman sein Konzept der „gelernten Hilflosigkeit" vor (vgl. Seligman 1983).

In der jüngeren Literatur werden häufig die stresstheoretischen Beiträge zur Erklärung des Suizidgeschehens herangezogen. Nach diesen Modellen treffen bei Suizidalität belastende Lebensereignisse, bestimmte Persönlichkeitsmerkmale und soziale Bedingungen aufeinander (vgl. Schmidtke 1988). In der empirischen Untersuchung von Heidrun Bründel an 13- bis 15jährigen Heranwachsenden kommt sie zu dem Ergebnis, dass eine Wechselwirkung zwischen den Variablen Depressivität, Belastung und Bewältigungsverhalten besteht. So beeinflusst jede dieser Variablen sowohl alleine als auch zu zweit die dritte Variable. Daraus folgert sie, dass unter anderem diese Variablen zum Suizidgeschehen beitragen (vgl. Bründel 1993).

In der familientherapeutischen Richtung wird der Frage nachgegangen, welche Erfahrungen der Suizident im Familiensystem erleben muss, um sie als suizidprädisponierend zu bezeichnen. Erwähnt wird hier die Verlust-, Suizid- und Belastungstradition (vgl. Klemann 1983; Rausch 1991). Ferner wird die Systemvulnerabilität untersucht (vgl. Kaiser-Asmodi 1997, S. 42 ff.).

Die biologische Suizidforschung, die sich seit den 70er Jahren wieder vermehrt diesem Thema widmete, versucht die Frage zu klären, ob eine vererbbare Disposition zur Suizidalität besteht. Hierbei werden vor allem Familien-, Zwillings- und Adaptionsuntersuchungen verwendet. Thomas Bronisch weist nach der Durchsicht der biologischen Suizidliteratur darauf hin, dass kein überzeugender empirischer Beleg für die Vererbung von Suizidalität existiert, allerdings ist die Neigung zu schwerwiegenden familiären Krankheiten vererbt. Überdies besteht zwar eine biologische Neigung zum impulsiven und aggressiven Verhalten, die aber nicht spezifisch für Suizidenten ist (vgl. Bronisch 1995, S. 55 ff.).

Die Suizidologie unterscheidet grundsätzlich zwischen zwei Hauptrichtungen; der soziologischen und der psychoanalytischen Forschungsrichtung (vgl. Abram/Berkemeier/Kluge 1980a, S. 26; Bründel 1993, S. 44). Die soziologische Forschungsrichtung wurde mit dem Werk „Le Suicide. Etude de Sociologie" aus dem Jahr 1897 von dem Franzosen Emile Durkheim begründet. Seit dieser Zeit wird der Zusammenhang zwischen Suizidalität und gesellschaftlichen Einflussnahmen erforscht, wobei diese Alter, Geschlecht, Berufsgruppe und Familienstand sein können. Individuelle Beiträge des Suizidenten werden nicht berücksichtigt. Methodisch gesehen kann die soziologische Suizidforschung als deduktiv bezeichnet werden, da sie individuelle Phänomene aus der gesellschaftlichen Gesamtheit ableitet. In auffälligem Gegensatz zu den soziozentrierten stehen die individuumzentrierten Theorien, deren Vorgehensweise als induktiv charakterisiert wird. Die psychoanalytischen Konzepte beziehen sich auf Falluntersuchungen von einem einzelnen Menschen und schließen aufgrund von individuellen Gründen auf die Suizidalität der Allgemeinheit. Der gesellschaftliche Rahmen wird weitestgehend vernachlässigt. Der bedeutendste Vertreter der Psychoanalyse war der Wiener Psychiater Sigmund Freud, der seine Überlegungen erstmalig gegen Ende des Ersten Weltkriegs publizierte (vgl. Abram/Berkemeier/Kluge 1980a, S. 26 f.).

Beide, Durkheim und Freud, erstellten wegweisende Theoriegebäude für die Erklärung von Suizidalität. Aus diesem Grund ist es sinnvoll, die Ansätze der beiden Exponenten vorzustellen. Überdies werden in jeder wissenschaftlichen Abhandlung zum Thema Suizidalität die theoretischen Überlegungen von Durkheim und Freud erwähnt. Ferner machen die beiden Modelle deutlich, wie gegensätzlich die Vorgehensweisen zur Erforschung der Suizidalität sein können. Sowohl die Untersuchung von Durkheim als auch der Beitrag von Freud wurden durch viele Forscher weiterentwickelt und modifiziert. Die Vielzahl theoretischer Erörterungen macht es notwendig, eine Auswahl zu treffen. Auf der soziologischen Seite soll die Suizidtheorie von Jerry Jacobs referiert werden, da sie sich explizit auf die Suizidalität von Heranwachsenden bezieht. Die psychoanalytische Seite soll nicht nur durch die theoretischen Erörterungen von Sigmund Freud gewürdigt werden, sondern auch der Beitrag von Heinz Henseler wird ausführlich behandelt, denn er hat die Beziehung zwischen Selbstbewusstsein und Suizidalität akzentuiert. Zudem haben beide Autoren die tiefenpsychologische Debatte zur Suizidalität maßgebend beeinflusst (vgl. Grande 1997, S. 20). Zum Abschluss soll die Studie von Sigrid Schröer vorgestellt werden, die sich aber keiner der zwei Hauptrichtungen zuordnen lässt. Jedoch besitzt diese Veröffentlichung gegenüber den anderen Beiträgen den Vorteil, dass in ihr Elemente von beiden Richtungen mit einbezogen werden. Analog zu der Arbeit von Jacobs wird in diesem Modell ausschließlich auf die Suizidalität von Jugendlichen eingegangen. Der Hauptgrund für die Darstellung dieser Publikation liegt aber in der Beschäftigung mit den Geschlechtsunterschieden von männlichen und weiblichen Adoleszenten.

5.2 Die soziologische Studie von Durkheim

Der erste umfassende Versuch, das Thema Suizid hinsichtlich seines quantitativen Ausmaßes sowie seiner Ursachen zu untersuchen, stammt von dem Franzosen Emile Durkheim. Die hieraus resultierenden Ergebnisse hielt er 1897 in seinem Werk „Le Suicide. Etude de Sociologie" fest. Das ausgehende 19. Jahrhundert war geprägt durch einen Zweifel an der kapitalistischen Wirtschaft, die des Öfteren in eine Krise geraten war. Es existierte eine negative, pessimistische Grundstimmung zu der Lothar Böhnisch schreibt:

> *„Die sich überschlagende Entwicklung der kapitalistischen Wirtschaft mit ihren wechselnden Krisen und Prosperitäten, sozialen Verwerfungen und Umstürzen bisher gewohnter Werte, Sozialformen und -hierarchien nährte die Zweifel an der Beherrschbarkeit des industriellen Fortschritts und damit die Angst vor sozialer Kälte und sozialem Chaos" (Böhnisch 1999, S. 27).*

Diese depressive Grundstimmung bildet den historischen Hintergrund für die Untersuchung von Durkheim und sie ist fortwährend in seiner Publikation zu spüren (vgl. ebd.; Dörner 1973, S. 11). Um die gesellschaftliche Spannung einzufangen, wurde das Werk verfasst. Primär ging es aber dem Soziologen Durkheim, der 1858 in Epinal geboren wurde, um die Methoden der empirischen Sozialforschung, denn seine Untersuchung sollte der Etablierung der damals noch jungen Soziologie als wissenschaftliche Disziplin dienen. Die Darstellung der Methoden der empirischen Sozialforschung erfolgte am Modell der Suizidalität, da dieses für Durkheim besonders einfach zu erforschen schien (vgl. Durkheim 1973, S. 17 ff.). Um das Phänomen der Suizidalität zu eruieren, wertete er statistisches Material aus. Als Ergebnis prononcierte er ein missliches Verhältnis zwischen dem Menschen und der Gesellschaft. Je nach Art der defizitären Beziehung wird zwischen dem „egoistischen" Suizid, dem „altruistischen" Suizid, dem „anomischen" und dem „fatalistischen" Suizid differenziert (vgl. ebd., S. 162 ff.).

Im Unterschied zu den anderen Erscheinungsformen tritt der egoistische Suizid am häufigsten in Erscheinung. Unter ihm lassen sich vorwiegend diejenigen Typen von Suizidhandlungen subsumieren, die aus einer Entfremdung von der Gesellschaft resultieren. Um ein sinnerfülltes Leben zu führen, kommt es weniger auf die Gestaltung seines Inneren, seines Selbst, als vielmehr auf die Beziehung zur äußeren Umgebung an (vgl. ebd., S. 231 ff.). Daher pointiert Durkheim die Wichtigkeit des Integrationsgrades zu der Außenwelt:

„Der Selbstmord variiert im umgekehrten Verhältnis zum Grad der Integration der sozialen Gruppen, denen der einzelne angehört“ (ebd., S. 232). Mit der Außenwelt sind sowohl die gesamte Gesellschaft als auch gesellschaftliche Subgruppen gemeint, welche die familiäre oder religiöse Ebene beinhalten. Die Beziehung zur Außenwelt verfügt über die Möglichkeit, den Menschen zu unterstützen, damit er auch in schwierigen Situationen eine Sinngebung erhält. Bei dem Verlust der Verbundenheit zur äußeren Umgebung geht auch gleichzeitig der Sinn seiner Existenz verloren. Dementsprechend wird die Suizidalität als Folge der Desintegration zu einer Gemeinschaftsform angesehen, die über eine suizidpräventive Wirkung verfügt (vgl. ebd., S. 231 f.). Für diese Entwicklung ist allerdings nicht der Suizident verantwortlich, sondern die Außenwelt, die es nicht bewirkt hat, eine adäquate Beziehung zu dem Menschen aufzubauen (vgl. ebd., S. 240). Als egoistisch sind demzufolge Suizide anzusehen, die als Folge von Abgespaltensein, Desintegration und Einsamkeit erfolgen, wie beispielsweise von alten oder kranken Personen.

Im Gegensatz zu diesem Suizidtypus steht der altruistische Typus. Als Altruismus bezeichnet Durkheim den Zustand,

> *„(...) in dem das Ich nicht sich selbst gehört, wo es sich mit anderen Dingen außerhalb seiner selbst vermengt, wo der Pol, um den sich sein Verhalten dreht, außerhalb seiner selbst liegt, nämlich in einer der Gruppen, denen es angehört“ (ebd., S. 247).*

Folglich kommt es zum altruistischen Suizid; der Mensch hat die bestehenden Normen und Werte der Gesellschaft so stark internalisiert, dass er seine eigenen Wünsche und Bedürfnisse in den Hintergrund stellt. Er opfert sich als Person, um sich den Zielen der Außenwelt unterzuordnen. Es sind also Loyalitätsgründe, die den Einzelnen dazu bewegen, einen altruistischen Suizid zu begehen. Dieser Suizidtyp ist wesentlich zahlreicher in primitiven als in hoch entwickelten Zivilisationen. Als Beispiele für die altruistische Suizidhandlung in primitiven Gesellschaften wird der militärische Suizid angeführt, wie beispielsweise das Harakiri der Japaner (vgl. ebd., S. 242 ff.). Unter der Klassifikation des altruistischen Typus fällt aber auch die suizidale Handlung von alten und kranken Menschen. Im Gegensatz zu dem egoistischen Suizidtypus, bei dem sich die alten und kranken Menschen aufgrund der Isolierung suizidieren, suchen diese Personen beim altruistischen Typus die eigene Letalität, da sie sich wertlos für die Außenwelt fühlen.

Die anomische Suizidhandlung bildet nach dem egoistischen und dem altruistischen den dritten Suizidtypus. Die Anomie beschreibt eine sozialstrukturelle Diskrepanz zwischen den Menschen und der Gesellschaft. Die Handlungsperspektiven des Menschen sind diffus, weil die Gesellschaft keine verbindlichen Normen vermittelt und so den Individuen eine Orientierungsmöglichkeit fehlt. Die Situation der mangelnden Handlungsorientierung wird als Anomie charakterisiert. Die anomische Konstellation mit der folgenden Wertediffusion kann dabei sowohl aus einem ökonomischen Konjunkturrückgang als auch aus einem Aufschwung der Wirtschaftslage resultieren. Sie kann ebenfalls durch die Scheidung oder den Tod eines Familienmitgliedes ausgelöst werden (vgl. ebd., S. 273 ff.). Im Gegensatz zur egoistischen und altruistischen Suizidhandlung zeichnet sich der anomische Suizidtypus

> *„(...) dadurch [aus, d.V.], daß er nicht von der Art und Weise bestimmt ist, in der der einzelne mit seiner Gesellschaft verbunden ist, sondern in der Art, in der diese ihre Mitglieder reguliert" (ebd., S. 295).*

Die fatalistische Suizidhandlung ist der vierte Typus und bildet das Gegenstück zur anomischen Suizidalität. Diese Erscheinungsform besitzt zwar eine geschichtliche Relevanz, allerdings wird sie lediglich in einer Anmerkung formuliert, durch die die geringfügige Rolle des Typus betont wird. Der fatalistische Suizid ist die Folge einer starken Disziplinierung durch die Gesellschaft. Aufgrund der gesellschaftlichen Suppression sowie der damit einhergehenden Zukunftslosigkeit und Aussichtslosigkeit wird der Suizid gesucht. Die Grundstimmung der Hoffnungslosigkeit und der fehlenden Handlungsperspektiven war bei den Sklaven im 19. Jahrhundert vorzufinden (vgl. ebd., S. 318). Bei diesem Typus ist nicht die Abwesenheit von gesellschaftlichen Vorstellungen für die Suizidalität verantwortlich, wie dies beim anomischen Suizid der Fall ist, sondern ein nachhaltiger gesellschaftlicher Eingriff. Diese Intervention verhindert die Verwirklichung von individuellen Anliegen. Die folgende Tabelle zeigt eine Zusammenfassung der Theorie von Durkheim:

Tabelle 6: Vier Suizidtypen.

Suizidtyp	Ursache	Beispiel
Egoistischer Suizid:	- Entfremdung von der Gesellschaft. - Verlust der Verbundenheit zur Gesellschaft.	- Suizide von Personen, die an Einsamkeit oder unter dauernden Schmerzen leiden.
Altruistischer Suizid:	- zu starke Loyalität zu den Normen und Werten einer Gesellschaft.	- Militärische Suizide (Harakiri der Japaner).
Anomischer Suizid:	- Handlungsperspektiven der Individuen sind diffus, da die Gesellschaft keine verbindlichen Normen und Werte vermittelt.	- Suizide von Menschen während ökonomischer Konjunkturrückgänge.
Fatalistischer Suizid:	- zu starke Disziplinierung und Suppression der Gesellschaft. - völlige Ohnmacht und Rechtlosigkeit.	- Suizide von Personen, die in Gefangenschaft leben (Sklaven).

Quelle: vgl. ebd., S. 162 ff. (eigene Darstellung).

Der soziologische Beitrag von Durkheim ist in der Fachliteratur vielfach diskutiert worden. Dabei wurden auch einige kritische Einwände vorgetragen (vgl. Abram/Berkemeier/Kluge 1980a, S. 42 ff.; Bründel 1993, S. 46; Gappmayer 1987, S. 21 f.; Gerisch 1998, S. 101 f.; Klemann 1983, S. 14 ff.; Welz 1999, S. 671). So weisen einige Autoren auf die vorwiegende Missachtung der individuellen, subjektorientierten Einflüsse bei der Suizidalität hin (vgl. Abram/Berkemeier/Kluge 1980a, S. 42 f.; Bründel 1993, S. 46). Der ätiologische Ansatz Durkheims reicht nur unwesentlich über die Deskription des sozialen Geschehens hinaus. Dies ist vorwiegend durch die Begrenztheit eines starr positivistischen Wissenschaftsverständnisses erklärbar. Die Vorgehensweise beinhaltet die Untersuchung von amtlichen Statistiken. Dabei übernahm Durkheim die Werte kritiklos, ohne die zahlreichen Fehlerquellen zu berücksichtigen (vgl. Gappmayer 1987, S. 21 f.; Klemann 1983, S. 20). Zu der ausführlicheren Reflexion von Mängeln bei Statistiken wird auf das Kapitel vier verwiesen. Die soziologische Untersuchung wendet sich nicht speziell den Altersgruppen der Jugendlichen zu. Dies ist aber erforderlich, um die spezifischen Aspekte der Lebensphase Jugend zu berücksichtigen. (Siehe hierzu das dritte Kapitel). Zwischen dem anomischen und dem egoistischen Suizidtypus wird der Vorwurf der fehlenden Grenze vorgebracht. So sind die Typen nicht deutlich genug von einander zu unterscheiden (vgl. Welz 1999, S. 671).

Wie auch bei den anderen Ansätzen, muss die soziologische Theorie in dem historischen Kontext betrachtet werden, in dem das Werk entstanden ist. Der Stand der Forschung war noch nicht so weit, um die Relation von sozialen und individuellen Einflüssen zu erkennen. Durkheim unternahm aber erstmals den Versuch, das Thema Suizidalität wissenschaftlich darzulegen. Insofern hat er die Grundlage für die akademische Behandlung von suizidalem Verhalten gelegt. Zudem gilt er mit seiner Untersuchung als Begründer der empirischen Sozialforschung, der die Soziologie als wissenschaftliche Disziplin etablierte.

In der heutigen Publikationslandschaft wird sein Erklärungsversuch noch beachtet (vgl. Colla 2001a, S. 1853 f.; Langer 2001, S. 67 f.) und auf spezielle Altersgruppen adaptiert (vgl. de Vries 1996, S. 40 ff.; Teising 1992, S. 50 f.; Wunderlich 1999, S. 92 ff.). Seine Überlegungen werden aber nicht nur innerhalb der Suizidologie fortwährend erwähnt, sondern auch in anderen Bereichen. So finden sich in der Forschung auch Ausführungen, wie der Ansatz von Durkheim einen Beitrag zum Drogenkonsum leisten kann (vgl. Malchau 1984, S. 212 f.; 1987, S. 17 ff.). Speziell das Konstrukt der Anomie wurde von vielen Autoren aufgegriffen und modifiziert (vgl. Ginsberg 1980; Merton 1963). Nach Lothar Böhnisch lassen sich bei der weit verbreiteten Untersuchung von Beck, der die gegenwärtigen gesellschaftlichen Strukturen erforscht, viele Gedanken wieder erkennen, die schon bei Durkheim zu finden sind (vgl. Böhnisch 1999, S. 31). Dieser Hintergrund skizziert den bedeutenden Stellenwert der Theorie.

Bei der Transformation des soziologischen Ansatzes auf die verschiedenen Altersgruppen kommt es zu einer Vermischung der unterschiedlichen Lebensphasen. So hebt Heidrun Bründel in Anlehnung an Hurrelmann die Bedeutung der Unterstützung von Freunden, familiären Beziehungen und Peer-groups gleichsam für das Erwachsenen- und das Jugendalter für die Suizidprävention hervor (vgl. Bründel 1993, S. 45). Insgesamt scheint für beide Altersgruppen der Gruppenzugehörigkeitsaspekt als sehr bedeutsam für die Suizidprävention. Die formellen und informellen Unterstützungssysteme können somit von lebenserhaltender Bedeutung sein (vgl. Hurrelmann 1999, S. 238 ff.). In einer Studie konnte der Einfluss von fehlender sozialer Unterstützung als Risikofaktor für Suizidalität empirisch bestätigt werden. Den wissenschaftlichen Erkenntnissen zufolge haben Suizidale, objektiv gemessen, wenigere Sozialbeziehungen als Menschen, die keinen Suizidversuch begangen haben (vgl. Veiel et al. 1988, S. 176 ff.; Welz 1979; 1986, S. 281 ff.; 1991, S. 31; 1999, S. 675 f.). Demzufolge lässt sich die Aktivierung dieser Ressourcen als Arbeitsprinzip für die Pädagogen formulieren. Für das Verständnis der Suizidalität ist es nötig, die subjektive Sichtweise des Suizidenten zu erfragen: Sehnt sich der Betreffende nach Sozialbeziehungen oder leidet er unter der fehlenden sozialen Unterstützung? Dies ist notwendig, da viele nachweisbare soziale Kontakte nicht unbedingt Einsamkeit verhindern.

Wie der altruistische Suizid gezeigt hat, sind bei einer zu intensiven Verbindung zu einer Gruppe erhebliche Gefahren anzutreffen. Die Gefährdung bezieht sich auf die Möglichkeit der Suggestion von Gruppen, die sich abweichend verhalten (vgl. Abram/Berkemeier/Kluge 1980a, S. 48; Bründel 1993, S. 45 f.; Wunderlich 1999, S. 94). Um diese Gefahr zu verhindern, ist eine ständige Reflexion des Werte- und Normensystems der Gruppe, in der der Jugendliche integriert ist, ein unabdingbarer Teil der sozialarbeiterischen Arbeit. Auch die eigene Einstellung bezüglich einer Suizidhandlung ist zu überprüfen. So kann die Zugehörigkeit zu einer Gruppe die Meinung zur Suizidalität verändern oder verfestigen. Die eigene Bewertung dieses Themas hat einen Einfluss auf die Arbeit mit dem suizidalen Heranwachsenden. So scheint es erhebliche unterschiedliche Auswirkungen zu haben, ob der sozialpädagogische Mitarbeiter eine ablehnende oder eine befürwortende Einstellung zur Suizidalität hat. Diese These ist aber bislang noch nicht empirisch erforscht.

5.3 Die soziologisch biografische Sichtweise von Jacobs

Eine aktuellere soziologische Untersuchung zum Thema Suizid publizierte der amerikanische Soziologe Jerry Jacobs in den 70er Jahren. Seine Arbeit trägt den Titel „Selbstmord bei Jugendlichen. Erklärung, Verhinderung, Hilfe“. In seinem subjektorientiert- soziologischen Beitrag erforschte Jacobs die Biografie von 50 Heranwachsenden, die einen Suizidversuch vollzogen hatten. Die suizidalen Schüler wurden spätestens zwei Tage, nachdem sie in einem amerikanischen Krankenhaus aufgrund eines Suizidversuchs eingeliefert worden waren, mithilfe eines Fragebogens interviewt. Ziel der Befragung war eine themenzentrierte Lebenslaufrekonstruktion. Dabei sollten die wichtigsten Begebenheiten in ihrer Entwicklung erforscht werden, wobei sowohl die Bewertung des familiären, schulischen und peer-group-Hintergrunds als auch das Erziehungsverhalten des Erziehungsberechtigten, berufliche Perspektiven und frühere Suizidversuche thematisiert wurden. Die Ergebnisse wurden in zeitlicher Reihenfolge festgehalten. Um die unterschiedlichen Biografien von suizidalen und nicht-suizidalen Schülern aufzuzeigen, wurden 31 Heranwachsende ermittelt, die keinen Suizidversuch unternommen hatten. Die Adoleszenten sollten möglichst hinsichtlich der sozialstrukturellen Daten (Alter, Schulbildung, Geschlecht, Bildungsstand der Mutter usw.) mit denen der suizidalen Gruppe übereinstimmen. Sie wurden ebenso befragt wie die Erziehungsberechtigten der beiden Schülergruppen. Allerdings wurde bei den nicht-suizidalen Adoleszenten und deren Eltern die Frage nach früheren Suizidversuchen vernachlässigt. Sowohl in der Untersuchungsgruppe als auch in der Kontrollgruppe war eine defizitäre Familienkonstellation (z.B. Erwerbstätigkeit beider Elternteile) vorzufinden (vgl. Jacobs 1974, S. 43 ff.).

Vorrangiges Ziel des Ansatzes war es, die Differenzen des biografischen Verlaufs zwischen den suizidalen Heranwachsenden und der Kontrollgruppe herauszuarbeiten. Dabei ging Jacobs von einer Entwicklung des jugendlichen Suizidenten aus, in der er sich zunehmend einsamer fühlt. Die fortschreitende Einsamkeit sollte den zunehmenden Verlust des Bewältigungsrepertoires mit gleichzeitiger Steigung der Risiko- und Belastungsfaktoren belegen. Diese vermutete Entwicklung lässt sich in fünf aufeinander folgenden Stadien thesenartig zusammenfassen:

1. *„Eine langandauernde Problemgeschichte (von der frühen Kindheit) bis zum Einsetzen der Adoleszenz;*
2. *die Eskalation von Problemen (seit Eintritt ins Jugendlichenalter), die weit über solche hinaus gehen, die gewöhnlich mit Jugend verbunden sind;*
3. *das fortschreitende Versagen verfügbarer Anpassungstechniken zur Bewältigung der alten und neuen wachsenden Probleme, das zur immer stärkeren sozialen Isolierung des Jugendlichen führt;*
4. *eine kettenreaktionsartige Auflösung aller restlichen bedeutungsvollen sozialen Beziehungen in den Tagen und Wochen vor dem Versuch, die dem Jugendlichen das Gefühl vermittelt, ‚das Ende aller Hoffnung' erreicht zu haben;*
5. *der innere Prozeß, durch den er den Selbstmord vor sich selbst rechtfertigt und der es ihm ermöglicht, die Kluft zwischen Denken und Tat zu überbrücken" (ebd., S. 42 f.).*

Diese Thesen wurden durch den Vergleich der Biografien von den suizidalen und den nicht-suizidalen Adoleszenten sowie der Auswertung von Abschiedsbriefen bestätigt. Im Kindesalter mussten beide Schülergruppen kritische Angelegenheiten bewältigen, allerdings waren die Belastungen bei den suizidalen Schülern erheblich größer. Diese hatten häufiger Schwierigkeiten mit Schul- und Wohnungswechseln. Besonders beim Einsetzen der Jugendzeit nahmen die Risiko- und Belastungsfaktoren für die Suizidenten erheblich zu, während die prekären Ereignisse der Kindheit noch ungelöst geblieben waren (vgl. ebd., S. 100 f.). Im Jugendalter unternahmen beide Gruppen verschiedene Anstrengungen, um die Eltern auf ihre missliche Situation hinzuweisen. Diese Strategien lassen sich in drei aufeinander folgenden Phasen zusammenfassen:

Tabelle 7: Die „Verhaltensprobleme".

	Untersuchungsgruppe (N = 31)	**Kontrollgruppe** (N = 31)
1. Auflehnung (Rebellion)		
Ungehorsam	48 %	31 %
Frechheit	48 %	47 %
Widerspenstigkeit	19 %	25 %
Auflehnung	29 %	6 %
2. Rückzug auf sich selbst		
Niedergeschlagenheit	57 %	13 %
Spricht nicht	40 %	19 %
Zurückgezogen	43 %	3 %
3. Physischer Rückzug		
Von zu Hause weggelaufen	43 %	3 %

Quelle: ebd., S. 106 (die Spalte „Partnerlose Untersuchungsgruppe" weggelassen).

Eine Auseinandersetzung mit den theoretischen Überlegungen von Jacobs ist auch ohne die Darstellung der Spalte partnerlose Untersuchungsgruppe möglich. Aus diesem Grund kann an dieser Stelle auf eine Wiedergabe und inhaltliche Vertiefung verzichtet werden.

Die erste Phase beschreibt eine protestierende Grundhaltung, in der es zu Unfolgsamkeit, Ungehorsamkeit und Aufsässigkeit kommt. Im Vordergrund der zweiten Phase steht die Introvertiertheit des Heranwachsenden, der nur sehr wenig redet und depressiv ist. In der dritten Phase kommt es zu einer Flucht aus der bisherigen Wohnsituation. Die Tabelle zeigt ein uneinheitliches Bild der angewandten Verhaltensweisen beider Schülergruppen. Zwar verwenden beide Gruppen, bis auf den Wert der Auflehnung, annähernd gleich häufig die in der ersten Phase beschriebenen Bewältigungsmöglichkeiten, allerdings wurden die Verhaltenstechniken der zweiten und dritten Phase von den nicht-suizidalen Schülern nur sehr selten gebraucht. Die Suizidenten hingegen setzten diese nahezu so häufig ein wie die Strategien der ersten Phase. Demzufolge konnten die nicht-suizidalen Schüler mit den Handlungsmöglichkeiten der ersten Phase ihre Lebenssituation bewältigen. Die Anzahl der Belastungs- und Risikofaktoren war wesentlich geringer und nicht so schwerwiegend wie bei den suizidalen Heranwachsenden. So machten die Suizidenten zunehmend drastischer auf ihre lebensbedrohliche Situation aufmerksam, erst mit den Bewältigungsstrategien der einzelnen Phasen, bis dass sich ihr Handlungsrepertoire auf den Suizidversuch einschränkte (vgl. ebd., S. 104 ff.).

Eine weitere wichtige Unterscheidung zwischen den suizidalen und nicht-suizidalen Schülern lag in der Art und Weise, in der die Erziehungsberechtigten mit den unterschiedlichen Verhaltensweisen der Adoleszenten umgingen. Während die Eltern der nicht-suizidalen Schüler die Bewältigungsstrategien als Appelle zur Unterstützung interpretierten, wurden von den Eltern der suizidalen Heranwachsenden die Techniken nicht als Notsignale wahrgenommen. Die Erziehungsberechtigten bestraften die Strategien der jugendlichen Suizidenten. Infolgedessen fühlten diese sich unverstanden und reagierten mit weiteren, drastischeren Verhaltensauffälligkeiten, die von den Eltern mit härteren Vergeltungen beantwortet wurden. In diesem Prozess entfernten sich die Suizidenten zunehmend von ihren Eltern (vgl. ebd., S. 109 ff.). Kurz vor dem Suizidversuch kommt es zu einer Beendigung der Beziehung zu den Eltern. Diese Einsamkeit wird noch durch den Abbruch von weiteren Sozialkontakten verstärkt, sodass keine Bezugsperson mehr bleibt, mit der sie über ihre Stimmungslage reden könnten (vgl. ebd., S. 103 f.). Um den internen Prozess zur Legitimation der Suizidhandlung zu belegen, untersuchte Jacobs Abschiedsbriefe von erwachsenen und jugendlichen Suizidenten. Die Analyse der Abschiedsbriefe zeigte die Ausweglosigkeit des Menschen. Er sah keine Handlungsmöglichkeit mehr, seine Lebenssituation zu verändern. Die einzig ihm verbleibende Handlungsoption lag in der Suizidalität (vgl. ebd., S. 130 ff.).

Als zentrale Aufgabe der Prävention hebt Jacobs die Bedeutung von Sozialkontakten und deren guter Qualität hervor. Diese Aufgabe überträgt er in drei verschiedene Bereiche: Als ersten Bereich nennt er die Schule. Für ihn ist Schule eine Institution, in der eine Vielzahl von sozialen Kontakten stattfindet. Daher kann dort die Entwicklung der Einsamkeit und der potenzielle Rückzug des Adoleszenten verhindert werden. Dies sollte mit Schulprogrammen realisiert werden, die insbesondere die Sozialkontakte und die Kommunikation zwischen den Schülern untereinander, aber auch zwischen Lehrern und Schülern akzentuieren (vgl. ebd., S. 161 ff.). Im zweiten Bereich sind die Allgemeinärzte und Pfarrer angesprochen, die eine bedeutende Vertrauensposition haben. Demzufolge werden sie um emotionale Unterstützung und persönliche Gespräche gebeten. Aus diesem Grund sollten sie geschult werden, um den Prozess der Suizidalität zu erkennen (vgl. ebd., S. 163 f.). Im letzten Bereich wird vorgeschlagen, dass neben den professionellen Fachleuten auch ehemalige Suizidale im Telefondienst arbeiten, da diese persönliche Beziehungen herstellen können, die den Fachleuten nicht gestattet sind. Überdies würde der Gebrauch von Fachtermini wegfallen, und somit wäre eine größere Möglichkeit gegeben, empathischer auf den Klienten zu reagieren (vgl. ebd., S. 168).

Die Präventionsvorstellungen von Jacobs sind eher allgemein gehalten. Die Gedanken sind zu wenig differenziert. So wird offen gelassen, welchen Inhalt das Schulprogramm besitzen sollte, um die Kommunikation zwischen Schülern und Lehrern zu fördern. Ferner lassen sich andere Berufsgruppen benennen, die eine Vertrauensposition innehaben und somit als Ansprechpartner bei Lebensschwierigkeiten gelten. Die Forderung nach dem Einsetzen von Personen mit suizidalen Erfahrungen ist zumindest zu problematisieren. Vielmehr ist es wichtig, in der Beziehung zu einem suizidalen Menschen, die eigenen suizidalen Anteile zu kennen und reflektiert zu haben.

Die grundlegende Kritik an dem Erklärungsversuch von Jacobs konzentriert sich auf zwei Punkte: Zum einen wird das Bewältigungsverhalten der Adoleszenten nicht unter dem Aspekt der geschlechterspezifischen Fragestellung differenziert. In der aktuelleren Fachdiskussion wird davon ausgegangen, dass Jungen eher externalisierte und Mädchen bevorzugt internalisierte Handlungen zeigen (vgl. Böhnisch 1997, S. 164). Zum anderen fehlt bei dem Phasenmodell von Jacobs die empirische Vergleichbarkeit. Rolf Gores äußert Zweifel an dem vorliegenden Konzept und hebt hervor,

> *„(...) daß die Interpretation der Daten (...) fallweise erfolgte, vorher keine Operationalisierungen zu den einzelnen abstrakten Merkmalen gebildet wurden, also durch Interpretationsspielräume Verzerrungen vorliegen können. Auch die Beschränktheit in Raum, Zeit und Auswahl (Los Angeles, 1964, Krankenhaus) läßt die Befunde in dieser Hinsicht als bedenklich erscheinen" (Gores 1981, S. 124).*

Dennoch gilt der soziologisch-subjektorientierte Beitrag von Jacobs inzwischen als fester Bestandteil der Suizidliteratur (vgl. Rausch 1991, S. 71). Im Gegensatz zu Emile Durkheim, der vorwiegend den gesellschaftlichen Einfluss für die Gesamtheit der Suizidrate betont, erforscht Jacobs den Verlauf jeder einzelnen Biografie des Suizidalen. Diese Vorgehensweise ist sinnvoller, um sich den Risiko- und Belastungsfaktoren jedes einzelnen Suizidenten zu widmen, da er einmalig in seinem Erleben ist. Dieses Erleben zu verstehen, sich darauf einzulassen, beizustehen und gemeinsam mit ihm Alternativen zum Suizid zu entwickeln, gehört zu den Hauptanforderungen an den Pädagogen. Im sozialarbeiterischen Umgang mit einem suizidalen Heranwachsenden bedarf es somit einer Einzelfallorientierung, die möglichst einen umfassenden Blick auf die Erfassung des gesamten Lebenskontextes beinhalten sollte. Theorien können nicht vorweg aufgestellt werden, sondern erst nach einer intensiven Beschäftigung mit dem Betroffenen. Sie dienen dann der Verlängerung der Wahrnehmung als einer möglichen Beschreibungsfantasie, die ständig überprüft und gegebenenfalls falsifiziert werden muss.

In seiner theoretischen Erörterung zur Erklärung der Suizidalität untersucht Jacobs ausschließlich Heranwachsende. Dies erscheint erforderlich, da über die Altersbestimmung hinaus bestimmte Erkennungszeichen existieren, die das Jugendalter als eigene Lebensphase kennzeichnen und von den anderen Lebensphasen unterscheiden. Aus diesem Grund können auch die spezifischen Belastungsfaktoren der Jungendphase in den Erklärungen zum Suizidgeschehen von Heranwachsenden berücksichtigt werden. Dabei richtet Jacobs seinen Schwerpunkt nicht nur auf die belastenden Faktoren der Suizidgruppe, sondern er betrachtet auch den Lebenskontext von den Schülern, die keinen Suizidversuch unternommen haben. Vor diesem Hintergrund lässt sich das Konzept als Vorläufer der Literaturdiskussion einordnen, die sich der Lebenswelt von gesunden Menschen widmet und nach den Gründen ihrer Gesundheit fragt, obgleich sie auch negativen Einwirkungen ausgesetzt sind.

Abweichendes Verhalten von Jugendlichen lässt sich durch den Beitrag von Jacobs als Versuch der Problemlösung interpretieren, in der die Handlungsoptionen des Betreffenden nicht ausreichen, um die Belastungsfaktoren zu bewältigen. Aus dieser Perspektive haben die Problemlösungsstrategien einen funktionalen Sinn. Daraus resultiert die sozialpädagogische Handlungsmöglichkeit, die in der Erschließung von alternativen Lösungswegen und der Stärkung individueller Ressourcen liegt, um dem suizidalen Prozess entgegenzuwirken. Diese Entwicklung wird in dem subjektorientiert soziologischen Modell näher erläutert, welches sich durch die prozesshaft fortschreitende Einsamkeit auszeichnet. An dieser Stelle wird die Verbundenheit zwischen dem Ansatz von Jacobs und dem präsuizidalen Syndrom von Ringel deutlich, der ebenfalls die Entwicklung zunehmender Isolierung aufzeigte. Der Entfremdungsprozess beinhaltet die fortschreitende innere Entfernung von Bezugspersonen, aber auch vom sozialen Beziehungsnetz. Dies akzentuiert die notwendige Klärung des familiären und sozialen Hintergrunds bei dem jugendlichen Suizidenten.

Mit dieser soziologisch biografischen Theorie lässt sich auch vermuten, warum der Adoleszent gerade die drastische Suizidalität und nicht eine andere Form als Handlungsoption wählt, um auf seine schwierige Lebenssituation aufmerksam zu machen. Der Heranwachsende hat im Vorfeld des Suizids unterschiedliche Verhaltensweisen gezeigt, diese wurden aber von den Eltern nicht beachtet. Erst wenn die Versuche gescheitert sind, kommt es zur Suizidhandlung. Gerade diese Perspektive ermöglicht es, die Handlungsoptionen des Individuums als bewältigungsorientierte Interaktion zu erkennen.

5.4 Das psychoanalytische Suizidkonzept von Freud

Die erstmalige psychoanalytische Zuwendung zur Suizidalität fand 1910, also 13 Jahre nach der Publikation von Durkheims soziologischer Arbeit, im Rahmen eines Kongresses in Wien statt. Der Grund für diese Fachtagung der Mediziner war das Ansteigen der Suizidrate von Schülern. Der Initiator des Treffens war Sigmund Freud. Zu dieser Zeit waren seine psychoanalytischen Vorstellungen zum suizidalen Handeln noch in den Anfängen, erst in den darauf folgenden Jahren beschäftige er sich intensiver mit dieser Thematik (vgl. Abram/Berkemeier/Kluge 1980a, S. 49 f.; Bronisch 1995, S. 72; Bründel 1993, S. 46; Gappmayer 1987, S. 44; Welz 1979, S. 29; Wunderlich 1999, S. 32 f.). Besonders seine Arbeit „Trauer und Melancholie" von 1917 fand einen Eingang in die Suizidliteratur (vgl. Abram/Berkemeier/Kluge 1980a, S. 49 f.; Bründel 1993, S. 46; Iskenius-Emmler 1988, S. 225 ff.; Malchau 1987, S. 36; Pohlmeier 1983, S. 59; Stengel 1969, S. 36 ff.; Wunderlich 1999, S. 32 f.).

Im Mittelpunkt dieser Publikation werden die beiden emotionalen Verfassungen Trauer und Melancholie einander gegenübergestellt. Melancholie wurde damals die Krankheit der endogenen Depression genannt. Melancholie und Trauer weisen einige Ähnlichkeiten auf, allerdings führt die melancholische Gemütslage häufiger zum Suizid. Aus dieser Perspektive heraus legitimierte Freud seine Gegenüberstellung. Als Ursachen für beide Verfassungen sah er Deprivation von einem Bezugsmenschen, vom Heimatland oder von Leitvorstellungen an. Das Erscheinungsbild der Melancholie und der Trauer drückt sich in einer depressiven Gemütslage aus, in der der Betroffene keine Zuwendung zur Gesellschaft mehr zeigt. Nicht nur das Verlangen nach Sozialkontakten wird weniger, sondern auch die Lust nach einer intensiven Partnerschaft nimmt ab (vgl. Freud 2001b, S. 173).

Die hauptsächlichen Unterschiede zwischen Trauer und Melancholie prononciert Freud folgendermaßen: *„Bei der Trauer ist die Welt arm und leer geworden, bei der Melancholie ist es das Ich selbst"* (ebd., S. 176). Die Reduzierung des Selbstwertgefühls ist somit ein Erkennungszeichen, welches die Melancholie als pathologisches Äquivalent von der Trauer unterscheidet. Während die trauernde Person nach einer intensiven Auseinandersetzung mit der Wirklichkeit den Schmerz verarbeiten kann, kommt es beim Melancholiker durch die Depretiation des Selbstwertgefühls zu der Verbalisierung von Beleidigungen und Boshaftigkeiten, die auf sich selbst gerichtet werden. Ursprünglich zielen diese Anklagen jedoch auf die eigene Person. Auch Mordimpulse können auf sich selbst zurückgewendet werden. Um diesen Prozess zu erläutern, wird eine weitere Unterscheidung zwischen den beiden seelischen Verfassungen herausgearbeitet. Hauptsächlich liegt die Differenz in der besonderen Qualität der Partnerschaft, da der Melancholiker sich mit seinem Partner identifiziert. Aber schon bei einer kleinen Enttäuschung trennt sich der Melancholiker von seinem Partner, wobei die innere, emotionale Partnerschaft aufrechterhalten wird. Aufgrund des Identifikationsprozesses können alle negativen, destruktiven Tendenzen, die eigentlich dem verlorenen Lebensgefährten gelten, auf die eigene Person gerichtet werden (vgl. ebd., S. 173 ff.). Aus diesen Erkenntnissen erklärt Freud den Prozess der Suizidalität so:

> *„Wir wußten zwar längst, daß kein Neurotiker Selbstmordabsichten verspürt, der solche nicht von einem Mordimpuls gegen andere auf sich zurückwendet, aber es blieb unverständlich, durch welches Kräftespiel eine solche Absicht sich zur Tat durchsetzen kann. Nun lehrt uns die Analyse der Melancholie, daß das Ich sich nur dann töten kann, wenn es durch die Rückkehr der Objektbesetzung sich selbst wie ein Objekt behandeln kann, wenn es die Feindseligkeit gegen sich richten darf, die einem Objekt gilt und die die ursprüngliche Reaktion des Ichs gegen Objekte der Außenwelt vertritt" (ebd., S. 182).*

Demnach kommt es zu einer Suizidhandlung, wenn bei einem Melancholiker keine adäquate Aggressionsverarbeitung stattgefunden hat.

Die psychoanalytische Theorie von Freud hebt die Stellung der Aggression gegen die eigene Person hervor. Gerade dieser Vorgang wird von einigen Autoren angezweifelt. In einer repräsentativen Studie konnte empirisch nachgewiesen werden, dass Personen, die einen Suizidversuch unternommen hatten, ein eher gegen die Umwelt gerichtetes aggressives Verhalten zeigen (vgl. Angst/Clayton 1986, S. 511 ff.). Im Vordergrund der Veröffentlichung von Freud steht die Untersuchung von Melancholikern. Demzufolge haben seine Aussagen nicht den Anspruch auf Allgemeingültigkeit, da er sich ausschließlich auf den melancholischen Zustand bezieht. Die Annahme von Freud, den Suizid als die Folge einer depressiven Entwicklung zu sehen, ist nicht grundsätzlich zu bestätigen, da die enge Korrelation zwischen Depression und Suizid fehlt (vgl. Pohlmeier 1995). Die Häufigkeit des Krankheitsbildes der depressiven Störung ist bei Heranwachsenden nur vereinzelt vorzufinden und kann so nicht als ätiologischer Erklärungsversuch allein herangezogen werden. Wissenschaftliche Studien belegen zudem, dass die Suizidalität in keinem kausalen Verhältnis zu psychiatrischen Krankheiten stehen muss (vgl. Gundel 1985, S. 33 ff.), wenngleich die Depression, auf alle Lebensphasen bezogen, ein Risikofaktor für Suizidhandlungen darstellt (vgl. Pohlmeier 1983).

Insofern eröffnete die Theoriebildung von Freud aber die Möglichkeit, sich dem erdenklichen Zusammenhang von Suizidalität und Depression anzunähern. Der Erklärungsversuch von Freud war die Grundlage für mehrere nachfolgende Theorien zur Entstehung suizidalen Verhaltens. Viele Suizidologen profitierten in ihren Erkenntnissen von der Leistung Freuds. Schon aus dieser Perspektive wird deutlich, welche grundlegende und weit reichende Bedeutung der Beitrag von Freud hat. Auch in aktuelleren Publikationen wird sein Ansatz noch thematisiert (vgl. Colla 2001a, S. 1855; Wunderlich 1999, S. 32 ff.). Vor allem der Aspekt der Aggression wird als bedeutend für die Suizidhandlung hervorgehoben (vgl. Bründel 1993, S. 47). Hier ist ein wichtiger Ansatz für Pädagogen zu erkennen. Zu einem sozialarbeiterischen Handlungsrepertoire gehört die Vermittlung von geeigneten Umgangsmöglichkeiten mit Wut und Aggressionen. Sportliche Aktivitäten, Entspannungsverfahren oder das Verbalisieren von aggressiven Gedanken sind Alternativen, um nicht die Aggression gegen sich selbst zu richten.

5.5 Die psychoanalytische Narzissmustheorie von Henseler

Eine weitere aktuelle tiefenpsychoanalytische Theorie wurde 1974 von dem Psychoanalytiker Heinz Henseler unter dem Titel „Narzißtische Krisen. Zur Psychodynamik des Selbstmords“ veröffentlicht. Auf der Grundlage von 50 Falluntersuchungen mit neurotischen, suizidalen Patienten und seiner psychotherapeutischen Erfahrung mit 200 Suizidenten legte er seine Untersuchung vor (vgl. Henseler 1984). Neben dem Ansatz von Sigmund Freud lässt sich diese Studie zur Suizidalität als eine weitere klassische psychoanalytische Untersuchung bezeichnen. Im Zentrum seiner Betrachtung steht das Konzept des „Narzissmus“, wobei der Terminus 1914 erstmalig detaillierter von Freud in der psychoanalytischen Literatur verwendet wurde. Nach Henseler umfasst der Begriff die verschiedenen Ausprägungen des Selbstwertgefühls und die Einschätzung, welche die Person von sich selbst hat. Dabei wird zwischen zwei konträren Beurteilungen unterschieden. Liegt eine realistische Anschauung der eigenen Person vor, wird diese als „gesunder Narzissmus“ bezeichnet. Im Gegensatz dazu charakterisiert die „narzisstische Störung“ das Selbstwertgefühl, welches sowohl zu inferior als auch zu übertrieben stark ausgeprägt sein kann. Im Hinblick auf die eigene Person liegt demzufolge ein verminderter Realitätsbezug vor (vgl. ebd., S. 73).

Aus der Perspektive der Narzissmustheorie ist bei den suizidalen Menschen eine erhebliche Krise des Selbstwertgefühls feststellbar. Die Suizidhandlung wird dann intendiert, wenn für die Person keine Möglichkeit mehr existiert, ihr gefährdetes Selbstwertgefühl zu schützen. Grundsätzlich stehen dem Individuum unterschiedliche Möglichkeiten der Kompensation zur Verfügung, um auf eine Bedrohung des Selbstwertgefühls zu reagieren. Die Schutzmechanismen entwickeln und modifizieren sich im Laufe der eigenen Biografie. Sie dienen der Erhaltung des „narzisstischen Gleichgewichtes“, welches den emotionalen Zustand der Ausgeglichenheit, des Vertrauens und der Zufriedenheit bezeichnet. Diese Gefühle lassen sich unter dem Oberbegriff des Selbstwertgefühls subsumieren. Die erste Technik, die sich bei der Person entwickelt, ist die „Regression auf den Primärzustand“. Diese Möglichkeit beinhaltet die Aufgabe der eigenen Individualität und den Wunsch der Symbiose mit dem kritischen Objekt, wobei dies mit korrespondierenden Gefühlen verbunden ist. Eine weitere Abwehrmöglichkeit besteht in der „Verleugnung und Idealisierung", d.h.: Vorwürfe oder Empfehlungen werden negiert oder das Selbst wird derartig verehrt, dass Beleidigungen nicht wahrgenommen werden. Ebenso dient der Sicherung des Selbstwertgefühls die „Angleichung an die Realität". Diese Technik stellt eine geeignete Reaktion auf Kränkungen dar, indem die Bedeutung und der Stellenwert des Vorwurfs realistisch eingeschätzt werden. Die letzte Form der Handlungsoption, die der „Verinnerlichung", wertet eine Demütigung nicht als Kritik am ganzen Selbst, sondern führt sie auf ein temporäres Versagen zurück (vgl. ebd., S. 76 f.).

Die beiden letztgenannten Mechanismen stellen geeignete Möglichkeiten dar, um das Selbstwertgefühl zu schützen. Vorwiegend verwenden die narzisstisch Betroffenen die Bewältigungsform der Verleugnung und Idealisierung. Infolgedessen befindet sich das Selbsterleben des Suizidenten in der Ambivalenz zwischen starken Selbstzweifeln und illusorischen Einbildungskräften. Die Wirklichkeit wird nur unzureichend wahrgenommen. Das Individuum stellt übertriebene Ansprüche an sich selbst, die ein unvermeidbares Versagen zur Folge haben. Die unrealistische Selbsteinschätzung führt zu einer Aggressionshemmung, da bei diesen Personen eine illusorische Vorstellung von der Wirkung der eigenen Aggressionsentladung vorliegt (vgl. ebd., S. 85 ff.). Die narzisstische Problematik manifestiert sich auch auf der Beziehungsebene, die für Spannungen prädestiniert ist. Unter Bezug auf Freud vermutet auch Henseler, dass zwei Formen von Beziehungen existieren. Erstens kann eine Beziehung nach dem Anlehnungstypus verlaufen. Dabei befriedigt der Partner ganz spezielle, individuelle Wünsche des anderen. Zweitens kann die Auswahl des Partners auf der Grundlage der „narzisstischen Objektbeziehungen" angestrebt werden. Diese Partnerschaften dienen oftmals der Kompensation von eigenen narzisstischen Fehlern. Der Mensch, der sich seiner Stärken nicht bewusst ist, strebt hauptsächlich eine narzisstische Objektbeziehung an, die anfänglich ein Zugewinn an Selbstsicherheit bedeutet. Die Überidealisierung des Partners bedeutet eine erhebliche Anfälligkeit für eine Beziehungskrise, da kein Lebensgefährte die idealisierten Eigenschaften in einer annehmbaren Weise besitzt. Das Selbstwertgefühl der narzisstischen Person ist somit bedroht (vgl. ebd., S. 82 ff.).

Erweist sich die Schutzmaßnahme Verleugnung und Idealisierung als unzureichend, um das Selbstgefühl zu stabilisieren, kommt es zu einem fantasierten Rückzug zu den Erlebnisqualitäten des Friedens und des Wohlbehagens. Der Wunsch entspricht der Bewältigungsform der Regression auf den Primärzustand, der dann in eine

Handlung umgesetzt wird, wenn die vollständige Vernichtung des emotionalen Zustandes des Selbstwertgefühls droht. Die Regredierung auf diese Handlungsoption beinhaltet den Wunsch nach der Symbiose mit dem tadelnden Objekt, um die Empfindung des Friedens zu erlangen. Durch die Aktivität der Suizidhandlung erhält sich der Betroffene die Vorstellung der eigenen Stärke, Unbezwingbarkeit und Sicherheit und fühlt sich subjektiv als Gewinner der erheblichen Krise. So wird sein Selbstbewusstsein bewahrt, da er dieser kompletten Zerstörung des narzisstischen Gleichgewichtes vorbeugt. Die Suizidhandlung stellt somit die Rettung des Selbstwertgefühls dar, weil so die Illusion der Autonomie aufrechterhalten wird, die Situation zu kontrollieren (vgl. ebd., S. 85). Henseler schreibt in diesem Kontext:

> *„**Eine** Möglichkeit aber müßte die sein, der **narzißtischen Katastrophe**, dem völligen Zusammenbruch des narzißtischen Gleichgewichts, dadurch zu entgehen, daß man ihr **aktiv zuvorkommt**, indem man sein Selbstgefühl rettet, auf seine Identität als Individuum aber verzichtet, was gleichbedeutend ist mit einer **Regression auf den harmonischen Primärzustand**" (ebd., S. 84, Hervorhebungen im Original).*

Um die Gefahr der Vernichtung des Selbstwertgefühls abzuwenden, ist der Betroffene bereit, sein persönliches Selbst aufzugeben, wobei die Irreversibilität des Todes nicht gesehen wird, da die überwältigende Sehnsucht nach dem „Primärzustand" im Vordergrund steht (vgl. ebd., S. 90). Allerdings stellt die Suizidalität nur eine Möglichkeit dar, um auf die Bedrohung des Selbstwertgefühls zu reagieren. So sind unter anderem die Handlungsoptionen von süchtigem Verhalten oder das Weglaufen denkbar (vgl. ebd., S. 85). Zusammenfassend nennt Henseler fünf Thesen, die den suizidalen Menschen mit einer narzisstischen Störung beschreiben:

1. *„Der zur Selbstmordhandlung neigende Mensch ist eine in ihrem Selbstgefühl stark verunsicherte Persönlichkeit.*
2. *Das heißt für sein subjektives (bewußtes und auch unbewußtes) Erleben, daß er sich vermehrt bedroht fühlt, in einen Zustand totaler Verlassenheit, Hilflosigkeit und Ohnmacht zu geraten, aus dem er sich selber nicht retten kann.*
3. *Zum Schutz seines Selbstgefühls bedient er sich deshalb in hohem Maße der Realitätsverleugnung und der Idealisierung der eigenen Person wie seiner Umgebung.*

4. *Reichen diese Schutzmechanismen nicht aus, muß er zu noch primitiveren Mitteln greifen, nämlich zu Phantasien vom Rückzug in einen harmonischen Primärzustand.*
5. *Indem er diese Phantasie in Handlung umsetzt, kommt er der drohenden narzißtischen Katastrophe aktiv zuvor und rettet für sein Empfinden sein Selbstgefühl. Er verzichtet zwar auf seine Individualität zugunsten einer Verschmelzung mit einem diffus erlebten primären Objekt, gewinnt aber Sicherheit, Geborgenheit, Ruhe und Seligkeit" (ebd.).*

In der einschlägigen Fachdiskussion sind hierzu einige Kritikpunkte vorgetragen worden. So wird sowohl gegenüber der psychoanalytischen Theorie von Freud als auch dem Beitrag von Henseler der Vorwurf der fehlenden wissenschaftlichen Absicherung geäußert. Dem Soziologen Rainer Welz ist zu folgen, wenn er resümiert:

> *„Eine grundsätzliche Kritik der Psychoanalyse würde auf eine Kritik an der unempirischen Verwendung psychoanalytischer Schlüsselbegriffe und der damit zusammenhängenden Art der Überprüfung psychoanalytischer Hypothesen hinauslaufen. Soweit nämlich empirische Überprüfungen vorgenommen worden sind, handelt es sich um Einzelfallstudien, die willkürlich ausgewählt und mit introspektiven und unstandardisierten Methoden empirisch erfaßt worden waren" (Welz 1979, S. 34 f.).*

Bei beiden psychoanalytischen Theorien steht die Erforschung des einzelnen Individuums im Vordergrund, dabei werden das Umfeld des Klienten und die gesellschaftlichen Rahmenbedingungen unbetrachtet gelassen. Ferner bleibt bei dem Ansatz von Henseler die Frage unbeantwortet, unter welchen Bedingungen ein narzisstisch gestörter Mensch auf die Verhaltensweisen der Suizidhandlung und nicht auf das Weglaufen zurückgreift (vgl. Wunderlich 1999, S. 38). Zudem lässt sich die fehlende Auseinandersetzung mit der statistischen Eigenheit anführen, die belegt, dass Suizide im Alter häufiger tödlicher sind als bei jüngeren Menschen. So fragt Christel Christe, weshalb erst in einem höheren Lebensalter das „narzisstische Regulationssystem" oftmals zerstört wird, da es doch seit den frühesten Lebensjahren bedrohliche Konflikte für das Selbstwertgefühl darstellt. Mit Christe ist überdies die mangelnde Berücksichtigung von den spezifischen Besonderheiten der unterschiedlichen Lebensalter zu beanstanden (vgl. Christe 1989, S. 89). In der Analyse von Henseler werden diejenigen Suizidenten unberücksichtigt gelassen, die nicht in einer klinischen Praxis auftauchen. Demzufolge ist mit diesem Erklärungskonzept kein Interpretationsrahmen vorgelegt worden, der alle Suizidenten erfasst.

Zweifelsohne ist die Narzissmustheorie für die Suizidproblematik relevant, da Sigrid Schröer das Modell auch für die Altersgruppe der Jugend empirisch bestätigt hat (vgl. Schröer 1995, S. 141). Da Henseler insbesondere auf den Stellenwert des Selbstwertgefühls hingewiesen hat, gehört es zu den Aufgaben eines Pädagogen, den Aufbau einer selbstbewussten und selbstkritischen Persönlichkeit zu erzielen. Die Kinder und Jugendlichen sollen durch die engsten Bezugspersonen den Wert ihrer individuellen Persönlichkeit vermittelt bekommen. Eltern, Pädagogen und Lehrer müssen sich für das Kind und den Adoleszenten Zeit nehmen, ihm zuhören und zeigen, wie wichtig er ihnen ist. Durch den Aufbau eines gesunden Selbstbewusstseins können Menschen mit der nötigen Frustrationstoleranz persönliche Kränkungen oder Verluste verarbeiten. Die Reaktivierung des Selbstwerts ist zum Beispiel durch erlebnis- und sportpädagogische Projekte zu erreichen. Die Aufgabe des Pädagogen liegt hierbei vor allem darin, innerhalb der Gruppe eine vertrauensbildende Atmosphäre zu schaffen, in der sich der Einzelne wohl und angenommen fühlt. Der Einzelne soll sich nicht übergangen fühlen, sondern die Wertigkeit jeder einzelnen Person soll betont werden. Wenn sie diese Wertschätzung erfahren haben, soll die daraus resultierende Stärke sie befähigen, wieder perspektivisch zu leben. Gleichzeitig bieten solche Projekte den Betroffenen die Möglichkeit, Anschluss und Geborgenheit innerhalb einer Gruppe zu finden. So sind die Jugendlichen nicht mehr isoliert und von der sozialen Umwelt abgeschnitten. Vor allem der soziologische Ansatz von Durkheim zielt daraufhin, Beziehungen zu Gruppen aufzubauen.

Für den sozialpädagogischen Umgang mit dem Suizidenten bietet die theoretische Erörterung einen Hinweis für die Gefühlslage, in der sich der Mensch befindet. Nach Henseler schwankt die Person zwischen Erschöpfung und Omnipotenz. Auch bei Walter Pöldinger lässt sich dieser Gefühlszustand in seinem Phasenmodell wieder finden (vgl. Pöldinger 1968). Diese Ambivalenz kann sich auch auf den Helfer übertragen (vgl. Kast 1994, S. 85). Alterniert können auch beide Verfassungen dem Therapeuten von dem Klienten zugeschrieben werden, um das Selbstwertgefühl aufzubauen. So kann sein Selbstwertgefühl durch einen grandiosen Therapeuten aufgewertet werden. Eine weitere Möglichkeit besteht in der Abqualifizierung der Leistungen des Therapeuten. Trotz dieser Beeinträchtigung ist sein Zustand erstaunlicherweise noch stabil (vgl. Doll/Giernalczyk/Skogstad 1993, S. 386 f.). Die temporäre emotionale Verfassung der Allmacht kann die Furcht des Heranwachsenden vor dem Suizid nehmen. Er hält sich für unvergänglich (vgl. Drömann 1983, S. 89). Zudem wird die Endgültigkeit des Todes nicht vermutet. Aus der Beschreibung von Henseler wird somit eine Erklärung geliefert, wie die Angst vor der Entscheidung des Suizids verringert wird. Allerdings kann auch der Konsum von Drogen ein Hilfsmittel sein, den Entschluss durchzuführen.

5.6 Die ressourcenorientierte Untersuchung von Schröer

Im Jahr 1995 legte Sigrid Schröer ihre Studie mit dem Titel „Jugendliche Suizidalität als Entwicklungschance. Eine ressourcenorientierte empirische Studie" vor. In dieser Arbeit verfolgt die Wissenschaftlerin einen jugend- und geschlechtsspezifischen Forschungsansatz, der auf einer Untersuchung von ca. 2000 Jungen und Mädchen basiert. Die Adoleszenten wurden in jedem Schuljahr von der 6. bis zur 10. Klasse mithilfe eines standardisierten Fragebogens interviewt. Die Studie erfolgte in dem Zeitraum von 1979 bis 1983 an selektiven Schulen aller Schulformen in Hessen. Die in dieser Untersuchung dargestellten Ergebnisse prävalieren auf die Verarbeitung der Daten von 1983 (vgl. ebd., S. 49).

Zur Ermittlung der Suizidalitäts- und Depressivitätswahrnehmung wurden die Schüler gebeten, ein modifiziertes Modell des „Beck-Depressionsinventars" (BDI) auszufüllen. Dieser Test versucht das Ausmaß von Suizidgedanken festzustellen. Hierbei wird zwischen vier verschiedenen Phasen differenziert: In der ersten Phase sind keine Suizidfantasien vorhanden, hingegen treten sie in der nächsten Stufe schon vereinzelt auf. In dem darauf folgenden dritten Stadium sind die Suizidgedanken bereits stark ausgeprägt. Ebenfalls ist in der letzten Stufe eine große Anzahl von Suizidgedanken vorzufinden. Im Unterschied zu der vorherigen Phase zwingen sich die Fantasien der Suizidalität in diesem Stadium bei dem Betreffenden noch stärker auf (vgl. ebd., S. 54 ff.). Die nachfolgende Tabelle veranschaulicht das Ergebnis der Befragung:

Tabelle 8: Ergebnisse der Befragung

	Prävalenz (N in Klammern)			
Typ	m	w	Grad und Art der Suizidalität	
			Völliges Freisein von Suizidgedanken	
1	77.1 (465)	66.4 (486)	nicht suizidal	Ich denke nicht daran, mir etwas anzutun
			Suizidgedanken mit Gegensteuerung	
2	16.1 (97)	28.1 (206)	gering suizidal	Ich denke manchmal an Selbstmord, aber ich würde es nicht tun
			Suizidgedanken ohne Gegensteuerung	
3	4.6 (28)	3.0 (22)	suizidal	Ich möchte mich am liebsten umbringen
			Sich aufdrängende Suizidgedanken ohne Gegensteuerung	
4	2.2 (13)	2.5 (18)	hoch suizidal	Ich würde mich umbringen, wenn ich es könnte

Quelle: ebd., S. 58.

Die Auswertung des Beckschen Depressions-Inventars ergab eine erhöhte Anzahl von Schülern, die keine Suizidfantasien haben. Der Anteil der männlichen Heranwachsenden ist stärker vertreten als dies bei den jungen Frauen der Fall ist. So haben 66,4% der weiblichen und 77,1% der männlichen Schüler keine Suizidgedanken. Die Betrachtung der Ergebnisse unter dem geschlechtsspezifischen Aspekt vermittelt für die zweite Stufe ein ähnliches Bild. Auch hier ist der männliche Anteil deutlich weniger präsent als der der weiblichen Schülergruppe. Die Verteilung nach dem Geschlecht wird für Jungen mit 16,1% angegeben, während 28,1% der Mädchen vereinzelt Suizidgedanken aufweisen. Bei 4,6% der jungen Männer und 3,0% der weiblichen Schüler sind die Suizidgedanken allgegenwärtig. Im Gegensatz zu den anderen Phasen sind hier die Mädchen unterrepräsentiert. Im Bereich der vierten Stufe ist die Gruppe der weiblichen und männlichen Schüler fast gleich häufig vertreten. Bei 2,5% der jungen Frauen und 2,2% der Jungen zwingen sich die Suizidfantasien auf. Insgesamt erfasst der BDI 34% der jungen Frauen und 23% der jungen Männer, bei denen eine Suizidgefährdung verschieden intensiv vorliegt. Diese kommt in den Phasen zwei bis einschließlich vier zum Ausdruck (vgl. ebd., S. 57 ff.).

Der Schwerpunkt des Forschungsprojektes liegt in der Gegenüberstellung der Schüler, die keine Suizidfantasien aufweisen, mit denen der Jugendgruppe, bei welchen eine Suizidgefahr erkennbar ist.

Durch die Konfrontation der beiden Gruppen kommt Schröer zu folgendem Ergebnis:

> *„Suizidalität stellt eine adaptive Reaktion auf wahrgenommene mangelnde personale und interpersonale Ressourcen dar und darf als bestmöglicher Problemlöseversuch des durch wahrgenommenen Ressourcenmangel beeinträchtigten Entwicklungsdialoges konzeptualisiert werden. Jugendliche ohne Suizidgedanken verfügen subjektiv über höhere personale und interpersonale Ressourcen als Jugendliche mit Suizidgedanken" (ebd., S. 137, im Original hervorgehoben).*

Der „Entwicklungsdialog" bezeichnet den Wachstumsverlauf des Individuums, der maßgeblich durch die Verständigung zwischen dem Selbst und der Umwelt bestimmt wird. Diese Grenze muss im Verlauf der eigenen Biografie immer wieder neu bestimmt werden (vgl. ebd., S. 6). Schröer resümiert:

> *„Entwicklung kann als Wagnis verstanden werden. Sich auf sie einzulassen, heißt, Schritte hin zur eigenen Differenzierung und Abgrenzung bei gleichzeitigem Bezogensein und damit Schritte zur Gesundheit zu tun. Der Prozeß verlangt komplexe Herstellungs- und ständige Erneuerungsbemühungen des Aushandelns und der Bedeutungsverleihung von allen Beteiligten" (ebd.).*

Falls die Anzahl der Risiko- und Belastungsfaktoren die zur Verfügung stehenden Ressourcen des Individuums übersteigt, ist der Werdegang der eigenen Biografie gestört. Dementsprechend liegt eine Wachstumsbegrenzung vor. Die suizidale Handlung stellt in diesem Kontext eine geeignete Bewältigungsform dar, um auf die Unstimmigkeit zwischen dem Potenzial des eigenen Selbst und der schwierigen Lebenssituation zu reagieren. Bei den Variablen, welche die Genese der Suizidhandlung begünstigen, wird zwischen spezifischen Persönlichkeitsmerkmalen und dem sozialen Netzwerk unterschieden. Die beiden Einflussgrößen bedingen und verstärken sich gegenseitig und verhindern den adäquaten Wachstumsprozess des Adoleszenten (vgl. ebd., S. 137).

Mit den spezifischen Persönlichkeitsmerkmalen ist beispielsweise der „Selbstwert, die Selbst- bzw. Handlungskontrolle" gemeint, die bei den suizidalen Heranwachsenden im Unterschied zu den Schülern, die keine Suizidfantasien aufweisen, nicht ausreichend vorzufinden sind. Das eigene Handlungspotenzial wird als zu niedrig eingeschätzt, um eine Veränderung in ihrem Leben zu erzielen. Die suizidalen Adoleszenten bewegen sich in einer Ambivalenz; auf der einen Seite glorifizieren sie sich selbst, aber auf der anderen Seite ist eine gering schätzende Reaktion der Außenwelt mit einer Herabsetzung ihres Selbstbewusstseins verbunden (vgl. ebd., S. 138).

Die suizidale Handlung lässt sich als ein Indikator für ein ungenügendes soziales Netzwerk ansehen. Die suizidale Schülergruppe verfügt im Unterschied zu den nicht-suizidalen Heranwachsenden über keine fördernden und helfenden Kontakte. Aus der Sicht der Schülergruppe besitzen die Familien, in denen suizidale Heranwachsende anzutreffen sind, mangelnde Handlungs- und Problemlösungsstrategien. Zudem ist die Abgrenzung zu den Erziehungsberechtigten nicht eindeutig. Entweder ist ein zu starres oder ein zu eingeengtes Verhältnis bei den jugendlichen Suizidenten vorzufinden. Aus der Perspektive der Adoleszenten werden überdies die Erziehungsmaßnahmen der Eltern von den suizidalen Schülergruppen als schwankend und nicht antizipierbar wahrgenommen. Die Altersgruppe lässt bei den suizidalen Heranwachsenden keine Selbstständigkeit und kein Selbstbewusstsein entstehen. Dies scheint zwei Gründe zu haben. Entweder ist die Verbindung zu der Gruppe unzureichend oder der Anschluss an diese ist zwar subjektiv vorhanden, allerdings eher aufgrund einer getrübten Selbstwahrnehmung (vgl. ebd., S. 141 ff.). In Bezug auf ihre zukünftige Entwicklung weisen die Adoleszenten mit Suizidgedanken lebensverneinendere, trübsinnigere und gefahrenvollere Gedanken auf als die Heranwachsenden ohne Suizidgedanken (vgl. ebd., S. 150).

Der suizidale Werdegang verläuft bei den männlichen Adoleszenten im Gegensatz zur weiblichen Biografie unterschiedlich. Während die Mädchen bevorzugt nach innen gekehrte Handlungen zeigen, präferieren die Jungen nach außen abgeleitete Handlungen, die im Verlauf ihrer suizidalen Entwicklung zunehmend sichtbarer werden. Aus der Perspektive der suizidalen Mädchen verfügen sie im Gegensatz zu den Jungen über ein geringeres soziales Netzwerk, und ihr Selbstbewusstsein ist weniger ausgeprägt. Im Hinblick auf die elterliche Ebene unterliegen die Jungen einer strengen Erziehung, während die Mädchen Schwierigkeiten mit der fehlenden Anerkennung und Akzeptanz haben. In Übereinstimmung mit Kaplan führt Schröer aus, wie die Jungen im Verlauf der suizidalen Entwicklung ihre lebensbedrohliche Situation negieren und sich vielmehr ihren omnipotenten Wünschen hingeben. Hingegen kommt bei den Mädchen immer stärker die innere Verzweiflung zum Vorschein, die ihre Denk-, Emotions- und Verhaltensabläufe zunehmend bestimmt (vgl. ebd., S. 146 ff.).

Die unterschiedlichen internalisierenden und externalisierenden Formen der Suizidalität lassen sich als ein Bewältigungsverhalten charakterisieren, welches den Sinn verfolgt, die noch zu gering vorhandenen personalen und interpersonalen Ressourcen zu aktivieren und zu nutzen. Insofern verfolgen die verschiedenen Ausprägungen der Suizidhandlungen die Intention, die vollständige existenzielle Krise abzuwenden. Auf der Grundlage dieser Interpretation wird die jugendliche Suizidalität als eine Entwicklungschance gesehen, die konstruktiv wahrgenommen werden kann, sobald es dem Betreffenden gelingt, einen respektierenden Standpunkt gegenüber seiner Handlung einzunehmen. Diese Entwicklung könnte beim Individuum das positive Gefühl erzeugen, sich selbst anzuerkennen und sich nicht zu negieren. Somit wird das Interesse an der eigenen Person größer, und die Bereitschaft, neue Erfahrungen zu sammeln, nimmt zu. Für die Pädagogik besteht nun die Anforderung, Bedingungen zu arrangieren, die es dem Einzelnen ermöglichen, modifizierte Erlebnisse und Beziehungsmuster in sein Selbstkonzept aufzunehmen. Im Umgang mit dem Jugendlichen scheint es dabei notwendig zu sein, eine sensible Position einzunehmen, die aber Abstand zu normativen Ambitionen nimmt. Die individuellen Ressourcen bedürfen einer Aktivierung und Stärkung, ohne jedoch den Einzelnen zu überfordern. Ziel ist es, den Betroffenen zu befähigen, Vertrauen zu seiner eigenen Biografie zu entwickeln (vgl. ebd., S. 155 ff.).

Da nunmehr genügende Einblicke in die Suizidtheorie von Schröer gewonnen wurden, kann der Versuch gewagt werden, in abschließender Weise den wesentlichsten Kritikpunkt zu formulieren. Im Rahmen ihrer Studie werden zwar einige bedeutsame Faktoren des komplexen Suizidgeschehens von Jugendlichen aufgegriffen, allerdings werden und können dabei nicht alle Bedingungen angesprochen werden. So bleibt beispielsweise unklar, ob und inwieweit die Imitation eines Vorbildes beim Suizidgeschehen relevant war. Auch bleibt die Frage unbeantwortet, welchen Stellenwert der Aggressionsthematik bei suizidalem Verhalten zugesprochen werden kann. Insofern ist es unumgänglich, sich jedem Suizid individuell zu widmen, um den Versuch einer Annäherung an die Motivsuche zu ermöglichen und die Gefahr einer Verallgemeinerung der Hintergründe auszuschließen.

Durch die genannte Schwachstelle soll der Verdienst der Autorin nicht geschmälert werden, da in den Überlegungen Schröers verschiedene Erkenntnisse der Forschung berücksichtigt wurden, die zur Relevanz der Untersuchung beitragen. Parallelen lassen sich zwischen dem Modell von Sigrid Schröer und den Überlegungen des Psychoanalytikers Jürgen Kind erfassen, da für beide der Suizident mit seiner Handlung das Ziel verfolgt, die Beziehung zu einem anderen wichtigen Menschen zu beeinflussen (vgl. Kind 1992; 1997; Schröer 1995, S. 161 f.). Ferner sind die Ansätze von Schröer und Jacobs vergleichbar. Diese zwei Wissenschaftler gehen von einer suizidalen Entwicklung aus, bei der ein Missverhältnis zwischen den individuellen Ressourcen des Jugendlichen und den lebensweltlichen Belastungen und Anforderungen vorliegt (vgl. Jacobs 1974; Schröer 1995). Auch das Verlaufsmodell von Walter Pöldinger findet sich in der ressourcenorientierten Studie wieder (vgl. Pöldinger 1968; Schröer 1995). Mit der Forderung nach Gruppenzugehörigkeit stellt dieser Ansatz eine thematische Nähe zu dem Konzept von Durkheim dar. Allerdings führt Schröer im Gegensatz zu Durkheim näher aus, welche Bedeutung die Einbindung in einer Gruppe für den Jugendlichen bedeuten kann (vgl. Durkheim 1973; Schröer 1995). Hierbei hebt sie vor allem das Selbstbewusstsein hervor. Insofern lassen sich inhaltliche Parallelen zwischen der Suizidtheorie von Henseler und ihrem eigenen aktuelleren Forschungsansatz erkennen (vgl. Henseler 1984; Schröer 1995). Aus dieser Perspektive wird deutlich, dass sie Erkenntnisse von verschiedenen Wissenschaftlern zusammenführt und diese empirisch untermauert.

Ausgehend von der Argumentation Schröers, welche die unzureichende Verfügung von spezifischen Persönlichkeitsmerkmalen und dem sozialen Netzwerk bei der Suizidalität von Heranwachsenden betont, wird ein Aufbau dieser Ressourcen in den Umweltsystemen der Schule und der Familie prononciert. Um die Entwicklung seines Selbstbewusstseins und der eigenen Persönlichkeit zu fördern, soll sich der Adoleszent als Teil der schulischen und familiären Gruppe erleben, in der er Aufmerksamkeit und Anerkennung erfährt. Besonders der Familie wird die Wichtigkeit zur Aktivierung der personalen und interpersonalen Stärkung zugesprochen. Notwendig scheint eine familiäre Atmosphäre zu sein, die sich an den kognitiven und emotionalen Erfordernissen des Heranwachsenden orientiert. Jugendliche benötigen sichere und haltbare Beziehungen, die für die eigene biografische Entwicklung förderlich sind. Vor diesem Hintergrund kann der Adoleszent Mut zu seinem Leben, zu seinem Handlungsrepertoire und seiner Zukunft entwickeln. Sein Selbstwertgefühl baut sich zunehmend stärker auf. Für die Schule ist der Aufbau einer gesundheitsförderlichen Atmosphäre notwendig, die nicht nur die Bedeutung von gesunder Ernährung akzentuiert, sondern auch großen Wert auf authentische Achtung und begründbare

Rückmeldungen legt. Im Hinblick auf den potenziellen Leistungsdruck und die Prüfungsangst des suizidalen Schülers geht es um die Suche nach Maßnahmen, die dieses unterbinden (vgl. ebd., S. 163 ff.).

Ein weiterer Vorteil der Studie ist es, dass der Bezugsrahmen zwischen dem Heranwachsenden und seinen Eltern, Lehrern oder Erziehern usw. beschrieben wird, der den Wachstumsprozess des Jugendlichen fördern soll (vgl. ebd., S. 158 ff.). Schröer führt aus:

> *„Die pädagogische Aufgabe besteht darin, ohne Angst zu halten und ohne Angst loszulassen, so daß der Jugendliche Vertrauen in den Entwicklungsprozeß erfahren kann. Eine gesunde Form des Haltens bereitet im Halten bereits auf die Trennung vor. Erfahrungen der Gemeinsamkeit und Verbundenheit ermöglichen den Jugendlichen auch, seine Bezugspersonen zurückzuweisen, um sich ihnen auf einem reiferen Niveau wieder anzunähern“ (ebd., S. 162).*

Demzufolge soll dem Heranwachsenden genügend Raum zur Entwicklung gegeben werden. Dies bedeutet eine Nähe zum Adoleszenten, wobei der Jugendliche gleichzeitig die Möglichkeit hat, sich zu distanzieren. Als ein Arbeitsprinzip des Pädagogen lässt sich eine geeignete Balance zwischen den beiden konträren Polen der helfenden Expertise und einem Sich-Überflüssig-Machen festhalten, die auf den Erfordernissen des Heranwachsenden basieren (vgl. ebd.). Bei der Gestaltung des Umgangs ist es erforderlich, Bedingungen zu arrangieren, die es dem Einzelnen ermöglichen, veränderte Erlebnisse und Beziehungsmuster zu erfahren, die ein solides Vertrauen zu der eigenen Person entstehen lassen können (vgl. ebd., S. 157).

Besonders hervorzuheben ist bei der Untersuchung von Seyfried die notwendige Akzentuierung der unterschiedlichen Geschlechterentwicklung hinsichtlich der Suizidalität. Keines der zuvor dargestellten Theoriekonzepte unterscheidet zwischen den verschiedenen Geschlechtern. Erst in den letzten zehn Jahren lässt sich eine verstärkte wissenschaftliche Zuwendung zu dieser Thematik konstatieren (vgl. Freytag 2001; Gerisch 1998; 2000; 2001; Kind 2001; Rachor 1995; 2001). Zudem bezieht sich der Beitrag von Schröer ausschließlich auf Jugendliche. Diese Betrachtung ist notwendig, um sich den spezifischen Anforderungen dieser Lebensphase anzunähern. Im Sinne der ressourcenorientierten Untersuchung bedarf es ferner eines einzelfallverstehenden und subjektorientierten Zugangs, der offen für die Entdeckung und Nutzung der individuellen Stärken ist.

Als Resümee der sozialpädagogischen Implikationen, die sich aus den dargestellten Suizidtheorien ableiten lassen, dient die nachfolgende Tabelle:

Tabelle 9: Zusammenfassung der sozialpädagogischen Implikationen, die aus den erläuterten Suizidtheorien hervorgehen.

Theoriename und Repräsentant	Jahr	Sozialpädagogische Implikationen
Die soziologische Studie von Durkheim:	1897	- Bedeutung der Gruppenzugehörigkeit. - Ständige Reflexion des Werte- und Normensystems der Gruppe.
Die soziologisch-biografische Sichtweise von Jacobs:	1974	- Personenzentriertes Vorgehen. - Beachtung der Lebenswelt des jugendlichen Suizidenten. - Stärkung der individuellen Ressourcen und Suche nach alternativen Lösungsmöglichkeiten. - Suizidhandlung lässt sich in ihrer subjektiven Funktion als Problemlösungsstrategie charakterisieren, die einen individuellen Sinn aufweist.
Das psychoanalytische Suizidkonzept von Freud:	1917	- Akzentuierung des Aggressionsaspektes. - Suche nach den geeigneten Umgangsmöglichkeiten mit Wut und Aggression.
Die psychoanalytische Narzissmustheorie von Henseler:	1974	- Stellenwert des Selbstwertgefühls. - Aufbau einer selbstbewussten und selbstkritischen Persönlichkeit.
Die ressourcenorientierte Untersuchung von Schröer:	1995	- Betrachtung des Einzelfalls und des jugendlichen Lebenskontextes. - Differenzierung zwischen der männlichen und weiblichen Biografie. - Aus der Sicht des Betreffenden verfolgen sowohl die internalisierenden und externalisierenden Suizidformen als auch die Suizidhandlung einen subjektiven Sinn. - Aktivierung und Nutzung der personalen und interpersonalen Stärken in Schule und Familie. - Kompetenz- statt Defizitorientierung. - Im Umgang mit Jugendlichen bedarf es einer geeigneten Balance zwischen Nähe und Distanz und dem Arrangieren von Bedingungen, die es dem Einzelnen ermöglichen, Vertrauen zu seinem Leben zu entwickeln.

Quelle: vgl. Durkheim 1973; Freud 2001b; Henseler 1984; Jacobs 1974; Schröer 1995 (eigene Darstellung).

Jenseits aller Differenzierungen, die mit den unterschiedlichen Perspektiven einhergehen, ist es zusammenfassend erforderlich, einen subjektorientierten, verstehenden Zugang zu wählen, der sowohl das Individuum als auch seinen lebensweltlichen, jugendlichen und geschlechtsspezifischen Kontext wahrnimmt. Ausgehend von der individuellen Biografie lässt sich das suizidale Verhalten erfassen, welches aus der subjektiven Sicht des Betreffenden einen Sinn ergibt. Die Hauptaufgabe der Sozialen Arbeit liegt darin, diese individuelle Sinnhaftigkeit zu verstehen und sich auf die Einmaligkeit des Erlebens der Person einzulassen, um sich anschließend gemeinsam mit dem Betreffenden auf die Suche nach alternativen Lösungsmöglichkeiten zu begeben. Vor diesem Hintergrund kann eine Wahrnehmung der Sozialpädagogik befürwortet werden, die anstelle einer defizitären- eine ressourcenorientierte Herangehensweise bevorzugt. Besonders die Entwicklung von Selbstwertgefühl und die Stärkung zur intensiveren Aktivierung der familiären, schulischen und freundschaftlichen Ressourcen scheinen dabei notwendig zu sein. Als weiterer zentraler Aspekt lässt sich das Aufspüren von geeigneten Strategien bezeichnen, die es dem Einzelnen ermöglichen, einen geeigneten Umgang mit seiner Wut und seiner Aggression zu finden. Im Umgang mit dem suizidalen Jugendlichen kann ein Gespür als wesentlich erachtet werden, welches die erforderliche Nähe und notwendige Distanz sorgfältig ausbalanciert.

6. Zur Wahrnehmung des Suizidgeschehens von Jugendlichen

Um suizidale Tendenzen und Anzeichen zu erkennen, wird in der Fachliteratur auf die Ergebnisse des präsuizidalen Syndroms, der suizidalen Entwicklung, der Krisen, Krisenanlässe und Krisenanfälligkeit und der Risikogruppen verwiesen (vgl. Sonneck 2000, S. 167). Im Folgenden sollen die Modelle und die Personengruppen, deren Suizidrisiko erhöht ist, vorgestellt werden. Dabei sollen die Konzepte auf die Bedeutung für die Suizidalität von Jugendlichen überprüft werden.

6.1 Das präsuizidale Syndrom von Ringel

Das präsuizidale Syndrom von Erwin Ringel, einem Wiener Psychiater, wird schon 1953 beschrieben (vgl. Ringel 1953). Dieser Publikation liegt die Auswertung von 745 erwachsenen Suizidenten zugrunde, die sich nach einem Suizidversuch in einer Wiener Klinik aufgehalten haben. Von diesen 745 Patienten waren 454 Frauen und 291 Männer. Später wurden die Erkenntnisse des Konzepts auch auf die Lebensphasen der Jugend (vgl. Ringel 1985, S. 6 ff.; 1990, S. 599) und des Alters angewandt (vgl. Ringel 1989b, S. 40 ff.; 1992, S. 41 ff.; 1997a, S. 73 ff.). Ziel der Untersuchung von Ringel war es, die suizidale Entwicklung zu beschreiben. Dabei fand er heraus, dass in fast jedem Fall eine ähnliche Gemütslage dem Suizid vorausging (vgl. Ringel 1989b; 1997a; 1997b; 1999). Für ihn war der Suizid 1953 noch eine emotionale Erkrankung, wobei der Terminus krank aber einen Fortschritt und Rückschritt zugleich beschrieb (vgl. Ringel 1953). Diese Ambivalenz drückt die Familientherapeutin Karin Rausch so aus:

> *„Die Definition **krank** holte die Betroffenen endgültig aus der kirchlichen, moralischen und gesetzlichen Verurteilung heraus und hatte zu ihrer Zeit emanzipatorischen Charakter. Sie war allerdings auch geeignet, die Betroffenen erneut auszugrenzen und Suizid zu etwas Abnormen zu machen und begründete die Möglichkeit der Zwangseinweisung" (Rausch 1991, S. 46, Hervorhebung im Original).*

In den späten 60er Jahren revidierte Ringel seine Ansicht. Von diesem Zeitpunkt an gewann er die Erkenntnis, dass nicht jede Suizidhandlung in einem Zusammenhang mit einer emotionalen Erkrankung stehen muss (vgl. Ringel 1969).

Das präsuizidale Syndrom beschreibt eine Triade aus unterschiedlichen Elementen, die jedoch nicht konsekutiv sind, sondern sich wechselseitig intensivieren. Die grafische Darstellung umfasst die Triade des Syndroms, welches der Suizidalität vorausgeht:

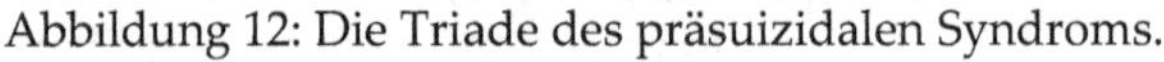

Abbildung 12: Die Triade des präsuizidalen Syndroms.

Quelle: Reiner und Kulessa 1981, S. 91.

Im Wesentlichen charakterisiert die Einengung, das erste Charakteristikum des Modells, die nur sehr begrenzte Möglichkeit des Menschen hinsichtlich seiner Denk-, Emotions- und Verhaltensabläufe. Ringel unterscheidet zwischen der „situativen", der „dynamischen", der „wertmäßigen Einengung", sowie der „Einengung in den zwischenmenschlichen Beziehungen" (vgl. Ringel 1989b, S. 16 ff.; 1997a, S. 52 ff.).

Unter der situativen Einengung versteht Ringel eine Diskrepanz zwischen der eigenen Person und der Selbstverwirklichung in ihren Lebensbereichen. Aus der Sicht der präsuizidalen Person sind die unterschiedlichsten Bereiche in ihrem Leben nicht zu verbessern, da sie sich zu schwach, energielos und handlungsunfähig fühlt, um einen Einfluss auf ihre Umwelt zu nehmen (vgl. ebd.; 1997b, S. 117; 1999, S. 48 ff.). Die Lebensbereiche, die für den Heranwachsenden eine problematische Situation darstellen können, lassen sich besser aus der biografischen Perspektive des Adoleszenten verstehen. Aus der Sicht eines Erwachsenen kann die Situation banal sein, hingegen kann sie dem suizidalen Heranwachsenden viel bedeuten (vgl. Ringel 1985, S. 12; 1990, S. 605). Als Ursache der situativen Einengung unterscheidet Ringel zwischen der Situation, welche die Person selbst intendiert hat, und dem Lebensumstand, welcher der Betreffende nicht zu verantworten hat. Diese Unterscheidung ist für die Suizidprävention von Bedeutung (vgl. Ringel 1989b, S. 16 f.; 1997a, S. 52 f.). Liegt eine unverschuldete Situation vor, wie zum Beispiel, dass der Heranwachsende keinen Ausbildungsplatz erhält, kann es zu einer konstruktiven oder destruktiven Auseinandersetzung mit der entsprechenden Thematik kommen. Konstruktiv wäre hier, nicht aufzugeben, sondern weiter zu suchen und neue Wege für sich zu entdecken. Dies kann die Suche von Angeboten im Internet oder das persönliche Vorsprechen bei einer Firma beinhalten. Destruktiv wäre es dann, wenn er keine Bewerbungen mehr schreiben würde. Hat die Person die Situation hingegen selbst herbeigeführt oder diese nur halluziniert, kann sie sich oftmals nicht konstruktiv mit der Anforderung auseinander setzen, sondern nur destruktiv. Damit steigt das Suizidrisiko. Diese Destruktivität ist oftmals das Resultat einer bereits vorliegenden Erkrankung (vgl. Ringel 1989b, S. 16 f.; 1997a, S. 53) und drückt sich in der dynamischen Einengung aus, die im Mittelpunkt des Syndroms steht (vgl. Ringel 1989b, S. 17).

Die dynamische Einengung bezeichnet den Prozess einer immer pessimistischer werdenden Wahrnehmung der eigenen Lebenssituation. Der Betroffene fühlt sich lustlos, ängstlich und niedergeschlagen; er spürt eine tiefe Unzufriedenheit in seinem Leben. Dieser negative Prozess lässt die existenzielle Zuwendung zum Leben geringer werden. Die Dynamik liegt in der Unvorstellbarkeit, lebensbejahende Gedanken zu entwickeln; zu stark sind die trübsinnigen, düsteren und niederdrückenden Gefühle der Person (vgl. ebd., S. 18 f.; 1997a, S. 54 ff.). Bei den jugendlichen Suizidenten kommt noch der temporäre Aspekt hinzu, der diese Dynamik noch intensivieren kann. Heranwachsende besitzen nur wenig Geduld. Wenn sie mit einer Situation konfrontiert sind, die nicht sofort modifiziert werden kann, jedoch augenblicklich gelöst werden muss, bleibt als Lösung oftmals nur die Suizidalität (vgl. Ringel 1985, S. 13; 1990, S. 605).

Die Einengung der zwischenmenschlichen Beziehungen kann sich auf drei verschiedene Arten äußern. Die erste Art ist zugleich auch die extremste Form der Einengung. Sie drückt sich durch die völlige Einsamkeit eines Menschen aus. Diese Personen haben kaum Bindungen zu ihren Mitmenschen, es existieren nahezu keine Freundschaften oder Bekanntschaften. Bezeichnend für die zweite Form der Einengung ist die konsequente Verringerung von Sozialkontakten, bis die betroffene Person nur noch zu einem Menschen Kontakt hat, welcher dann ihren Lebensmittelpunkt darstellt. Wird der präsuizidale Mensch von dieser einzigen Bezugsperson enttäuscht, kommt es zum Abbruch der Beziehung. Dadurch gerät die Person in tiefe Verzweiflung und fühlt sich allein, da sie auch keine neuen Kontakte zu anderen Menschen aufgenommen hat. Bei der letzten Form der Einsamkeit wird die Bedeutung der existierenden Sozialkontakte herabgesetzt. Der Suizident verfügt zwar, quantitativ gesehen, über ausreichende Beziehungen, die jedoch abgewertet werden, da er sich innerhalb dieser Kontakte unverstanden und innerlich isoliert fühlt (vgl. Ringel 1989b, S. 19 f.; 1997a, S. 57; 1999, S. 56 f.). Diese drei Formen des Einsamkeitserlebens können sich auch bei dem jugendlichen Suizidenten entwickeln. Der Entfremdungsprozess bezieht sich im Unterschied zu den Erwachsenen dann besonders auf die Beziehungsdynamik zwischen den Eltern und dem Heranwachsenden. Die tiefer liegende Beziehungsstörung manifestiert sich deutlich sichtbar auf der Kommunikationsebene. Es wird immer weniger miteinander geredet (vgl. Ringel 1990, S. 603 ff.).

Die Einengung der Wertwelt beschreibt einen wechselseitigen Prozess der Abwertung des Selbstwertgefühls und der damit verbundenen mangelnden Realisierung von Interessen. Alltäglichen Verpflichtungen wird nicht mehr oder nur selten nachgegangen. Der Betroffene ist ideenlos, kraftlos und unfähig, sich für eine Aktivität engagiert einzusetzen. So verringert sich das Selbstwertgefühl, da es nur durch die intensive Beschäftigung mit unterschiedlichen Lebensbereichen aufgebaut und erhalten werden kann (vgl. Ringel 1997a, S. 58 ff.). Diese Form der Einengung ist besonders relevant für die Entstehung von Suizidgeschehen bei Heranwachsenden. Den Kindern werden von den Bezugspersonen keine existenziellen Grundlagen, Liebe und Interessen vermittelt, sondern es werden ihnen eher finanzielle Wünsche erfüllt. Dieses kann bei Kindern und Jugendlichen eine materialistische Weltanschauung fördern, die wiederum sinnentleerte Strukturen des Werterlebens entstehen lassen und als Ausgangspunkt für Suizidtendenzen angesehen werden können (vgl. Ringel 1989a, S. 72 f.).

Ausgehend von den Überlegungen Freuds wird als zweites Charakteristikum des Konzepts die „Aggressionsumkehr" hervorgehoben. Damit ist eine Dynamik gemeint, in der sich die Aggression gegen die eigene Person wendet. Ursprünglich richtet sich die aggressive Handlung gegen andere Menschen (vgl. Ringel 1989b, S. 21; 1997a, S. 60; 1997b, S. 127 f.; 1999, S. 70). Bei Heranwachsenden sind dies vor allem die Bezugspersonen, auf die sich die Aggressionen beziehen (vgl. Ringel 1985, S. 13 f.; 1990, S. 606). Die präsuizidale Person verfügt nicht über die Möglichkeit, die Aggression gegen die Umwelt zu richten, sondern sie richtet sie auf sich selbst. Verantwortlich für die Aggressionsumkehr können das Gewissen oder eine Störung, mangelnde Sozialkontakte oder in der gegenwärtigen Gesellschaft illegales Handeln sein (vgl. Ringel 1997a, S. 60 f.).

Die „Suizidfantasien", das letzte Charakteristikum des Modells, umfasst die gedankliche Antizipation der Suizidalität. Der Inhalt der Suizidfantasien steigert sich nach Ringel in drei Phasen, wobei sich in der ersten Phase der Betroffene noch bewusst und beabsichtigt mit Suizidgedanken auseinander setzt. Dabei beschäftigt er sich nicht mit der Suizidtat, sondern mit dem Ergebnis des Sterbens und dem damit verbundenen trauernden Verhalten seiner Umwelt. Die eigentliche Handlung wird aus den Gedanken noch ausgeklammert. In der zweiten Phase steht das suizidale Verhalten im Vordergrund. Zu diesem Zeitpunkt geht es schon um die Handlung, aber nicht mehr um das Ergebnis des Suizids. Allerdings werden noch keine Entwürfe für die Suizidtat erarbeitet. In der letzten Phase werden die Details der Suizidhandlung entwickelt. Von nun an sind die suizidalen Gedanken allgegenwärtig; sie lassen sich nicht mehr steuern (vgl. Ringel 1989b, S. 22 ff.; 1997a, S. 67). Durch die zunehmende Entwicklung der Suizidfantasien wird die Motivation gesteigert, seine Absichten zu verbalisieren, da gerade der suizidgefährdete Adoleszent neben den destruktiven Neigungen auch einen ausgeprägten Wunsch nach dem Leben beibehält. Die Suizidabsichten werden in einer versteckten Form zum Ausdruck gebracht, um sowohl den lebensabwertenden als auch den lebensbefürwortenden Anteilen gerecht zu werden (vgl. Ringel 1990, S. 607).

Das präsuizidale Syndrom lässt sich folgendermaßen zusammenfassen. Siehe hierzu die nachstehende Übersicht:

Abbildung 13: Inhaltliche Darstellung der drei Bausteine des präsuizidalen Syndroms.

1.)	**Einengung:**		
	Situative Einengung:	Die Person fühlt sich gegenüber der Umwelt schwach, hilflos und aus-geliefert.	
	Dynamische Einengung:	Die trübsinnigen, düsteren und niedergedrückten Gefühle sind so stark, dass es dem Betroffenen nicht mehr möglich erscheint, lebensbejahende Gedanken zu entwickeln.	
	Zwischenmenschliche Einengung:	Verschiedene Formen dieser Art der Einengung sind denkbar:	
		a.)	Völlige Einsamkeit des Menschen.
		b.)	Zunehmende Verringerung der Sozialkontakte, bis nur noch zu einem Menschen Kontakt besteht.
		c.)	Soziale Kontakte existieren zwar, aber dennoch besteht das Gefühl der Isolation und Unverstandenheit.
	Einengung der Wertwelt:	Wechselseitiger Prozess der Abwertung des Selbstwertgefühls und der damit verbundenen Realisierung von Interessen.	
2.)	**Aggressionsumkehr:**	Hiermit wird ein Entwicklung beschrieben, bei der sich die Aggression ursprünglich gegen eine andere Person richtet, aber auf das eigene Selbst gelenkt wird.	
3.)	**Suizidphantasien:**	Der Inhalt der suizidalen Gedanken nimmt die nachfolgende Entwicklung:	
		a.)	Zunächst findet eine Beschäftigung mit dem Ergebnis des Sterbens statt.
		b.)	Anschließend steht die gedankliche Auseinandersetzung mit der Handlung im Vordergrund.
		c.)	Zum Schluss werden alle Details entwickelt, die zur Durchführung der Suizidhandlung notwendig sind. Von nun an sind die suizidalen Gedanken allgegenwärtig und nicht mehr steuerbar.

Quelle: vgl. Ringel 1989b; 1997a (eigene Darstellung).

Zur Ermittlung der Suizidgefahr empfiehlt Ringel die Vorgehensweise eines Interviews, bei dem sukzessiv und langsam die spezifischen Bereiche des präsuizidalen Syndroms abgefragt werden sollen. Die Frage nach vorliegenden Suizidfantasien kann vom Untersuchenden allerdings solange vermieden werden, bis eine sichere Vertrauensbasis zwischen dem Therapeuten und dem Klienten geschaffen ist. Zunächst sollte das Gespräch auf die Lebenssituation und seine Schwierigkeiten zentriert bleiben (vgl. ebd., S. 97).

Einschränkend zum präsuizidalen Syndrom ist zu sagen, dass es nicht empirisch überprüft ist, da Ringel seine Meinung aufgrund eines Umgangs mit ganz bestimmten Klienten gebildet hat. In seinem Modell lässt er den Suizidenten unbeachtet, der nicht klinisch auffällig wird. Die Effektivität und Effizienz des Modells ist nicht empirisch nachgewiesen. Es lässt sich somit nicht als prognostisch valide beurteilen. Es ist zu bezweifeln, ob eine spezifische Entwicklung zur Suizidalität überhaupt existiert. Demnach ist es wichtig, die individuelle Biografie des Einzelnen zu berücksichtigen und die subjektive Bedeutung der verschiedenen Belastungsfaktoren für den Suizidalen wahrzunehmen.

In seinem Entwurf integriert Ringel die Aggressionsumkehr von Freud. Folglich gilt für den Ansatz von Ringel die gleiche Kritik, die auch für die Suizidtheorie von Freud zutrifft. Der Einwand bezieht sich vor allem auf die fehlende empirische Evidenz (vgl. Lüdke 1992, S. 154). Für die Aggressionsumkehr sind nach der Ansicht von Ringel das Gewissen oder eine emotionale Krankheit, mangelnde Sozialkontakte oder in der gegenwärtigen Gesellschaft illegales Handeln verantwortlich (vgl. Ringel 1997a, S. 60 f.). Allerdings sind noch weitere Bedingungen denkbar, wie beispielsweise die allgemeine Konfliktscheu oder auch hilflos machende Gebundenheit. Bei der Erfassung der einzelnen Alarmsymptome des Konzepts sind Grenzen gesetzt, da es sich auch in einer kurzen Zeitspanne vollständig entfalten kann (vgl. Haenel 1989, S. 50; Ringel/Sonneck 1994, S. 106).

Ringel erforschte ausschließlich erwachsene Suizidenten, ohne allerdings eine Geschlechterdifferenz vorzunehmen. Seine Untersuchung richtet sich nicht speziell auf das Jugendalter. Erst später adaptierte er das Modell für Heranwachsende, jedoch wurde es nicht empirisch überprüft. Diese Überprüfung wurde in einer Vorstudie von Michael Löchel unternommen. Dazu wurden 40 Kinder und Heranwachsende mit dem Einsatz eines Explorationsleitfadens untersucht. Das Ergebnis wurde statistisch ausgewertet. Dabei wurden die Resultate von Ringel bestätigt, wenngleich zusätzlich auch psychosomatische Beschwerden bei Kindern und Heranwachsenden bemerkt wurden, wie das Auftreten von Schlafstörungen, Müdigkeit, Konzentrationsstörungen und Appetitlosigkeit (vgl. Löchel 1983, S. 61 ff.). Nach Helga Käsler gibt es noch weitere Anzeichen für die Suizidalität von Kindern und Adoleszenten. Dabei werden die Ergebnisse von Ringel und Löchel aufgenommen, ohne jedoch auf sie zu verweisen (vgl. Käsler 1999, S. 616 ff.). Die folgende Tabelle fasst einige Anhaltspunkte zusammen, die auf eine suizidale Gefährdung hinweisen könnten:

Tabelle 10: Suizidindikatoren zur Wahrnehmung der Suizidalität im Kindes- und Jugendalter.

Auffälliges Verhalten	Sprachliche und bildliche Ebene	Real praktische Schritte
- Schuleschwänzen - Rückzug - „Auf Trebe gehen" - Veränderung der Essgewohnheiten - Alkohol-, Drogen- und Medikamentenmissbrauch	- Verbale Äußerungen - Schriftliche Äußerungen - Zeichen mit symbolischem Charakter (Kreuze und Gräber) - Psychische Veränderungen - Somatische Beschwerden - Verlusterfahrungen	- Sammeln von Tabletten oder Rasierklingen

Quelle: vgl. ebd. (eigene Darstellung).

Das „Weglaufen" wird als der wichtigste Suizidindikator betrachtet. Auch das Überlassen von spezifischen Sachen, die dem Heranwachsenden viel bedeuten, könnte ein Hinweis auf Suizidalität sein, besonders dann, wenn die Übergabe noch einen Kommentar enthält, der im Zusammenhang mit der Suizidalität stehen könnte (vgl. Bründel 1993, S. 51). Dementsprechend gibt es Vorboten für die Suizidalität, die einen Aufforderungscharakter enthalten, auf die der Pädagoge reagieren muss. Dabei könnten zunächst im Gespräch mit dem Jugendlichen die subjektive Sinnhaftigkeit bzw. Bedeutung der Hinweise im Vordergrund stehen. Dennoch kann mit diesen Hinweisen nicht jeder suizidale Jugendliche erkannt werden, da es sich hierbei nur um unspezifische Symptome handelt, die einerseits nicht zwangsläufig im Zusammenhang mit der Suizidalität stehen müssen und andererseits auch nicht bei jedem suizidalen Heranwachsenden vorzufinden sind. So könnte eine Suizidgefährdung eines Jugendlichen vorliegen, wenngleich die Signale nicht zu diagnostizieren sind.

Seit der ersten Veröffentlichung der konzeptuellen Überlegungen von Ringel, die immerhin schon mehr als ein halbes Jahrhundert zurückliegt, wird das Modell immer wieder als fester Bestandteil in der Suizidliteratur besprochen. Diese Tendenz hält auch noch weiterhin an (vgl. Hirzel-Wille 2002, S. 45 ff.; Holderegger 2002, S. 20 ff.; Langer 2001, S. 71 ff.; Scheib 2000, S. 18 ff.; Sonneck 2000, S. 168 f.; Wolfersdorf 2000, S. 41 f.). Die Fülle der Publikationsbeiträge könnte als Indiz für die Akzeptanz und das Chancenpotenzial des Konzepts gewertet werden. Der Wert der Arbeit von Ringel liegt für den Pädagogen in der Erkennung einer suizidalen Entwicklung, da in diesem Modell mannigfaltige Hinweise enthalten sind, die auf eine potenzielle Suizidgefährdung deuten können. Suizidalität ist kein Phänomen, welches unvorhergesehen auftritt, sondern beinhaltet einen längeren Prozess, in dem es zu Signalen kommen kann. Einige dieser Vorboten für die Suizidalität wurden von Ringel näher beschrieben. Demnach gehört das Wissen des präsuizidalen Syndroms zum Grundrepertoire des Pädagogen. Besonders die Präzisierung der suizidalen Einengung ist hervorzuheben (vgl. Gerisch 1998, S. 74; Wolfersdorf 2000, S. 41). Demzufolge kann der Pädagoge mithilfe des Entwurfs mögliche Suizidtendenzen frühzeitig erkennen, um dann geeignete, präventive Maßnahmen einzuleiten. Zur Aufhebung des präsuizidalen Syndroms empfiehlt Ringel eine spezifische Therapieform, die im siebten Kapitel diskutiert werden soll (vgl. Kapitel 7.1.3).

6.2 Die Stadien der suizidalen Entwicklung von Pöldinger

Eine weitere Konzeption zur Wahrnehmung von Suizidalität wurde 1968 von dem Psychiater Walter Pöldinger in seinem Werk „Die Abschätzung der Suizidalität. Eine medizinisch-psychologische und medizinisch-soziologische Studie" vorgelegt. Nach ihm lässt sich die suizidale Entwicklung in drei Phasen gliedern. In der ersten Phase wird überlegt, ob der Suizid als potenzielle Handlungsoption in Frage kommt. Das Wissen um die Bewältigungsstrategie des Suizids kann von Modellen aus der Umwelt abgeleitet werden. Falls dann Autoaggressionen und Einsamkeit bei der entsprechenden Person vorliegen, wird die Handlungsoption des Suizids näher in Betracht gezogen. Die zweite Phase drückt den inneren Konflikt aus, in der sich der Betreffende befindet. Auf der einen Seite verspürt er ein Verlangen, sich zu suizidieren, aber auf der anderen Seite empfindet er gleichzeitig den Wunsch, weiter zu leben. Diese Zweifel bilden den Raum für die Ankündigung der Suizidabsichten. In der Endphase ist die Entscheidung der Suizidhandlung getroffen. Aus einer solchen Entscheidung kann bei dem Betroffenen eine Entspannung erfolgen. Die Vorarbeiten, die zur Verwirklichung seiner Suizidabsichten nötig sind, werden getroffen (vgl. ebd., S. 19 ff.). Zur Veranschaulichung des Phasenmodells dient das nachfolgende Schaubild von Pöldinger:

Abbildung 14: Die Stadien der suizidalen Entwicklung.

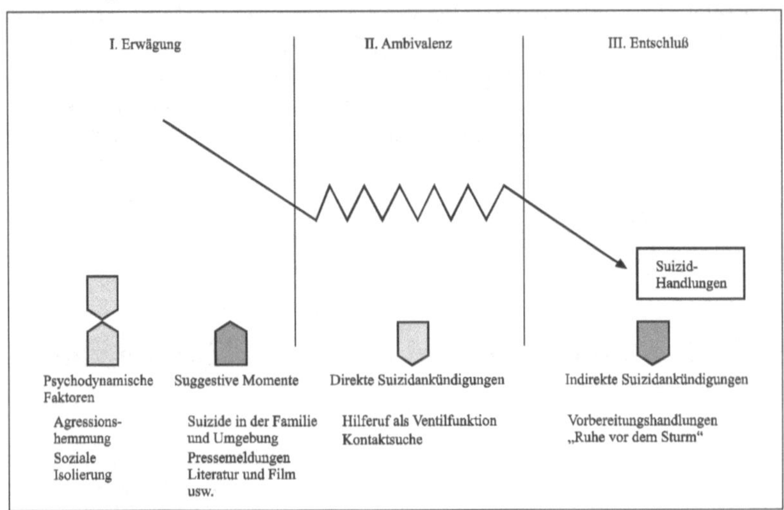

Quelle: Pödinger 1989, S. 65.

Bei den negativen Aspekten der Überlegungen von Pöldinger angekommen, sollen hier einige Schwächen der Konzeption herausgestellt werden. Sein Modell enthält nur wenige Aussagen darüber, unter welchen Bedingungen es zu den nächsten Phasen kommt und welche Ressourcen ein Individuum haben muss, um den Prozess aufzuhalten. Zudem bleibt unklar, wie die suizidale Entwicklung entsteht. Die erwähnten Komponenten der Einsamkeit und der Autoaggressionen werden dem multidimensionalen Suizidgeschehen nicht gerecht. So existiert eine Vielzahl von Bindungskonstellationen, welche zur Suizidalität führen können. Eine Annäherung an die Genese der Suizidalität kann erst durch die individuelle Bedeutung der einzelnen Lebensereignisse und der Kenntnis der Lebensumstände stattfinden.

Neben den angeführten Kritikpunkten lassen sich auch einige Vorteile des Entwurfs darstellen. So ist das Phasenmodell von großem heuristischen Wert, da in den theoretischen Überlegungen die suizidale Entwicklung beschrieben wird. Von nachfolgenden Autoren wird ebenfalls der Prozess der Suizidalität akzentuiert (vgl. Finzen 1997, S. 42; Wolfersdorf 2000, S. 38 f.). Diese Entwicklungsdynamik lässt sich ebenfalls bei suizidalen Heranwachsenden erkennen (vgl. Bründel 1993; Jacobs 1974; Langer 2001; Schröer 1995; van Wissen

1997, S. 15). Die Beschreibung des Verlaufs der suizidalen Krise von Pöldinger richtet sich zwar nicht speziell an das Jugendalter, kann aber demzufolge auch für diese Altersgruppe angewendet werden.

Das Modell verdeutlicht die Stimmungslabilität, in der sich die Person befindet. Die Gefühlslage wechselt zwischen Zuversicht und Aussichtslosigkeit, zwischen Annahme und Verweigerung von Hilfe. Gerade im Jugendalter ist dieser Widerstreit von Gefühlslagen in krisenhaften Situationen stark ausgeprägt (vgl. Mišek-Schneider 1994, S. 31). Aufgrund dieser Stimmung kommt es zur Ankündigung von Suizidabsichten, auf die, wie die Entwicklungsphasen aufzeigen, unter allen Umständen eine Intervention erfolgen sollte. Fehlende menschliche Präsenz und Passivität würden das Suizidrisiko steigern. Demnach drücken suizidale Warnungen, Handlungen und Drohungen nicht nur die Verzweiflung aus, sondern sie erhalten gleichzeitig einen Hilferuf. Besondere Achtsamkeit ist nach dem Modell selbst dann geboten, wenn ein Mensch, der vorher seine suizidalen Absichten verdeutlicht hat, unerwartet wieder scheinbar an seiner sozialen Umwelt partizipiert oder keine Suizidintentionen mehr erkennen lässt. Mit dem Entschluss zu einer Suizidhandlung wird die Person unauffälliger. In diesem Moment hat der Mensch mit seinem Leben abgeschlossen. Die Konzentration liegt jetzt auf der Vorbereitung der Handlung (vgl. Wolfersdorf 2000, S. 40 f.). Nach Sebastian Drömann gilt dies auch für jugendliche Suizidenten. Sie können sich in dieser Phase in einer lebensfrohen Stimmung befinden, obwohl ihre suizidale Handlung unmittelbar bevorsteht. Demzufolge wird es für die Außenstehenden schwer, die suizidale Entwicklung abzuschätzen (vgl. Drömann 1983, S. 89). Aus dieser Perspektive heraus ist es der Verdienst von Pöldinger, den Verlauf der suizidalen Entwicklung mit den verschiedenen emotionalen Zuständen des Betreffenden in Bezug gesetzt und beschrieben zu haben. Die Reichweite und Ergiebigkeit des Konzepts wird durch Diskussionen und Thematisierungen in jüngeren Veröffentlichungen untermauert (vgl. Ewerhart/Scheven/Schlegel 2001, S. 85 f.; Holderegger 2002, S. 31 f.; Langer 2001, S. 84; Sonneck 2000, S. 167; Wolfersdorf 2000, S. 39 ff.).

6.3 Krisenverläufe

Der im Alltag häufig benutzte Terminus Krise wird in verschiedenen Sprachen verwendet und erfährt dabei eine unterschiedliche Bedeutung. Im Griechischen geht er auf das Tätigkeitswort „krinein" zurück, welches sich mit den Begriffen „trennen, scheiden, entscheiden" ins Deutsche übersetzen lässt. Die Substantivbildung „krisis" entspricht dementsprechend „Beurteilung, Entscheidung, Urteil und Scheidung". Die lateinische Sprache benutzt „crisis" häufig in Bezug auf Erkrankungen und wird mit den beiden Inhalten Gefahr und Chance in Verbindung gebracht. Im Chinesischen erfährt der Begriff ebenfalls diese Doppeldeutigkeit (vgl. Wüllenweber 2001, S. 12).

Das Fachwort findet in vielen Bereichen seine Anwendung (vgl. Schnell/Wetzel 1994, S. 371; Wüllenweber 2001, S. 12). So wird beispielsweise von einer biologischen, individuellen, sozialen oder wirtschaftlichen Krise gesprochen. Da der Begriff in unterschiedlichen thematischen Zusammenhängen verschieden verwendet wird, erscheint es unter Bezug auf Wüllenweber schwierig, eine einheitliche Definition des Krisenbegriffs zu finden. Dabei wird allerdings der Wert des Terminus für eine wissenschaftliche Betrachtung herausgestellt (vgl. ebd.). So kann der Fachausdruck auch innerhalb der Erziehungswissenschaft einen beachtlichen Stellenwert einnehmen, wenngleich diese noch am Anfang einer Auseinandersetzung mit dem Krisenbegriff steht (vgl. Mennemann 2000, S. 224). Im psychosozialen Bereich findet sich dieser Terminus zum ersten Mal im Jahre 1944 bei dem Psychiater Erich Lindemann (vgl. Kulessa 1982, S. 68). Eine Annäherung an den Begriff „psychosoziale Krise" ist durch die Definition des Psychiaters Gernot Sonneck möglich. Er erläutert ihn in Anlehnung an Gerald Caplan und Johan Cullberg als:

> *„(...) den Verlust des seelischen Gleichgewichts, den ein Mensch verspürt, wenn er mit Ereignissen und Lebensumständen konfrontiert wird, die er im Augenblick nicht bewältigen kann, weil sie von der Art und vom Ausmaß her seine durch frühere Erfahrungen erworbenen Fähigkeiten und erprobten Hilfsmittel zur Erreichung wichtiger Lebensziele oder zur Bewältigung seiner Lebenssituation überfordern" (Sonneck 2000, S. 15).*

Nach dieser Begriffsbestimmung kommt es zu einer Krise, wenn eine Person mit Belastungen und Anforderungen konfrontiert wird, welche die gewohnten Bewältigungs- und Handlungsmöglichkeiten überschreiten. Diese Diskrepanz zwischen den eigenen verfügbaren Möglichkeiten und den zu überwindenden Anforderungen wird als so schwerwiegend empfunden, wodurch es zu einer Störung der Ausgeglichenheit und des Wohlbefindens kommt.

Um die verschiedenen Krisenverläufe darzustellen, wird zwischen den Beiträgen von Caplan und Cullberg unterschieden (vgl. Bogyi 1997, S. 112 ff.; Sonneck 2000, S. 15; Sonneck/Etzersdorfer 1992, S. 57 ff.; Wedler 1994, S. 57 ff.). Während Caplan den Prozess der „Veränderungskrise" analysierte, stellt Cullberg die Entwicklung der „traumatischen" Krise vor. Ausgelöst wird die traumatische Krise durch eine unerwartete und unabsehbare Situation, in welche die Person beispielsweise durch einen Trauerfall oder eine Entlassung gerät. Im Vergleich dazu wird die Veränderungskrise einerseits durch eine Modifikation des Lebensumstandes ausgelöst, wie zum Beispiel durch eine Hochzeit oder einen Wohnungswechsel, andererseits aber auch durch die Ausführung einer gewohnten Verpflichtung, wie die Instandsetzung von Geräten (vgl. Sonneck 2000, S. 33 ff.).

Caplan unterteilte 1964 den Prozess der Veränderungskrise in sechs Stufen. In der ersten Stufe kommt es zu einer Auseinandersetzung mit einer veränderten Situation, wobei die Handlungsoptionen des Betreffenden nicht ausreichen, um die Anforderung zu bewältigen. Dies löst bei der Person eine Verstimmung und ein Unwohlsein aus. Der Betreffende fühlt sich in der zweiten Stufe dann als ein Unfähiger, wodurch das Gefühl der Unzufriedenheit und des Missbehagens intensiviert wird. Diese Gefühlslage führt in der dritten Stufe zu einer Aktivierung seiner Bewältigungsmöglichkeiten. So kommt es entweder zur Problemlösung, oder die Person fühlt sich hoffnungslos der Situation ausgeliefert. Versagen seine Handlungsoptionen, kommt es zu der vierten Stufe, die sich gleichsam als „Vollbild der Krise" charakterisieren lässt und analog zu der zweiten Stufe von Cullberg zu sehen ist. Auch hierbei kann es zu den unterschiedlichsten Gefährdungsmomenten kommen, wie beispielsweise der „Chronifizierung" oder der „Fixierung". In dieser Stufe wird das Gefühl der Frustration und des Ärgers als außerordentlich qualvoll empfunden. Für Außenstehende wirkt der Betroffene entweder ruhig und gelassen oder er ist äußert aufbrausend. Der Gemütszustand ist in beiden Fällen unklar und labil. In diesem Kontext ist entscheidend, auf welche soziale Umwelt der Mensch zurückgreifen kann. In der fünften Stufe erfolgt die Klärung des Krisenzusammenhangs. Die letzte Phase beschreibt den Aufbau von geeigneten Handlungsoptionen, um auf die neue Lebenslage des Menschen zu reagieren (vgl. ebd., S. 36 f.).

Der von Cullberg im Jahre 1978 beschriebene Phasenverlauf einer traumatischen Krise ist in vier unterschiedliche Stufen gegliedert. In der ersten Phase erlebt die betreffende Person ein Gefühl des Schocks. Die Realität wird verleugnet und äußerlich ist keine Veränderung feststellbar, während jedoch innerlich alles ungeordnet ist. Rückblickend wird sich die Person an diesen Moment nicht mehr erinnern. Im Anschluss daran folgt in der zweiten Stufe die Reaktionsphase, in der es zu einer Auseinandersetzung mit der Wirklichkeit kommt. Die Annäherung an die neue Situation ist oftmals mit Ignoranz, Isolierung, destruktiven Verhaltensweisen und den verschiedensten Gemütsbewegungen gleichgesetzt. Die Person kann in zwei Bedingungen stecken bleiben. Zum einen können in der Vergangenheit liegende Schwierigkeiten durch die Krise aktualisiert werden, und es kann somit zu einer Fixierung kommen. Zum anderen besteht die Möglichkeit der Chronifizierung, falls die zwischenmenschlichen Beziehungen nur unzureichend oder nicht existent sind. Aufgrund des Nachdenkens über den Krisenverlauf kann es zur dritten Stufe, der Bearbeitungsphase, kommen. Hier setzt eine sukzessive Überwindung der Krise ein. Die Vorlieben werden wieder wahrgenommen und Lebensperspektiven eröffnen sich. Allmählich kommt es zu einer Neuorientierung, welche die letzte Stufe der traumatischen Krise beschreibt. In dieser Phase ist das Selbstbewusstsein wieder aufgebaut. Das Durchleben einer Krise zieht positive Konsequenzen nach sich. Die Person hat erlebt, auf welche Freunde und Bekannte sie sich verlassen kann. Ferner hat der Mensch seine individuellen Denk- und Handlungsoptionen innerhalb einer Krise erfahren (vgl. Cullberg 1978, S. 27 f.; Sonneck 2000, S. 33 f.). Die nachstehende Abbildung zeigt die zwei verschiedenen Erscheinungsformen einer Krise nach Caplan und Cullberg, mit ihren unterschiedlichen Entwicklungsabläufen:

Abbildung 15: Die Krisenentwicklung.

Veränderungskrisen (G. Caplan)		Traumatische Krisen (J. Cullberg)	
1. Phase:	**Konfrontation** mit Ereignis		
2. Phase:	Lösung misslingt – **Gefühl des Versagens**		
3. Phase:	**Mobilisierung** aller Bewältigungskapazitäten führt zu a) Lösung, Bewältigung. b) Rückzug mit Resignation **Chronifizierungsgefahr**	**1. Phase:**	**Schockphase:** Zustand der Betäubung oder chaotisch-ungesteuerte Aktivitäten
4. Phase:	**Vollbild der Krise** mit innerer „Lähmung" oder ziellosen Aktivitäten. *Gefahren:* Fixierung und Chronifizierung, Krankheit, Missbrauch, Suizidalität	**2. Phase:**	**Reaktionsphase:** Konfrontation mit Realität, Versuche, sie zu integrieren *Gefahren:* Fixierung: Wenn intrapsychische Konflikte aktiviert werden. Chronifizierung: Wenn soziale Isolierung, wenn äußere Hilfsstrukturen unbefriedigend, Krankheit, Missbrauch, Suizidalität.
5. Phase:	**Bearbeitung** des Krisenanlasses und seiner Konsequenzen	**3. Phase:**	**Bearbeitungsphase:** Lösung von Trauma und Vergangenheit
6. Phase:	**Neuanpassung**	**4. Phase:**	**Neuorientierung:** Selbstwertgefühl wieder gewonnen, neue Beziehungen hergestellt

Quelle: ebd., S. 57.

Die von Caplan und Cullberg beschriebenen Krisenverläufe lassen sich nicht empirisch bestätigen. Personen, die mit ähnlich schwierigen Lebenslagen konfrontiert werden, reagieren unterschiedlich, wobei die Krise nur eine Möglichkeit der Reaktion darstellt. Nicht die objektiven Verhältnisse führen zu einer Krise, sondern die Bedeutungen, die Personen ihnen geben. Krisen nehmen überdies einen individuellen Verlauf. Bei beiden Prozessmodellen lassen sich keine spezifischen Aussagen finden, welche Ressourcen ein Betroffener benötigt, um nicht die Gefährdungsmomente der Chronifizierung und der Fixierung zu erleben. Nach den beiden Autoren lassen sich Gefahren nur durch soziale Ressourcen verhindern. Es bleibt aber ungeklärt, wie diese im Einzelnen aussehen müssen. Ferner bleiben geschlechtsspezifische, personale und altersspezifische Faktoren in den beiden Krisenmodellen unberücksichtigt.

Für Jugendliche sind bei einer psychosozialen Krise besondere Merkmale relevant. Sie scheinen anfälliger für eine sorgenvolle Zeit zu sein, da sie, im Unterschied zum Erwachsenenalter, meist unerfahren im Umgang mit unangenehmen Situationen sind. Die Adoleszenten verfügen gegenwärtig nicht über das Wissen, dass auch diese belastete Zeit vorbeigeht (vgl. Mišek-Schneider 1994, S. 31; Swientek 1990, S. 134). Überdies sind zur Erkennung einer psychosozialen Krise im Jugendalter besondere Anhaltspunkte wahrnehmbar, die sich auf zwei Ebenen beziehen. Zum einen kommt es fast immer zu physischen Unpässlichkeiten, wie beispielsweise der Ermattung oder der Agrypnie, zum anderen treten oftmals modifizierte Verhaltensweisen auf, wie zum Beispiel der soziale Rückzug. Vielfach lassen sich dabei Handlungen beobachten, die die Betroffenen als Kinder ausgeführt haben. In diesem Kontext wird das Fingerlutschen oder das Nägelbeißen genannt (vgl. Sonneck 2000, S. 120).

Zudem sind im Jugendalter spezifische Krisenanlässe zu berücksichtigen. Hierzu zählt Sonneck die fehlende Einbindung in das familiäre Leben. So könnte eine diktatorische oder eine zu ignorierende Atmosphäre innerhalb der Familie den Anfang einer schwierigen Zeit bedeuten. Auch die mangelnde Auskunftsbereitschaft der Eltern und die ungenügenden Verbalisierungsmöglichkeiten des Heranwachsenden über relevante Themen sind als Krisenanlässe denkbar. Der Aufbau von Freundschaften und die Geschlechteridentifikation können überdies zu einer Belastung des Adoleszenten werden. Die Gefahr einer Krisenentstehung ist ebenfalls dann möglich, wenn es zu einem Verlust von ideellen Werten oder Idolen kommt. Außerdem ist die Zugehörigkeit zu einer sozialen Gruppe zu problematisieren, da sie durchaus einen schlechten Einfluss auf die Person ausüben kann. Sowohl die Schul- und Berufsausbildung als auch das Werte- und Normensystem mit ihren spezifischen Ansprüchen können eine erhebliche Anforderung an den Heranwachsenden sein und somit einen Krisenanlass darstellen (vgl. ebd., S. 119). Neben diesen Faktoren beinhaltet jedes Thema, abhängig von der subjektiven Bedeutung und des Lebenskontextes des Individuums, ein Krisenpotenzial, welches zu einem Krisenanlass werden kann (vgl. Langer 2001, S. 100 f.).

Der Wert der beiden Konzeptionen von Caplan und Cullberg liegt in der heuristischen Beschreibung von Krisenverläufen. Wie die Krisenmodelle hervorheben, beinhaltet die Bewältigung einer Krise auch Möglichkeiten der Weiterentwicklung für die Person. So kann es zum Aufbau neuer Verhaltensweisen kommen, oder die Person hat die Erfahrung gemacht, wie hilfreich oder auch ablehnend ihr soziales Netz im Umgang mit einer Krise ist. Besonders die Arbeiten von Caplan sind zu würdigen, da er mit seinem Entwurf als einer der Pioniere auf dem Gebiet der Krisenintervention gilt (vgl. Dross 2001, S. 14; Kulessa 1982, S. 68). Seine Konzeption hat die wissenschaftliche Betrachtung maßgeblich beeinflusst und sorgte für einen akademischen und therapeutisch sozialpädagogischen Handlungsentwurf in diesem Bereich (vgl. Mennemann 2000, S. 216).

6.4 Risikogruppen

Im Hinblick auf die Risikogruppen unterscheidet der Psychiater Gernot Sonneck zwischen fünf Gruppen, deren Reihenfolge als Grad für eine Suizidgefährdung angesehen werden kann:

1. *„Alkohol-, Medikamenten- und Drogenabhängige,*
2. *Depressive aller Arten,*
3. *Alte und Vereinsamte,*
4. *Personen, die durch eine Suizidankündigung, und*
5. *solche, die durch einen Suizidversuch (Parasuizid) auffällig wurden" (Sonneck 2000, S. 152).*

Insgesamt kann Sonnecks Aufstellung zugestimmt werden. Allerdings sind die Punkte 2 und 3 für den hier in Rede stehenden Diskussionszusammenhang differenziert zu betrachten. Suizidalität bei Heranwachsenden ist weniger als Ausdruck einer depressiven Störung, sondern vielmehr im Zusammenhang mit einer Krise zu betrachten (vgl. Langer 2001, S. 100). Sonnecks dritter Punkt kann auf der hier zugrunde liegenden Thematik ausschließlich auf Vereinsamte bezogen werden. Besonders Jacobs hat dabei die fortschreitende soziale Isolierung bei der Suizidalität von Adoleszenten hervorgehoben (vgl. Jacobs 1974).

Die Punkte 1, 4 und 5 sind auch im Hinblick auf Suizidalität von Jugendlichen relevant. Der Zusammenhang zwischen Sucht und Suizidalität kann unter Vorbehalt für das Jugendalter betont werden. So existieren empirische Hinweise, die andeuten, dass zumindest ab dem 15. Lebensjahr eine Korrelation zwischen den „vollendeten" Suiziden und Sucht besteht (vgl. Schmidtobreick 1976, S. 37 ff.). Auch bringt der überwiegende Teil der Heranwachsenden seine suizidalen Intentionen unterschiedlich erkennbar zum Ausdruck (vgl. Langer 2001, S. 65; van Wissen 1997, S. 14). Der Suizidversuch von Heranwachsenden lässt sich als ein bedeutsamer Prädiktor für weiteres suizidales Verhalten sehen (vgl. Langer 2001, S. 58).

In der zeitgenössischen Literatur existiert kein verlässliches diagnostisches Instrumentarium zur Erfassung von suizidgefährdeten Jugendlichen. Eine Analyse der Suizidalität, die sich ausschließlich auf das Jugendalter bezieht, steht noch aus. So können die Erkenntnisse der oben dargestellten Konzepte nur als Annäherung zur Wahrnehmung von Suizidalität bei einem Jugendlichen betrachtet werden. Eine Zusammenfassung der verschiedenen Beiträge liefert das Schaubild:

Abbildung 16: Das Schema zur Beurteilung der Suizidgefahr.

Suizidhinweis Suizidankündigung				
SUIZID-RISIKOGRUPPE?	KRISE?	Konfrontation	SUIZIDALE-ENTWICKLUNG?	PRÄSUIZIDALES SYNDROM?
Alkohol-, Drogen- und Medikamenten-abhängige	Schock	Scheitern Mobilisieren	Erwägung	Einengung - dynamische - affektive
Depressive	Reaktion	Vollbild	Abwägung	
Alte und Vereinsamte	Bearbeitung			Suizidgedanken
Suizidankündigung	Neuorientierung		Entschluss	Einengung der - Wertwelt - zwischenmenschlichen Beziehungen
Suizidversuch				

Quelle: Sonneck 2000, S. 166.

Allerdings reichen die Forschungsbefunde nicht aus, um eine aktuelle Einschätzung der Suizidgefahr abzugeben. In diesem Zusammenhang ist es außerordentlich wichtig, Vermutungen einer Suizidgefährdung durch gezielte Fragen an den Betreffenden zu bestätigen oder zu widerlegen. Aber auch hier sind die Angaben des Betreffenden unter Vorbehalt zu sehen, da diese nicht zwangsläufig der Wahrheit entsprechen. Ferner scheint es äußerst schwierig zu sein, das Suizidrisiko abzuschätzen, da sich die lebensverneinenden bzw. lebensbejahenden Anteile schnell verändern können. Daher kann es erforderlich sein, zusammen mit dem Suizidenten, mögliche Hilfen zu diskutieren, sobald die Suizidgefahr zunimmt. Die Art der Unterstützung hängt mit den Möglichkeiten und Erfordernissen des Betreffenden, seinem individuellen Erleben und seinem Lebenskontext zusammen. Die im fünften Kapitel dargestellten Theorien enthalten Hinweise für individuelle Interventionsmöglichkeiten und eröffnen so einen möglichen Zugang zur suizidgefährdeten Person. Wedlers Aussage zufolge ist in diesem Zusammenhang ein adäquates Klienten-Krisenberater-Verhältnis von erheblicher Relevanz (vgl. Wedler 1994, S. 63). Eine ausführlichere Darstellung dieses Themas erfolgt im neunten Kapitel.

7. Suizidprävention

Im Mittelpunkt dieses siebten Kapitels steht die Auseinandersetzung mit der Suizidprävention. Diese erfolgt aus zwei verschiedenen Perspektiven heraus. Zunächst werden drei unterschiedliche therapeutische Verfahren behandelt. Anschließend wird die Arbeit von drei Suizidverhütungszentren vorgestellt.

7.1 Therapeutische Verfahren für suizidgefährdete Jugendliche

Bei der Darstellung von unterschiedlichen therapeutischen Ansätzen zur Behandlung von suizidgefährdeten Personen muss notwendigerweise eine Akzentsetzung und Auswahl erfolgen. An dieser Stelle sollen drei therapeutische Konzeptionen betrachtet werden. Zunächst soll ausschnittsweise die „Gesprächspsychotherapie" von Rogers dargestellt werden, anschließend die „Familientherapie" und zum Abschluss die „Antisuizidale Psychotherapie" von Ringel. Bei dem Ansatz von Carl Ransom Rogers wird eine spezifische Haltung des Therapeuten akzentuiert. Vor diesem Hintergrund ist das Modell erwähnenswert. Das Konzept von Erwin Ringel soll vorgestellt werden, da es sich speziell auf die Suizidthematik bezieht. Im Gegensatz zu den beiden anderen Therapieformen steht bei der Familientherapie nicht der einzelne Mensch im Mittelpunkt der Betrachtung, sondern die gesunde oder ungesunde Psychodynamik des Zusammenwirkens der Mitglieder im System Familie. Um auf diese Besonderheit innerhalb der therapeutischen Konzeptionen einzugehen, soll die Familientherapie diskutiert werden.

7.1.1 Rogers` Gesprächspsychotherapie

Die Gesprächspsychotherapie ist eine Therapie- und Beratungsform, die in den 40er Jahren von dem amerikanischen Psychologen Carl Ransom Rogers entwickelt wurde (vgl. Rogers 1942). Neben Behaviorismus und Psychoanalyse wird dieser Ansatz als dritte wichtige Richtung innerhalb der Psychologie angesehen. Die Gesprächspsychotherapie versteht sich als ein Verfahren der humanistischen Psychologie (vgl. Hockel 1999, S. 13). Zu den populärsten Anhängern dieser Richtung zählt Rogers (vgl. Zimbardo 1983, S. 43). Inzwischen existiert eine Vielzahl von Bezeichnungen für seine konzeptionellen

Überlegungen. Der Gründer fasst seine Annahmen hauptsächlich unter den Begriffen der „Klientenzentrierten Therapie" oder „Personenzentrierte Theorie bzw. Therapie" zusammen, während der Therapieverband der BRD von einer „Klienten-zentrierten Psychotherapie" spricht (vgl. Linster 1994, S. 242). In Bezug auf Weinberger werden nach dem Erziehungswissenschaftler Michael Galuske die unterschiedlichen Bezeichnungen bedeutungsgleich bzw. alternierend eingesetzt (vgl. Galuske 1999, S. 163). Ohne auf die unterschiedlichen historischen Aspekte und Bedeutungsgehalte der Begriffe näher einzugehen, kann im weiteren Verlauf von der Gesprächspsychotherapie gesprochen werden, um den in der deutschsprachigen Fachliteratur häufig benutzten Terminus zu verwenden (vgl. Linster 1994, S. 242).

Die zentrale Grundannahme der Gesprächspsychotherapie wurde nach Aussage der Psychotherapeutin Sabine Weinberger schon 1942 von Rogers artikuliert (vgl. Weinberger 1994, S. 30). In diesem Jahr schrieb Rogers:

> *„Wirksame Beratung besteht aus einer eindeutig strukturierten, gewährenden Beziehung, die es dem Klienten ermöglicht, zu einem Verständnis seiner selbst in einem Ausmaß zu gelangen, das ihn befähigt, aufgrund dieser neuen Orientierung positive Schritte zu unternehmen" (Rogers 1972, S. 28).*

Um die persönliche Weiterentwicklung des Behandlungsbedürftigen zu fokussieren, ist eine spezifische Arbeitshaltung des Gesprächspsychotherapeuten notwendig, welche aus den Variablen „Echtheit", „bedingungsfreies Akzeptieren" und „einfühlendes Verstehen" besteht (vgl. Rogers 1977, S. 19 f.). Die drei Charakteristika sind nicht isoliert voneinander zu betrachten, sondern die Hauptmerkmale bedingen sich wechselseitig (vgl. Biermann-Ratjen/Eckert/Schwartz 1997, S. 32; Pallasch 1993, S. 24). Die Echtheit bezieht sich auf die persönliche Einstellung des Beraters während der Therapiesituation, welche eine anteilnehmende und aufrichtige Haltung gegenüber dem Klienten erfordert. Das Erleben des Therapeuten muss mit seinen Aussagen identisch sein (vgl. Rogers 1977, S. 26 f.). Auch wenn Menschen die gleichen Ereignisse oder Gegenstände wahrnehmen, so sind ihre Erlebniswelten doch unterschiedlich, da jeder Mensch in der Erfassung der Realität einzigartig ist. Daher kann eine Person nur selbst sagen, was sie empfindet, fühlt und wahrnimmt. Beim präzisen einfühlenden Verstehen richtet der Behandelnde seine Aufmerksamkeit auf diese subjektive Erlebniswelt des Klienten, die er dann möglichst intensiv erfahren und verbalisieren sollte. Es werden keine Ratschläge oder fertige Lösungen angeboten, sondern das Lebensverständnis des Behandlungsbedürftigen steht im Mittelpunkt (vgl. ebd., S. 20 f.). Die Beraterkomponente des bedingungsfreien Akzeptierens beschreibt die uneingeschränkte Achtung des Therapeuten gegenüber dem Klienten, wobei sie nicht an spezifische Forderungen seitens des Behandelnden gebunden ist. Durch sie kann eine Atmosphäre geschaffen werden, in der sich der Behandlungsbedürftige selbst annimmt und anerkennt (vgl. ebd., S. 23 f.).

Indem der Therapeut diesen Kontext schafft, soll dem Klienten selbst ein bewusster Zugang zu sämtlichen Empfindungen und Hoffnungen ermöglicht werden. Dabei geht es besonders um die Emotionen und Wünsche, die der Person bislang noch unerreichbar waren, da sie mit dem eigenen Selbstkonzept divergieren (vgl. Weinberger 1994, S. 31). Mit dem Selbstkonzept ist die innere, biografische Landkarte gemeint, die sämtliche Ereignisse sammelt und ausschlaggebend für das Lebensverständnis des Menschen ist (vgl. Rogers 1977, S. 36; Weinberger 1994, S. 97 f.). Schwierigkeiten treten dann auf, wenn die Person eine Unstimmigkeit zwischen ihrer inneren Landkarte und gegenwärtigen Erfahrungen erlebt. Die Widersprüchlichkeit erzeugt Anspannung und Furcht. In dieser Situation wehrt sich der Mensch gegen die Emotionen, indem er die Erfahrungen entweder nur partiell vermerkt oder aberkennt (vgl. ebd., S. 99). Liegt allerdings eine schwerwiegende Unstimmigkeit zwischen den Erlebnissen und dem Selbstkonzept vor, kann die eigene Existenz in Frage gestellt werden (vgl. Pfingsten 1985, S. 87). Der Psychologe Ulrich Pfingsten schreibt hierzu:

> *„Dann sind wichtige Erfahrungen nicht mehr integrierbar, und der Alltag ist voll von Ereignissen, die als Bedrohung empfunden werden. Die Abwehr der Bedrohungen kann so bestimmend werden, daß eine befriedigende Lebensbewältigung kaum noch möglich ist" (ebd.).*

Mit Michael Seyfried kann dann, auf dem oben beschriebenen Hintergrund, der Suizid als ein Versuch des Klienten bezeichnet werden, sein Selbstkonzept vor den nicht vereinbaren Erlebnissen abzusichern (vgl. Seyfried 1995, S. 85). Die Absicht der Gesprächspsychotherapie ist es, der Person sukzessiv zu ermöglichen, immer mehr Geschehnisse und Emotionen in ihr Selbstkonzept aufzunehmen. Dies führt zunehmend zu einem anpassungsfähigeren Selbstkonzept. Damit werden auch die divergenten Erlebnisse für den Klienten erfahrbar (vgl. Weinberger 1994, S. 45).

Ursprünglich wurde die Gesprächspsychotherapie als ein einzeltherapeutisches Verfahren entwickelt, allerdings kann sie durchaus auch als Gruppentherapie eingesetzt werden (vgl. Rogers 1970). Analog zu der Einzeltherapie ist die Haltung des Beraters durch die drei Charakteristika Echtheit, bedingungsfreies Akzeptieren und einfühlendes Verstehen gekennzeichnet. Im Unterschied zu der Konzeption der Einzeltherapie übernehmen bei dem gruppentherapeutischen Verfahren die Gruppenteilnehmer die Position des Co-Therapeuten, indem sie ebenfalls eine empathische und zugewandte Haltung einnehmen (vgl. Tausch/Tausch 1990, S. 16 ff.). Innerhalb der Gruppe sollte deshalb eine Atmosphäre entstehen, in der jeder Behandlungsbedürftige seine Emotionen verbalisieren kann und sich gegenseitig anerkennt. Im Mittelpunkt der therapeutischen Situation steht der Austausch mit den anderen Teilnehmern, um so die Beziehungsfähigkeit und die Annahme der eigenen Person zu steigern. Bei der Gruppentherapie gibt es keine einheitliche Verlaufsplanung, sondern sie richtet sich ausschließlich nach den Möglichkeiten und Wünschen der Teilnehmer. Dem Therapeuten fällt die Aufgabe zu, Hilfestellung bei dem Verbalisieren der Erlebnis-, Wahrnehmungs- und Denkinhalte zu geben. Ziel der Gruppentherapie ist die Akzentuierung der Selbstentwicklung des Klienten (vgl. Rogers 1970, S. 14 f.).

Gegen die Gesprächspsychotherapie, ob nun als einzeltherapeutisches oder gruppentherapeutisches Verfahren, lässt sich die uneingeschränkte Anwendbarkeit auf die Altersgruppe der Kinder problematisieren, da der therapeutische Ansatz Reflexionsfähigkeit und kognitive Reife voraussetzt. Kindern bleibt aufgrund ihrer altersbedingten Entwicklung noch die Möglichkeit verwehrt, sich mit ihren Gefühlen und Erfahrungen so auseinander zu setzen, wie es für diese therapeutische Konzeption nötig erscheint (vgl. Abram/Berkemeier/Kluge 1980b, S. 199 f.). Für Kinder hat sich daher eine besondere Form der Gesprächspsychotherapie entwickelt, die schon 1947 von Virginia Mae Axline begründet worden ist (vgl. Axline 1947; Finke/Teusch 2000, S. 256; Harms 1997, S. 45). In einigen Publikationen wird diese Richtung nicht nur für das Kindes-, sondern auch für das Jugendalter thematisiert (vgl. Hockel 1999, S. 10 f.).

Eine Schwierigkeit der Gesprächspsychotherapie liegt dann vor, wenn die Hauptursache der Suizidalität im familiären Beziehungsnetz gesehen wird. In diesem Fall kann eine Kombination der Gesprächspsychotherapie mit der Familientherapie als unumgänglich angesehen werden. Auch bei psychiatrischen Krankheiten scheinen andere Therapieformen geeigneter als die Gesprächspsychotherapie (vgl. Milch 1992, S. 82 f.). Weitere Ansatzpunkte der Kritik fasst Michael Galuske in Übereinstimmung mit Gilles und Snyders zusammen. Ein kritischer Aspekt bezieht sich auf den Blickwinkel der Gesprächspsychotherapie, der primär den Fokus auf den Perspektivwandel und die Erlebniswelt des Klienten legt, während die Änderung tatsächlicher sozialer Gegebenheiten, wie beispielsweise Arbeitssuche, im Hintergrund bleibt. Demnach besteht wenig Interesse an der Genese der Ursache bzw. an einer Veränderung im Lebensbereich des Behandlungsbedürftigen. Überdies wird in der Gesprächssituation ein weiterer Mangel gesehen, da sich der Behandelnde mit eigenen Ansichten, Meinungen und Wertungen weitestgehend zurückhält. Somit wird dem Klienten kein Gegenüber geboten, mit dem er sich auseinander setzen kann. Ein weiterer problematischer Aspekt bezieht sich auf die Unstimmigkeit der Beraterhaltungen. Einerseits soll der Therapeut authentisch sein, aber andererseits muss er sich in seinen Äußerungen mäßigen (vgl. Galuske 1999, S. 170 f.).

Die Effektivität der Gesprächspsychotherapie ist empirisch nachgewiesen (vgl. Grawe/Donati/Bernauer 1994, S. 135). Das findet auch Ausdruck in den aktuellen Bewertungen der wissenschaftlichen Beiräte zur Eignung psychotherapeutischer Verfahren im Katalog der gesetzlichen Krankenkassen. Nach den Psychologen Klaus Grawe, Ruth Donati und Friederike Bernauer liegen Forschungsbefunde vor, welche die Wirkung der Beraterkomponenten des einfühlenden Verstehens und bedingungsfreien Akzeptierens belegen, während sich für die Kongruenz keine hinreichende empirische Bedeutsamkeit finden lässt. Auch wenn der empirische Nachweis für die beiden Charakteristika einfühlenden Verstehens und bedingungsfreien Akzeptierens erbracht ist, lässt sich damit nur ein kleiner Teil des Behandlungsresultates begründen. Vielmehr wird die Bedeutung in dem Verhältnis zwischen Berater und dem Betroffenen gesehen, welches ausschlaggebend für die Effizienz der Gesprächspsychotherapie ist. Dies gilt ausnahmslos für jede Therapierichtung (vgl. ebd., S. 135). In Abkehr von einer Sichtweise, die das Individuum in Abhängigkeit von den Fähigkeiten des Pädagogen betrachtet, liegt die Bedeutung der Gesprächspsychotherapie in der

Betonung der eigenen Fähigkeit der Problembehebung des Menschen. Der Klient wird als eigenständiger Mensch wahrgenommen (vgl. Galuske 1999, S. 170). In Anlehnung an Tausch und Tausch verdient nach Ada Abram, Beate Berkemeier und Karl-Josef Kluge die Gesprächspsychotherapie in Gruppen Beachtung, da diese Therapieform sich besonders für den jugendlichen Suizidenten eignet, um seine suizidalen Tendenzen zu beeinflussen bzw. zu verändern. Die Gruppe dient als Übungsfeld für soziale Verhaltensweisen, die der Vereinsamung entgegenwirken können (vgl. Abram/Berkemeier/Kluge 1980b, S. 205). Durch die Gruppentherapie besteht die Möglichkeit der Bildung von Freundschaften, die über die gruppentherapeutische Situation hinaus aufrechterhalten werden können. So sind die Teilnehmer nach der Gruppentherapie besser in der Lage, sich in schwierigen Lebenssituationen zu helfen (vgl. Tausch/Tausch 1990, S. 18). Insgesamt zeigt sich die Gesprächspsychotherapie als eine adäquate Therapieform, um der Suizidalität von Personen zu begegnen (vgl. Milch 1992, S. 82).

7.1.2 Familientherapie

Die Familientherapie hatte ihren Ursprung zu Beginn der 50er Jahre. Sie entwickelte sich gleichzeitig an verschiedenen Orten der USA und wurde von unterschiedlichen Autoren geprägt. Zahlreiche Anregungen zur Entwicklung der Therapieform entstanden aus psychoanalytischen Überlegungen. Die Psychoanalytiker, die vorwiegend in Psychiatrien behandelten, suchten nach neuen Möglichkeiten, um auch die Klienten zu therapieren, bei denen die Erfolge ausblieben. Hieraus entstanden Gedanken über eine Therapieform, bei der alle Familienmitglieder beteiligt werden sollten (vgl. Brandl-Nebehay 1998, S. 17 f.). In Deutschland wurde diese in den 60er Jahren durch das Buch „Eltern, Kind und Neurose" von Horst Eberhard Richter bekannt. Sein Konzept war zwar psychoanalytisch geprägt, dennoch bezog er die gesamte Familie in seine Beratungsgespräche mit ein. Auch die Arbeiten des Psychoanalytikers Helm Stierlin brachten die Popularität der Familientherapie in Deutschland voran (vgl. ebd., S. 24 ff.; Ludewig 2000, S. 452).

Inzwischen existiert eine Vielzahl von familientherapeutischen Ansätzen. Zahlreiche Autoren haben sich mit Klassifizierungsmöglichkeiten beschäftigt (vgl. Amman 1979, S. 47 ff.; Brunner 1987, S. 364 ff.; Cierpka 1997, S. 331 ff.; Galuske 1999, S. 235 f.; Kriz 1999, S. 98 ff.; Textor 1984, S. 17 ff.; von Schlippe 1995, S. 42 ff.; von Sydow 1996,

S. 298 ff.). Nach Michael Galuske lassen sich grundsächlich drei Hauptrichtungen erkennen: die „psychoanalytisch bzw. psychodynamische", die „wachstumsorientierte" und die „systemische Familientherapie" (vgl. Galuske 1999, S. 236). Im Vordergrund der psychoanalytisch bzw. psychodynamischen Betrachtungsweise steht die unbewusste Einflussnahme der Familienmitglieder untereinander (vgl. Textor 1984, S. 22). So werden beispielsweise die nicht verbalisierten Delegationen (Aufträge) der Familienmitglieder analysiert. Zu den grundlegenden Vertretern dieser Richtung zählen unter anderem die Autoren Theodore Lidz, Nathan Ackermann, Lyman Wynne, Murray Bowen, Ivan Boszormenyi-Nagy und Norman Paul (vgl. Brandl-Nebehay 1998, S. 19 ff.). Bei den wachstumsorientierten Konzeptionen kommt es weniger auf die Interventionstechniken, als vielmehr auf den Charakter des Betreuers und die Entwicklung des Klienten an (vgl. Amman 1979, S. 52 f.; Körner 1988, S. 155). Vor allem Virginia Satir vertritt diese Richtung (vgl. Brandl-Nebehay 1998, S. 31 ff.; Galuske 1999, S. 236). In der systemischen Richtung sind verschiedene Ansätze erkennbar: das „Palo-Alto Modell", welches Paul Watzlawick mit der Unterstützung seines Teams entwickelt hat, die „Mailänder Schule", welche unter anderem von Mara Selvini-Palazzoli gegründet wurde und der „Strukturellen Familientherapie", die vorwiegend Salvador Minuchin angeregt hat (vgl. Schmidtobreick 1992, S. 13).

Speziell die systemische Richtung erfährt innerhalb der Familientherapien einen enormen Zuspruch (vgl. Galuske 1999, S. 236; Schmidtobreick 1992, S. 9). Nach dem Verständnis der systemischen Familientherapie wird nicht ein einzelner Mensch isoliert von seiner sozialen Umwelt behandelt, sondern alle Familienmitglieder werden in den Therapieprozess mit einbezogen. Die Angehörigen stehen in einem wechselseitigen Beeinflussungsverhältnis zueinander. Gemeinsam erzeugen sie eine Wirklichkeit, in der bestimmte Regeln, Kommunikationsformen und Verhaltensweisen präferiert werden. Demnach wird die Suizidalität nicht als Schwierigkeit des Betroffenen betrachtet, sondern der Blick richtet sich auf den Familienkontext. Die Person, die auffällig geworden ist, stellt nur einen Teil des Systems dar. In der Sprache der systemischen Familientherapie wird dieser Mensch als „Symptomträger" oder der „identifizierte-" bzw. der „Index-Patient" bezeichnet. Dieses so bezeichnete Mitglied macht auf maladaptive Strukturen und Prozesse der Gruppe aufmerksam. Laut Galuske kommt dem Familientherapeuten während des Therapieprozesses die Gesprächsleitung zu. Er beansprucht die geistige Führung und steuert die Kommunikation zwischen den

Familienmitgliedern (vgl. Galuske 1999, S. 238 f.). Gleichzeitig bewahrt er eine überparteiliche Haltung gegenüber den Angehörigen. Der Therapeut lässt sich keinesfalls auf die Seite eines Familienmitgliedes ziehen, um so nicht in die Dynamik der Familie involviert zu werden (vgl. Brandl-Nebehay 1998, S. 45; Schmidtobreick 1992, S. 20). Ausnahmen sind allenfalls nur temporär zu befürworten (vgl. Simon/Weber 1994, S. 771). Diese sachliche Haltung wird als „Neutralität" bezeichnet (vgl. Brandl-Nebehay 1998, S. 45; Schmidtobreick 1992, S. 13; Simon/Weber 1994, S. 771). Dieser Terminus ist stark angelehnt an den Begriff der „Allparteilichkeit". Darunter wird die Eignung des Therapeuten verstanden, jedem Angehörigen des Systems dieselbe offene, akzeptierende und parteiliche Haltung entgegenzubringen (vgl. von Schlippe/Schweitzer 1999, S. 119).

Den maßgeblichen Hintergrund für die Störung des familiären Systems stellt ein inadäquates, kommunikatives Beziehungsgefüge dar. Deshalb wird bei der systemischen Therapie die Kommunikations- und Beziehungsstruktur des betreffenden Systems betrachtet. Für die Erkennung und Veränderung der Strukturen einer Familie werden unterschiedliche therapeutische Interventionen verwendet.

Die nachfolgenden Techniken wurden durch die „Mailänder Schule" entwickelt (vgl. Galuske 1999, S. 239 ff.). Die „positive Konnotationen" (vgl. Brandl-Nebehay 1998, S. 46; Schmidtobreick 1992, S. 21; Steinhausen 1996, S. 315), auch als „positive Symptombewertung" (vgl. Galuske 1999, S. 240) bezeichnet, bezieht sich auf die Handlungen des Indexpatienten im familiären Kontext. Sein Verhalten wird durch den Therapeuten nicht ablehnend betrachtet, sondern es wird der Wert der Handlung hervorgehoben (vgl. Brandl-Nebehay 1998, S. 46; Galuske 1999, S. 240; Schmidtobreick 1992, S. 21 ff.; Steinhausen 1996, S. 315). In diesem Sinne kann der Jugendliche zum Beispiel nicht als rechtsradikal betrachtet werden, sondern er wird als ein politisch engagierter Mensch wahrgenommen. Der suizidale Heranwachsende wird nicht als Störenfried oder Kranker stigmatisiert, sondern er macht auf die Schwierigkeiten innerhalb der Familie aufmerksam. Dafür ist er bereit, sein Leben zu „opfern".

Als „Familienrituale" bezeichnet die systemische Familientherapie die Anordnungen des Therapeuten, Verhaltensweisen von der Familie in einem vorgegebenen Moment durchführen zu lassen (vgl. Brandl-Nebehay 1998, S. 46; Galuske 1999, S. 241). Ziel dieser Intervention ist einerseits die Aufdeckung und andererseits die Erneuerung von alten Handlungsabfolgen (vgl. ebd., S. 240 f.).

Bei den „Symptomverschreibungen" (vgl. ebd.), auch „paradoxe Intervention" (vgl. Steinhausen 1996, S. 315) bzw. „paradoxe Verschreibungen" (vgl. Brandl-Nebehay 1998, S. 46) genannt, verlangt der Therapeut von der Familie, dass sie ein bestimmtes symptomatisches Verhaltensmuster zeigt (vgl. Galuske 1999, S. 240; Steinhausen 1996, S. 315). Folglich hat sie zwei Handlungsoptionen zur Auswahl; kommt die Familie dem Auftrag nach, unterwirft sie sich der bewussten Einflussnahme des Therapeuten, entscheidet sie sich gegen die Anweisung, zeigt sie die Handlung nicht mehr (vgl. ebd.). Diese Technik baut auf den Vorbehalten der Familie gegenüber therapeutischen Eingriffen auf. Um ihre Einstellung für den Therapieverlauf zu prüfen, wird diese Interventionsform ausgewählt (vgl. Brandl-Nebehay 1998, S. 46 f.; Steinhausen 1996, S. 315). Der systemische Therapeut erhofft sich dabei von der Familie, dass sie sich weigert, den Anweisungen Folge zu leisten und damit das problematische Verhalten zu beenden (vgl. ebd.).

Bei der „zirkulären Fragetechnik im Interview" (vgl. Brandl-Nebehay 1998, S. 47), auch als „zirkuläres Fragen" (vgl. Galuske 1999, S. 240; Schmidtobreick 1992, S. 21 f.) charakterisiert, wird eine Person aus der Familie ersucht, über das Verhältnis zwischen den anderen anwesenden Angehörigen zu erzählen (vgl. Brandl-Nebehay 1998, S. 47). Ziel dieser Fragen ist einerseits die Klärung des familiären Kontextes und andererseits kann der systemische Therapeut seine Hypothesen über die Kommunikations- und Beziehungsstruktur verbalisieren (vgl. Schmidtobreick 1992, S. 20 f.).

Laut Galuske lassen sich bei der systemischen Familientherapie zwei formale Hauptschwierigkeiten erkennen. Erstens wird die Ausrichtung der systemischen Familientherapie an dem Ideal einer intakten Kleinfamilie gemessen und anschließend bemängelt (vgl. Galuske 1999, S. 241). Der Erziehungswissenschaftler Michael Galuske prononciert in Anlehnung an Peukert:

> *„Damit gerät der Familientherapie aus dem Blick, daß das Muster der bürgerlichen Kleinfamilie als Ort der privaten Reproduktion ein historisch gewachsenes ist, das sich zudem in permanenter Veränderung befindet. Auf dem Hintergrund der Ausdifferenzierung familialer Formen des Zusammenlebens ist immer weniger klar, was eigentlich eine Familie ist" (vgl. ebd.).*

Zweitens wird von Galuske in Übereinstimmung mit Zygowski die zu starke Einwirkung des Therapeuten auf den Familienprozess als negativ bewertet. Die gesamte Gestaltung des Therapierahmens obliegt ihm. Eine Vielzahl seiner Handlungsoptionen dient der Aufrechterhaltung seines stärkeren Einflusses. Diesbezüglich besteht ein Ungleichgewicht zwischen den Familienangehörigen und dem Therapeuten (vgl. ebd., S. 241 f.). Neben diesen beiden Nachteilen lässt sich noch ein weiteres Hindernis erkennen, das sich bei der Realisierung der Familientherapie ergeben kann: Die mangelnde Bereitschaft der Angehörigen könnte die Anwendung der Therapie erschweren. Es ist möglich, dass einigen Familienmitgliedern der Sinn einer solchen therapeutischen Maßnahme nicht vernünftig erscheint, da sie nicht der Betroffene sind und keine symptomatischen Verhaltensweisen zeigen. Ist es dem Therapeuten nicht möglich, die Angehörigen zu motivieren, an einer Familientherapie teilzunehmen, dann scheint eine systemische Einzeltherapie oder ein anderes therapeutisches Verfahren (z.B. Gruppentherapie) geeigneter zu sein (vgl. Abram/Berkemeier/Kluge 1980b, S. 220 ff.). Eine weitere Problematik kann sich während des Therapieprozesses ergeben, wenn der suizidgefährdete Jugendliche erkennt, welchen Anteil seine Eltern an der eigenen Biografie haben. So kann es während der Sitzungen zu erheblichen Spannungen zwischen den Eltern und dem Suizidalen kommen (vgl. ebd., S. 218).

Im Gegensatz zu den einzeltherapeutischen Maßnahmen wird bei der Familientherapie nicht nur der Betroffene, sondern auch sein direktes Umfeld behandelt. Infolgedessen liegt der Vorteil dieser Therapierichtung in der Beteiligung der Familie an dem Behandlungsprozess (vgl. ebd., S. 217). In Anlehnung an Condrau schreiben Ada Abram, Beate Berkemeier und Karl-Josef Kluge:

> *„Es erscheint uns oft als nicht ausreichend, nur den heranwachsenden Suicidanten zu therapieren. Bleiben die familiären Verhältnisse unverändert, besteht die Gefahr, daß ‚alte' Konflikte wieder neu aufleben und den Erfolg einer durchgeführten Therapie des Suicidanten wieder zunichtemachen" (ebd.).*

Die Familientherapie ist ein effektives, psychotherapeutisches Verfahren, dessen Wirksamkeit empirisch nachgewiesen ist – allerdings nicht speziell für die systemische Richtung. Für die systemische Familientherapie steht eine umfassende Überprüfung noch aus, da die Studien Mängel aufweisen. Die bisherigen Ergebnisse der anderen Richtungen deuten eine Effektivität an, welche sich einerseits auf den Aufbau der Interaktionen der Familienmitglieder und andererseits auf einen Rückgang des diagnostizierten Symptoms beim „Index-Patienten" bezieht. Dabei war der Symptomträger zumeist im Kindes- oder Jugendalter (vgl. Grawe/Donati/Bernauer 1994, S. 558 ff.). Demnach ist die Familientherapie dann geeignet, wenn es um die Bewältigung einer familiären Problematik geht. Besteht bei dem suizidgefährdeten Kind oder dem Heranwachsenden eine defizitäre familiäre Umwelt, so stellt die Familientherapie ein Erfolg versprechendes, psychotherapeutisches Verfahren dar. Vor allem die unterschiedlichen familientherapeutischen Techniken dienen als geeignete Methoden, um die Strukturen innerhalb der Familie zu erkennen und zu verändern. Diese Vorteile sehen Abram, Berkemeier und Kluge auch – allerdings am Beispiel von anderen familientherapeutischen Interventionsstrategien (vgl. Abram/Berkemeier/Kluge 1980b, S. 216). Für die Arbeit des Pädagogen stellen diese Techniken keine Erweiterung der Handlungsoptionen dar, da sie noch nicht für diesen Rahmen geprüft worden sind (vgl. Galuske 1999, S. 242). Im Rahmen der großen psychotherapeutischen Schulen gilt die Familientherapie als „Zusatzverfahren".

7.1.3 Ringels Antisuizidale Psychotherapie

Die Antisuizidale Psychotherapie wurde Mitte der 50er Jahre von dem Psychiater Erwin Ringel in Wien entwickelt. Den theoretischen Hintergrund für diese Therapie bilden die Erkenntnisse über das präsuizidale Syndrom (vgl. Kapitel 6.1). Das Ziel der Behandlung ist es, die Bedingungen und Faktoren des Syndroms zu beseitigen, um die Suizidgefahr des Betroffenen zu verringern. Demnach sollen die suizidalen Tendenzen, wie zum Beispiel Einengung in unterschiedlichen Bereichen, Autoaggression oder Suizidfantasien abgebaut werden. Um diese Zielsetzung zu erreichen, empfiehlt Ringel spezifische Grundelemente. Diese Komponenten stellen die Besonderheit der Antisuizidalen Psychotherapie dar. Sie bestehen aus der „Bindung an den Therapeuten", „Abreaktion der Aggression", „Ermutigung zu Erfolgserlebnissen", „Anregung der Fantasie in eine positive Richtung" und „positive Lebensgestaltung" (vgl. Ringel 1997a, S. 108 ff.).

Als erstes Charakteristikum der Therapieform wird die besondere Bedeutung der Bindung an den Therapeuten genannt. Die Beziehung soll dem Klienten Halt und Sicherheit vermitteln, um seine Einsamkeit aufzuheben. Die entstehende Übertragungssituation zwischen dem Therapeuten und seinem Klienten darf nicht übersehen werden und muss im Rahmen der Therapie thematisiert werden. Ein weiteres Merkmal der Behandlung suizidgefährdeter Personen ist die Abreaktion der Aggression. Im Wesentlichen geht es hierbei um die Möglichkeit des Klienten, über seine Aggressionen zu sprechen. Um jedoch nicht nur die akute Suizidgefahr zu verringern, sondern auch eine längerfristige Besserung zu erreichen, wird im weiteren Verlauf der Therapie dezidiert nach den Motiven für die Aggressionen gesucht. Wenn die Gründe bekannt geworden sind, können sie dann allmählich abgebaut werden. Als eine weitere Komponente bei der Therapie von Suizidenten wird die Ermutigung zu Erfolgserlebnissen erwähnt. Bei diesem Element ist es das Ziel des Therapeuten, den Klienten anzuregen, realisierbare Tätigkeiten wahrzunehmen, um so eine Stärkung des Selbstvertrauens zu erzielen. Zudem steigt der Mut der Person, weitere schwierigere Aktivitäten auszuführen. Ihre Lebensqualität erhöht sich sukzessiv. Freunde und Bekannte werden wieder kontaktiert, und ihr gesamtes Wohlbefinden bessert sich. Fehlschläge bleiben dabei nicht aus. Durch eine intensive Betrachtung der misslungenen Handlungsweisen und dem Verweis auf die bisherigen Erfolge kann der Niedergeschlagenheit der Person vorgebeugt werden. Ferner wählt der Therapeut nur Aktivitäten aus, die die individuellen Möglichkeiten des Betreffenden nicht überschreiten. Die Anregung der Fantasie in eine positive Richtung ist ein weiteres Charakteristikum dieser Therapieform. Der Therapeut hat die Aufgabe, den Menschen zu motivieren, damit er sich mit zukünftigen Lebenszielen auseinander setzt. Die Beschäftigung mit den noch zu erreichenden Zielen bewirkt den Abbau von Suizidfantasien, und die Lust zu leben wird stärker (vgl. Ringel 1989b, S. 84 ff.; 1997a, S. 109 ff.). Die positive Lebensgestaltung ist das letzte Ziel der Therapieform. Um diese Zielsetzung zu erreichen, ist die Ablösung des Klienten von seinem Therapeuten als ein integraler Bestandteil der Behandlung anzusehen. Die Frequentierung seiner Besuche bei dem Therapeuten ist behutsam zu reduzieren, bis es zur Verwirklichung der Lebensziele beim Betreffenden gekommen ist. Auch nach der Beendigung der Behandlung kann sich die Person in prekären Lebenssituationen jederzeit an den Therapeuten wenden, um das Gefühl der Verlassenheit zu vermeiden (vgl. ebd., S. 112).

Die Antisuizidale Psychotherapie wurde von Ringel als Einzeltherapie konzipiert. Dennoch verweist er auf die Möglichkeit, die Behandlung auch in Form einer Gruppentherapie durchzuführen. Eine solche therapeutische Gruppe setzt sich ausschließlich aus Personen mit vergleichsweise ähnlichen Defiziten zusammen. Durch die Bindung an die Gruppe können Elemente des präsuizidalen Syndroms, wie zum Beispiel die Isolierung oder die Wendung der Aggression gegen die eigene Person, positiv beeinflusst werden, da in einer Gruppe Kontakte aufgebaut und Aggressionen abreagiert werden können (vgl. ebd., S. 113 f.). Vorrangiges Ziel der Gruppentherapie ist es, dass jeder Klient

> *„(...) zuerst die Schwierigkeiten des andern [sic!] verstehen lernt, bis sich dann, gleichsam spiegelbildlich – reflektorisch in ihm ein Muster bildet, das zur Lösung der eigenen Problematik geeignet erscheint" (ebd., S. 113).*

Die Zielvorstellung beider Therapieformen liegt im Abbau der verschiedenen Elemente des präsuizidalen Syndroms, wobei eine vollständige Reduzierung in vielen Fällen nicht möglich ist. Dennoch scheint mit dieser Therapieform die suizidale Entwicklung aufgehalten werden zu können (vgl. ebd., S. 112 f.).

Der zentrale Kritikpunkt an der von Ringel entwickelten Psychotherapie ist die fehlende empirische Überprüfung der Behandlung, da sich in der Fachliteratur keine Aussagen zur Wirksamkeit finden lassen. Ferner basiert die Therapieform auf den Erkenntnissen des präsuizidalen Syndroms, welches ebenfalls nur unzureichend empirisch überprüft ist. Insgesamt befinden wir uns mit den Aussagen von Ringel im Bereich der Spekulationen und theoretischen Annahmen, deren Bedeutung noch nicht nachgewiesen wurde. Nach den Autoren Ada Abram, Beate Berkemeier und Karl-Josef Kluge müssen neben der Anwendung der Therapieform von Ringel den Kindern bzw. Heranwachsenden und deren Eltern noch zusätzliche Interventionsangebote, wie beispielsweise der Besuch einer Erziehungsberatungsstelle, offeriert werden. Dies halten sie für erforderlich, da die meisten suizidgefährdeten Kinder und Adoleszenten aus einer defizitären familiären Umgebung kommen (vgl. Abram/Berkemeier/Kluge 1980b, S. 190). Zudem kann bei allen drei vorgestellten Therapieformen im Hinblick auf die Suizidalität von Kindern und Jugendlichen die Möglichkeit einer Unterbringung in einem Heim oder in einer betreuten Wohnform näher in Betracht gezogen werden, falls die Familiensituation zu defizitär ist und sich keine Besserung einstellt.

Dennoch liegt der Wert der therapeutischen Konzeption von Ringel in der Thematisierung der Beziehung zwischen Klienten und Therapeuten. Nach empirischen Studien ist die Wirksamkeit einer Behandlung weniger in dem Einsatz einer bestimmten Therapieform feststellbar, sondern der Erfolg einer Behandlung ist abhängig von der Beziehung zwischen dem Klienten und dem Therapeuten (vgl. Wedler 1987, S. 57). Dies gilt auch für die Konzeptionen der Krisenkonzepte (vgl. Wedler 1994, S. 63).

7.2 Institutionen zur Suizidprävention

Die große Anzahl der heute existierenden Institutionen macht es unmöglich, die gesamte Vielfalt der unterschiedlichen Einrichtungen vorzustellen. Exemplarisch soll hier die Arbeit von drei Suizidverhütungszentren dargestellt werden: das Therapiemodell „Die Arche", die „Laienhilfe Arbeitskreis Leben" und die Beratungsstelle „NEUhland". Aus den unterschiedlichsten Gründen soll eine Analyse der genannten Institutionen erfolgen. Die Arche ist erwähnenswert, da diese Institution die erste ambulante Beratungsstelle für Suizidgefährdete in der Bundesrepublik war. Die Einrichtungen des Arbeitskreises Leben in Tübingen und Reutlingen entstanden einige Jahre später. Beide Institutionen wurden von Laien gegründet. Inzwischen sind sowohl haupt- als auch ehrenamtliche Personen dort beschäftigt. Aus diesem Grund soll diese Einrichtungsform vorgestellt werden. Die Beratungsstelle NEUhland richtet sich mit ihrem Angebot speziell an die Altersgruppe der Kinder und Heranwachsenden. Vor diesem Hintergrund soll die Arbeitsweise dieser Institution beschrieben werden.

7.2.1 Das Therapiemodell Die Arche

Die Arche wurde 1969 in München gegründet. Sie gehört zu der ersten Einrichtung in der Bundesrepublik, die sich als ambulante Beratungsstelle den Themengebieten der Krise und der Suizidalität widmete (vgl. Angermann 1988, S. 147; Wolf-Schmid et al. 1999, S. 3 ff.). Die Institution ist bestrebt, dem Klienten unmittelbar nach dem ersten Kontakt Termine für eine Beratung anzubieten. Von 1969 bis ins Jahr 1999 wurde die Einrichtung von ca. 20.000 Personen aufgesucht. Die dabei anfallenden Kosten werden zum Teil von Krankenkassen, aber auch von freiwilligen Zuwendungen getragen. Das therapeutische Team der Einrichtung besteht aus Medizinern, Psychologen und Sozialpädagogen, die über verschiedene psychotherapeutische Zusatzausbildungen verfügen. Zudem sind ein Anwalt, eine Sachbearbeiterin, eine Bürokraft und ein Zivildienstleistender angestellt (vgl. ebd.). Die Aufgabengebiete der Therapeuten umfassen folgende Tätigkeitsfelder:

„1. *Einzelberatung und Krisenintervention*
2. *Paar- und Familienberatung*
3. *Angehörigenberatung*
4. *Beratung für Hinterbliebene*

5. *Gruppenangebote*
6. *Telefonberatung*
7. *Therapievermittlung und Überbrückung*
8. *Fortbildung und Supervision*
9. *Öffentlichkeitsarbeit*
10. *Zusammenarbeit mit anderen Einrichtungen (Vernetzung)*
11. *Gremienarbeit"* (ebd., S. 2).

Zu 1.) In der Einrichtung finden überwiegend individuelle Gespräche zwischen dem Klienten und dem Therapeuten statt. Bei diesen therapeutischen Sitzungen wird zwischen einer Person unterschieden, die stark suizidgefährdet ist und einem Menschen, der einen Suizidversuch unternommen hat. Falls die Person nach einem Suizidversuch die Institution kontaktiert, werden die Hintergründe für die Suizidalität erarbeitet und Alternativen für seine schwierige Lebenssituation entwickelt. Besteht eine erhöhte Suizidalitätswahrscheinlichkeit, könnten die Gesprächskontakte sofort stattfinden und häufiger frequentiert werden. Inhaltlich werden hierbei die aktuellen Sorgen behandelt.

Zu 2.) Die Paar- und Familienberatung wird in Anspruch genommen, falls die Suizidgefährdung aufgrund von Spannungen zwischen den Lebensgefährten verursacht worden ist. Sind in diesem Geschehen noch weitere Angehörige involviert, werden auch diese Beteiligten zu einem Gespräch eingeladen. In dem Therapieprozess können sowohl Paar- und Familiengespräche als auch eine individuelle Beratung miteinander gekoppelt werden.

Zu 3.) Die Beratung der Familienmitglieder ist vor allem dann notwendig, wenn der Suizident keine Institution aufsuchen will. Durch die Gespräche sollen die Angehörigen Beistand erfahren. Mögliche Verhaltensweisen der Angehörigen können hinsichtlich ihrer Konsequenz für den Suizidgefährdeten diskutiert werden.

Zu 4.) Für Angehörige, die einen Menschen durch einen Suizid verloren haben, besteht die Möglichkeit einer Beratung. Der Verlust der Person soll bei den Gesprächen verarbeitet werden. Dazu werden Einzel-, Paar- und Familiengespräche angeboten. Auch die Teilnahme an Gruppensitzungen zu diesem Thema ist möglich.

Zu 5.) Einen weiteren Aufgabenbereich der Einrichtung stellen die Gruppenangebote dar. Sie können sowohl während als auch nach der Beendigung der individuellen Beratung besucht werden. Der Teilnehmer ist für eine gewisse Anzahl von Stunden verpflichtet, bei den Gruppensitzungen anwesend zu sein. Die Zugehörigkeit zu der Gruppe bietet die Möglichkeit, sowohl von dem Therapeuten als auch von den anderen Mitgliedern, Unterstützung für die eigene Person zu erhalten.

Zu 6.) Über das Telefon erfolgt zum einen oftmals die Anmeldung für einen Gesprächskontakt, zum anderen besteht die Möglichkeit einer ausführlicheren Beratung. Die telefonische Beratung wird dann erforderlich, wenn der Anrufer nicht in die Einrichtung kommen will oder kann. Dabei soll einerseits geklärt werden, welche kritischen Themen vorliegen, und andererseits wird überprüft, ob eine andere Institution nicht günstiger für den Klienten sei.

Zu 7.) Die Therapievermittlung ist für die Menschen wichtig, die nach dem Angebot der Einrichtung noch weitere professionelle Hilfe wünschen. Bei der Suche nach einer geeigneten, effektiven Therapie wird der Klient vonseiten der Einrichtung unterstützt. Falls es dann zu einer Wartezeit kommt, werden weitere Gesprächskontakte angeboten.

Zu 8.) Die Arche bietet eine Fortbildung für professionelle Helfer an, die gegebenenfalls auch eine Supervision beinhaltet. Ziel der Fortbildung ist es, Anhaltspunkte für Suizidalität und verschiedene Behandlungsmöglichkeiten von Institutionen kennen zu lernen. Zudem werden die Rahmenbedingungen für eine Erstversorgung und die Rolle des Professionellen thematisiert.

Zu 9.) Die Einrichtung hat sich die Aufgabe gestellt, die Gesellschaft über die Suizidthematik aufzuklären, da der Sachverhalt immer noch mit Gefühlen der Befangenheit verbunden ist. Zudem soll die Arbeitsweise der Institution vorgestellt werden, damit sie zunehmend bekannter wird.

Zu 10.) Die Arche arbeitet mit verschiedenen Einrichtungen zusammen, um den Klienten über unterschiedliche Institutionen und deren Arbeitsweisen zu informieren. Bei Bedarf können die Klienten so reibungslos an weitere Stellen vermittelt werden.

Zu 11.) Die Institution ist in verschiedenen Gremien engagiert, wie beispielsweise im „Münchener Krisendienst", in der „Psychosozialen Arbeitsgemeinschaft" und dem „Fachausschuss Sozialpsychiatrie". Alle genannten Gremien befinden sich in der Stadt München (vgl. ebd., S. 5 ff.).

7.2.2 Die Laienhilfe Arbeitskreis Leben (AKL)

Der Arbeitskreis Leben entstand 1976 in Tübingen und Reutlingen (vgl. AKL-Team 1984, S. 244; 2001, S. 6; Janz/Pankau/Schuldt 1986, S. 213). Die weitgehende Vernachlässigung der Suizidalitätsthematik in der Öffentlichkeit und die fehlenden Einrichtungen zur Verhinderung von Suizid führten zu der Gründung der Laienhilfe (vgl. AKL-Team 2001, S. 6). Seit der Entstehung der beiden Einrichtungen wurden noch fünf weitere solcher Institutionen gegründet (vgl. Stich 1996, S. 157). Die nachfolgende Beschreibung bezieht sich auf den Arbeitskreis Leben in Tübingen und Reutlingen.

Im Entstehungsjahr versuchten die Mitglieder des Arbeitskreises, ohne professionelles Personal auszukommen, aber inzwischen bieten auch hauptamtliche Sozialpädagogen ihre Hilfe an. Abhängig von der Ausbildung des Pädagogen werden Therapieangebote für Einzelne, Paare, Familien und Gruppen angeboten. Auch die therapeutischen Gespräche mit Familienmitgliedern, die einen Menschen nach einem Suizid verloren haben, fallen überwiegend in den Aufgabenbereich des hauptamtlichen Angestellten. Zudem übernehmen die Pädagogen die Tätigkeit, die Ehrenamtlichen fachlich anzuleiten. Diese müssen an einer Fortbildungsveranstaltung teilnehmen, bei der sie für ihre Rolle als Krisenbegleiter vorbereitet werden. Neben dem Angebot des problemorientierten Gesprächs gehört die Alltagshilfe, wie beispielsweise die Stellensuche, zu ihrem Aufgabengebiet. Sowohl die Frequentierung der Kontakte als auch der Treffpunkt werden zwischen dem Klienten und dem Helfer besprochen. Die Betreuung der Klienten dauert meistens sechs Monate mit einer durchschnittlichen wöchentlichen Arbeitszeit von drei Stunden (vgl. Janz/Pankau/Schuldt 1986, S. 214 ff.). Die ehrenamtlichen Mitglieder kommen im Wesentlichen aus den Bereichen Erziehung, Sozialarbeit, Psychologie und Theologie. Sie sind zwischen fünfundzwanzig und vierzig Jahre alt. Dies entspricht der Altersstruktur ihrer Klientel (vgl. ebd., S. 215). Das Verhältnis zwischen Männern und Frauen, welche die Einrichtung aufsuchen und denen, die dort ehrenamtlich arbeiten, liegt bei fast zwei Drittel zugunsten des weiblichen Geschlechts (vgl. AKL-Team 2001, S. 16; Janz/Pankau/Schuldt 1986, S. 214 f.).

Die Einrichtungen in Tübingen und Reutlingen mussten für das abgelaufene Jahr sechshunderttausend Mark an Kosten aufbringen. Ein Drittel des Betrags wurde durch Eigenmittel, freiwillige Zuwendungen und Einnahmen aus Sammlungen selbst beigetragen. Den überwiegenden Teil der finanziellen Belastungen übernahm die

„öffentliche Hand" (Land, Landkreise, Städte) (vgl. AKL-Team 2001, S. 8). Die Aufgabenbereiche der Institution wurden im Vergleich zu der Entstehungszeit vergrößert. So finden spezielle Präventionsangebote für die Lebensphase der Jugend und des Alters statt. Für Menschen, die eine Person durch einen Suizid verloren haben, besteht die Möglichkeit der Gruppenberatung (vgl. ebd., S. 12 ff.).

Der Arbeitskreis Leben betrachtet die Suizidgefährdeten nicht als kranke Menschen, denen primär durch die medizinische Behandlung des Arztes geholfen werden kann. Vielmehr ist die Suizidalität Ausdruck einer Krise, in der sich der Klient befindet, die aber durch anteilnehmende Unterstützung der Umwelt überwunden werden kann (vgl. Janz/Pankau/Schuldt 1986, S. 216 f.). Der Einzelne muss allerdings nicht zwangsläufig vor seiner suizidalen Handlung geschützt werden, da die Suizidalität des Menschen generell in der Einrichtung akzeptiert wird:

> *„Die Menschen haben grundsätzlich die Möglichkeit, Hand an sich zu legen und ihr Leben zu beenden. Dies wollen wir respektieren und uns nicht aufdrängen" (ebd., S. 217).*

7.2.3 Die Beratungsstelle NEUhland

Im Auftrag des Bundesministeriums für Jugend, Familie und Gesundheit wurde 1984 die Beratungsstelle NEUhland in Berlin-Wilmersdorf für die Altersgruppe der Kinder und Heranwachsenden gegründet. Aufgrund der Suizidhäufigkeit von Kindern und Jugendlichen entstand das Modelprojekt. Eine weitere Beratungsstelle mit Krisenunterkunft wurde 1992 in Berlin-Friedrichshain eröffnet (vgl. Witte 1997a, S. 49 f.). Die Ausführungen beziehen sich auf die Beratungsstelle in Berlin-Wilmersdorf. In Anlehnung an die frühere Anschrift in der Uhlandstrasse wurde die Bezeichnung NEUhland für die Einrichtung gewählt (vgl. Witte 1997b, S. 148). Die zentralen konzeptionellen Besonderheiten der Einrichtung liegen in der engmaschigen Verflechtung von Beratung und Unterbringung. Hinzu kommen die Arbeitsgebiete der Prävention, der Fortbildung und der Öffentlichkeitsarbeit.

Die unmittelbare Anlaufstelle der Institution ist die Beratungsstelle, wobei überwiegend ein telefonischer Kontakt gesucht wird. Während des Telefonates versucht der Helfer, die Wahrscheinlichkeit einer suizidalen Handlung sowie die schwerwiegendsten Angelegenheiten des Betroffenen zu erfragen und einen Termin für die erste Beratungssitzung zu vereinbaren. Das Erstgespräch ist äußerst bedeutsam für die Entwicklung der Beratung, da sich hierbei das Vertrauensverhältnis zwischen dem Klienten und den Beratern konstituiert. Abhängig von dem Lebenskontext des Heranwachsenden soll der Rahmen, in dem die Begegnung zwischen Klient und Therapeut stattfindet, festgelegt werden. Im Erstgespräch soll auch nach Entlastungsmöglichkeiten gesucht werden. Eine Möglichkeit, den Klienten zu entlasten, stellt die Unterbringung in einer Krisenunterkunft von NEUhland dar (vgl. Witte 1997a, S. 49).

Die Krisenunterkunft verhindert eine Heim- oder Psychiatrieüberweisung und bietet somit eine weitere Möglichkeit des Hilfsangebotes für den jugendlichen Suizidenten, denn gerade der Aufenthalt in einer psychiatrischen Klinik wird häufig negativ bewertet (vgl. ebd.). Voraussetzung für die Aufnahme in eine Krisenunterkunft ist die fakultative Zustimmung des Klienten, damit die Autonomie des Betroffenen gewahrt bleibt. Die Krisenunterkunft bietet den Vorteil, dass der Klient sein soziales Umfeld temporär verlassen kann, um zusammen mit dem Therapeuten Lösungsschritte zu erarbeiten. Neben der Bearbeitung seiner eigenen Anteile an der kritischen Lebenssituation steht die Auseinandersetzung mit einem Wechsel oder der Beibehaltung seiner Wohnsituation im Vordergrund (vgl. Witte 1997b, S. 149). Im Beratungsprozess wird in Kooperation mit der Beratungsstelle das familiäre und soziale Beziehungsnetz integriert. Der zeitliche Rahmen des Aufenthaltes wird zwischen dem Berater und dem Klienten festgelegt, wobei die Anwesenheit meistens sieben Tage beträgt. Die Kontinuität ihres Beziehungsverhältnisses ist für den therapeutischen Prozess wichtig und soll auch dann gegeben sein, wenn die Rückkehr in die Familie oder eine andere Hilfsform ansteht (vgl. Witte 1997a, S. 49 f.). Während der Unterbringung werden die Heranwachsenden sowohl tagsüber als auch nachts betreut und gehen weiter zur Schule bzw. setzen ihre Ausbildung fort. Einkaufen und Kochen sind feste Beiträge des Klienten zum Gemeinschaftsleben. Im Vordergrund steht die Erschließung und Erweiterung der individuellen Ressourcen (vgl. Witte 1997b, S. 151). Neben der Krisenunterkunft ist 1994 eine therapeutische Wohngemeinschaft konzipiert worden, in der fünf jugendliche Suizidenten aufgenommen werden können. Im Gegensatz zur Krisenunterkunft kann hier eine längerfristige Betreuung ermöglicht werden. Die Dauer des Aufenthalts kann bis zu 24 Monate betragen (vgl. Witte 1997a, S. 50).

Die Mitarbeiter von NEUhland bieten Fortbildungskurse an, um ihre Erfahrungen und den aktuellen Wissensstand an verschiedene Berufsgruppen weiterzugeben. Einzelne Teilnehmer sowie das gesamte Team einer Einrichtung, die sich mit Problemen von Kindern und Adoleszenten beschäftigen, können sich anmelden. Auch das Aufsuchen von Einrichtungen, wie beispielsweise Schulbesuche, gehört zu ihrem Aufgabenfeld. Einen bedeutenden Stellenwert der Vorbeugung nimmt die Öffentlichkeitsarbeit ein. Durch Aushänge und verschiedene Aktivitäten in der Presse und anderen Medien wird versucht, die Einrichtung bekannt werden zu lassen, damit der jugendliche Suizident, sowie sein soziales und familiäres Beziehungsnetz, von der Existenz der Institution weiß (vgl. Brenning/Witte 1984, S. 9 f.; Witte 1997a, S. 50).

Zwei kritische Anmerkungen lassen sich zu den Arbeitsweisen der drei vorgestellten Institutionen prononcieren. Ein negativer Aspekt ist der fehlende Effizienzbeleg der Einrichtungen. Zwar liegt eine empirische Studie für die Arche vor, allerdings fällt diese eher negativ aus (vgl. Schmid-Bode/Breucha/Möller 1984, S. 155 f.). Nach der Durchsicht von verschiedenen Studien in unterschiedlichen Ländern scheint insgesamt kein ausreichender Anhaltspunkt für die Wirksamkeit der Einrichtungen zur Suizidverhütung auffindbar zu sein (vgl. Reimer 1986, S. 148 ff.). Ein weiterer Kritikpunkt richtet sich an die konzeptionell zu abwartende Haltung der Einrichtungen. So ist eine stärkere Präsenz der institutionellen Hilfeleistung im Alltag der Klienten erforderlich, um einen raschen Unterstützungsprozess zu ermöglichen. Dieser Aspekt wird im Rahmen des Ansatzes von Thiersch noch einmal aufgegriffen und vertieft, da diese sozialpädagogische Konzeption die Grundlage für den Einwand bildet (vgl. Kapitel 8.1).

Die Bedeutung der drei Institutionen liegt in der Möglichkeit, einen Rahmen für eine intensive Beratung für suizidale Jugendliche zu geben. Die Beratung kann auch mehrmals wöchentlich erfolgen, wie explizit von der Arche und der Laienhilfe Arbeitskreis Leben erwähnt wird, um in Phasen akuter Gefährdung intensivere Hilfe anzubieten. Der Vorteil der Beratungsstelle NEUhland kann gegenüber den beiden anderen Institutionen darin gesehen werden, dass hier der Klient die Möglichkeit besitzt, sein aktuelles Umfeld zeitweise zu verlassen und in eine Krisenwohnung aufgenommen zu werden. Demgegenüber scheint die Arbeitsweise des Arbeitskreises Leben sinnvoll, die neben problemorientierten Gesprächen auch Hilfe in alltäglichen Belangen anbietet. Diese Alltagsorientierung hat bei der Arbeit mit Suizidgefährdeten einen besonderen Stellenwert, weil sie auf diese Weise einen Ansprechpartner finden, der ihnen helfen kann, die Vielfalt alltäglicher Probleme konstruktiv zu bewältigen, um so wieder Mut in die eigene Kraft und für ihr Leben (wieder) zu erlangen. Der Bekanntheitsgrad jeder Beratungsstelle kann durch Öffentlichkeitsarbeit vergrößert werden. Hervorzuheben ist hier vor allem die Arbeit von NEUhland und der Arche. Beide versuchen in Weiterbildungsveranstaltungen, zum Beispiel mit Lehrern, die Teilnehmer für die Signale der Suizidgefährdung zu sensibilisieren. So wird die Voraussetzung geschaffen, frühzeitig und angemessen auf suizidale Impulse von Schülern zu reagieren. Angehörige, die einen Menschen durch Suizid verloren haben, können in den beiden Einrichtungen Arbeitskreis Leben und Arche professionelle Hilfestellung in Anspruch nehmen, um den erlittenen Verlust zu verarbeiten.

8. Sozialpädagogische Konzeptionen

Im nun folgenden achten Kapitel sollen drei verschiedene Konzepte der Sozialen Arbeit betrachtet und dabei ihre spezifischen Eigenarten herausgestellt werden. Entlang der Ergebnisse und Einschätzungen der Suizidologie lässt sich zeigen, welchen Stellenwert diese Entwürfe zum suizidalen Handeln von Jugendlichen haben. Dabei wird versucht, die gegebenenfalls vorhandenen Berührungspunkte und Übereinstimmungen, aber auch die möglichen Unterschiede zwischen den sozialpädagogischen Modellen und den Einschätzungen der wissenschaftlichen Arbeiten aus der Suizidforschung zu ermitteln. Diese Vorgehensweise ist durchaus lohnenswert, da sich die Tragfähigkeit und Reichweite des Konzepts gerade an der Grenzsituation von Suizidalität überprüfen lässt.

Zunächst wird der Ansatz der „Lebensweltorientierten Sozialen Arbeit" von Hans Thiersch diskutiert (vgl. Kapitel 8.1). Den ersten ausführlichen Aufsatz zu dieser Thematik, der als ein Klassiker der Sozialen Arbeit (vgl. Müller 1995, S. 257) und als ein grundlegender Artikel gilt (vgl. Baacke 1995, S. 235), verfasste der Tübinger Sozialpädagoge 1978 (vgl. Thiersch 1978). Die Auseinandersetzung mit Thierschs konzeptuellen Überlegungen erfolgt nicht zuletzt aus der wissenschaftlichen Resonanz heraus, die seine Arbeiten in der Literaturlandschaft erfahren haben (vgl. Schilling 1997, S. 221). Ein derzeit in der sozialpädagogischen Diskussion vieldiskutiertes Handlungskonzept stellt die „Sozialraumorientierung" dar (vgl. Baisch-Weber 2002; Dahme/Wohlfart 2002; Deinet 2002; Deinet/Krisch 2002; Evangelischer Erziehungsverband e.V. 2000; 2001; Hinte 2000; Merten 2002a; Treeß 2002). Aus diesem Grund wird das Modell im Kapitel 8.2 analysiert. Am Ende dieses Kapitels wird das Konzept der „Gesundheitsförderung" erläutert (vgl. Kapitel 8.3). Mit der Ottawa-Charta der Weltgesundheitsorganisation von 1986 hat der Ansatz seinen offiziellen Rahmen und eine paradigmatische Orientierung erhalten. Dieses Modell soll berücksichtigt werden, da es auch in Deutschland eine wachsende Aufmerksamkeit erfährt (vgl. Göpel 1994, S. 267). In der Sozialen Arbeit lässt sich eine Vielzahl von aktuellen Beiträgen finden, die sich mit dem Verhältnis von Sozialpädagogik und Gesundheit beschäftigen (vgl. Franzkowiak/Wenzel 2001, S. 716 ff.; Sting/Zurhorst 2000), welches die Auswahl des Themengebietes mitbegründet.

8.1 Die Lebensweltorientierte Soziale Arbeit von Thiersch

Das Paradigma der Lebensweltorientierten Sozialen Arbeit wird hauptsächlich mit dem Namen Hans Thiersch in Verbindung gebracht (vgl. Bundesministerium für Familie, Senioren, Frauen und Jugend 1999, S. 137; Galuske 2002, S. 298; Sickendiek/Engel/Nestmann 2002, S. 162), der es bereits seit 1978 vertritt (vgl. Thiersch 1978). Inzwischen liegt eine Vielzahl von Beiträgen vor, die Thiersch seitdem publiziert hat (vgl. Bundesminister für Jugend, Familie, Frauen und Gesundheit 1990; Grunwald/Thiersch 2001; Thiersch 1986; 1995; 1997; 2000; 2002a; 2002b; Thiersch/Grunwald/Köngeter 2002). Theoriegeschichtlich knüpft sein Konzept an vier verschiedene, wissenschaftliche Modelle an. Differenziert wird zwischen der hermeneutisch-pragmatischen Richtung der Pädagogik, wie sie vorwiegend von Dilthey, Nohl und Weniger konzipiert wurde, dem phänomenologischen und interaktionistischen Ansatz, deren Hauptvertreter Schütz, Berger/Luckmann, Goffman und später Heller, Kosik, Lefèbvre und Bourdieu sind und den Modernisierungstheorien, die unter anderem mit Autoren wie Habermas, Beck und Böhnisch in enger Verbindung stehen. Darüber hinaus nimmt das Konzept Bezug auf die Debatte um die Kulturdiskussion innerhalb der sozialen Arbeit und der Beschäftigung mit Institutionsmustern (vgl. Grunwald/Thiersch 2001, S. 1138).

Thierschs Ansatz stellt eine Möglichkeit dar, um einen charakteristischen Zugang zum Verständnis der Realität zu erlangen. Bei seinem Modell handelt es sich um eine Beschreibungsfantasie, die versucht, sich der Wirklichkeit durch eine spezielle Perspektive mit bestimmten Vorüberlegungen und kategorischen Merkmalen anzunähern (vgl. Thiersch 2002b, S. 122; Thiersch/Grunwald/ Köngeter 2002, S. 162). Der Aufmerksamkeitsfokus wird auf die individuelle Person in und mit den spezifischen Bedingungen ihrer Lebenswelt gerichtet. In diesen lebensweltlichen Zusammenhängen entstehen und manifestieren sich die Belastungen und Probleme der Menschen. Diesem Verständnis folgend, nimmt die Lebensweltorientierte Soziale Arbeit Bezug auf den Kontext und versucht, den Klienten durch die intensivere Aktivierung ihrer Ressourcen, einen „gelingenderen Alltag" zu ermöglichen (vgl. Thiersch 1986, S. 42 f.). Mit dieser Begrifflichkeit wird auf die normative Zielsetzung des Konzepts verwiesen. Die Ziele, Einschätzungen und Entwicklungsverläufe der Sozialpädagogik werden nicht ohne die Beurteilungen und Bewertungen von Normalität getroffen (vgl. Galuske 2002, S. 300). Allerdings wird ein erheblicher Unterschied zu den traditionellen konzeptuellen Überlegungen der Sozialen Arbeit sichtbar:

> *„Anders als die klassischen Ansätze der Sozialen Arbeit verzichtet die lebensweltorientierte Soziale Arbeit allerdings auf eine materielle Setzung von Interventionszielen, wie sie sich etwa aus gewachsenen Normalitätsstandards der Gesellschaft ableiten lassen (z.B. ‚der drogenfreie Klient') und rekurriert an ihrer Stelle auf eine prozessuale Kategorie, die der Berücksichtigung der Lebenslage des Klienten und seiner situativen Verdichtung bedarf, wie der permanenten Aushandlung von Möglichkeiten und Grenzen mit dem Klienten. Der Sozialpädagoge soll in Anerkennung der letztendlichen Entscheidungskompetenz des Klienten dessen Autonomie der Lebenspraxis respektieren und sich auf den oft mühsamen Weg der Auseinandersetzung begeben" (ebd., S. 301).*

Im Mittelpunkt der Lebensweltorientierten Sozialen Arbeit steht demnach nicht ein festgelegtes und unveränderliches Handlungsziel, welches sich an den normativen Ansprüchen der Gesellschaft orientiert, sondern es erfolgt eine Konzentration auf den Dialog zwischen den Adressaten und dem Sozialpädagogen. Gemeinsam werden eine potenzielle Veränderungsperspektive und mögliche Problembewältigungsstrategien entwickelt, die einer kontinuierlichen Überprüfung bedürfen und sich an den Ressourcen des Betreffenden und seinen lebensweltlichen Bezügen orientieren. Die oberste Priorität hinsichtlich der Wahlmöglichkeiten liegt beim Klienten.

Um eine detaillierte Darstellung und systematische Aufschlüsselung der Lebenswelt zu erhalten, wird eine charakteristische Annäherung empfohlen, die sich durch eine fünffache Akzentuierung auszeichnet. Als Erstes wird der Ausdruck Lebenswelt als ein beschreibender, phänomenologisch orientierter Terminus definiert. Der Mensch wird innerhalb seiner Realität wahrgenommen, die sich zwischen der Erfahrung des Raumes, der Zeit und der sozialen Beziehungen unterscheiden und strukturieren lässt. Individuen können demnach in verschlossenen und zugänglichen Räumen, in einer entmutigenden oder anregenden Zeit, in beistehenden oder bedrückenden Beziehungen leben. Diese Mannigfaltigkeit der Lebenswelt und die darin liegenden Anforderungen sind zu meistern. Einerseits liegt darin der Zwang, sich diesen Aufgaben stellen zu müssen, andererseits besteht die Gefahr der zu starken Anpassung und die

Möglichkeit, sich mit den strukturellen Gegebenheiten abzufinden. Aus dieser Zugangsperspektive heraus lässt sich abweichendes Verhalten unter anderem als Resultat eines Bewältigungsprozesses interpretieren, sich mit den gegenwärtigen Bedingungen arrangieren zu müssen. Vor diesem Hintergrund bedarf es zunächst einer achtungsvollen Haltung gegenüber dem Betreffenden (vgl. Grunwald/Thiersch 2001, S. 1139).

Zweitens strukturiert der Ausdruck Lebenswelt spezifische soziale Umwelten wie die Familie, die Arbeit und die Jugendgruppe, die unter dem Terminus Lebensfelder zusammengefasst werden. Der Mensch bewegt sich in den verschiedenen Lebensfeldern und sammelt unterschiedliche Erfahrungen, die sich komplettieren, aber auch sich widersprechen und differieren können. Diese Sichtweise scheint es zu ermöglichen, die Bedingungen innerhalb der unterschiedlichen Lebensfelder wahrzunehmen, und versucht, die möglichen Schwierigkeiten bei der Angleichung der verschiedenen, sozialen Umwelten zu erfassen. Im Zentrum dieser Annäherung steht die Suche nach den individuellen, biografischen Kompetenzen des Betreffenden zur Lebensbewältigung (vgl. ebd.).

Drittens lässt sich Lebenswelt als ein historisch und sozial konkretes Konzept darstellen. Dabei wird Lebenswelt als ein Berührungsfeld betrachtet, in dem sich sowohl die sozialen Verhältnisse als auch die individuellen Handlungsmuster begegnen. Insofern wird bei der Analyse nicht nur die Bedeutung der gesellschaftlichen Bedingungen mit einbezogen, sondern auch die Voraussetzungen und die Möglichkeiten des Einzelnen (vgl. ebd.).

Als Viertes versteht sich der Lebensweltansatz als normativ-kritisch. Die Ressourcen, Deutungen, Handlungsmuster im Alltag lassen sich als ambivalent charakterisieren. Auf der einen Seite bedeuten sie gesellschaftliche Sicherheit und Identität. Auf der anderen Seite schränken sie den Einzelnen in seinen Erfahrungen und Möglichkeiten ein. Kennzeichnend für das Lebensweltkonzept ist es, die Person in diesem Antagonismus von Verlässlichkeit und Beschränktheit zu betrachten (vgl. ebd., S. 1140).

Fünftens lässt sich die gegenwärtige Lebenswelt charakterisieren durch die Differenzen in den Ressourcen, in unterschiedlichen Deutungs- und Handlungsmustern und durch die Diskrepanzen, wie sie in der fortschreitenden Individualisierung und Pluralisierung thematisiert werden. Neben der Berücksichtigung der klassischen Unterschiede bezüglich der materiellen Ressourcen ist eine intensivere Berücksichtigung der modernen Differenzen, wie zum

Beispiel die Teilnahme an Bildung, Information und gesundheitsbezogenen und sozialen Dienstleistungen erforderlich. Ferner ist es notwendig, die Zugehörigkeit zu ethnischen Gruppen, zu Jahrgängen, zum Geschlecht und zu den demografischen und regionalen Kontexten wahrzunehmen, um die spezifische Lebenslage und die soziale Lebenschance individuell zu erfassen. Diese Ungleichheiten bewirken Anspannung, Feindseligkeit, Aussichtslosigkeit, Ablehnung und abweichendes Verhalten. Der Ausdruck Widersprüchlichkeit bezieht sich auf die fortschreitende Flexibilisierung im Arbeits- und Konsumbereich, die im Gegensatz zu den sozialen Festlegungen und Bestimmungen der Ressourcen und Aufgaben innerhalb der Lebenswelt stehen. Die Handlungs- und Deutungsmuster sind in den jetzigen Verhältnissen zu aktualisieren, da die Lebensräume und -strukturen keine Sicherheiten und keine allgemein gültigen Anhaltspunkte mehr bieten. Die eigenen biografischen Vorstellungen sind von jedem Menschen neu auszuhandeln, da im heutigen Alltag das Selbstverständliche nicht mehr verlässlich gegeben ist. Die Bewältigung der Alltagsaufgaben ist insofern mit größeren Anstrengungen verbunden. Der eigene Lebensentwurf muss individuell definiert und vor sich selbst und der eigenen Umwelt legitimiert werden. In diesem Sinne bildet sich Identität durch die Synthese von eigenen Ansichten und erfahrenen Erlebnissen (vgl. ebd.).

Im Rahmen der Lebensweltorientierung ist die Aufgabe der Sozialen Arbeit, die soziale Gerechtigkeit in den Lebensressourcen und die individuellen Lern-, Bildungs- und Entwicklungsperspektiven zu stärken, detailliert auszuführen und auf die gegenwärtigen Lebensbedingungen hin zu formulieren. Aus dieser Grundorientierung heraus resultieren drei Folgen für die Lebensweltorientierte Soziale Arbeit (vgl. ebd., S. 1141): Erstens scheint die Lebenswelt in Abhängigkeit zur Gesellschaft zu stehen und bedarf demzufolge gesellschaftstheoretischen Zugängen. Dies bedeutet eine Zusammenarbeit und Verbindung mit anderen Politik- und Gesellschaftsbereichen. Das Konzept weist auf die gesellschaftlichen Veränderungen und auf die Ungleichheiten der Ressourcenverteilung hin. Daran anknüpfend, erfolgt zweitens eine Veränderung der konzeptuellen Ausrichtung der Sozialen Arbeit, die sowohl die klassische Aufgabe der Hilfestellung bei Armut wahrnimmt als auch die modifizierten Themen, die angesichts der Individualisierung von Lebenslagen und Pluralisierung von Lebenswegen entstehen. Dieser Anspruch bedeutet für die Soziale Arbeit, bisherige Formen der Unterstützung durch lebensweltorientierte Hilfen zur Lebensbewältigung zu ergänzen (vgl. ebd.). Kennzeichnend für die Lebensweltorientierte Soziale Arbeit ist drittens die Bezugnahme zu den gegenwärtigen Strukturen, die eine fünffache Betonung erfahren:

1.) Die Lebensweltorientierte Soziale Arbeit legt ihre Konzentration auf die Dimension der erfahrenen Zeit, in der es zunehmend schwieriger wird, Verbindungen zwischen den einzelnen Lebensphasen herzustellen. Vor dem Hintergrund der Vielfältigkeit der Lebenspläne ist für die Menschen eine intensive Beschäftigung mit der Gegenwart von einer erheblichen Relevanz, damit der Betreffende sich mit dieser mangelnden Verlässlichkeit arrangieren kann und sich seiner Option bewusst wird.

2.) Der Einzelne kann in der Dimension des Raumes wahrgenommen werden, welcher je nach Lebensphase und Lebenssituation unterschiedlich charakterisierbar scheint. Das Individuum wird in dieser vorfindbaren Umgebung betrachtet. Ziel ist es, die Handlungsoptionen des Betreffenden zu aktivieren, um zu ermöglichen, dass er sich in seinem Lebensraum verwirklichen und entfalten kann.

3.) Die Möglichkeiten und Differenzen der sozialen Netzwerke werden im Kontext der Lebensweltorientierten Sozialen Arbeit thematisiert. Der Klient wird in seinen lebensweltlichen Zusammenhängen betrachtet, wie beispielsweise in seiner Familie und innerhalb von Freundschaften. Die Stärken, die in diesen sozialen Bezügen für den Einzelnen liegen, bedürfen dabei einer Eruierung und Aktivierung.

4.) Besonders die alltäglichen, scheinbar kleinen Verpflichtungen sind beachtenswert. Auch ihnen gegenüber verlangt die Lebensweltorientierung eine Berücksichtigung und stärkere Akzentuierung. So können beispielsweise eine Regelung des alltäglichen Rhythmus mit seinen Zeitstrukturen und die damit verbundene Überschaubarkeit des Tagesverlaufs von enormer Bedeutung sein.

5.) Die Lebensweltorientierte Soziale Arbeit betrachtet den Einzelnen nicht als Objekt von Hilfe, sondern versucht, die Autonomie des Menschen durch Aktivierung und Nutzung der Ressourcen zu stärken. Dementsprechend geht es ihr um die Hilfe zur Selbsthilfe, um Empowerment und um die Identitätsarbeit. Gerade diese scheint vor dem Hintergrund der Individualisierung und Pluralisierung der Gesellschaft eine Schlüsselqualifikation zu sein, um einen eigenen Lebensentwurf zu entwickeln und zu verwirklichen, ohne dabei Gefühle von Hoffnungslosigkeit und Resignation entstehen zu lassen oder süchtiges und aggressives Verhalten zu zeigen (vgl. ebd., S. 1141 f.).

Im Hinblick auf die Aufgaben und Strukturen der Lebensweltorientierten Sozialen Arbeit lassen sich fünf unterschiedliche Aspekte betonen. Als Erstes werden die Hauptgesichtspunkte der Sozialen Arbeit dargestellt, die sich zweitens in den fünf verschiedenen Struktur- und Handlungsmaximen ausarbeiten und veranschaulichen lassen. Drittens geht es um die Beschreibung der Diagnosefunktion und die Darstellung des Grunds für das Installieren einer Hilfsform. Als Viertes werden die Strukturmöglichkeiten von Einrichtungen beschrieben. Zum Schluss wird ein bedeutendes Moment für das pädagogische Handeln einer Analyse unterzogen (vgl. ebd., S. 1142).

Zu 1.) Die Lebensweltorientierte Soziale Arbeit verrichtet ihre Aufgabe im Spannungsfeld von Respekt und Destruktion. Während mit Respekt die Achtung vor Spezifität der Lebenswelt gemeint ist, beabsichtigt der Destruktionsterminus die Einbüßung, weitere Optionen zum Ausdruck zu bringen, die gerade mit der Besonderheit der Alltagswelt in einem engen Zusammenhang stehen. Dennoch bedarf es einer Wertschätzung gegenüber der Eigentümlichkeit der Lebenswelt. Diese Auffassung lässt sich von der traditionellen Sichtweise der Sozialen Arbeit abgrenzen, welche die Lage der Klienten lediglich normativ und dem Gesetzbuch entsprechend betrachtet. Damit ist keinesfalls gemeint, die Unabänderlichkeit der Situation des Klienten anzuerkennen und die eigene professionelle Tatenlosigkeit zu rechtfertigen. Im Rahmen der Lebensweltorientierten Sozialen Arbeit wird versucht, an die Anliegen und Fragestellungen anzuknüpfen, die im individuellen Kontext des Klienten entstehen (vgl. ebd., S. 1143). Lebensweltorientierung verlangt eine Infragestellung des bornierten Alltags, der die Potenziale des Einzelnen verdeckt. Dies muss jedoch von einer respektvollen Haltung begleitet sein, welche die Notwendigkeit von Pragmatik im Alltag anerkennt. Aus dieser Perspektive wird ersichtlich, dass der Alltag einerseits mit seiner verbundenen Sicherheit und Verlässlichkeit nicht vollständig eingebüßt werden darf und dass es andererseits einer Offenlegung und Aktivierung der Bedürfnisse bezüglich der subjektiven Denk- und Handlungsstrukturen des Menschen bedarf (vgl. Thiersch 1986, S. 39). Die Spannung zwischen diesen beiden Gegensätzen erweist sich als außerordentlich schwierig, wie Thiersch anhand von Konzeptionen zur Frauenarbeit verdeutlicht:

> *„Wie prekär die Vermittlung zwischen Respekt und Destruktion, zwischen Gegebenem und Möglichem, zwischen Resignation und Option ist, wird vielleicht besonders deutlich in Projekten der Frauenarbeit, in denen es auch darum geht, Frauen jenseits ein-*

gefahrener Rollenklischees und den Sicherheit verheißenden Routinen zu unter ihnen verdeckten und verschwiegenen Bedürfnissen und Interessen zu ermutigen" (Grunwald/Thiersch 2001, S. 1143).

Zu 2.) Dieser Hauptgesichtspunkt einer Lebensweltorientierten Sozialen Arbeit wird in den Grundsätzen der Prävention, der Alltagsnähe, der Integration, der Partizipation und der Dezentralisierung/Regionalisierung bzw. Vernetzung veranschaulicht (vgl. ebd., S. 1143). Unter Prävention werden Hilfsmaßnahmen verstanden, die nicht erst dann beginnen sollen, wenn schwerwiegende Beeinträchtigungen beim Menschen auftreten, sondern sie versteht sich als vorbeugende Unterstützung in Lebenssituationen, die für den Betroffenen belastend sind und sich zu einer Krise auswachsen können (vgl. ebd.; Thiersch 1998, S. 295; 2002a, S. 136). Dabei darf die Lebensweltorientierte Soziale Arbeit nicht hinter jeder Lebenssituation eine Zuspitzung der Notlage vermuten, also den Betroffenen nur defizitorientiert wahrnehmen. Stattdessen ist es unentbehrlich, die Ressourcen der Person in den Überlegungen über die Notwendigkeit und Art der Hilfsform zu berücksichtigen (vgl. Grunwald/Thiersch 2001, S. 1143). Insgesamt beabsichtigt die Prävention den weiteren Aufbau einer förderlichen, stabilen und sozialen Infrastruktur (vgl. Thiersch 1998, S. 295; 2002a, S. 136).

Der Terminus Alltagsnähe stellt die Bedeutung der Erreichbarkeit, der Nähe und der Niedrigschwelligkeit von Hilfsformen in den Vordergrund (vgl. Grunwald/Thiersch 2001, S. 1143). Unterstützung kann in dem lebensweltlichen Zusammenhang realisiert werden, in dem es zu den Problemstellungen gekommen ist (vgl. Thiersch 1998, S. 295). Dabei ist es erforderlich, die Konzeptionen intensiver zu fördern, die eine ganzheitliche Orientierung aufweisen (vgl. Grunwald/Thiersch 2001, S. 1143). Als ein Beispiel für die Ausrichtung lässt sich der Allgemeine Soziale Dienst (ASD) anführen. Ganzheitliche Hilfsformen benötigen eine stärkere Aufwertung ihres Ansehens (vgl. Thiersch 1993, S. 18), jedoch haben spezialisierte Unterstützungsformen auch weiterhin ihre Berechtigung. Zwischen den beiden unterschiedlichen Möglichkeiten der Maßnahmen bedarf es einer stärkeren Koordinierung, die aber unter der Dominanz des ganzheitlichen Zugangs diskutiert werden müssen (vgl. Grunwald/Thiersch 2001, S. 1143).

Ziel der Integration ist es, sich gegen Verdrängung und Aussonderung von Menschen einzusetzen. Im Vordergrund steht dabei die Achtung gegenüber der Vielfältigkeit des menschlichen Lebens auf der Grundlage der fundamentalen Gleichwertigkeit (vgl. ebd., S. 1143 f.; Thiersch 2002a, S. 137).

Der Begriff Partizipation verweist auf die Notwendigkeit der Mitbestimmung des Klienten bei der Vorbereitung und Realisierung von Hilfsformen, was einer juristischen Verankerung bedarf. Der Klient wird als Mitgestalter und Experte für seine Lebenslage und nicht als bloßer Adressat der Maßnahme angesehen (vgl. Grunwald/Thiersch 2001, S. 1144; Thiersch 2002a, S. 137).

Mit Dezentralisierung/Regionalisierung und Vernetzung ist die Zugänglichkeit und Erreichbarkeit der Hilfen gemeint, die allerdings einer überregionalen Absicherung bedürfen (vgl. ebd.).

Zu 3.) Die in der gegenwärtigen Gesellschaft existierenden, individualisierten und diskrepanten Bedingungen erfordern eine umfassende Diagnosetätigkeit, die nicht den Einzelnen mit seinen Schwierigkeiten sieht, sondern die sozialen Bezüge und die individuellen Ressourcen betrachtet. Diese Sichtweise ermöglicht es, das klassische Beziehungsmuster zwischen Berater und Klient zu verändern. Der Betroffene wird weniger als hilfesuchende und überforderte Person oder nur als Adressat der Intervention wahrgenommen, vielmehr lässt er sich als Experte für seine Lebenswelt betrachten, der bei der Planung einer geeigneten Hilfsform eine gleichrangige Stellung zum Berater einnimmt (vgl. Grunwald/Thiersch 2001, S. 1144).

Zu 4.) Eine nach den oben beschriebenen Strukturmaximen konzipierte Soziale Arbeit hat zur Folge, dass den ambulanten gegenüber den stationären Hilfen ein Vorzug eingeräumt wird, da sie sich stärker den Lebenskontexten der Betroffenen verpflichtet fühlt und direkt in dieser Umgebung handelt. Eingefordert werden eine stärkere Orientierung an den Bedürfnissen des Klienten sowie eine Ausrichtung an seiner individuellen Lebenssituation. Diese beiden Perspektiven werden als Ausgangspunkt für die Durchführung und Planung von Hilfsformen genommen. Im Gegensatz dazu stehen die veralteten Maßnahmen, bei denen von den zur Verfügung stehenden Angeboten eine Form der Hilfe ausgewählt wurde. Diese standardisierten Hilfen und stereotypen Unterstützungsmaßnahmen missachten die Lebenswelt des Betroffenen und vernachlässigen die Denk- und Handlungsstrukturen des Einzelnen. Mit der neueren Sichtweise der Lebensweltorientierten Sozialen Arbeit ist es möglich, zusammen mit dem Betroffenen Konzeptionen zu überlegen, die auf die Bedürfnisse des Klienten und auf die Anforderungen der Umgebung abgestimmt sind, statt für die Adressaten Maßnahmen zu planen und diese anschließend zu indoktrinieren. Um die intensivere Einbindung der ambulanten gegenüber den stationären Hilfen zu ermöglichen, bedarf es einer zielgerichteten und durchschaubaren Zusammenarbeit und Abstimmung der verschiedenen Unterstützungsformen innerhalb einer wissenschaftlichen Richtung, aber auch mit den unterschiedlichsten Nachbardisziplinen. Bei der Realisierung dieser konzeptionellen Überlegungen werden diverse Schwierigkeiten gesehen, die sich als kooperationshemmende und -verhindernde Faktoren ausmachen lassen. Zweifelsohne gehören dazu juristische Grundlagen, welche auf veraltete Hilfsmöglichkeiten verweisen (vgl. ebd., S. 1144 f.).

Zu 5.) Als ein zentrales Moment im pädagogischen Handeln wird die „strukturierte Offenheit" verstanden (vgl. ebd., S. 1145). Mit diesem Begriff wird versucht, die zunächst erkennbare Scheinparadoxie zwischen der intensiven Hinwendung zur subjektorientierten Lebenswelt des Einzelnen, also einer „situativen Offenheit" und eines festgelegten und strukturierten Methodenverständnisses, thematisch aufzugreifen. Diese vordergründig erscheinende Unvereinbarkeit lässt sich egalisieren, sobald die Methoden auf den individuellen Lebenskontext eines Einzelnen zugeschnitten werden. Damit wird einerseits der Möglichkeit vorgebeugt, die einzelne Person in ihrer spezifischen Lebenswelt zu starr und zu unflexibel wahrzunehmen, andererseits wird die Unentbehrlichkeit eines methodisch abgesicherten Vorgehens betont. Aufgabe der Lebensweltorientierten Sozialen Arbeit ist es, der betreffenden Person zwar methodisch abgesichert zu begegnen, aber dennoch neugierig, gespannt und interessiert zu sein für die Vielfältigkeit der lebensweltlichen Zusammenhänge des Einzelnen – und nicht nur für das, was im Kontext einer sozialpädagogisch systematischen, eingeschränkten und fokussierten Methodenbrille relevant erscheint (vgl. Thiersch 1993, S. 24).

Bei der Bewertung des Ansatzes von Thiersch angelangt, sollen zunächst die Schwachstellen diskutiert werden, die er selbst oder in Zusammenarbeit mit Grunwald erörtert. Ein Kritikpunkt bezieht sich auf den mangelnden, wissenschaftlich abgesicherten Fokus der Lebensweltorientierten Sozialen Arbeit. So bleibt momentan noch unklar, welche Einschätzungen die Klienten gegenüber dieser Hilfsform einnehmen (vgl. Grunwald/Thiersch 2001, S. 1146). Laut Michael Galuske scheint diese Beurteilung auch für weitere Handlungsentwürfe in den sozialpädagogischen Arbeitsfeldern zu gelten. Er kommt nach der kritischen Durchsicht verschiedener Methoden in der Sozialen Arbeit zu dem eindeutigen Schluss, dass die bisherigen konzeptionellen Überlegungen erst noch einer umfangreichen Überprüfung hinsichtlich ihrer Auswirkungen bedürfen (vgl. Galuske 1999, S. 286).

Die Verwirklichung und die Umsetzung des Konzepts sind mit erheblichen Schwierigkeiten verbunden, da die im 8. Jugendbericht formulierten Einschätzungen und das neue Kinder- und Jugendhilfegesetz als Ausgangspunkt von Forschern genommen wurde, um den Ansatz zusammenfassend darzustellen. Oftmals wurde auch lediglich die Bezeichnung Lebensweltorientierte Soziale Arbeit gewählt, ohne dabei die gesamten Ideen des Modells umzusetzen. Diese Vorgehensweise stellt aber zwangsläufig eine Simplifizierung des Ansatzes dar und wird der Komplexität der Überlegungen nicht gerecht, wie Klaus Grunwald und Hans Thiersch selbst resümieren:

> *„Im Zuge der Etablierung der Sozialen Arbeit rückten in der Diskussion des Konzepts Lebensweltorientierung Probleme der praktischen Realisierung in den Vordergrund – vor allem im Zusammenhang mit dem neuen Kinder- und Jugendhilfegesetz und dem 8. Jugendbericht. Dadurch verlor das Konzept in seiner breiten Benutzung oft an Prägnanz und damit einhergehend an kritischer Schärfe. Lebensweltorientierte Soziale Arbeit wird häufig lediglich als Titel genommen, um Veränderungen zu bezeichnen, ohne dass sie mit den Maximen und Intentionen von Lebensweltorientierung verbunden werden (...); das Konzept erscheint dann als austauschbares Passepartout für die unterschiedlichsten und beliebigsten Arbeitskonzepte“*
>
> *(Grunwald/Thiersch 2001, S. 1137).*

Eine so ausgerichtete Unterstützungsform, wie sie in den Ausführungen von Thiersch und Grunwald deutlich wird, stellt einen äußerst hohen Anspruch an die Professionalität des Sozialpädagogen, der zwar einerseits die unmittelbare Nähe zu der Alltagswelt des Klienten sucht, sich aber andererseits nicht in die Dynamik dieser Verhältnisse verwickeln lassen darf. Auch für die Klienten scheinen mit diesem direkten Kontakt Schwierigkeiten verbunden zu sein, da bei ihnen der Eindruck des Ausgeliefertseins entstehen könnte, angesichts der starken Präsenz der Sozialen Arbeit in ihrer Lebenswelt (vgl. Thiersch 1993, S. 23). Daraus ergibt sich eine bedeutende Anforderung an die Lebensweltorientierte Soziale Arbeit, die sich dem respektvollen Umgang mit ihren Adressaten verpflichtet (vgl. Grunwald/Thiersch 2001, S. 1146).

Vera Birtsch verdeutlicht eine weitere Schwachstelle des Lebensweltkonzepts. Sie akzentuiert, dass bei diesem Modell unklar bleibt, welche konkreten Konsequenzen sich für die Organisationsebene einer Einrichtung ergeben. Erst wenn dies detailliert ausformuliert wird, ist der Ansatz von Thiersch ins alltägliche sozialpädagogische Handeln umsetzbar (vgl. Birtsch 1997, S. 268).

Aus der Sicht der Suizidologie lässt sich ein weiterer negativer Einwand gegenüber dem sozialpädagogischen Modell von Thiersch formulieren. Sein Entwurf betont, dass die oberste Priorität hinsichtlich seiner Wahlmöglichkeiten beim Klienten liegt. Somit steht die Selbstbestimmung des Betreffenden im Vordergrund. Der Klient darf letztendlich darüber entscheiden, wie seine Problemlösungsstrategie aussieht. Diese Prämisse erweist sich vor dem Hintergrund der gesetzlichen Situation im Hinblick auf suizidales Verhalten als schwierig und bedenklich. In Anlehnung an Bringewat konstatiert Herbert Ernst Colla:

> *„Auf der folgenden Ebene der Zielbestimmung sozialpädagogischen Handelns geht es um die Verhinderung des Suizides. Diese Garantenpflicht resultiert aus den Problemlagen des Suizidenten und ist eine rechtliche Vorgabe, leitet sich auch aus der beruflichen Sorgfalts- und Aufsichtspflicht (...) ab" (Colla 2001a, S. 1859).*

Ein so formulierter Ansatz der Sozialpädagogik, die die Unterstützung der Lebensbewältigung als Ziel definiert und dem Adressaten den letztendlichen Entscheidungsfreiraum einräumt, scheint somit im Gegensatz zu der aktuellen Gesetzgebung zu stehen.

Es sollen aber nicht nur die Mängel und die damit verbundenen offenen Fragen des Thierschen Ansatzes herausgestellt werden, sondern auch die Verdienste dieser Arbeiten gewürdigt werden. Der Wert und die Leistung seines Werkes lässt sich zunächst daran erkennen, dass Thierschs Überlegungen vielfach in der Literatur beachtet worden sind (vgl. Birgmeier 2003, S. 306 ff.; Engelke 1998, S. 325 ff.; Grunwald et al. 1996; Niemeyer 1998, S. 227 ff.; Schilling 1997, S. 221 ff.) und seine verwendeten Begriffe, wie beispielsweise die Lebensweltorientierte Soziale Arbeit, eine zügige Aufnahme in die wissenschaftlichen Debatten gefunden haben (vgl. Niemeyer 1998, S. 244). Besonders der Alltagsterminus scheint von erheblicher Bedeutung für die Soziale Arbeit zu sein, da mit ihm die Möglichkeit ermittelt worden ist, eine sozialpädagogische Grenzlinie zu anderen wissenschaftlichen Bereichen zu ziehen. Ferner enthält diese Begrifflichkeit das Potenzial, gesellschafts- und handlungstheoretische Elemente einfließen zu lassen und, intensiver noch als Thiersch es selbst getan hat, zu thematisieren (vgl. Galuske 2002, S. 301 f.). An dieser Stelle ist allerdings weniger die Frage nach der Bedeutung seiner Arbeiten für die Soziale Arbeit zu diskutieren, vielmehr gilt es zu ermitteln, welche Bedeutung sein sozialpädagogisches Modell für die Suizidologie hat.

Thierschs Konzept betont die Unverwechselbarkeit und Einmaligkeit jedes Individuums in seiner Lebenswelt, womit jedoch nicht vorher gesagt werden kann, wie die individuelle Realität als subjektive Wirklichkeit ausgestattet ist. Eine solche Sichtweise erfordert die Rekonstruktion des Subjekts in seiner Spezifik und seiner sozialen Konstitution. Es wird nicht mehr aus einem starren und normativen Blickwinkel auf den Betroffenen geschaut, sondern die Sichtweise des Adressaten steht im Vordergrund. Seine Ansichten, Meinungen und Bedürfnisse werden als bedeutsam erachtet. Für den Sozialpädagogen gilt es, sich auf die Perspektiven des Betreffenden einzulassen und sie zu verstehen. Dieses Arbeitsprinzip ermöglicht es, den Klienten als Experten für seine Lebenswelt anzuerkennen. Vor diesem Hintergrund ist ein standardisiertes Vorgehen zum Verständnis der Realität des Menschen nicht denkbar. Vielmehr postuliert der Ansatz von Thiersch einen flexiblen und individuellen Zugang, der eine am Subjekt und dessen lebensweltlichen Bezügen orientierte sozialpädagogische Sicht einfordert, aber gleichzeitig die Notwendigkeit eines methodisch abgesicherten Vorgehens berücksichtigt. Die enge Bezugnahme des Modells auf Deutungen, Erfahrungen und Bedürfnisse des Klienten zeigt eine eindeutige Parallele zu den Forschungsergebnissen der Suizidologie, die ebenfalls die Bedeutung der individuellen Biografie, des sozialen Kontextes und der subjektiven Wahrnehmung der Lebensbedingungen hervorhebt (vgl. insbesondere Kapitel 5.3). Somit ermöglicht die lebensweltorientierte Sichtweise, den komplexen Ursachengefügen von Suizidalität gerecht zu werden und die unzureichende Wertigkeit von monokausalen Erklärungsansätzen und die damit verbundene Einseitigkeit, Komplexitätsreduktion und fragwürdige Simplifizierung fachlich zu begründen. Zudem bietet dieser Ansatz durch den fallbezogenen Zugang die Möglichkeit, die charakteristischen Besonderheiten der Lebensphase Jugend, wie sie im dritten Kapitel besprochen worden sind, zu integrieren. Das Postulat der Lebensweltorientierung lässt sich aber keineswegs auf das Schlagwort der Subjektorientierung reduzieren, da es ihr auch darum geht, die Interessen ihrer Klienten sozialpolitisch einzufordern. Dieser Anspruch wird auch innerhalb der Suizidologie thematisiert, wie beispielsweise Herbert Ernst Colla im Kontext der Suizidprävention fordert (vgl. Colla 2001a, S. 1858).

Als ein Arbeitsprinzip des Lebensweltkonzepts wird für den Sozialpädagogen die Eruierung und Aktivierung von personalen und interpersonalen Ressourcen formuliert. Gemäß dieser Ausrichtung lässt sich der Einzelne hinsichtlich seiner Möglichkeiten nicht als defizitär beschreiben, sondern es gilt, ihn als Person wahrzunehmen und seine subjektiven Kompetenzen zu fördern. Die Lebensschwierigkeiten des Klienten können als eine Antwort auf spezifische Kontextbedingungen interpretiert werden, die unter der Berücksichtigung der Lebenswelt und den Ressourcen des Menschen durchaus einen funktionalen Sinn ergeben können. Eine so formulierte Vorgabe enthält eine thematische und inhaltliche Nähe zu den Suizidkonzepten, da auch sie die Ressourcenorientierung als wesentlich erachten und in der Suizidhandlung einen subjektiven Sinn vermuten (vgl. insbesondere Kapitel 5.6).

Die bisherigen Studien der Suizidologie kommen zu dem Ergebnis, dass Suizidenten über wenigere Sozialbeziehungen und geringere soziale Unterstützung verfügen als die Personen, welche die Kontrollgruppe aus der Allgemeinbevölkerung bildeten (vgl. Veiel et al. 1988, S. 176 ff.; Welz 1979; 1986, S. 281 ff.; 1991, S. 31; 1999, S. 675 f.). Somit ist das Anliegen des lebensweltorientierten Ansatzes, nämlich die Betroffenen mit ihren potenziellen Fähigkeiten zu unterstützen, ihre biografischen und interpersonalen Stärken zu aktivieren und selbstbestimmt zu nutzen, auch und gerade für Suizidenten notwendig.

Ein weiterer Vorteil des Ansatzes liegt in der Diskussion der Beziehungsebene zwischen dem Sozialpädagogen und dem Klienten. Gerade aus den Entwürfen der Entwicklung einer allgemeinen Psychotherapie erfolgt der Hinweis auf die erhebliche Relevanz der Beratungsbeziehung, die als eine bedeutsame, wenn nicht gar als die wichtigste Dimension innerhalb eines Beratungsprozesses angesehen werden kann (vgl. Grawe 1994, S. 366). Auch im Fokus der Suizidologie wird dieses Verhältnis als bedeutsam betrachtet, wie beispielsweise im Rahmen der Antisuizidalen Psychotherapie von Ringel ausgeführt wird (vgl. Kapitel 7.1.3).

Im Sinne der Lebensweltorientierung erfährt das „klassische" Beziehungsverhältnis zwischen dem Helfenden und dem Adressaten eine Änderung und Neuerung. Nicht mehr der Berater erhält die alleinige Macht- und Führungsposition, wie sich beispielsweise in den systemischen Ansätzen der Familientherapie feststellen lässt (vgl. Kapitel 7.1.2), sondern der Klient wird als Experte und als kompetenter Mensch für seinen lebensweltlichen Kontext wahrgenommen. Die Beziehungsebene lässt sich als Arbeitsbündnis und als dialogischer Prozess charakterisieren, bei denen zusammen eine Veränderungsperspektive erarbeitet wird und mögliche Hilfsschritte entwickelt werden, welche sich an den Ressourcen des Betreffenden und seinem Lebenskontext orientieren. Die Arbeitshypothesen bedürfen dabei einer gemeinsamen und kontinuierlichen Überprüfung. Der Anspruch der Zusammenarbeit akzentuiert die Forderung nach der Wichtigkeit der individuellen Einschätzung des Betroffenen. Bezogen auf die Suizidologie bedeutet dies, dass neben den Konzepten, die als Hilfsmittel dienen, um suizidale Entwicklung zu erkennen, die Beurteilung der Betroffenen nicht vernachlässigt werden darf. Während die im Kapitel 6 vorgestellten Ansätze vor allem die Fremdwahrnehmung des professionellen Mitarbeiters postulierten, wird im konzeptionellen Zusammenhang der Lebensweltorientierung die Eigenwahrnehmung des Klienten als Situationsbeschreibung zum Ausgangspunkt genommen, um geeignete Problemlösungsstrategien zu entwerfen. Insofern liefert dieses Postulat eine theoretische Fundierung für die stärkere Akzentuierung der Eigenwahrnehmung des Betroffenen. Ein so gestaltetes Beziehungsverhältnis könnte den suizidalen Klienten dazu ermutigen, wieder Vertrauen in die eigene Person und somit auch wieder Mut zum Leben zu entwickeln. Dennoch darf nicht der Verdacht eines symmetrischen Verhältnisses zwischen dem Professionellen und Klienten aufkommen. Aufgrund der Rollenverteilung kann die Beziehung nicht in jeder Hinsicht gleichrangig sein. Idealtypisch gesehen, ist aber im Verlauf der Unterstützungsleistung ein ausgewogeneres Verhältnis möglich. Auch die Lebensweltorientierte Soziale Arbeit vermittelt keinesfalls durchgängig die Vorstellung einer symmetrischen Beziehung, da sie beispielsweise vom Sozialpädagogen eine Infragestellung des bornierten Alltags verlangt, der die Potenziale des Klienten verdeckt. Somit wird – zumindest impliziert – ein „höheres Bewusstsein" aufseiten des Helfers unterstellt (vgl. Thiersch 1986, S. 39).

In Bezug auf den Thierschen Ansatz lassen sich auch spezifische Bereicherungen für die konzeptuelle Ausrichtung der in Kapitel 7.2 dargestellten Einrichtungen erkennen. Alle drei Institutionen sind inhaltlich zu abwartend ausgerichtet. So wird letztendlich immer auf die Eigeninitiative des Betroffenen gehofft, der bestimmte Anlaufstellen kontaktieren muss. Im Sinne des Lebensweltkonzepts kann sich nicht damit begnügt werden, eine untätige und verharrende Haltung einzunehmen, sondern es ist nötig, lebenswelt- und alltagsnahe Angebote zu unterbreiten, welche die institutionelle Annäherung an den Klienten ermöglichen. Der Zugang zur Hilfe kann so für den Klienten systematisch erleichtert werden und die arrangierte Präsenz in der Lebenswelt des Einzelnen gestattet es, einen frühzeitigen Unterstützungsprozess anzubieten. Die fachliche Prämisse der Alltagsnähe kann dazu beitragen, dass sich zwischen den Menschen und den professionellen Mitarbeitern Kontakte und Vertrauen entwickeln. Nach dem Theologen Jürgen Langer scheint dies gerade für Heranwachsende notwendig zu sein, die in konfliktreichen Situationen eher Personen kontaktieren, die sie kennen, den Weg zu fremden Beratern oder Therapeuten aber eher meiden (vgl. Langer 2001, S. 262 f.).

8.2 Die Sozialraumorientierung von Hinte

Als ein vehementer Befürworter der Sozialraumorientierung gilt der Erziehungswissenschaftler Wolfgang Hinte, der sich in zahlreichen Beiträgen mit diesem Ansatz beschäftigt hat und seine Realisierung fordert (vgl. Hinte 1999a; 2000; 2001; 2002a; 2002b; Hinte/Litges/Springer 1999). Hinte hat verschiedene Chiffren und Überschriften bemüht, um das Spezifische und das Typische des Modells einzufangen. So spricht Hinte von der „Fallbearbeitung im Feld", von dem „Fall im Feld", oder „vom Fall zum Feld" (vgl. Hinte 2002a, S. 95). Diese Etiketten vermitteln die Notwendigkeit einer stärkeren Einbeziehung des Sozialraums bei der Gestaltung von individuellen Unterstützungsarrangements (vgl. ebd.). Laut Roland Merten scheint mit dieser inhaltlichen Akzentuierung der Konzeptformeln auch eine latente Kritik verknüpft zu sein, die sich auf die Soziale Arbeit im Bereich der Kinder- und Jugendhilfe bezieht. Im Wesentlichen werden hierbei zwei Einwände vorgetragen. Eine Schwachstelle wird darin gesehen, dass sich die Diagnosen eher auf den zur Verfügung stehenden Bestand der Hilfsformen und deren institutionellen Bereitstellung konzentrieren als die Besonderheit des Einzelfalls in den Blick zu nehmen. Ein weiteres Problem wird im Zuge der zunehmenden Spezialisierung von Betreuungsangeboten identifiziert. Durch diesen Prozess werden die vielfältigen Entstehungszusammenhänge vernachlässigt. So steht eben nicht die „kausale", sondern die „finale Orientierung" im Mittelpunkt des sozialpädagogischen Interesses (vgl. Merten 2002b, S. 12). Als ein

Beispiel lässt sich hierfür sicherlich das Ziel des „drogenfreien Klienten" ansehen.

Obwohl die Sozialraumorientierung auf eine Entstehungsgeschichte zurückgreifen kann, die einen Zeitraum von mehr als einem Vierteljahrhundert umfasst (vgl. Hinte 2002a, S. 93), erlebt sie in der momentanen Fachdiskussion einen enormen Zuspruch. Einige Autoren sprechen in diesem Zusammenhang sogar von der „Renaissance" des Ansatzes (vgl. Kreft 2001, S. 185; Prölß 2000, S. 141). Mit der Realisierung des Modells ist einerseits die Erwartung verbunden, ein Kosten einsparendes Modell zu installieren und andererseits ein effizientes Rahmenkonzept zur Unterstützung hilfsbedürftiger Menschen einzurichten. Dies scheinen mitunter die Hintergründe für das derzeitige Interesse an dem Ansatz zu sein. Als eine weitere Motivation für die gegenwärtige Rezeptionswelle kann die Existenz von Verknüpfungsmöglichkeiten zwischen der momentan geführten Debatte innerhalb der Jugendhilfe und dem Sozialraumansatz angeführt werden. Unter Rekurs auf verschiedene Autoren führt Joachim Merchel beispielsweise die Diskussion im Bereich der Erziehungshilfe an, welche die stärkere Umgestaltung in Richtung integrierter, flexibler Hilfen im (Herkunfts-)Milieu fordert (vgl. Merchel 2001, S. 374 f.). Zudem hat sich diese Unterstützungsform als wenig nutzbringend erwiesen und wird als eine äußerst kostenintensive Maßnahme bezeichnet (vgl. Treeß 2002, S. 927). Insofern bündelt der Sozialraumorientierungsansatz verschiedene Diskussionsstränge, und mit der Verwirklichung des Modells scheint die Hoffnung genährt werden zu können, einen Ausweg aus der derzeitigen schwierigen finanziellen Situation der öffentlichen Haushalte zu finden und gleichzeitig ein effektives Rahmenkonzept zu liefern.

Die Sozialraumorientierung greift in Deutschland auf zwei verschiedene Wissenschaftskonzepte zurück. Von zentraler Bedeutung ist zum einen die Gemeinwesenarbeit und zum anderen wird das Konzept der Stadtteilbezogenen Sozialen Arbeit als eine weitere wesentliche historische Wurzel angesehen. Übereinstimmend nehmen beide Modelle die bestimmte Lebenssituation der betroffenen Personen in dem spezifischen sozialen Raum in den Blick und orientieren sich nicht nur an der Perspektive der Wohnbevölkerung, sondern auch an der jeweiligen Schichtzugehörigkeit. Der Sozialraum erfährt dementsprechend eine eingehende Untersuchung (vgl. Hinte 2002a, S. 92). Nach Hinte lassen sich die wichtigsten Grundsätze der beiden Ansätze, die auch charakteristisch für die Sozialraumorientierung sind, folgendermaßen zusammenfassen:

„– *konsequenter Ansatz am Willen und den Interessen der Wohnbevölkerung,*
– *aktivierende Arbeit und Förderung von Selbsthilfe,*
– *Konzentration auf die Ressourcen der im Quartier lebenden Menschen sowie der materiellen Struktur des Quartiers,*
– *zielgruppen- und bereichsübergreifender Ansatz,*
– *Kooperation und Abstimmung der professionellen Ressourcen*" (ebd.).

Die erste Prämisse stellt die Wünsche der Wohnbevölkerung in den Vordergrund, deren Äußerungen als Ausgangspunkt für weitere Handlungs- und Planungsschritte genommen werden. Dazu ist es notwendig, sich nach ihrem Anliegen zu erkundigen und auch zu fragen, welche Möglichkeiten zur Verbesserung des Wohnquartiers sie besitzt und bei welchen Aufgaben sie Unterstützung bedarf. Um aber zu einer authentischen Einschätzung zu gelangen, darf weder beeinflussend noch suggerierend vorgegangen werden, da sonst die Ergebnisse verfälscht würden. Beim zweiten Anspruch wird eine Forderung formuliert, die sich auf die Stärkung und Eigeninitiative der Bewohner bezieht. Die Rolle der motivierenden Prozessbegleitung kann dem professionellen Mitarbeiter zugeschrieben werden, der aber keineswegs die Gruppe anführt. Gemeinsam mit den Bürgern wird nach Möglichkeiten gesucht, ihre Bedürfnisse und Wünsche adäquat umzusetzen (vgl. Hinte 1989, S. 34 f.). Sobald die Handlungsmöglichkeiten der Bürger aufgebraucht sind, können die Professionellen betreuungs- oder programmorientierte Angebote unterbreiten (vgl. ebd., S. 35; 2002c, S. 541). Die dritte Maxime zielt auf die Entdeckung und Aktivierung derjenigen Ressourcen, die innerhalb des Stadtteils liegen (vgl. Hinte 1989, S. 35). Beispielhaft lassen sich hierzu verschiedene Möglichkeiten anführen, die aufzeigen, wie eine Verbindung zwischen den Bedürfnissen der Bewohner und den Ressourcen im Stadtteil geeignet hergestellt und umgesetzt werden könnte:

> *„So wird eine Hausaufgabenhilfe nicht von eingeflogenen Honorarkräften bestritten, sondern von Bürgern des Stadtteils; ein Dolmetscher in der Arbeit mit Ausländern läßt sich häufig im Stadtteil finden; die Ableistung von Sozialstunden kann auch bei im Stadtteil gelegenen Institutionen geschehen; ein Programm zur Wohnumfeldverbesserung kann auch in Zusammenarbeit mit örtlichen Initiativgruppen durchgeführt werden usw." (ebd., S. 35).*

Das vierte Prinzip stellt die Forderung der zielgruppen- und bereichsübergreifenden Arbeit in den Vordergrund. Es wird nicht versucht, einzelne und spezifische Schwierigkeiten zu beheben, sondern der gesamte Stadtteil mit seinen übergeordneten Problemen steht im Mittelpunkt der Aufmerksamkeit. Der letzte Grundsatz enthält die Forderung nach einer kooperativen Basis für die sozialen Dienste und die anderen Organisationen im Stadtteil. Es gilt, ihr Engagement zu bündeln. Dazu ist es notwendig, sowohl Verbindungen zu Bürgerinitiativen als auch zu politischen Entscheidungsinstanzen aufzubauen bzw. zu intensivieren (vgl. ebd.).

Um das Charakteristische und Typische der Sozialraumorientierung gegenüber der klassischen Gemeinwesenarbeit darzustellen, wird zwischen der „fallspezifischen Arbeit", der „fallbezogenen Ressourcenmobilisierung" und der „fallunspezifischen Arbeit" unterschieden (vgl. Hinte 2002a, S. 95). Der Terminus der fallspezifischen Arbeit wird dann verwendet, wenn sich die professionellen Aufgaben auf den spezifischen Klienten beziehen. Somit steht das Individuum, bisweilen mit seinem dazugehörigen familiären System, im Zentrum des sozialpädagogischen Handelns (vgl. Hinte 2000, S. 935 f.). Bei dem Begriff der fallbezogenen Ressourcenmobilisierung, auch „fallübergreifende Arbeit" (vgl. Hinte/Litges/ Springer 1999, S. 100) genannt, liegt der Fokus auf den unterschiedlichen Netzwerken der betreffenden Person, die es im fortlaufenden Prozess zu eruieren und zu aktivieren gilt. Neben diesen Kompetenzen können auch die strukturellen und materiellen Ressourcen mobilisiert werden, die nicht direkt in der Lebenswelt des Adressaten liegen. Mit dem Ausdruck der fallunspezifischen Arbeit sind die fallübergreifenden Informationen über den sozialen Raum und die Kontaktaufnahme und deren Pflege zu Vereinen, Einrichtungen und Firmen gemeint (vgl. Hinte 2000, S. 936; Hinte/Litges/Springer 1999, S. 100). Diese Kenntnisse und Beziehungen können auch für einen späteren Klienten genutzt werden. Somit müssen sie nicht immer wieder neu hergestellt werden, sondern bleiben vorhanden. Im Gegensatz dazu stehen die veralteten Maßnahmen, bei denen erst dann die Ressourcen aufgebaut werden müssen, wenn eine konkrete Fallbearbeitung vorliegt. Die Vorgehensweise hat den Nachteil, dass dieses Bemühen von verschiedenen Personen für jeden Adressaten neu zu leisten ist. Die dadurch entstehende Mehrarbeit entfiele, wenn fallunspezifische Arbeit als wesentlicher Bestandteil der professionellen Aufgaben angesehen werden würde (vgl. Hinte 2002a, S. 118 f.). Diese drei charakteristischen Merkmale scheinen die wesentliche Grundlage für eine gelingende Kinder- und Jugendhilfe zu sein, die aber nicht strikt voneinander getrennt zu betrachten sind, sondern in einem engen Zusammenhang stehen. Dabei nehmen diese Bereiche eine gleichberechtigte Stellung ein. Kein Aufgabengebiet erfährt eine höhere Gewichtung. Die Träger, Dienste und Abteilungen konzentrieren sich zwar hauptsächlich auf einen spezifischen Bereich, kontaktieren aber auch die professionellen Helfer, die für die anderen Gebiete zuständig sind, um deren Ressourcen für das eigene Aufgabengebiet zu nutzen. Dieser Austausch ist bedeutungsvoll und grundlegend für eine Erfolg versprechende Kinder- und Jugendhilfe (vgl. Hinte 2000, S. 936 ff.).

Für das Konzept der Sozialraumorientierung werden vier grundlegende Bereiche genannt, auf welche sich dieses Modell auswirkt. Hinte unterscheidet zwischen der „räumlichen Ebene", der „Steuerungsebene", der „finanzierungstechnischen Ebene" und der „methodischen Ebene" (vgl. Hinte 2002a, S. 94). Die räumliche Ebene und die darin enthaltenen zentralen Themen werden als Grundlage für die professionelle Aktivität angesehen. Durch die genaue Kenntnis des Einzelfalls sammelt sich ein Wissen über die funktionierenden Strukturen der räumlichen Ebene an. Diese Informationen können für weitere Adressaten genutzt werden. Als Steuerungsebene wird der Sozialraum angesehen. Ausgehend von den ermittelten Anliegen der Menschen werden die Umsetzungsmöglichkeiten und Handlungsstrategien festgelegt, die in kleineren räumlichen Einheiten verwirklicht werden sollen. Auf der finanzierungstechnischen Ebene geht es um das Einrichten von regionalen Budgets, die es ermöglichen sollen, dass der professionelle Mitarbeiter sowohl die Ressourcen des Sozialraums für den einzelnen Klienten als relevant erachtet als auch *„(...) [anzuregen] tragende Strukturen personeller und materieller Art für eine quartiernahe Unterstützung von Hilfe suchenden Menschen aufzubauen"* (ebd.). Die methodische Ebene setzt eine genaue Suche nach den Bedürfnissen der betreffenden Personen voraus. Anschließend werden auf einer gleichberechtigten Basis zwischen den Professionellen und den Bürgern, unter Einbeziehung der individuellen und sozial räumlichen Ressourcen, Veränderungsvorschläge konzipiert. Diese Maßnahmen haben die Absicht, Menschen in ihren prekären Lebenssituationen zu helfen (vgl. ebd.).

Das Hauptziel der Sozialraumorientierung besteht darin, einseitig an den Bedürfnissen und Rechten der Bevölkerung ausgerichtet zu sein und deren zentrale Themen in den Mittelpunkt ihrer Arbeit zu stellen (vgl. ebd., S. 93). Dabei liegt dem Konzept die Auffassung zugrunde, dass modifizierte Bedingungen im Quartier auch Veränderungen für die dort lebenden Menschen nach sich ziehen können. Die Bürger sind selbst in der Lage, ihre Vorschläge, ihre Ideen und ihre Wünsche für bedürfnisgerechtere und förderlichere Lebensbedingungen zu postulieren und umzusetzen. Der Sozialen Arbeit fällt hierbei die Aufgabe zu, die Interessen zu erkennen und sie gezielt zu fördern (vgl. Hinte 1991, S. 9 f.). Die Sozialraumorientierung strebt demnach nicht an, die Menschen durch Betreuungsarrangements zu verändern, sondern versucht, ihnen behilflich zu sein, ihre Lebensbedingungen zu optimieren (vgl. Hinte 2002a, S. 93). Dies bedeutet aber nicht, dass die individuellen Unterstützungen ihre Legitimation verlieren, sondern die Soziale Arbeit leistet diese Aufgaben auch weiterhin, wie es im Trias der fallspezifischen Arbeit, der fallbezogenen Ressourcenmobilisierung und der fallunspezifischen Arbeit zum Ausdruck kommt (vgl. ebd., S. 95). Die Sozialraumorientierung verfolgt demnach die Doppelstrategie der individuellen Hilfeleistung und der strukturverändernden Intervention. Beide Bereiche sind in dem Modell Gegenstand des Interesses, allerdings wird der gesellschaftsbezogenen Zielsetzung im Gegensatz zu der einzelfallbezogenen Intervention eine größere Bedeutung eingeräumt:

> *„Letztlich ging und geht es nicht darum, einzelne Menschen mithilfe von Pädagogik oder Therapie zu verändern, sondern benachteiligende Lebensbedingungen zu verbessern und räumlich gestaltend zu wirken" (ebd., S. 93).*

Um eine Verwirklichung der Sozialraumorientierung zu erreichen, sind verschiedene Handlungsschritte notwendig. Diese Planungsmaßnahmen beziehen sich erst einmal auf den Bereich der Erziehungshilfen und beinhalten ein verändertes Verhältnis der freien und öffentlichen Träger. Hierzu wird ein „systematisches Kontaktmanagement" empfohlen. Diese Kontrakte stellen das Ergebnis eines Austausches zwischen den HzE-Trägern und dem Kostenträger dar (vgl. Hinte 2000, S. 937). Über die nachstehenden Themen- und Fragestellungen gilt es sich auszutauschen und zu einigen:

> *„(...) – welche gemeinsam formulierten und getragenen Ziele dem Kontrakt zugrunde liegen,*
> *– welche Qualitätsstandards bei der Durchführung der Leistung einzuhalten sind und anhand welcher Indikatoren diese überprüft werden können,*

- *welche Aufgaben den beteiligten Akteuren auf den verschiedenen Ebenen zukommen (Fachkräfte im Wohnquartier, Abteilungs- und Amtsleitungen/ Geschäftsführung, politische oder Vorstands-Instanzen),*
- *welches Budget der leistungserbringende Träger erhält,*
- *welche Verfahren an welchen Stellen des Prozesses zur gemeinsamen Überprüfung der Einhaltung der Vereinbarung angewandt werden"* (ebd., S. 937 f.).

Anschließend werden die unterschiedlichen Einheiten räumlich festgelegt. Diese Einteilung erweist sich aus der Finanzierungsperspektive als äußerst bedeutsam, da anhand der Belastungsindikatoren das Budget für die Personal- und Sachkosten ermittelt wird (vgl. ebd., S. 938). Im KGSt-Bericht, der federführend von Hinte mitverfasst wurde, findet sich eine Empfehlung zur Berechnung des Gesamtbudgets (vgl. Kommunale Gemeinschaftsstelle für Verwaltungsvereinfachung 1998, S. 36 ff.).

Mit der veränderten Finanzierungsform innerhalb der Jugendhilfe werden unterschiedliche Hoffnungen und Vorzüge verbunden. Zum Ersten bietet diese Pauschalfinanzierung die Möglichkeit, fallunabhängige Arbeiten zu leisten, also sowohl präventiv tätig zu werden als auch bei den aktuellen Fällen die individuellen Ressourcen im sozialen Raum zu nutzen. Nach der Einschätzung von Hinte sind die gegenwärtigen Hilfen immer noch einseitig auf die Krisensituation fixiert. Die Soziale Arbeit tritt erst dann in Erscheinung, wenn Menschen „fallfähig" also auffällig geworden sind. Im Gegensatz dazu ist die sozialraumorientierte agierende Jugendhilfe bemüht, vorbeugend tätig zu werden. Dies scheint aber nur dann erreichbar, wenn ein oder mehrere Träger über ein spezifisches Budget verfügen, welches sie verpflichtet, die im Sozialraum anfallenden Fälle zu übernehmen. Da die Träger das Geld schon zu Beginn des Jahres beziehen, sind sie äußerst motiviert, Klienten nicht zu Fällen werden zu lassen. Falls dennoch Bedarf an einer professionellen Unterstützungsleistung besteht, so liegt dem Leistungserbringer viel daran, die Stärken, die im sozialen Raum für den Einzelnen bestehen, zu berücksichtigen, um so effektiv und effizient arbeiten zu können (vgl. Hinte 2000, S. 939 f.). Zum Zweiten würde durch die Pauschalfinanzierung der leidige Aushandlungsprozess bzw. das Gefeilsche zwischen den leistungserbringenden und den öffentlichen Trägern über die Anzahl der Stunden und somit über die Höhe des Geldes wegfallen (vgl. Hinte 1999a, S. 85). Zum Dritten liegt der Vorteil des Finanzierungsmodells darin, dass sich mit dem Einsetzen des Sozialraumbudgets die Hilfeleistungen nicht mehr an dem Bedarf der Einrichtung und ihren vorgefertigten Betreuungsarrangements orientieren, sondern die Unterstützung des Einzelnen steht im Vordergrund. Es gilt, seine Potenziale zu entdecken und die im Sozialraum liegenden Ressourcen zu nutzen. Die Zielsetzungen, die sich mit der Pauschalfinanzierung verbinden lassen, sind demnach weit reichend, da sie nicht nur ein fachlich verbessertes Rahmenkonzept unterstützen wollen, sondern auch noch versprechen, Kosten einzusparen (vgl. Hinte 2000, S. 933 ff.).

Um die Dienstleistung des Trägers zu evaluieren, wird statt der sonst üblichen Einzelfallkontrolle ein Systemcontrolling vorgeschlagen (vgl. ebd., S. 941). So überwacht eine Person nicht mehr eine andere Person, sondern ein System; also der Kostenträger, beurteilt auf der Grundlage des ausgehandelten Kontraktes das andere System des Leistungserbringers durch die nachstehenden Methoden:

„(...) – *durch Zufallsstichproben bezogen auf Einzelfälle,*
- *standardisierte Einschätzungen (etwa über die Qualität von Verfahren) seitens der beteiligten Professionellen und der Leistungsempfänger,*
- *quantitative Daten (etwa Anzahl der Beziehungsabbrüche oder durchschnittliche Dauer der Fallverläufe),*
- *Befragung von Leistungsberechtigten“* (ebd.).

Neben diesen Kontakten, bei denen es vor allem darum geht, die Leistung des Hilfeerbringers zu evaluieren, besteht die Möglichkeit eines Austausches hinsichtlich der konkreten Fallbegleitung. Dazu ist es notwendig, die bereits ohnehin bestehenden Arbeitskontexte zu nutzen, um über die Entwicklung des Prozesses zu informieren (vgl. Hinte 2002b, S. 369). Während der Leistungserbringer die Verantwortung für den Fallverlauf trägt, kommt dem öffentlichen Träger die Verfahrensverantwortung zu (vgl. Hinte 2000, S. 941; 2002b, S. 368). Dieser hat dafür Sorge zu tragen, dass die Unterstützungshilfe in vollem Ausmaß von dem Leistungserbringer ausgeführt wird und hat ohnedies die Aufgaben, die Hilfe einzuleiten und mit dem Verfahren Systemcontrolling zu beaufsichtigen (vgl. ebd., S. 368 f.). Um die Verwirklichung des Sozialraumorientierungsansatzes zu erreichen, sind weitere bedeutende Handlungsempfehlungen einzuhalten, die sich in zehn Stichworten umreißen lassen:

„(...)– *entsprechende politische Beschlüsse,*
- *sozialräumliche Aufteilung der Stadt bzw. des Landkreises,*
- *fachlicher Konsens über hochwertige Fall- und Feldarbeit zwischen den Akteuren in Politik, Verwaltung und bei freien Trägern,*
- *Verteilung von Zuständigkeiten bzgl. bestimmter Hilfen für soziale Räume auf einen oder mehrere Träger,*
- *Finanzierungsformen, die [sich d.V.] auf den sozialen Raum orientieren und eine zügige Fallbearbeitung belohnen, insbesondere in Verbindung mit der Erschließung von Ressourcen im sozialen Raum zur Nutzung seitens aller relevanten Akteure,*
- *Hilfeplanverfahren, die konzentriert sind auf fachliche Abwägung und entlastet sind vom Verhandeln um Geld und Stunden,*
- *schrittweise Auflösung der versäulten Hilfeformen nach §§ 27 ff. SGB VIII,*
- *sozialräumliche Organisation möglichst aller Träger,*
- *regelhaft installierte Kooperation zwischen freien und öffentlichen Trägern auf der Ebene der Fachkräfte im sozialen Raum – also in der Regel eine enge Verzahnung zwischen kommunalem ASD und den Trägern der HzE,*
- *flexibel agierendes Personal bei allen beteiligten Trägern, unterstützt insbesondere durch regelmäßige gemeinsame Fortbildungen"* (Hinte 2000, S. 942).

Dementsprechend verfolgt der Ansatz nicht nur die Absicht, verschiedene fachliche Prämissen umzusetzen, sondern die Intentionen sind als weit reichender und umfassender zu bezeichnen, da die Maßnahmen auf eine veränderte Jugendhilfe zielen. Dies bedeutet einerseits ein verändertes Verhältnis zwischen den freien und öffentlichen Trägern und andererseits, die bisherige Fallfinanzierung zugunsten des Sozialraumbudgets aufzugeben.

Bei der breiten Diskussion, die der Sozialraumansatz in der Fachliteratur ausgelöst hat, lassen sich auch skeptische und kritische Einschätzungen zum Konzept konstatieren (vgl. Baltz 2002, S. 203 ff.; Buckert/Fuhr/Heinz 2001, S. 31 ff.; Krölls 2002, S. 183 ff.; Schipmann 2002, S. 127 ff.; Tornow 2001, S. 21 ff.; Wiesner 2002, S. 167 ff.). Selbst für Hinte, den engagierten Befürworter des Modells, sind noch einige Fragen klärungsbedürftig:

„Wie nimmt man etwa eine Budgetberechnung vor angesichts zahlreicher noch laufender Altfälle? Was geschieht, wenn man feststellt, dass der ASD kaum in der Lage ist, die Funktion des öffentlichen Trägers fachlich ordentlich zu erfüllen? Wie verfährt man mit der Fallverteilung innerhalb eines Trägerverbundes? Wie baut man eine stationäre Einrichtung um, die sich auf Grund gesetzlicher Vorgaben in zig Einzelleistungen aufgesplittet hat und von Maßanzügen weit entfernt ist? Welchen Stellenwert haben welche Sozialraumindikatoren bei der Berechnung eines Budgets?" (Hinte 2002a, S. 121).

Da das Konzept der Sozialraumorientierung noch nicht realisiert ist und dies nach der Beurteilung von Wolfgang Hinte auch noch bis ins Jahr 2009 dauern kann (vgl. Hinte 1999b, S. 17), liegen gegenwärtig keine Forschungsergebnisse darüber vor, welchen Standpunkt die Suizidenten gegenüber diesem Ansatz einnehmen. Insofern bleibt die Sicht der Suizidenten bezüglich dieser Hilfsform unklar und spekulativ. Aus der Perspektive der Suizidologie ist auch die fehlende Thematisierung der Beziehungsebene zwischen dem Berater und dem Klienten zu beanstanden, zumal sich gerade dieser Aspekt als bedeutsam für den Therapieprozess erwiesen hat (vgl. Grawe 1994, S. 366).

Durch den Vergleich zwischen dem Ansatz der Lebensweltorientierten Sozialen Arbeit und dem Entwurf der Sozialraumorientierung lässt sich ein weiterer Kritikpunkt erkennen. Beiden Konzeptionen liegt eine Doppelverpflichtung von individueller Hilfeleistung und strukturverändernder Zielsetzung zugrunde – allerdings mit einer unterschiedlichen Schwerpunktsetzung. Während die Lebensweltorientierte Soziale Arbeit beides gleichrangig ansieht (vgl. Füssenhäuser/Thiersch 2001, S. 1893), wird der einzelfallbezogenen Intervention im Sozialraumansatz eine geringere Bedeutung eingeräumt (vgl. Hinte 2002a, S. 93). In Abgrenzung zu der Position von Hinte kann eine Sichtweise als sinnvoller angesehen werden, die strukturelle Problemlagen und den spezifischen Einzelfall als gleichwertige Konzepte berücksichtigt, da beide Einflussgrößen sich gegenseitig bedingen. Zudem besteht bei dieser Betrachtungsweise nicht die Gefahr, dass eine der Perspektiven vernachlässigt wird.

Ein weiterer Vorwurf des Ansatzes bezieht sich auf das Sozialraumbudget. Mit der Verwirklichung dieses Finanzierungsmodells liegt die alleinige Verantwortung bei den freien Trägern, die dann ausschließlich dafür Sorge tragen, mit dem erhaltenen Etat auszukommen. Unter Verweis auf Jochen Baltz entspricht dies nach

Einschätzung des Rechtswissenschaftlers Albert Krölls keinesfalls der Absicht des KJHG und erfüllt zudem nicht die Wünsche der freien Träger. Die Konsequenz, die aus der Einführung und Umsetzung des Sozialraumbudgets resultiert, wäre eine deutliche Ausrichtung der Träger am eigenen Etat. Somit würde nicht der Hilfsbedarf der Adressaten im Vordergrund stehen, sondern die Pflicht, mit dem erhaltenen Budget zu wirtschaften (vgl. Krölls 2002, S. 190 ff.). Auch Reinhard Wiesner bemängelt die durch die Implementierung des Finanzierungsmodus entstehenden Auswirkungen. Er befürchtet, dass für die Inanspruchnahme von Unterstützungsleistungen keine gesetzlichen Vorschriften, sondern die Orientierung am Budget zugrunde gelegt wird (vgl. Wiesner 2002, S. 179).

Eine zusätzliche Schwäche, die mit dieser Finanzierungsform einhergeht, wird darin gesehen: Das Gefeilsche um die Länge des Zeitraums und die Höhe der Stundenzahl für die Unterstützungsleistung zwischen dem öffentlichen Träger und den leistungserbringenden Trägern ist nicht mehr Gegenstand des Austausches. Dies erscheint aber nicht erstrebenswert, da es „Verteilungskämpfe" zwischen den Trägern geben würde, die alle bestrebt sind, am Sozialraumbudget zu partizipieren (vgl. Krölls 2002, S. 192 f.).

Ein weiterer kritischer Diskussionspunkt ist die Befürchtung, dass durch diesen Finanzierungsmodus Sozialraumoligopole bzw. -monopole entstehen. Damit ist die Gefahr des Wegfalls von kleineren Einrichtungen verbunden. Das würde gleichzeitig auch eine Beschränkung des Wahlrechts für die Jugendlichen und deren Erziehungsberechtigten bedeuten, die eine Hilfeleistung in Anspruch nehmen wollen, weil die Träger den Vorzug erhalten, die am Sozialraumbudget partizipieren (vgl. ebd., S. 193). Laut Hinte ist der Vorwurf nur dann legitim, wenn das Sozialraumbudget unabhängig vom Ansatz der Sozialraumorientierung gesehen wird. Sobald dieses Konzept mit seinen Prämissen berücksichtigt wird, verliert der Einwand seine Berechtigung, da es die Intention des Modells ist, die Kooperation zwischen den verschiedenen Trägern zu fördern. Ein weiteres Gegenargument führt Hinte unter Berücksichtigung der Erfahrungen an, die er im Zusammenhang mit verschiedenen Projektmodellen erlebt hat. Hierbei wurde ersichtlich, dass nicht ein Träger oder ein Trägerverbund in einem bestimmten Sozialraum fähig war, alle Hilfen nach §§ 27ff. SGB VIII auszuführen (vgl. Hinte 2002a, S. 117 f.).

Dennoch bleiben sowohl für Krölls als auch für Baltz bei der Umsetzung des Finanzierungsmodus verschiedene rechtliche Zweifel bestehen (vgl. Baltz 2002, S. 203 ff.; Krölls 2002, S. 183 ff.). Nach Auffassung von Baltz besteht die Möglichkeit, die Sozialraumorientierung auch ohne die Sozialraumbudgetierung umzusetzen, da die fachlichen Prämissen des Konzepts durchaus mit den derzeitigen Finanzierungsinstrumenten im KJHG erzielt werden können (vgl. Baltz 2002, S. 203 ff.). Obwohl die beiden Autoren Baltz und Krölls mit den inhaltlichen Zielen des Sozialraumansatzes übereinstimmen, besteht für sie keine Notwendigkeit, an der Budgetierung festzuhalten. Da dieser Finanzierungsmodus dennoch gefordert wird, entsteht bei ihnen der Eindruck, dass es bei der Umsetzung des Ansatzes nicht um die Verbesserung im Sozialraum geht, sondern die Intention vielmehr darin besteht, die Möglichkeit der Kostenersparnisse im Bereich der Kinder- und Jugendhilfe zu erreichen (vgl. ebd.; Krölls 2002, S. 183).

Nicht nur die Forderung nach dem Umsetzen des Sozialraumbudgets scheint Anlass für heftige fachliche Auseinandersetzung zu sein, sondern auch die grundsätzlichen Gedanken, die mit dem Sozialraumansatz verbunden werden, liegen im Fokus von kritischen Beiträgen. Harald Tornow zufolge lässt sich dieses Modell nicht in Verbindung mit den gegenwärtigen Prozessen der Gesellschaft bringen, da die Lebensbedingungen als pluralisiert und die Lebensführung als individualisiert gelten und sich eben keineswegs auf einen Sozialraum begrenzen (vgl. Tornow 2001, S. 29 f.). Dies scheint gerade für junge Menschen eine Berechtigung zu haben, deren Lebensstil sich nicht auf ein festgelegtes, räumlich definiertes Territorium bezieht, sondern eher flexibel zu fassen ist (vgl. Wiesner 2002, S. 175 f.). Wenngleich Hinte im Kontext der fallbezogenen Ressourcenmobilisierung auf die Möglichkeit verweist, die strukturellen und materiellen Potenziale, die außerhalb des Sozialraums liegen, für den Betreffenden zu nutzen (vgl. Hinte 2000, S. 936), bleibt der Vorwurf der mangelnden Berücksichtigung der gegenwärtigen Gesellschaftsstrukturen existent, da es bei diesem Konzept in erster Linie um die Potenziale des räumlich feststehenden Territoriums geht.

Bezüglich des Modells nennt Wiesner einen weiteren Kritikpunkt. Der Ansatz zielt darauf ab, dass der Betreffende die in seinem Sozialraum liegenden Ressourcen erkennen und nutzen muss, um nicht zum Adressaten von Unterstützungsleistungen zu werden. Demzufolge bleibt die Frage bestehen, was passiert, wenn die Person trotzdem zum Empfänger von Hilfen wird. In dieser Situation kann ihr vonseiten des Leistungserbringers unterstellt werden, ihre Möglichkeiten im Vorfeld nur unzureichend oder überhaupt nicht ergriffen zu haben (vgl. Wiesner 2002, S. 178 f.).

Wenngleich bei vielen wissenschaftlichen Beiträgen zur Sozialraumorientierung die kritischen Aspekte in das Zentrum der Überlegungen gestellt werden, so lassen sich dennoch positive Gesichtspunkte des Modells hervorheben. Für Hinte wird der Wert des Konzepts durch die Betrachtung verschiedener Entwürfe der Jugendhilfe deutlich, da viele dieser Konzeptionen bestimmte fachliche Intentionen begründet bzw. aufgegriffen haben, die schon in der Gemeinwesenarbeit proklamiert wurden. Auch in anderen wissenschaftlichen Bereichen findet das Konzept seine Verwendung, wie beispielsweise bei der Stadtentwicklung, wodurch die Relevanz des Ansatzes ersichtlich wird (vgl. Hinte 2002a, S. 92 f.).

Die Ziele des Sozialraumansatzes erweisen sich als durchaus kompatibel mit den Forschungsergebnissen der Suizidologie. Gerade das hauptsächliche Anliegen des Konzepts, eine positive Veränderung der Lebensbedingungen zu erzielen, lässt sich mit den wissenschaftlichen Studien zum Thema Suizidalität in Verbindung bringen, die ebenfalls auf eine Verbesserung der Sozialverhältnisse insistieren (vgl. Colla 2001a, S. 1858). Im Unterschied zum Konzept der Lebensweltorientierten Sozialen Arbeit von Thiersch, der durch Zusammenarbeit und Bündnisse mit anderen Politik- und Gesellschaftsbereichen Verbesserungen der Sozialverhältnisse erzielen will (vgl. Grunwald/Thiersch 2001, S. 1141), geht es in dem Sozialraumkonzept von Hinte darum, den Menschen zu unterstützen, seine Belange selbst zu artikulieren (vgl. Hinte 1991, S. 9 f.). Insgesamt haben beide Ansätze den Anspruch, strukturverändernde Arbeit zu leisten. Diese Ambition steht im Gegensatz zu den drei vorgestellten therapeutischen Verfahren für suizidgefährdete Jugendliche, deren einzige Konzentration auf der Unterstützung des Individuums bzw. der Gruppen liegt (vgl. Kapitel 7.1). Dies wird gleichsam von den beiden sozialpädagogischen Konzeptionen ermöglicht, denen es nicht nur darum geht, die Lebensbedingungen zu verbessern, sondern auch auf der individuellen Ebene die Kompetenzen zu erschließen. Damit ist auf eine weitere Stärke verwiesen: Hintes Modell postuliert eine Eruierung und Aktivierung der Ressourcen des Einzelnen. Diese Forderung geht auch aus den Suizidtheorien hervor (vgl. Kapitel 5.3; 5.5) und stellt somit eine Übereinstimmung zwischen den beiden bisher erläuterten Ansätzen der Sozialen Arbeit dar.

8.3 Die Gesundheitsförderung der World Health Organisation

Zu der Skizzierung einiger elementarer Gesichtspunkte der Gesundheitsförderung gehört zunächst zwingend die Beschäftigung mit dem zentralen Terminus der Gesundheit. Um eine terminologische Annäherung an den Begriff zu erhalten, kann die Position der World Health Organisation (WHO) vorangestellt werden, da sie als inhaltliche Orientierung für den Ansatz der Gesundheitsförderung gilt (vgl. Franzkowiak 1996, S. 25). Die WHO definiert den Ausdruck wie folgt:

> *„Gesundheit ist der Zustand des vollständigen körperlichen, geistigen und sozialen Wohlbefindens und nicht nur des Freiseins von Krankheit und Gebrechen" (WHO 1946, zitiert nach: Franzkowiak/Sabo 1993, S. 60).*

Diese Begriffsbestimmung zählt zweifellos zu den meist herangezogenen Definitionen innerhalb der Fachdebatte (vgl. Bonse-Rohmann 1999, S. 17; Weiglhofer 2000, S. 19). Die häufige Verwendung der Gesundheitsdefinition der WHO lässt darauf schließen, dass ihr einerseits eine wegweisende und bedeutende Funktion zugeschrieben werden kann, andererseits wird der reale Bedarf einer systematischen Präzisierung des Fachausdrucks in der wissenschaftlichen Auseinandersetzung ersichtlich, der eine unkomplizierte Verständigung ermöglicht.

Allerdings werden an dieser auf den ersten Blick plausiblen Begriffsbestimmung in der einschlägigen Literatur unterschiedliche Schwachstellen thematisiert. Unter Bezug auf verschiedene Autoren sehen sowohl Arnold Lohaus als auch Rudolf Wipplinger vier Kritikpunkte an der Gesundheitsdefinition der WHO. So wird erstens die zu statisch ausgerichtete inhaltliche Form des Begriffsverständnisses und die fehlende Berücksichtigung der Dynamik und Prozesshaftigkeit von Gesundheit bemängelt. Zweitens erscheint dieser Versuch der systematischen Präzisierung als zu einseitig, da sie lediglich von einer persönlichen Sichtweise ausgeht, ohne objektivierbare Daten mitzuberücksichtigen. Drittens wird Gesundheit als Idealzustand konzipiert und erfährt eine dogmatische Charakterisierung. Viertens bleibt unklar, welche Indikatoren für den in der Definition verwendeten Ausdruck des Wohlbefindens existieren (vgl. Lohaus 1993, S. 7 f.; Wipplinger/Amann 1998, S. 20).

Trotzdem scheint der heutige Diskussionsstand von Gesundheit durch die inhaltliche Fokussierung der WHO geprägt worden zu sein. Das mag an der fortschrittlichen und grundlegenden Akzentuierung liegen, denn in Abgrenzung zu der traditionellen Auffassung, die Gesundheit in die fachliche Zuständigkeit der Medizin ansiedelt, wird im Sinne der WHO der Fachausdruck als mehrdimensionaler Terminus verstanden (vgl. Seiffge-Krenke 1994, S. 1 f.), der auf die Notwendigkeit einer verstärkten interdisziplinären Ausrichtung verweist. Zwar hat die biomedizinische Orientierung gerade im Bereich der Infektionskrankheiten bedeutende Effizienznachweise erbringen können, allerdings wird für die gegenwärtig dominierenden chronischen Erkrankungen, wie zum Beispiel Krebs und Leberzirrhose, ihr alleiniger Geltungsanspruch angezweifelt, da die Ursachen in einem komplexen Wirkungsgefüge gesehen werden (vgl. Weiglhofer 2000, S. 20). Aus dieser Perspektive zeigt sich Gesundheit nicht bloß als medizinisches Thema, sondern als ein fächerübergreifender Gegenstand. Ein weiterer Vorteil der Definition liegt darin, dass sich die WHO von der Vorstellung löst, den Gesundheitsbegriff negativ zu besetzen, also ihn als Abwesenheit von Krankheit und Gebrechen zu bestimmen und zugleich die physischen, psychischen und sozialen Aspekte berücksichtigt (vgl. Becker 1992, S. 96). Besonders der Bezug zu der sozialen Dimension wird als wesentlich erachtet, da Gesundheit somit nicht nur in den Aufgabenbereich des Individuums fällt, *„(...) sondern ökonomische, politische, soziale, kulturelle und ökologische Lebens- und Arbeitsbedingungen mitbedacht werden müssen“* (Weiglhofer 2000, S. 19).

Der Verdienst des Definitionsversuchs ist auch mit der Anschlussfähigkeit an neuere wissenschaftliche Arbeiten belegbar, welche ihn als Ausgangspunkt ihrer Abhandlung stellen (vgl. Homfeldt/Steigleder 2003, S. 19) oder zumindest mit der zentralen Aussage der Begriffsbestimmung übereinstimmen (vgl. Hurrelmann 2000, S. 7 f.). So berücksichtigt der Sozialwissenschaftler Klaus Hurrelmann die geistigen, körperlichen und sozialen Dimensionen von Gesundheit und bestimmt den Fachausdruck folgendermaßen:

> *„Gesundheit bezeichnet den Zustand des objektiven und subjektiven Befindens einer Person, der gegeben ist, wenn diese Person sich in den physischen, psychischen und sozialen Bereichen ihrer Entwicklung in Einklang mit den Möglichkeiten und Zielvorstellungen und den jeweils gegebenen äußeren Lebensbedingungen befindet. Gesundheit ist beeinträchtigt, wenn sich in einem oder mehreren dieser Bereiche Anforderungen ergeben, die von der Person in der jeweiligen Phase im Lebenslauf nicht erfüllt*

und bewältigt werden können. Die Beeinträchtigung kann sich, muss sich aber nicht, in Symptomen der sozialen, psychischen und physisch-physiologischen Auffälligkeit manifestieren'. (...) Gesundheit ist nach diesem Verständnis ein Gleichgewichtsstadium, das zu jedem lebensgeschichtlichen Zeitpunkt immer erneut hergestellt werden muss" (ebd., S. 8).

Diese ebenfalls mehrdimensionale, aber im Vergleich zur Definition der WHO differenzierte Auffassung von Gesundheit, betont die Prozesshaftigkeit und das Erfordernis, sein Balancegefühl ständig zu aktualisieren. Mit dieser Analyse löst sie sich von einer Vorstellung der feststehenden Zustandsbeschreibung, die eine ausschließliche Charakterisierung von Gesundheit oder Krankheit impliziert. Somit erfüllt sie die Voraussetzung einer begrifflichen Folie, die Gesundheit und Krankheit als Enden eines vorstellbaren und untrennbaren Kontinuums anordnet, um so nicht nur die konträren Zustände aufzunehmen, sondern auch die vielfältigen und unterschiedlichen Empfindungen zu erfassen. Kranke als auch gesunde Tendenzen können dabei parallel zusammentreffen und müssen sich nicht zwangsläufig abwechseln (vgl. Franzkowiak/Lehmann 1996, S. 53). Ein weiterer Vorteil der Begriffsbestimmung von Hurrelmann liegt in der eingehenden Betrachtung des Zusammenspiels von individuellen und umweltrelevanten Faktoren. Für ihn kann der Mensch dann als gesund bezeichnet werden, wenn eine gelungene Übereinstimmung zwischen den physischen, psychischen und sozialen Bereichen eines Menschen und den Prämissen der vorhandenen äußeren Gegebenheiten vorliegt. Hingegen liegt eine Einschränkung der Gesundheit vor, falls in einem einzelnen oder mehreren Aufgabenfeldern Erfordernisse existieren, die von dem Individuum nicht bewältigt werden. Im Gegensatz zu der Definition der WHO wird bei dieser Terminusbestimmung nicht nur die subjektive, sondern auch die objektive Beschreibung mit einbezogen. Dies scheint wertvoll zu sein, da diese beiden Ebenen nicht identisch sein müssen (vgl. Wipplinger/Amann 1998, S. 22).

Sowohl die Definition der WHO als auch die von Hurrelmann wenden sich gegen ein einseitiges biomedizinisches Verständnis und betonen stattdessen eine biologische, psychische und soziale Sichtweise von Gesundheit. Zur Umsetzung der inhaltlichen und ganzheitlichen Ausrichtung wird das Konzept der Gesundheitsförderung vorgeschlagen (vgl. Homfeldt/Steigfelder 2003, S. 19). Dieser Ansatz hat vor allem mit der Ottawa-Charta der WHO von 1986 seinen offiziellen Niederschlag gefunden (vgl. WHO 1986, zitiert nach: Franzkowiak/Sabo 1993, S. 96). Als Ausgangspunkt der Charta wird der Terminus Gesundheitsförderung definiert:

> *„Gesundheitsförderung zielt auf einen Prozeß, allen Menschen ein höheres Maß an Selbstbestimmung über ihre Gesundheit zu ermöglichen und sie damit zur Stärkung ihrer Gesundheit zu befähigen. Um ein umfassendes körperliches, seelisches und soziales Wohlbefinden zu erlangen, ist es notwendig, daß sowohl einzelne als auch Gruppen ihre Bedürfnisse befriedigen, ihre Wünsche und Hoffnungen wahrnehmen und verwirklichen sowie ihre Umwelt meistern bzw. sie verändern können. In diesem Sinne ist die Gesundheit als ein wesentlicher Bestandteil des alltäglichen Lebens zu verstehen und nicht als vorrangiges Lebensziel" (ebd.).*

Der in diesem Zitat enthaltende Gesundheitsbegriff wird im Gegensatz zu der WHO von 1946 nicht als vollständiger Zustand verstanden (vgl. ebd., S. 60), sondern als umfassendes Wohlbefinden. Mit dieser Formulierung erhält der zentrale Ausdruck eine ganzheitliche und prozessorientierte Ausrichtung. In der Fachliteratur wird oftmals die Frage aufgeworfen, ob nicht auch schon die Terminusbestimmung der WHO von 1946 und den darin verwendeten englischen Ausdruck „complete" sich nicht mit „umfassend" ins Deutsche übersetzen lässt (vgl. Franzkowiak 1996, S. 25; Röhr 2002, S. 11). Dadurch würden einige kritische Anmerkungen an der damals verfassten Begriffsbestimmung ihre Berechtigung verlieren.

Das WHO-Konzept zur Gesundheitsförderung lässt sich als ein emanzipatorisch-demokratisches Paradigma charakterisieren, weil die Absicht verfolgt wird, den Personen einen größeren Umfang an Autonomie über ihre Gesundheit zu ermöglichen, um so die Gesundheitspotenziale aller Menschen zu erhöhen. Dazu scheinen Gegebenheiten erforderlich zu sein, die es zulassen, dass sowohl die persönlichen als auch die kollektiven Vorstellungen verwirklicht werden können und auch die Lebensbedingungen bei Bedarf modifizierbar sind. Gesundheit lässt sich dann als Grundvoraussetzung verstehen und nicht als Hauptintention (vgl. WHO 1986, zitiert nach: Franzkowiak/Sabo 1993, S. 96).

Ein wesentlicher Vorteil dieser Definition liegt in der Hervorhebung der psychischen, physischen und sozialen Potenziale für die Gesundheit und dem damit verbundenen inhaltlichen Bezug zu der Definition der WHO aus dem Jahre 1946 (vgl. WHO 1946, zitiert nach: Franzkowiak/Sabo 1993, S. 60). Als Hauptaufgabe der Gesundheitsförderung wird somit die Aktivierung der individuellen

Ressourcen angesehen (vgl. Franzkowiak/Wenzel 2001, S. 718). Ein weiterer Vorzug der Definition liegt darin, dass in Abgrenzung zu der klassischen Gesundheitserziehung die Verantwortung dafür nicht ausschließlich den Einzelpersonen zugeschrieben wird, sondern diese Zuständigkeit liegt eher in *„(...) allen Feldern öffentlicher und privater Politik, Wirtschaft, Versorgung und Alltagskultur"* (ebd.). Während die Gesundheitserziehung eine krankheitsorientierte Charakterisierung erfährt und dabei die Bedeutung des gesellschaftlichen Bezugsrahmens weitestgehend vernachlässigt, wendet sich die Gesundheitsförderung gegen ausschließlich biologisch-medizinische Denkschemen und schließt in ihren Analysen die Lebensbedingungen mit ein. Zugleich hebt sie die Relevanz von personalen und sozialen Gesundheitskompetenzen hervor. Insofern lässt sich die inhaltliche Ausrichtung der Gesundheitsförderung als Resultat der skeptischen Argumente gegen die Gesundheitserziehung verstehen (vgl. ebd., S. 717 ff.).

Zur Realisierung der Ziele von Gesundheitsförderung nennt die Charta drei generelle Strategien: „Interessen vertreten"; „befähigen und ermöglichen"; „vermitteln und vernetzen" (vgl. WHO 1986, zitiert nach: Franzkowiak/Sabo 1993, S. 97). Die Interessenvertretung stellt eine der drei Hauptstrategien der Gesundheitsförderung dar. Ziel ist es hierbei, die gesundheitsrelevanten Einflüsse, wie die politischen, ökonomischen, sozialen, kulturellen, biologischen Determinanten und sowohl die Lebensbedingungen als auch die Lebensweise durch Aktivitäten und Handlungen derart zu verändern, dass diese fördernd auf die Gesundheit wirken. Mit dem zweiten Anspruch wird versucht, die existierenden sozialen Differenzen zu reduzieren und Bedingungen zu realisieren, welche alle Menschen in die Lage versetzen, ihre Gesundheitsressourcen zu vergrößern. Dazu ist es notwendig, alle bedeutsamen Informationen bereitzustellen, die es ermöglichen, Verantwortung für die eigene Gesundheit zu übernehmen. Als letzte Handlungsstrategie wird das Vernetzen genannt. Hier geht es um die Verzahnung von Maßnahmen und Aktivitäten von Regierungen, Einrichtungen, Verbänden, Wirtschaft, Medien, Einzelpersonen und Gruppierungen. Die Notwendigkeit eines solchen Zusammenschlusses liegt darin begründet, dass die heutigen gesundheitlichen Herausforderungen nur auf einem gemeinschaftlichen Weg zu bewältigen sind und nicht allein dem Gesundheitsbereich zufallen dürfen, der damit sicherlich überfordert wäre (vgl. ebd.).

Als die fünf bedeutsamen Handlungsbereiche für Gesundheitsförderung wurden die nachfolgenden Felder identifiziert: „Entwicklung einer gesundheitsfördernden Gesamtpolitik"; „gesundheitsförderliche Lebenswelten schaffen"; „gesundheitsbezogene Gemeinschaftsaktionen unterstützen"; „persönliche Kompetenzen entwickeln"; „die Gesundheitsdienste neu orientieren" (vgl. ebd., S. 97 ff.). Die erste Prämisse bezieht sich auf Entscheidungen, die auf der politischen Ebene getroffen werden. Nach der Charta sind diese Verordnungen ständig darauf hin zu überprüfen, welche gesundheitlichen Auswirkungen sie enthalten. Mit dem zweiten Leitprinzip ist eine eingehende Analyse der gegenwärtigen und sich fortwährend entwickelnden Lebens-, Arbeits- und Freizeitbedingungen verbunden. Diese wichtigen Komponenten sind ebenso wie die politischen Bestimmungen auf ihre gesundheitsrelevanten Folgen zu betrachten. Ein weiteres Anliegen ist es, die Initiativbewegungen von Nachbarschaften, Bürgergemeinschaften, Selbsthilfeaktivitäten und Gemeinden zu begünstigen, um so die Autonomie und Überwachung der eigenen gesundheitsbezogenen Fragestellungen zu fördern. Im vierten Bereich wird die Entfaltung der persönlichen Ressourcen thematisiert. Dies soll durch Informationen, gesundheitsbezogene Bildung und Hilfestellung bei der Entwicklung von sozialen Kompetenzen und Erweiterung von alltagsnahen Fähigkeiten erreicht werden. Der Mensch soll dadurch in der Lage sein, seinen Wirkungskreis hinsichtlich seiner persönlichen Gesundheit und seiner Lebenswelt positiv zu erhöhen und dies alltagspraktisch umzusetzen. Konzeptuell erfolgt eine Orientierung an der Prämisse des lebenslangen Lernens, um so die Fähigkeit zu erlangen, die in den verschiedenen Lebensphasen verbundenen Anforderungen, potenziellen Krankheiten und eventuellen Behinderungen zu begegnen. Mit der Zielsetzung des letzten Anspruchs ist das Entwerfen eines veränderten Versorgungssystems verbunden. Diese verantwortungsvolle Aufgabe obliegt dem Gesundheitswesen, welches nicht nur ein ärztlich heilendes Verständnis von Krankheiten aufweisen darf, sondern auch die Verpflichtung übernimmt, die Gesundheitsvariablen zu stärken. Dazu wird eine modifizierte Perspektive als sinnvoll erachtet, die den Menschen als ganzheitliche Person wahrnimmt und sich an dessen Bedürfnissen ausrichtet (vgl. ebd.).

Mit der Ottawa-Charta der WHO liegt ein Konzept vor, das die Verbesserung der individuellen Lebensweisen und der gesellschaftlichen Lebensbedingungen anstrebt (vgl. Weiglhofer 2000, S. 24). Das Denkmodell der Weltgesundheitsorganisation setzt dazu auf fünf unterschiedlichen Ebenen an, wie sie sich unter Bezugnahme auf die oben beschriebenen Handlungsbereiche herauskristallisieren. So werden das Individuum, die sozialen Gruppen, die Organisationen, die Lebenswelt und die Gesellschaft als Ansatzpunkt für die Gesundheitsförderung verstanden (vgl. WHO 1986, zitiert nach: Franzkowiak/Sabo 1993, S. 97 ff.). Das zentrale Interesse der Charta ist darauf ausgerichtet, mehr Wissen und Erkenntnisse über Gesundheitsphänomene zu sammeln. Während die primärmedizinischen und gesundheitserzieherischen Kerngedanken die Gesundheit eher aus einer pathogenetischen Sichtweise betrachten, verfolgt die Gesundheitsförderung die Absicht, nicht mehr nur an den Risikofaktoren anzusetzen, sondern stärker die personalen und sozialen Ressourcen zu nutzen. Damit werden die Inhalte des biomedizinischen Verständnisses keineswegs negiert, allerdings wird den Prämissen der Gesundheitsförderung ein größerer Stellenwert eingeräumt (vgl. Franzkowiak/Wenzel 2001, S. 719).

In Anlehnung an Kaba-Schönstein resümieren Franzkowiak und Wenzel die inhaltliche Ausrichtung der Ottawa-Charta folgendermaßen:

„(...)
- *Orientierung an Gesundheit statt Krankheit mit dem Ziel einer praktisch umgesetzten salutogenetischen Perspektive in Alltag, Gemeinschaften, Institutionen und Struktur der Gesundheitspolitik;*
- *Orientierung an Kompetenzen, Schutzfaktoren und Ressourcen statt an Vermeidungsverhalten, Risikofaktoren und Defiziten wie in der Gesundheitserziehung;*
- *Verständnis von Gesundheit als Kompetenz zur selbstbestimmten Lebensgestaltung und Lebensbewältigung sowie von Gesundheitsförderung auf individueller und kollektiver Ebene als Empowerment, d.h. Stärkung, Befähigung, Kompetenzerweiterung und sozialer Unterstützung zur Kontrolle der Bedingungen der eigenen Gesundheit;*
- *Zielorientierung von Teilhabe und Autonomie bei allen persönlichen, kollektiven und gesellschaftlichen Entscheidungen zur Gesundheit, verbunden mit der Unterstützung von Selbsthilfepotentialen;*
- *Orientierung auf die lokale und politische Bedingungs- und Strukturgestaltung der gesundheitsrelevanten Determinanten von Lebensweisen und Lebenslagen;*

- *Betonung der Notwendigkeit intersektoraler Zusammenarbeit in der gesundheitlichen Versorgung, aber auch mit Sektoren außerhalb des Gesundheitswesens, mit der Perspektive, die bisherige medizinische Hegemonie in Theorie und Praxis aufzuheben"*

(ebd., S. 719).

Bei den bisher dargestellten Inhalten zur Gesundheitsförderung der WHO bleibt die Frage des aktuellen Verhältnisses zwischen diesem Ansatz und der Sozialpädagogik unbeantwortet. Aus der historischen Perspektive lässt sich eine fortwährende Beziehung zwischen Sozialer Arbeit und Gesundheit nachzeichnen (vgl. Mühlum et al. 1998). Zweifelsohne hat das WHO-Konzept zur Gesundheitsförderung dazu beigetragen, eine Debatte anzuregen, welche die Beziehungsklärung zu lösen versucht. In diesem Kontext bezieht Birgitta Sticher-Gil einen deutlichen Standpunkt. Sie versteht die gesamte Soziale Arbeit als Gesundheitsarbeit (vgl. Sticher-Gil 1995, S. 82 ff.). Diese Ansicht kann aber als noch nicht ausreichend belegt und analysiert angesehen werden. So verweist Franzkowiak in Anlehnung an Mühlum et al. auf den noch nicht abgeschlossenen Verständigungsprozess, der den Sachverhalt klärt,

> *„(...) ob Gesundheitssozialarbeit bzw. Gesundheitsförderung eine eigenständige Profession, ein Element unterschiedlicher Professionen, ein jeweils originäres Teilgebiet von Sozialer Arbeit und/ oder der Gesundheitswissenschaft(en)/Public Health oder ein interdisziplinäres sozialpolitisches Aktionsprogramm sind" (Franzkowiak 1998, S. 172).*

So sind in der sozialpädagogischen Fachdebatte Überlegungen anzutreffen, die Gesundheitsförderung als wesentlichen Bestandteil der Sozialen Arbeit anerkennen und sie als „angewandte Gesundheitswissenschaft" zu legitimieren und zu entwickeln versuchen. Der Terminus Gesundheitswissenschaft wird ausdrücklich im Singular benutzt, um sich gegenüber den Gesundheitswissenschaften bzw. Public Health abzugrenzen, welche gleichzeitig im Entstehen begriffen ist. Die Betonung des Begriffs im Plural deutet die Programmatik an: Verschiedene wissenschaftliche Beiträge aus den unterschiedlichen Disziplinen sollen zusammengefasst werden, um so ein „summatives Wissenschaftsmodell" entstehen zu lassen, welches primär eine makrosoziale Ausrichtung erfährt (vgl. Mühlum et al. 1998). Im Gegensatz dazu wird der Fachausdruck Gesundheitswissenschaft verwendet, um zu akzentuieren, dass es hierbei eben nicht um die Summierung von verschiedenen Fachdisziplinen geht;

vielmehr scheint es notwendig zu sein, ihre zentralen Themen zu einer Wissenschaft von der Gesundheit zusammenzuführen (vgl. Waller 1995, S. 7). Ihr Anspruch besteht darin, anwendungsorientiert zu sein und Bezug zur Alltagsbewältigung der Menschen zu nehmen (vgl. Mühlum et al. 1998, S. 120).

Da zum einen die finanzielle Basis und zum anderen die rechtlichen Grundlagen fehlen, ist inzwischen von den Überlegungen Abstand genommen worden, das Ressort der Sozialen Arbeit durch eine „eigenständige Gesundheitsarbeit" zu ergänzen (vgl. Sting 2002, S. 419). Vielmehr sind nun wissenschaftliche Beiträge zu finden, welche die Möglichkeiten der Gesundheitsförderung im bereits existierenden Gesundheitssektor erforschen. Inhaltlich wird diese Debatte im Kontext des Fachausdrucks der „klinischen Sozialarbeit" geführt (vgl. Ansen 2000; Hey 2000). Die Diskussion, ob Gesundheitsförderung eines eigenständigen Tätigkeitsfeldes bedarf, scheint indes noch nicht abgeschlossen zu sein. So wird einerseits die Einführung der klinischen Sozialarbeit kontrovers besprochen (vgl. Mühlum 2001). Andererseits bleibt die Möglichkeit weitestgehend unreflektiert, ob die bisherigen sozialpädagogischen Handlungsfelder ausreichen, um auf die Herausforderung der Gesundheitsthematik zu reagieren. Denkbar wäre eine entsprechende Ausweitung der Inhalte in schon vorhandenen sozialpädagogischen Disziplinen, die einen grundlegenden Beitrag zur Gesundheit leisten könnten. Insgesamt scheinen die Ausführungen die Möglichkeit zu legitimieren, die Gesundheitsförderung im Rahmen der sozialpädagogischen Konzeptionen zu thematisieren, wenngleich die Diskussion des Verhältnisses als noch nicht abgeschlossen angesehen werden kann. Zudem bleibt die thematische Nähe zwischen Gesundheitsförderung und Sozialer Arbeit unbestritten:

So wird die Sozialpädagogik als Grundlage für die inhaltliche Orientierung der Ottawa-Charta angesehen, ohne jedoch diese Verknüpfung explizit hervorzuheben. Als eine latente Gemeinsamkeit wird der Ansatz der Lebenswelt- und Alltagsorientierung von Thiersch angesehen. Durch die Einbeziehung sozial-ökologischer Handlungsdogmen der Gesundheitsförderung avancierte die Sozialarbeit sogar zur „ahnungslose Leihmutter" (vgl. Franzkowiak/Wenzel 2001, S. 720 f.). Zudem finden sich die so genannten klassischen Methoden der Sozialen Arbeit, die Einzelfallhilfe, die soziale Gruppenarbeit und die Gemeinwesenarbeit in der WHO-Deklaration wieder (vgl. Zurhorst 2000, S. 46). Parallelen lassen sich auch bei den sozialstrukturellen Ressourcen erkennen, da es für beide Ansätze gilt, diese zu eruieren und zu aktivieren (vgl. Homfeldt 2002, S. 323). Zwischen dem von der WHO entwickelten Konzept der Ottawa-Charta und der Sozialen Arbeit besteht auch eine eindeutige Affinität hinsichtlich ihrer Zielvorstellungen; beide versuchen, die bestehenden sozialen Ungleichheiten zu reduzieren und/oder die daraus resultierenden Resultate mittels Ressourcenaktivierung adäquat zu lösen. Eine weitere Verwandtschaft wird in der übereinstimmenden Betrachtungsweise gesehen. Die Sozialpädagogik untersucht die dynamischen Wechselwirkungen zwischen strukturellen Lebenslagen und den individuellen und kollektiven Fähigkeiten zur Lebensbewältigung und unterzieht sie einer detaillierten Untersuchung. Die Gesundheitsförderung nimmt eine vergleichbare Perspektive ein und konzentriert sich auf den fast deckungsgleichen Kontext der bio-psycho-sozialen Gesundheit. Während die Soziale Arbeit die Normalisierungsstandards differenziert reflektiert und ihre eigene gesellschaftliche Normalisierungsfunktion in ihre Analysen mit einbezieht, bleiben diese zentralen Themen bei dem WHO-Programm weitestgehend vernachlässigt. Insofern scheint eine spezifische Bereicherung aus der Sicht der Sozialpädagogik für die Gesundheitsförderung möglich (vgl. Franzkowiak/Wenzel 2001, S. 721).

Nach über 15 Jahren Existenz der Ottawa-Charta mit ihrer inhaltlichen Schwerpunktsetzung ist sie in der wissenschaftlichen Publikationslandschaft nicht unkritisiert geblieben (vgl. ebd., S. 720; Rosenbrock 1998). Ein Teil der negativen Argumente bezieht sich auf die Beliebigkeit, mit der dieser Terminus im Zuge seiner Etablierung mittlerweile verwendet wird. So dient die Bezeichnung Gesundheitsförderung oft als Möglichkeit, die schon bestehenden Handlungsvorschläge zumindest von der Begrifflichkeit her unter dieser Hauptkategorie zu subsumieren und damit dem gegenwärtigen akademischen Trend zu entsprechen (vgl. Franzkowiak/Wenzel 2001, S. 720). In Anlehnung an Seedhouse führen Franzkowiak und Wenzel einen anderen Ansatzpunkt der Kritik an, indem sie auf das Missverhältnis zwischen dem erreichten Stellenwert und Bekanntheitsgrad der Ottawa-Charta und dem wirklichen finanziellen Aufwand der errichteten Infrastrukturen hinweisen (vgl. ebd.). Eine weitere Schwierigkeit liegt auch dann vor, wenn die Gesundheitsförderung als wissenschaftliche Disziplin bzw. Tätigkeitsfeld der Public Health zugeordnet wird, da so der sozialpolitische Handlungsaspekt aus dem Blick gerät. Dies widerspricht aber den Handlungsprinzipien des WHO-Programms, welches eindeutig Bezug auf die politischen Verordnungen nimmt, die fortwährend auf ihre gesundheitlichen Auswirkungen zu kontrollieren sind (vgl. ebd.).

Ein anderer Kritikpunkt bezieht sich auf die inhaltliche Fokussierung der Ottawa-Charta, die zwar sozialpolitische Handlungsprinzipien und -felder explizit berücksichtigt, allerdings diese Prämisse in der praktischen Realisierung des Ansatzes vernachlässigt und den Aufgabenkreis lediglich auf das Gebiet der individuellen Verhaltensänderung beschränkt. Dieser Vorwurf richtet sich insbesonders auf die Propagandisten der New Public Health, welche den Anspruch erheben, Bevölkerungsgruppen zu helfen, in den Erwerb von Handlungsstrategien zu kommen, die für eine „gesunde Lebensweise" förderlich sind. Dabei werden jedoch wesentliche gesundheitsrelevante Aspekte nicht bedacht. Zum einen existiert die gesunde Lebensweise aufgrund von soziokulturellen Differenzen und Traditionen zwischen den Bevölkerungsgruppen nicht und zum anderen scheinen Veränderungen als ökologisches Überlebensprinzip als auch für Einzelpersonen und Gesellschaften notwendiger Bestandteil der Risikogesellschaft zu sein (vgl. ebd.).

Die Realisierung der Gesundheitsförderung ist mit erheblichen Schwierigkeiten verbunden. So richtet sich das WHO-Programm zwar an alle Berufsgruppen des Gesundheits-, Bildungs- und Sozialwesens, aber auch des Politik-, Wirtschafts- und Umweltbereiches, ohne allerdings dabei auf eine spezielle Disziplin näher einzugehen (vgl. Rosenbrock 1998, S. 8). Somit bleibt unklar, wer für die Verwirklichung des Modells letztendlich verantwortlich ist bzw. wie die Zusammenarbeit funktionieren kann, damit eine umfassende Implementierung eingeleitet wird. Gleichzeitig zeichnen sich die in der Ottawa-Charta vorgestellten Handlungskonzepte durch einen fehlenden Realitätsbezug aus, da *„(...) sie wie für eine Welt ohne Widersprüche, ohne mächtige Interessen und medizinpolitische Vetopositionen (...)"* (ebd., S. 8) artikuliert wurde. Aber gerade die finanzielle Komponente stellt ein Problem bei der Umsetzung der Gesundheitsförderung dar, weil dieser Aspekt als bedeutender angesehen wird als der gesundheitliche Vorteil einer entsprechenden Maßnahme. So ist beispielsweise der gesundheitsgerechtere Arbeitsplatz zunächst einmal mit Kosten und kurzfristig gesehen nicht mit einer Gewinnzunahme für das Unternehmen verbunden (vgl. ebd., S. 14). Neben der Wirtschaftlichkeit stellt auch die Vormachtstellung des Medizinsystems, welches seine eigenen Interessen verfolgt, ein entscheidendes Hindernis dar, um das Konzept der Gesundheitsförderung zu verwirklichen. Diese Hegemonie zeigt sich unter anderem im Bereich der medizinischen Prävention, die weitaus umfangreicher zu sein scheint als die soziale Vorbeugung (vgl. ebd., S. 15). Diese Schwierigkeiten werden in der Ottawa-Charta nicht berücksichtigt und somit liegen keine Überlegungen vor, wie angesichts dieser gesellschaftlichen Situation,

> *„(...) der Weg von a nach b, vom gesundheitlich defizitären und weithin kontraproduktiven Ist-Zustand zum gewollten und gesundheitswissenschaftlich begründeten Soll-Zustand organisiert werden kann“ (ebd., S. 9).*

Ein weiteres Problem der Gesundheitsförderung umfasst die Befürchtung, dass sich im Zuge der Etablierung des Konzepts die entstehende nachfolgende Debatte lediglich auf die Verbesserung der gesellschaftlichen Rahmenbedingungen bezieht und dabei die individuelle Ebene vernachlässigt wird, obwohl dies ein grundlegender Bestandteil des Modells ist. Somit könnten die Bedürfnisse der Adressaten unbeachtet bleiben. Diese Bedenken äußert ebenfalls Beate Blättner, die sich in ihren Ausführungen auf Belschner bezieht:

> *„So notwendig für Gesundheitsförderung gerade die Betonung der Veränderung von Lebensbedingungen ist, statt der Veränderung von Verhalten, besteht doch die Gefahr, neue Strukturen absolut zu setzen und die Subjekte, für die ein mehr an Gesundheit erreicht werden sollte, zu vernachlässigen. Gesundheitsförderung wird dann zu etwas* ***unpersönlichem****, zu einem Produkt oder einer Dienstleistung, die marktgerecht verkauft werden kann“ (Blättner 1994, S. 60, Hervorhebung im Original).*

Ebenso wie bei der Sozialraumorientierung enthält auch die Gesundheitsförderung keine neuen Anstöße, welche die Diskussion um das Verhältnis von Berater und dem Suizidenten belebt. Im Gegenteil, beide sozialpädagogischen Diskussionsstränge vernachlässigen diesen Gesichtspunkt, der aber innerhalb des Beratungs- bzw. Therapieprozesses als notwendig angesehen wird (vgl. Grawe 1994, S. 360). Eine Gemeinsamkeit zwischen den drei vorgestellten sozialpädagogischen Konzeptionen liegt darin, dass in allen Ansätzen keine systematische, auf Erfahrungsdaten basierende wissenschaftliche Auswertung vorliegt, die eine detaillierte, präzise, geschlechts- und altersspezifische Beschreibung der Suizidenten beinhaltet, welche als Grundlage für die Qualität der Leistungen angesehen werden kann. Im Hinblick auf das Themenfeld der Suizidalität ist eine weitere Schwierigkeit erkennbar, die sich auf die Vorgehensweise zur Verbesserung der gesellschaftlichen Rahmenbedingungen bezieht. Die Gesundheitsförderung verfolgt eine Doppelstrategie und strebt nicht nur an, die Bürger mit ihren Anliegen und Wünschen zu unterstützen, wie dies von der Sozialraumorientierung betont wird (vgl. Hinte 1991, S. 9 f.), sondern hebt auch, in Übereinstimmung mit dem Ansatz von Thiersch, die Bedeutung der Zusammenarbeit von Politik- und Gesellschaftsbereichen hervor (vgl. Grunwald/Thiersch 2001, S. 1141). In Bezug auf suizidales Verhalten ist zunächst die Vorgehensweise der Unterstützung der Bürger bei ihren Wünschen sinnvoller, da es als schwierig angesehen werden kann, spezifische, empirisch gesicherte und strukturelle Bedingungen festzulegen, welche die Auftrittswahrscheinlichkeit für Suizidalität vergrößert, um sie anschließend gemeinsam mit den politischen Instanzen abzuschaffen bzw. zu vermindern. Insofern ist vorab eine Erfassung der Einschätzungen der Betroffenen über die strukturellen Komponenten notwendig.

Neben den kritischen Bedenken, die sich an dem Ansatz der Gesundheitsförderung entzünden, lassen sich auch einige Stärken und Vorteile des Modells herausstellen. Zunächst kann positiv festgehalten werden, dass durch die Ottawa-Charta der WHO von 1986 das Thema Gesundheit stärker in das Blickfeld der Literatur gerückt ist und eine erstaunliche Anzahl an Publikationen zur Gesundheitsförderung aus den unterschiedlichsten Disziplinen des akademischen Raumes und Bereichen der Praxis bis zur Gegenwart ausgelöst hat (vgl. Homfeldt/Steigleder 2003; Witteriede 2003). Die Ottawa-Charta stellt aktuell das wohl komplexeste, auf wissenschaftlichen Erkenntnissen beruhende Präventionskonzept dar (vgl. Rosenbrock 1998, S. 5). Zudem kann das Modell als eine der zentralen konzeptuellen Bezugsdokumente verstanden werden, welches die Entwicklung von Öffentlicher Gesundheitspflege, Prävention, Gesundheitspolitik, Gesundheitserziehung und Gesundheitsbildung mitgeprägt hat. Gleichzeitig hat die WHO viele Aktionsprogramme hervorgebracht, wie beispielsweise das Projekt „Gesunde Städte/Gemeinden", die mit den inhaltlichen Zielen und Strategien der Ottawa-Charta übereinstimmen (vgl. Franzkowiak/Wenzel 2001, S. 719). Die Relevanz des WHO-Programms wird auch durch den breiten Konsens ersichtlich, zu dem die darin beschriebenen fünf Handlungsfelder und die drei Strategien geführt haben, die innerhalb der Wissenschaft zum einen als evident und zum anderen als ein gelungenes Resümee der bisherigen Ergebnisse aus der internationalen Forschung angesehen wurden (vgl. Rosenbrock 1998, S. 8).

In der Gegenüberstellung von Gesundheitserziehung und Gesundheitsförderung werden weitere positive Bedeutungsaspekte erkennbar. Während der Gesundheitserziehung eine pessimistische Weltanschauung zugrunde liegt, die lediglich auf die potenziellen Gefahren blickt, charakterisiert Peter Paulus unter Bezug auf Schneider die inhaltliche Ausrichtung der WHO-Programmatik als optimistischer, da sie auf die Gesundheitspotenziale schaut und somit lebensbejahender erscheint (vgl. Paulus 1995, S. 266). Im Unterschied zu der Gesundheitserziehung wird in der Ottawa-Charta die Relevanz des soziokulturellen Bezugsrahmens intensiver mit einbezogen (vgl. Franzkowiak/Wenzel 2001, S. 719). Die Analyse der Lebensbedingungen hat zwei entscheidende Vorteile: Zum einen ist es notwendig, die gesellschaftlichen Grundlagen zu untersuchen, da diese einen Einfluss auf die Gesundheit der Menschen haben (vgl. Witteriede 2003, S. 20), und zum anderen verhindert eine Reflexion der Lebenslagen eine individuelle Schuldzuweisung, die häufig als Bestandteil der klassischen Gesundheitserziehung angesehen wird (vgl. Paulus 1995, S. 266).

Dem von der Weltgesundheitsorganisation entwickelten Konzept kommt das Verdienst zu, einen Wandel im Gesundheitsverständnis *„(...) von einer überwiegend negativ ansetzenden* ***‚Krankheitssorge'*** *zu einer positiv gewendeten* ***‚Gesundheitssorge'*** *(...)"* (Witteriede 2003, S. 19, Hervorhebungen im Original) ausgelöst zu haben. Die traditionelle Präventionsforschung widmete sich vor allem den beiden Fragestellungen, wie Erkrankungen inhibiert werden können, und welche diagnostischen Möglichkeiten zur rechtzeitigen Erkennung von Krankheitsverläufen existieren, um daran anknüpfend, therapeutische Ansätze zu entwickeln (vgl. von Troschke 1991, S. 14). Währenddessen deckt sich die Gesundheitsförderung mit einem weitgehenden Interesse, da im Mittelpunkt ihrer Forschung die folgende salutogenetische Frage steht: „„Warum bleiben Menschen bis ins hohe Alter gesund und sterben erst beim Erreichen der natürlichen Lebensgrenze?'" (vgl. ebd.). Damit liegt eine Erweiterung und Ergänzung des Verständnisses von Gesundheit und Krankheit vor, indem nicht nur die Reduktion von gesundheitlichen Risikofaktoren berücksichtigt wird, sondern auch der Aufbau von gesundheitlichen Schutzfaktoren beachtenswert erscheint (vgl. Franzkowiak/Wenzel 2001, S. 718). Bei der Frage, ob diese umfassende Richtungsänderung realisiert wird, kann der Argumentation von Andrea Sacher gefolgt werden, die unter Bezug auf von Troschke ausführt, dass der dafür notwendige Entscheidungs- und Entwicklungsprozess noch nicht abgeschlossen ist (vgl. Sacher 1998, S. 68). Festgehalten werden kann allerdings, dass die Maximen der Gesundheitsförderung auch für die Präventionskonzepte der Suizidologie eine Perspektiverweiterung darstellen, da die bisherigen diskutierten Ansätze eher einer defizitäre Ausrichtung unterliegen (vgl. u.a. Bronisch 1995, S. 92 ff.; Kaiser-Asmodi 1997, S. 51 ff.). Die Gesundheitsförderung betont hingegen die Notwendigkeit eines positiven und optimistischen Zugangs, der in Abgrenzung zu den bisherigen Präventionsmodellen nicht das Verhindern und Vermeiden, sondern das Fördern und Entwickeln von Ressourcen in den Mittelpunkt stellt. Weitere Schwierigkeiten, die mit dem traditionellen Präventionsverständnis zusammenhängen, finden sich bei Werner Lindner und Thomas Freund (vgl. Lindner/Freund 2001, S. 212 ff.).

In Übereinstimmung mit den Modellen von Hans Thiersch und Wolfgang Hinte formuliert auch der Ansatz der Gesundheitsförderung der WHO das Arbeitsprinzip der Eruierung der Kompetenzen des Individuums (vgl. Kapitel 8.2; 8.3) und steht damit in Einklang mit zwei Suizidtheorien, die diese Forderung ebenfalls betonen (vgl. Kapitel 5.3; 5.6). In der Ottawa-Charta werden aber nicht nur die individuelle Ebene, sondern auch die gesellschaftlichen Rahmenbedingungen beachtet. Beide Bereiche werden als gleichwertige, zusammenhängende Konzepte miteinander verknüpft, welches die Bedeutung des Konzepts mitbegründet.

9. Zur Struktur der sozialpädagogischen Arbeitsbeziehung

Im Zentrum der nachfolgenden Ausführungen steht die pädagogische Beziehung. Dieser Gegenstand wurde ausgewählt, um den interpersonalen Aspekt in der Sozialpädagogik stärker zu akzentuieren als es die im vorausgegangenen Kapitel dargestellten theoretischen Überlegungen zeigten. So enthielt nur eine der drei angeführten sozialpädagogischen Konzeptionen Aussagen zum Verhältnis zwischen Klient und Helfer. Um einen Zugang zur Struktur der sozialpädagogischen Arbeitsbeziehung zu erhalten, werden zunächst zwei verschiedene Ansätze vorgestellt. Zuerst wird Nohls „pädagogischer Bezug" erörtert. Seine Vorstellungen werden vorwiegend deshalb rekonstruiert, weil ihm innerhalb der Pädagogik nach wie vor eine enorme Bedeutung zugesprochen wird (vgl. Schilling 1997, S. 205). Aus dieser Perspektive scheint es unabdingbar, auf Nohls Entwurf zurückzugreifen, wenn das Spezifische zwischen Erzieher und Heranwachsenden bestimmt werden soll (vgl. Kapitel 9.1). Im Anschluss daran werden Oevermanns Überlegungen zum Arbeitsbündnis beschrieben (vgl. Kapitel 9.2), die zwar stark von psychoanalytischen Vorstellungen geprägt sind, aber dennoch im sozialpädagogischen Diskurs eine vielfache Beachtung erfahren haben (vgl. Combe/Helsper 2002, S. 33 ff.; Müller 2002, S. 81 ff.). Abschließend stehen die Suizidalität und die helfende Beziehung zwischen Klient und Helfer in einer sozialpädagogisch akzentuierten Perspektive im Mittelpunkt der Betrachtung.

9.1 Nohls pädagogischer Bezug

Die Beschäftigung mit der Beziehung zwischen dem Jugendlichen und dem Erzieher lässt sich als ein kontinuierlicher Bestandteil sozialpädagogischer Überlegungen festhalten (vgl. Giesecke 1997). Besonders die diesbezüglichen Schriften von dem Philosophen und Pädagogen Herman Nohl erfahren in diesem Kontext eine erhebliche wissenschaftliche Resonanz, die auch durch die Beachtung in zeitgenössischen Beiträgen dokumentierbar erscheint (vgl. Colla 2001b; Haasis 2002; Klika 2000; Miller 2002). Nohl gilt als ein Vertreter der geisteswissenschaftlichen Pädagogik, der den Terminus des pädagogischen Bezugs geprägt hat (vgl. Knapp 1999, S. 113).

Die Arbeiten zu dieser Thematik lassen sich auf der Grundlage seiner gesellschaftlichen Analysen und Erfahrungen in der Praxis erschließen (vgl. Mennemann 1998, S. 63).

Für Nohl zeichnet sich die aktuelle Gegebenheit durch eine gesellschaftliche Krisensituation aus, die sich im 19. Jahrhundert entwickelt hat. Dieser Prozess scheint mit erheblichen nachteiligen Konsequenzen für den Einzelnen verbunden zu sein und gilt als Ausgangspunkt für die derzeitigen sozialpädagogischen Überlegungen. In diesem Sinne resümiert Nohl:

> *„Die Grundlage aller Gegenbewegungen, die auch unser ganzes* ***pädagogisches*** *Denken bestimmt, ist die neue soziale und sittliche, körperliche und geistige Not, wie sie im Lauf des 19. Jahrhunderts durch die Entwicklung der Industrie, der Großstädte, der Arbeits- und Wohnverhältnisse, aber auch der allgemeinen Aufklärung über die Völker hereingebrochen ist: die* ***Auflösung aller Bindungen****, die den einzelnen Menschen halten, ohne die er ins Bodenlose fällt, und die sich daraus ergebende völlige* ***Wertlosigkeit des Menschen****" (Nohl 1965a, S. 10, Hervorhebungen im Original).*

Wie bereits in Nohls Gedankenführung angedeutet, existieren aber auch Strömungen, die dieser negativen Entwicklung begegnen wollen. Die erste Gegenbewegung fand sich im Sozialismus der Arbeiterbewegung von 1848, die die Notsituation durch den Klassenkampf zu bewältigen versuchte und die klassenlose Gesellschaft anstrebte. Als eine weitere Reaktion auf das Krisenphänomen entwickelte sich 1849 die „Innere Mission". Diese Strömung führte die damaligen, äußeren Gegebenheiten auf einen Verlust des inneren christlichen Glaubens zurück, der in Folge im alltäglichen Leben der Menschen gestärkt werden sollte. Als dritte Richtung wird die Frauenbewegung um 1870 herausgestellt, welche den Grund für die Not in der untergeordneten Rolle der Frau in der Gesellschaft sah und eine intensivere Einflussnahme der Frauen forderte. Ab 1870 lässt sich eine sozialpolitische Bewegung feststellen, die durch gesetzgebende Maßnahmen des Staates verbesserte Bedingungen anstrebte (vgl. ebd., S. 11). Obgleich diese vier Richtungen für die Jugendwohlfahrt bzw. Sozialpädagogik von einer erheblichen Relevanz waren, kann eine spezifische Grenze mit den Bewegungen verbunden werden, die sich auf die Akzeptanz der geistigen Kultur des Bürgertums im 19. Jahrhundert bezieht (vgl. ebd., S. 14 f.). Der zentrale Grund für die Krisensituation wird somit von Nohl darin gesehen, *„(...) daß unsere Kultur als Ganzes auch in ihrer geistigen Form in* *eine Krise eingetreten (...)"* (ebd., S. 14) scheint. Als Gegenbewegungen lassen sich die Volksschulbewegungen, die gesamten pädagogischen Reformbewegungen, aber vor allem die Jugendbewegung benennen. Diese stellt die fünfte geistige Energie dar. Angesichts der kulturellen, defizitären Situation, welche sich vor allem durch das Fehlen eines Ideals und einer Ichbezogenheit ausdrückt, strebt sie an, *„(...) diese Not aus einem neuen Menschentum heraus zu beheben, dessen wesentlichster Zug ein neues Gemeinschaftsbewußtsein ist"* (ebd.). Nohl erkennt *„(...) die eigenständige schöpferische Kraft der Jugend, ihren Willen zum freiheitlichen Leben, zur Gemeinschaft und zur Selbsterziehung"* (Mennemann 1998, S. 66).

Trotz der Unterschiedlichkeit und Widersprüchlichkeit der dargestellten fünf Bewegungen sieht Nohl hinter diesen Gegensätzen ein gemeinsames Moment: die Subjektbezogenheit. Diese aus der historisch analysierenden Beobachtung gewonnene Erkenntnis wird als Anspruch für Jugendwohlfahrt übernommen. Insofern bildet das Recht der Einzelperson auf ihr eigenes Wohl die Grundhaltung der Sozialpädagogik, welche beinhaltet, sich gegenüber anderen gesellschaftlichen Einrichtungen und Einflüssen abzugrenzen und unabhängig aufzutreten (vgl. Nohl 1965a, S. 15 f.). Allerdings zieht die Fokussierung der Einzelperson keine Vernachlässigung des sozialen Umfeldes nach sich, da die Einbindung in eine Gemeinschaft als konstitutiv angesehen wird (vgl. Nohl 1965b, S. 18). Das Bestreben der Jugendbewegung wurde jedoch nicht ausnahmslos positiv gewürdigt, sondern Nohl betrachtete die Entwicklung der Jugend bezüglich der Selbsterziehung auch unter kritischen Gesichtspunkten. Besonders der Anspruch, auf die belehrenden Untersagungen der älteren Generation zu verzichten, stellt nicht nur eine Gefahr für die Gesellschaft, sondern auch für die Sozialpädagogik dar, weil sie dadurch in ihrem Dasein bedroht wird (vgl. Giesecke 1997, S. 220 f.; Mennemann 1998, S. 66). Nach Nohl scheint aber gerade die Auseinandersetzung mit den Werten und Idealen der älteren Generation für die Jugend ein wesentlicher Bestandteil des Erwachsenwerdens. Diese sind aber ausschließlich in einem direkten menschlichen Kontakt zu erfahren (vgl. Giesecke 1997, S. 221). Denn zur Bildung eines „freien Willens" scheint ein „entwickelter Willen" unerlässlich. Anderenfalls würden der Jugend aufgrund der Selbsterziehung zum einen wichtige pädagogische Lebenswerte und zum anderen ein Teil ihrer Jugendlichkeit verloren gehen. Dies schließt ein Generationsverhältnis zwischen alt und jung aus, welches durch die Termini Autorität und Gehorsam inhaltlich bestimmbar erscheint (vgl. Nohl 1979, S. 589 ff.). Die Begriffe sind im historischen Kontext zu betrachten und drücken eine Beziehung aus, bei der das Ziel der Selbstständigkeit und der moralischen Autonomie aufseiten des zu Erziehenden im Vordergrund steht (vgl. Miller 2002, S. 72). Der Weg zur Freiheit kann für Nohl unter Bezug auf Hegel nur durch Gehorsamkeit entwickelt werden. Das Generationsverhältnis gilt als temporäre Gemeinschaft, der insofern die Forderung der Jugend nach Autonomie Rechnung trägt (vgl. Nohl 1979, S. 591).

Neben der Relevanz, welche die historischen Betrachtungen für den pädagogischen Bezug haben, sind Nohls Praxiserfahrungen als zweite Zugangsmöglichkeit anzusehen, da sie grundlegenden Einfluss auf diese Thematik haben (vgl. Mennemann 1998, S. 63). Sein Verständnis zu diesem Gegenstandsbereich entwickelte er zum einen aus dem Einblick in die Behandlung von Psychopathen, die von Ruth der Leyen und seiner Schwester, Lotte Nohl, geleitet wurde. Zum anderen gewinnt er seine Überlegungen aus dem Kontakt mit den Reformern des Jugendstrafvollzugs (vgl. Lee 1989, S. 67 f.). Die Notwendigkeit des Aufbaus eines pädagogischen Bezugs wird aber am sichtbarsten in der Begegnung mit Verwahrlosten. Nohl formuliert diesen Anspruch wie folgt:

> *„Gerade dem Verwahrlosten, dessen Wesen ja ist, daß ihm jede Bindung verlorengegangen ist und der sich oft in Haß und Trotz verzehrt, muß dieser pädagogische Bezug zunächst alles ersetzen, Liebe und Halt, muß ihn erweichen und dann sein höheres Leben wieder in ihm wecken und formen" (Nohl 1965c, S. 30).*

Für Nohl bildet die „pädagogische Liebe" oder „erzieherische Hingabe" des Erziehers die Grundlage, um das unentbehrliche Vertrauen seines Gegenübers zu erhalten (vgl. Mennemann 1998, S. 70). Der Erziehungswissenschaftler Hugo Mennemann fasst die Erkenntnisse, die sich sowohl aus den historischen Betrachtungen als auch aus den Praxiserfahrungen ergeben und als Verständnishintergrund zum pädagogischen Bezug dienen, pointiert zusammen:

> *„Nimmt Nohl aus der Jugendbewegung Merkmale wie Autorität, Gehorsam, das Generationenverhältnis und die schöpferische Kraft der Jugend in seine theoretischen Überlegungen auf, so gewinnt er aus der unmittelbaren Praxisanschauung die Einsicht in die Notwendigkeit von Liebe, Anerkennung, Hingabe auf der einen und Vertrauen auf der anderen Seite als Elemente des erzieherischen Verhältnisses" (ebd.).*

Nachdem die notwendige Vorabklärung der zwei Zugangsperspektiven abgeschlossen ist, kann nun der pädagogische Bezug in seinen

Grundkonturen präzisiert werden. Nohl definiert diesen zentralen Gegenstand wie folgt:

> *„Die Grundlage der Erziehung ist also das leidenschaftliche Verhältnis eines reifen Menschen zu einem werdenden Menschen, und zwar um seiner selbst willen, daß er zu seinem Leben und seiner Form komme" (Nohl 1988, S. 169).*

Das Adjektiv „leidenschaftlich" verweist auf die Praxiserfahrungen von Nohl, die er mit Geisteskranken, Verwahrlosten und Kriminellen sammelte, und kann im modernen Sprachgebrauch als „vorbehaltloses Engagement" aufgefasst werden (vgl. Knapp 1999, S. 113). Das obige Zitat verdeutlicht, dass Erziehung auf der emotionalen und personalen Beziehung zwischen zwei Personen basiert, wobei der Erwachsene nicht eigennützige Ziele verfolgt, sondern die selbstlose Absicht der kindlichen Persönlichkeitsentwicklung im Vordergrund sieht. Mit der Unterstützung des fördernden, signifikanten Anderen ist die Selbstentfaltung des zu Erziehenden möglich. Der pädagogische Bezug kann als ein durch Alters- bzw. Reifegefälle gekennzeichnetes erzieherisches Verhältnis charakterisiert werden (vgl. Nohl 1988, S. 169). Dabei ist er individuell verschieden angelegt (vgl. Nohl 1965c, S. 29), wobei sich allerdings ein gemeinsames Moment in jeder Beziehung feststellen lässt: So wird die Mündigkeit des zu Erziehenden und damit die Selbstauflösung des Arbeitsbündnisses angestrebt, sobald diese erzieherische Intention erreicht wurde. Nach der Beendigung der Gemeinschaft findet anschließend auf der Grundlage dieser Zweierrelation die Selbsterziehung des Edukanden statt, die dann sein weiteres Leben bestimmt (vgl. Nohl 1988, S. 166).

In der Dyade des pädagogischen Bezugs kann der Heranwachsende das „höhere Leben" (vgl. ebd., S. 175) bzw. die Vollendung eines „geistigen Lebens" (vgl. ebd., S. 166) erreichen. Dementsprechend richtet sich der Blick des Erziehers auf den Einzelnen in seiner „körperlich-geistigen Entfaltung" (vgl. Nohl 1965c, S. 28 f.). Die Pädagogik erhält hierbei die Aufgabe, diesen Prozess, losgelöst vom Staat, von der Kirche, von einer Partei etc. zu unterstützen (vgl. ebd.). Dabei muss sie nicht gegen die Natur des Menschen handeln, da die Potenziale in der Persönlichkeit angelegt sind (vgl. Mennemann 1998, S. 73), aber eine erzieherische Aktivierung benötigen (vgl. Nohl 1988, S. 166). Dennoch darf nicht von einem einseitigen, ausschließlich von der Einzelperson ausgehenden, Bildungsziel gesprochen werden, weil es für Nohl nicht nur um die Entwicklung der Individualität geht, sondern im Erziehungsprozess die kulturellen und gesellschaftlichen Anforderungen zu berücksichtigen sind. Die Einzelperson ist damit nicht nur ihren eigenen Wunschvorstellungen verpflichtet (Selbstzweck), sondern unterliegt gleichsam den gesellschaftlichen Zwängen (Fremdzweck). Folglich scheint das Individuum sowohl Subjekt als auch Objekt zu sein (vgl. ebd., S. 161). Weitere Gegensätzlichkeiten, die schon in den familiären Strukturen durch die tradierten Geschlechterrollen der Mutter und des Vaters angelegt sind, lassen sich in der Pädagogik feststellen. Nohl resümiert:

> *„So findet sich die Grundantinomie der Pädagogik von Sein und Norm, Subjekt und Objekt, Gegenwart und Zukunft schon hier in der Urzelle der pädagogischen Gemeinschaft verteilt auf Vater und Mutter" (ebd., S. 163).*

Die mütterliche Form der Erziehung zeichnet sich vor allem durch eine „liebende Gesamtfreude" aus, die durch Subjekt- und Gegenwartsbezug kennzeichnet ist und sich folglich als „nachgehende" Art beschreiben lässt. Im Gegensatz dazu steht die „vorschreibende" Form des Vaters, die an der Gruppe bzw. der Gesellschaft und der Zukunft ausgerichtet ist und durch die Merkmale „Führung und Festigung" eine inhaltliche Charakterisierung erfährt. Während die Aufgabe der Mutter in der Pflege und dem Wachsenlassen des Kindes besteht, obliegt dem Vater die Verantwortung der Führung seines Sohnes hin zu Gesetz und Ordnung. Diese Grundanatomien stellen gleichzeitig die beiden Grenzen der Erziehung dar. Sobald eine Seite, entweder das Wachsenlassen oder das Führen, im Erziehungsprozess keine Berücksichtigung erfährt, kann er als zu einseitig bezeichnet und deswegen abgelehnt werden (vgl. ebd., S. 161 ff.). Um das Eidos der Erziehung in seiner polaren Struktur zu veranschaulichen, kann die Grafik von Dorle Klika herangezogen werden. Siehe hierzu das nachstehende Schaubild:

Abbildung 17: Das Wesen der Erziehung in seiner polaren Struktur.

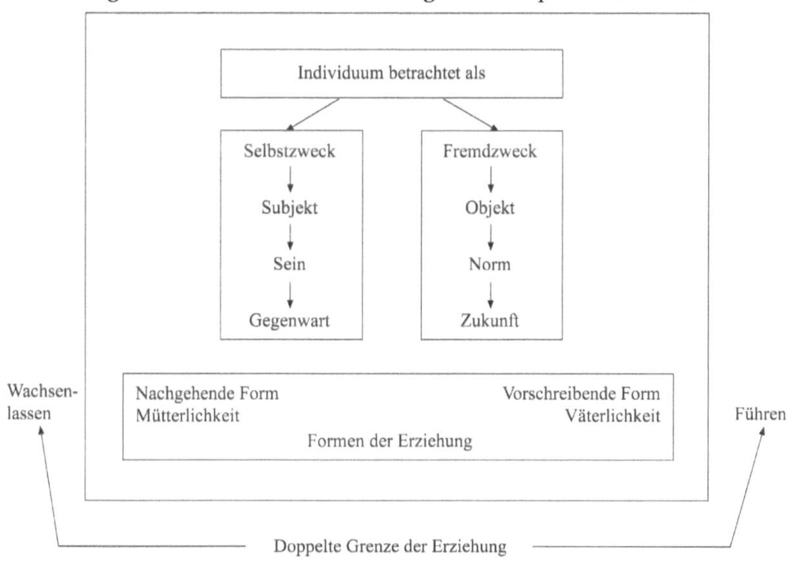

Quelle: Klika 2000, S. 29.

Der pädagogische Bezug leitet sich aus dem familiären Verhältnis ab und erfordert eine Auseinandersetzung mit den verschiedenen Antinomien. Der Erzieher hat die Aufgabe, sowohl die mütterliche als auch die väterliche Haltung in seiner Person zu verbinden. So wird ein entscheidendes Strukturmerkmal des Verhältnisses in der zweifachen Intentionalität des Erziehers gesehen, der sich in Analogie zur Mutter sowohl auf die Realität des jungen Menschen als auch in Entsprechung mit dem Vater auf die Verwirklichung seiner Idealität zu beziehen hat (vgl. Nohl 1988, S. 171 u. S. 174). Nach diesem Verständnis steht der Pädagoge im Spannungsverhältnis zwischen dem gegenwärtigen Sein des Heranwachsenden mit seiner Befindlichkeit, mit seinem Wohl, mit den spezifischen Lebensbedingungen und mit den Fantasien des zukünftigen, noch zu entwickelnden Selbst (vgl. ebd., S. 171; 1965c, S. 30 f.). Die Perspektive ist insofern *„(...) doppelt bestimmt: von der Liebe zu ihm in seiner Wirklichkeit und von der Liebe zu seinem Ziel, dem Ideal des Kindes (...)"* (Nohl 1988, S. 171). Im Unterschied zur Mutter- bzw. Vaterliebe scheint diese emotionale Basis in der professionalisierten Form von ihrem „instinktiven Verhalten" losgelöst zu sein und wird als „geistiges Verhalten selbstständiger Art" bezeichnet, das zwar sinnliche, aber keine erotischen Momente aufweist (vgl. ebd., S. 169 ff.). Nohl zufolge sind weitere Spannungen für den pädagogischen Bezug konstitutiv: Auf der Handlungsebene des Erziehers lassen sich die beiden Entscheidungspole des erzieherischen Intervenierens und der reflektierten Distanzierung feststellen. Ihre Balancierung obliegt seiner Verantwortung. Um diese Leistung begrifflich zu determinieren, bedient sich Nohl des von Herbarts 1802 entwickelten Ausdrucks des „pädagogischen Taktes". Die Position des jungen Menschen kann einerseits durch das Merkmal der Hingabe und andererseits durch die Begriffe Selbstbewahrung und Widerstand gekennzeichnet werden (vgl. ebd., S. 172 f.).

Aufgrund der antinomischen Fundierung weist der pädagogische Bezug aber nicht nur auf der Ebene der einzelnen beteiligten Personen Spannungen auf, sondern die gegensätzlichen Merkmale offenbaren sich auch zwischen dem Erzieher und dem Zögling (vgl. ebd., S. 161 ff.). Die polare Struktur wird durch das Bedürfnis nach Veränderungs- und Gestaltungswillen aufseiten des Pädagogen erkennbar, welches zugleich der Spontaneität und Individualität des jungen Menschen gegenübersteht. Zudem liegt die spannungsreiche Grundstruktur darin begründet, dass sowohl der Erwachsene als auch der Heranwachsende bemüht sind, das Verhältnis unnötig werden zu lassen und es zu beenden (vgl. ebd., S. 172 f.).

Die Beziehung zwischen beiden wird durch zwei „Potenziale" bestimmt, wobei die erste Kraft, die Liebe, sowohl auf den Zögling als auch auf den Erzieher zutrifft. Grundlage dieser Gemeinschaft ist ein wechselseitiges Vertrauensverhältnis. Das zweite Potenzial wird für die einzelnen Beteiligten unterschiedlich determiniert (vgl. Klika 2000, S. 45 ff.). Der Edukand lässt sich mit der Bezeichnung Gehorsam in Verbindung bringen. Dieser Terminus beinhaltet keine vollständige Unterwerfung vor der Suppression des Pädagogen, vielmehr akzentuiert er eine freiwillige Ehrerbietung des Heranwachsenden vor den Ansprüchen des höheren Lebens, welches der Erzieher repräsentiert (vgl. Nohl 1988, S. 175). Für den Erwachsenen wird der Ausdruck Autorität gewählt, der *„(...) nichts anderes ist als das Gewissen jenes höheren Lebens und das Vorbild jener höheren Form, dem die Seele zugeführt werden soll"* (ebd.). Somit lässt sich die Bezeichnung nicht zwangsläufig mit dem Begriff der Gewalt assoziieren, obwohl ihre Anwendung nicht völlig ausgeschlossen wird (vgl. ebd.). Bei diesem Verhältnis handelt es sich weniger um eine Zweck-Mittel-Beziehung, bei der die einzelnen Beteiligten den jeweils anderen zum Gegenstand degradieren, um seine Absichten zu verwirklichen. Zwar wird diesem Gesichtspunkt seine Existenz nicht völlig abgesprochen, jedoch nicht als dominierende Prägung. Vielmehr kann dieses dyadische Beziehungsgefüge als Bildungs- und Lebensgemeinschaft betrachtet werden, das durch das Primat der Verständigung seine Ausrichtung erhält (vgl. Klika 2000, S. 44 f.).

Abschließend kann die Abbildung von Dorle Klika rekurriert werden, da sie die Struktur des pädagogischen Bezugs grafisch veranschaulicht hat:

Abbildung 18: Die Struktur der pädagogischen Beziehung.

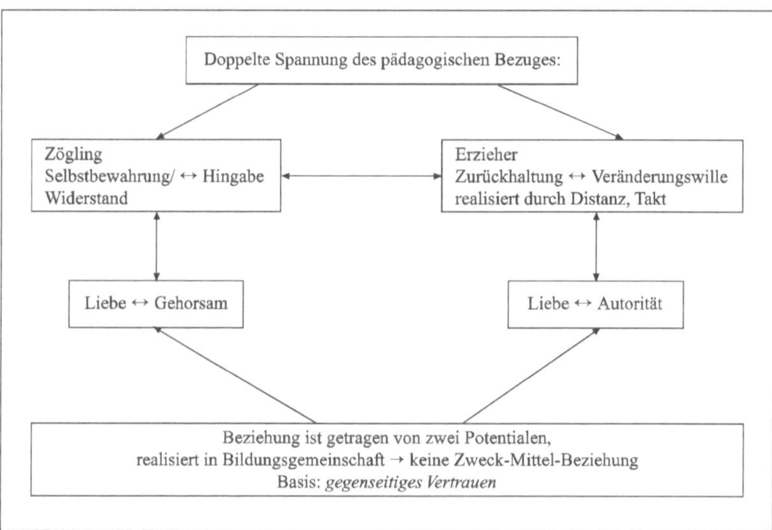

Quelle: ebd., S. 43.

Der Versuch, Nohls Vorstellung vom pädagogischen Bezug herauszuarbeiten, erfordert eine Nachbetrachtung, in der das Unbehagen der zeitgenössischen Fachliteratur diskutiert wird. Im Wesentlichen umfasst die gegenwärtige Kritik drei Kernelemente, die sich auf die nachfolgenden Bereiche beziehen: Zum einen lässt sich Nohls Welt- und Menschenbild kritisieren, zum anderen werden gegenüber der dargestellten Binnenstruktur des pädagogischen Bezugs skeptische Argumente geäußert. Zuletzt kann der Anspruch einer autonomen Pädagogik angezweifelt werden (vgl. Mennemann 1998, S. 77).

Hugo Mennemann weist zu Recht darauf hin, dass der pädagogische Bezug auf einem glorifizierten Welt- und Menschbild basiert, welches unreflektiert als Prämisse vorausgesetzt wird. Inwieweit und ob das höhere Leben in der Natur des Menschen angelegt ist, bedarf einer differenzierten Analyse, die von Nohl nicht erbracht worden ist. Für Mennemann offenbart gerade der Nationalsozialismus, dass der Mensch nicht zwangsläufig humanitäre Ziele verfolgt. Somit kann für ihn das höhere Leben nicht naturbedingt existent sein (vgl. ebd.). Im Sinne Nohls kann demgegenüber der Vorwurf geltend gemacht werden, dass der Nationalsozialismus weniger das fehlende höhere Leben zeigt, sondern die unzureichende erzieherische Aktivierung enthüllt. Laut Nohl sind die Potenziale zwar in der Persönlichkeit angelegt, benötigen aber eine erzieherische Aktivierung (vgl. Nohl 1988, S. 166). Obwohl Mennemanns historischem Argument nicht zugestimmt werden kann, bleibt die Skepsis gegenüber dem unreflektierten Welt- und Menschenbild von Nohl bestehen, welches sich auch auf der Erzieherebene ausdrückt. So bleibt die Frage unbeantwortet, wie der einzelne Erzieher das Ziel des höheren Lebens erreicht. Zudem werden seine Persönlichkeitseigenschaften und Motivationen in dem erzieherischen Verhältnis nicht berücksichtigt. Dadurch wird nach Mennemann der Vorwurf unterstrichen, mit dem pädagogischen Bezug lediglich ein Instrument zur Beeinflussung und zur Verhüllung von gegenwärtigen sozialen Ungerechtigkeiten zu besitzen (vgl. Mennemann 1998, S. 74 ff.).

Bezüglich des zweiten Kritikbereichs, der sich mit der Binnenstruktur des pädagogischen Bezugs befasst, lässt sich das Problem der Begrenzung auf ein Verhältnis zweier Menschen identifizieren, wodurch wichtige signifikante Einflüsse unberücksichtigt bleiben. So hebt Wilhelm Flitner beispielsweise die Relevanz weiterer pädagogischer Beziehungen hervor (vgl. Flitner 1980, S. 70 f.). Auch Giesecke bemängelt die isolierte Betrachtung des Erzieher-Zöglings-Verhältnisses, da diese Zweierrelation nicht für alle Berufsgruppen gilt. So erweisen sich Nohls Überlegungen, beispielsweise bezogen auf die Schulklasse, als problematisch. Selbst wenn den Vorstellungen von Nohl gefolgt wird und die Schüler als eine Vielzahl von Einzeldyaden aufgefasst werden, zu denen jeweils eine Beziehung aufgebaut werden soll, kann diese Ansicht nicht geeignet sein, um die Wechselbeziehungen zwischen dem Lehrer und der Klasse zu thematisieren (vgl. Giesecke 1997, S. 229). Zwar revidierte Nohl in den 50er Jahren seine Vorstellung von der Dyade des pädagogischen Bezugs und betont die Wichtigkeit von Gruppenprozessen (vgl. Nohl 1965d, S. 66), allerdings ohne dies systematisch in seinen Überlegungen zu integrieren (vgl. Finckh 1977, S. 233). Durch den starren Fokus auf das erzieherische Verhältnis zweier Menschen bleiben aber nicht nur multipersonale Variablen unreflektiert (vgl. Flitner 1980, S. 70 f.; Giesecke 1997, S. 229), sondern es fehlt auch eine kritische Positionierung zur gesellschaftlich-politischen Dimension. Dies stellt ein grundsätzliches Problem der geisteswissenschaftlichen Pädagogik dar, da sie vor allem das Verstehen in den Vordergrund stellt, wodurch Kritik und Veränderung der gegenwärtigen gesellschaftlichen Zustände aus dem Blick geraten (vgl. Herrmann 1983, S. 32 f.).

Auch hinsichtlich des Nohlschen Anspruchs der Autonomie der Pädagogik werden grundlegende Zweifel geäußert. So akzentuiert Panos Xochellis die Notwendigkeit einer interdisziplinären Ausrichtung der Pädagogik und fordert dementsprechend eine Verabschiedung des Autonomiepostulats (vgl. Xochellis 1974, S. 93). In diesem Kontext ist auch die Kritik von Mennemann zu sehen. Er weist darauf hin, dass Nohl die Bedeutung der Psychoanalyse hervorhebt, ohne sich allerdings mit den Ergebnissen dieser oder anderer wissenschaftlichen Nachbardisziplinen in seinen Arbeiten konsequent zu befassen (vgl. Mennemann 1998, S. 83).

Neben diesen drei erwähnten skeptischen Argumenten lassen sich auch aus der Sicht der Suizidologie weitere Kritikpunkte gegenüber der Nohlschen Fassung anbringen. Die Schwierigkeit liegt darin, dass seine Überlegungen nicht geeignet sind, um der besonderen Beratungssituation der Krisenintervention gerecht zu werden, da es sich hierbei um eine spezifische Interventionsform handelt, die eine spezielle Haltung und besondere Arbeitsprinzipien des Pädagogen erfordern (vgl. Colla 2001a, S. 1859). Zentrale Merkmale dieser Interventionsform finden sich bei Herbert Ernst Colla, der sich bei seinen Ausführungen auf die Publikation „Therapie bei Suizidgefährdung. Ein Handbuch" bezieht, welches von Hans Wedler, Manfred Wolfersdorf und Rainer Welz herausgegeben worden ist. Einige dieser Kennzeichen werden nachfolgend genannt, um das Besondere dieser Beratungsform zu verdeutlichen. So liegt die Funktion des Helfers darin, dass der Betroffene sich selbst nicht mehr als „erleidendes" Objekt, sondern als „handelndes Subjekt" wahrnimmt, das durch Aktivität neue Perspektiven erlangt. Dazu ist eine Gesprächsatmosphäre notwendig, die über ein ausreichendes Zeitkontingent verfügt, um dem Klienten das Verbalisieren von relevanten Themen zu ermöglichen. Der Berater hat dabei die Aufgabe, das aktuelle Erleben des Gefährdeten aufzugreifen und ihn so emotional zu entlasten. Es obliegt dem Helfer, den Betroffenen zu stützen und ihn zu ermutigen, Gefühle von Trauer, Schmerz, Feindseligkeit und Aggressionen zu zeigen. Erforderlich ist auch die Thematisierung von potenziellen, appellativen und aggressiven Anteilen in der suizidalen Handlung und der Aufbau bzw. die Erneuerung von sozialen Bezügen. Entwickelte Ziele bedürfen der Möglichkeit einer kurzfristigen Verwirklichung. Die Auslöser der Krise sind gemeinsam herauszuarbeiten. Dabei geht es nicht darum, dass der Betroffene die Handlung vor dem Pädagogen legitimiert, sondern die Not, welche hinter der „selbstzerstörerischen Problemlösungsstrategie" steckt, ist vom Helfer zu verstehen (vgl. ebd., S. 1859 f.). Diese Perspektive verdeutlicht die Notwendigkeit, den pädagogischen Bezug hinsichtlich des jugendlichen Suizidenten neu zu justieren.

Trotz dieser Einschränkungen an den Nohlschen Ausführungen lassen sich durchaus auch positive Aspekte akzentuieren. Ein Vorteil lässt sich daran erkennen, dass seine Arbeiten die Beziehungsgestaltung ins Zentrum seiner Reflexionen stellen. Für die Pädagogik wird dieser Gegenstand als grundlegend charakterisiert. Dies betont auch Hermann Giesecke, wenn er Nachfolgendes zur pädagogischen Beziehung festhält:

> *„Das Nachdenken über die Art und Weise dieser eigentümlichen Beziehung zwischen Menschen ist also kein Randthema, sondern führt mitten in die Substanz des Pädagogischen. Wer diese Frage nicht überzeugend für sich klären kann, kann auch seinen Beruf nicht erfolgreich ausüben" (Giesecke 1997, S. 16).*

Ein weiterer positiver Aspekt an den Überlegungen von Nohl kann darin gesehen werden, dass hier wichtige Bestimmungsmerkmale des sozialen Beziehungsgefüges herausgearbeitet werden. So kann ihm das Verdienst zugerechnet werden, die grundlegende Bedeutung des Arbeitsprinzips von Nähe und Distanz in den Blick gerückt zu haben, welches der Pädagoge entlang der Bedürfnisse des Heranwachsenden auszutarieren hat und seiner Verantwortung obliegt. Diese Empfehlung steht sowohl in Einklang mit der Suizidtheorie von Schröer (vgl. Kapitel 5.6) als auch mit den Prinzipien der Krisenintervention (vgl. Colla 2001a, S. 1860). Bei diesem immer wieder zu aktualisierenden Aushandlungsprozess darf aber nicht unberücksichtigt bleiben, dass dieses Merkmal die rechtliche Grundlage der Garantenpflicht aberkennt (vgl. ebd., S. 1858). Im Gegenteil: sie stellt die übergeordnete Prämisse für den Sozialpädagogen dar, wie Colla in Anlehnung an Bringewat verdeutlicht. Insofern gilt es, die aktuelle Bedürfnisstruktur des Klienten der entsprechenden Rechtslage unterzuordnen (vgl. ebd., S. 1859).

Auch weitere grundlegende Komponenten des Arbeitsbündnisses lassen sich unter Berücksichtigung der Ausführungen Nohls erkennen, welche den Stellenwert seiner Überlegungen verdeutlichen:

1. Der pädagogische Bezug kann durch eine intentionale Ausrichtung charakterisiert werden, welche das Ziel der Auflösung anstrebt, sobald der junge Mensch zur Lebensgestaltung fähig ist (vgl. Nohl 1988, S. 166).
2. Für diese Beziehungsform ist das Vertrauen des Jugendlichen zum Erzieher grundlegend (vgl. Nohl 1965c, S. 29).
3. Die Art der Bindung lässt sich ausschließlich individuell erschließen (vgl. ebd.).
4. Als Arbeitsprinzip des Erziehers kann die individuelle Ressourcenorientierung des Edukanden genannt werden (vgl. ebd., S. 28 f.).
5. Der pädagogische Blick richtet sich sowohl auf die Gegenwart als auch auf die Zukunft des jungen Menschen (vgl. Nohl 1988, S. 171).
6. Der pädagogische Bezug lässt sich nicht erzwingen. Falls er nicht gelingt, so ist eine solche Beziehung zu einem anderen Menschen zu ermöglichen (vgl. Nohl 1965c, S. 30).

9.2 Oevermanns Überlegungen zum Arbeitsbündnis

Zur weiteren Bestimmung des Verhältnisses zwischen dem Sozialpädagogen und dem Klienten wird auf die Ansichten des Soziologen Ulrich Oevermann zurückgegriffen, welche er explizit noch einmal im Jahre 1996 im Rahmen seiner Professionalitätstheorie konzipiert hat (vgl. Oevermann 1996). Allerdings findet an dieser Stelle keine Beschäftigung mit seinen professionstheoretischen Annahmen statt, sondern für den hier in Rede stehenden Diskussionszusammenhang sollen seine Überlegungen zum Arbeitsbündnis skizziert werden. Eine sozialpädagogische Auseinandersetzung mit seiner „revidierten Professionalisierungstheorie" ist beispielsweise von Rita Sahle oder auch von Irene Somm vorgelegt worden (vgl. Sahle 1987; Somm 2001).

Oevermann unterscheidet drei verschiedene Bereiche, die er als Brennpunkte professionalisierter Tätigkeiten ausmacht. Er spricht von einem „therapeutischen Komplex", einem „rechtspflegerischen Komplex" und dem „Komplex von Kunst und Wissenschaft" (vgl. Oevermann 1997, S. 11). In jedem einzelnen dieser drei Formen kann ein spezifisches Klientenverhältnis ausgemacht werden (vgl. Combe/Helsper 2002, S. 35), wenngleich eine Übereinstimmung hinsichtlich einer *„(...) Sicherung der Bedingung der Möglichkeit lebenspraktischer Autonomie"* (Oevermann 1997, S. 11) für alle drei Felder besteht. Der therapeutische Bereich befasst sich mit dieser Bedingung und der *„(...) Gewährleistung leiblicher und psycho-sozialer Integrität (...)"* (ebd.). Während es beim rechtspflegerischen Komplex noch zusätzlich um die *„(...) Sicherung eines hinreichenden Konsens kollektiver Ordnungsvorstellungen (...)"* (ebd.) geht, zielt der Komplex für Wissenschaft und Kunst außerdem auf die *„(...) methodisch kontrollierte, erkenntnismäßige Explikation von Geltungsgründen (...)"* (ebd.) ab. Das Gewicht der folgenden Ausführungen liegt auf der Skizzierung des ersten Bereichs und den darin zugrunde liegenden Vorstellungen eines Arbeitsbündnisses. Die ausschließliche Bezugnahme zu dieser Fokussierung liegt in der Nähe begründet, welche zwischen dem therapeutischen Kontext und der hier zu behandelnden Hauptthematik (Suizidalität) besteht. Um sich diesem Verständnisgebiet anzunähern, ist zunächst eine Beschäftigung mit Oevermanns Sozialisationsüberlegungen erforderlich, da er analog zu Parsons eine zum Teil notwendige Komplementarität zwischen therapeutischen Beziehungen und der familialen Sozialisation sieht (vgl. Oevermann 1996, S. 109).

Zwei elementare Kategorien sind für Oevermanns soziologische Sozialisationsvorstellungen konstitutiv, die in diesem Kontext lediglich grob angerissen werden können: zum einen die sozialisatorische Interaktion und zum anderen die ödipale Triade (vgl. ebd., S. 110). Im Hinblick auf die familiale Interaktion wird ein Aspekt als bedeutsam erachtet, der vor allem in dem Terminus „diffuse Sozialbeziehungen" seine Entsprechung findet. Diffusität der Beziehung wird von Oevermann im Unterschied zu Parsons *„(...) nicht als Rollenbeziehungen, sondern als nicht-rollenförmige Sozialbeziehungen zwischen ganzen Personen (...)"* (ebd.) aufgefasst. Unter diffusen Sozialbeziehungen wird somit ein personaler Bezug verstanden, in dem der Mensch als ganzheitliche Person in Erscheinung tritt. Dies bedeutet, dass alle Belange zum Gegenstand der Kommunikation werden können und keine Reduktion auf bestimmte Themen erfolgt. Im Unterschied dazu sind die „spezifischen Sozialbeziehungen" zu betrachten. Hierbei begegnen sich Menschen nach den Maßgaben festgelegter Rollendefinitionen, deren Kommunikationsinhalte einer besonderen Legitimation bedürfen, sobald sie über die Spezifik des Beziehungstypus hinausgehen. Als diffuse Sozialbeziehungen sind Gattenbeziehungen, Mutter-Kind-Beziehungen und Vater-Kind-Beziehungen erfassbar (vgl. ebd., S. 100 f.). Für diese Beziehungen sind vier Strukturkomponenten bedeutend:

1. Die Bedeutung der „Körperbasis" für die innerfamilialen Beziehungen.
2. Die Unkündbarkeit der Beziehungen zwischen den Familienmitgliedern. Eine Trennung ist gleichbedeutend mit dem Scheitern der Beziehung.
3. Die Existenz eines Anspruchs des bedingungslosen Vertrauens.
4. Das Bestehen einer ausgeprägten, wechselseitigen affektiven Bindung (vgl. ebd., S. 113).

Die ödipale Triade besteht aus den drei Dyaden (Gattenbeziehung, Mutter-Kind-Beziehung, Vater-Kind-Beziehung). Die triadische Struktur der Familie impliziert einen „Dauerzustand der Eifersucht", welche die Entwicklung des zu sozialisierenden Individuums forciert. Denn durch die Bewältigung dieser Krise, die mit der *„(...) Ablösung aus der manifest ödipalen Triade (...)"* (ebd., S. 114) einhergeht und die Abhängigkeit des Kindes aus der „Mutter-Kind-Symbiose" beendet, wird die Person zur Autonomie veranlasst. Diesen Prozess bezeichnet Oevermann als die soziale Geburt des Subjekts in der Ontogenese. Aus seinen Sozialisationsüberlegungen ergeben sich für die professionalisierten Tätigen, welche sich mit der Entwicklung oder Wiederherstellung einer autonomen Lebenspraxis beschäftigen, zwei bedeutsame Aspekte: Professionalisierte Tätigkeiten sind nicht mehr nur als Rollenbeziehung zu fassen, sondern sie nutzen auch Komponenten diffuser Sozialbeziehungen der familialen Sozialisation, um die beschädigte Autonomie der Lebenspraxis ihrer Klienten zu sichern bzw. wiederherzustellen. Im Klientenbezug gilt es daher erstens, sowohl den Umgang mit den diffusen und spezifischen Sozialbeziehungen als auch zweitens, mit der Autonomie und der Abhängigkeit zu reflektieren. Die Auseinandersetzung mit diesen beiden Gegensatzpaaren stellt die Besonderheit des Arbeitsbündnisses im therapeutischen Bereich dar. In der Beziehung zwischen Psychoanalytiker und Patienten sieht Oevermann seine Ansprüche realisiert (vgl. ebd., S. 114 ff.).

Dieses Arbeitsbündnis weist dabei idealtypisch sechs Merkmale auf: Das erste Kennzeichen der Beziehung verweist auf den Leidensdruck des Patienten. Seine Autonomie bleibt somit erhalten, da er zum einen selbst entscheidet, ob er sich auf das Setting einlässt oder nicht. Zum anderen liegt es in seinem Verantwortungsbereich, die Behandlung fortzuführen oder zu beenden (vgl. ebd., S. 115 f.).

Die Einhaltung der therapeutischen Grundregel durch den Patienten stellt ein weiteres Charakteristikum des Arbeitsbündnisses dar. Gemäß dieser Bedingung sind vom Klienten alle in ihm aufkommenden Kommunikationsinhalte zu verbalisieren. Dabei bedürfen auch und gerade die Themen eine Artikulation, die ihm unangenehm sind oder die er für nicht relevant hält. Diese Auflage verdeutlicht die Komponente der diffusen Sozialbeziehung aufseiten des Klienten (vgl. ebd., S. 116 f.).

Das dritte Merkmal erläutert die notwendige Beachtung der „Abstinenzregel". Diesem Grundsatz zufolge ist es dem Analytiker innerhalb des therapeutischen Settings nicht gestattet, seine „Gegenübertragungsgefühle" auszuleben. Der Behandelnde repräsentiert somit die Komponente der spezifischen Sozialbeziehung (vgl. ebd., S. 117 f.).

Allerdings lassen sich diesbezügliche Anteile auch beim Patienten erkennen, da er zum einen zusammen mit dem Therapeuten die zeitliche Struktur der Termine einhält und zum anderen die geldliche Entlohnung an den Psychoanalytiker zu entrichten hat. Der Behandelnde nimmt auch an der diffusen Sozialbeziehung teil, indem er sich auf die „Übertragung" des Klienten einlässt. Jedoch erfolgt dies ausschließlich „innerlich", ohne dass er seine spezifische Rolle aufgibt. Diese Aufgabe kann vom Therapeuten wahrgenommen werden, weil er über die notwendige Erfahrung und Kompetenz verfügt. Insofern lassen sich die gegensätzlichen Anteile von spezifischen und diffusen Sozialbeziehungen sowohl beim Behandelnden als auch beim Behandlungsbedürftigen erkennen. Diese Besonderheit wird als ein weiteres Merkmal der Therapieform angesehen (vgl. ebd., S. 117 ff.).

Im Fokus des fünften Charakteristikums stehen die beiden psychoanalytischen Termini Übertragung und Gegenübertragung. Nach Auffassung der Psychoanalyse aktualisieren sich im therapeutischen Prozess die vergangenen, emotionalen Erfahrungen des Klienten. Die entstandenen Gefühle werden dann auf den Analytiker bezogen bzw. übertragen. Dieser Vorgang hat zur Folge, dass sich beim Therapeuten Gegenübertragungsgefühle auslösen. Aufgrund seiner spezifischen Ausbildung (Lehranalyse) scheint es ihm möglich zu sein, diese emotionalen Reaktionen zu nutzen, um einen Zugang zur latenten Sinnstruktur des Patienten zu erhalten, die er dann in Stellvertretung für den Patienten deutet (vgl. ebd., S. 119 ff.). Oevermann betont:

> *„Indem der Therapeut seine Gegenübertragungsgefühle souverän zulassen und sie, sich in gleichschwebender Aufmerksamkeit über sie beugend, sich bewußt machen kann, versteht er intuitiv die Sinnkonfiguration der Traumatisierungsgeschichte des Patienten und die Sinngestalt seiner Krankheit. Damit ist die Voraussetzung für eine erfolgreiche stellvertretende Deutung der latenten Sinnstruktur des Agierens des Patienten erfüllt" (ebd., S. 120 f.).*

Mit dem Begriff der latenten Sinnstruktur sind die im verborgenen liegenden Anliegen, Beweggründe und Fantasien gemeint (vgl. ebd., S. 158), die unabhängig von den bewussten Motiven des Akteurs wirken (vgl. Oevermann et al. 1983).

Das letzte Merkmal des Arbeitsbündnisses identifiziert die Spezifik der Zielsetzung und Beendigung des therapeutischen Settings. Für Oevermann kann das Ziel der Behandlung nicht durch vereinheitlichte und festgesetzte Lösungsmuster erreicht werden; vielmehr bedarf es *„(...) den Vollzug einer lebendigen, zukunftsoffenen Beziehung in einem Arbeitsbündnis zwischen ganzen Menschen"* (Oevermann 1996, S. 122). Der Unterstützungsprozess kann dann als abgeschlossen betrachtet werden, sobald die weiter oben beschriebene Grundregel vom Klienten ausnahmslos eingehalten wird. Eine vollkommene Genesung des Patienten scheint indes unerreichbar zu sein. Es fällt in den Aufgabenbereich des Analytikers, die „risikoabwägende Entscheidung" für das Ende der Behandlung zu treffen, wobei der zu Behandelnde diesen Prozess mitgestaltet, um so einer potenziellen einseitige Beurteilung durch den Therapeuten zu begegnen. Dennoch ist es letztlich seine Aufgabe, das Therapieende zu bestimmen, da ein diesbezüglicher Wunsch aufseiten des Klienten auch als Rückzug verstanden werden kann. Für den eigentlichen Ablösungsprozess wird als notwendig angesehen, ihn autonom durch den Behandelnden ausführen zu lassen (vgl. ebd., S. 121 ff.).

Die Arbeitsbeziehung zeichnet sich demnach erstens durch die gegensätzlichen Anteile von spezifischen und diffusen Sozialbeziehungen sowohl beim Behandelnden als auch beim Behandlungsbedürftigen und zweitens durch die konträren Elemente von Autonomie und Abhängigkeit des Patienten aus. Ausgehend von dieser

Kernstruktur ergeben sich für die Ausbildung und die Fähigkeiten des professionalisierten Therapeuten verschiedene Konsequenzen. Dazu werden an dieser Stelle vier Aspekte aufgegriffen:

Erstens kann die therapeutische Handlungsfähigkeit nicht ausschließlich auf wissenschaftlichen Erkenntnissen basieren, sondern sie erfordert in erster Linie einen spezifischen Handlungstypus, der sich durch praktische Erfahrungen ausbildet. Allerdings bedarf es auch der Vermittlung erfahrungswissenschaftlichen Fachwissens, da die professionalisierte Praxis durch diese Einsichten zu legitimieren ist (vgl. ebd., S. 123 f.).

Zweitens ergibt sich daraus für den therapeutisch Beschäftigten eine doppelte Professionalisierung. Sie erfolgt zum einen durch die Aneignung einer wissenschaftlichen Grundlage und zum anderen durch die Praxis selbst, die sich im Verhältnis zwischen dem Analytiker und dem Klienten realisiert. Diese Beziehung stellt den Berührungspunkt für die Vermittlung von theoretischem Wissen und praktischem Können dar (vgl. ebd., S. 124 f.).

Daran schließen sich drittens unterschiedliche Qualifikationsmerkmale an, die sich zusammenfassend in zwei Gegensatzpaare verdichten lassen. Eine widersprüchliche Einheit formuliert den Kontrast zwischen dem erfahrungswissenschaftlichen Wissen, eine meist durch Ausbildung erworbene Fähigkeit, und dem Verstehen des konkreten Einzelfalls, welcher sich im direkten Klientenbezug entwickelt. Während diese hermeneutische Kompetenz den lebensgeschichtlichen Kontext der betreffenden Person betont, betrachtet das Fachwissen die persönliche Biografie allgemein kausal. Die letztgenannte Perspektive kann mit dem Begriff der Subsumtion in Verbindung gebracht werden, da es hierbei darum geht, die entsprechende Fallgeschichte unter spezifische Termini einzuordnen und in ein wissenschaftlich fundiertes Erklärungsmodell einzufügen, um so den aktuellen Forschungsergebnissen über bestimmte Kausalitäten gerecht zu werden. Neben dieser Subsumtion, also dem Erklären der individuellen Krankheitsgeschichte, geht es auch um das Verstehen des Falls, wodurch der Ausdruck der Rekonstruktion seine Berechtigung erhält. Entsprechend dieser Rekonstruktionslogik ist es die Aufgabe des Analytikers, den jeweiligen Fall in seinen biografischen Zusammenhängen zu betrachten, um so das gegenwärtige physische und emotionale Gesundheitsbefinden nicht nach dem allgemeinen Normalmaß zu bewerten, sondern im direkten Bezug zum Klienten zu sehen. Diese Polarität geht einher mit dem Gegensatz zwischen unnahbarer, zurückhaltender Bobachtung und intensiverem Kontakt des Therapeuten zum Patienten. So scheint für den Analytiker eine spezifische Habitusformation unerlässlich zu sein, die es ihm ermöglicht, zwischen den widersprüchlichen Einheiten von wissenschaftlicher Erklärung (Subsumtion) und Verstehen des konkreten Einzelfalls (Rekonstruktion) und Nähe und Distanz zu vermitteln (vgl. ebd., S. 126 ff.).

Viertens bedarf es bezüglich der professionalisierten therapeutischen Praxis einer ständigen Entscheidungspflicht, die selbst dann bewahrt bleibt, wenn dafür keine ausreichenden Begründungshinweise existieren (vgl. ebd., S. 128), wie Oevermann am Beispiel des Arztes verdeutlicht:

> *„Ein Arzt ist also im Arbeitsbündnis immer als ganzer Mensch gefordert, und er muß in dieser spezifisch ärztlichen Kompetenz einschränkungslos seine Zuständigkeit wahrnehmen und für den Patienten als Arzt wahrnehmen. Anders gesagt: Er muß immer irgend etwas tun, und wenn er nichts mehr tun kann, dann muß er dieses ‚Am-Ende-der-ärztlichen-Kunst-Sein' dennoch in Fortführung seiner ärztlichen Kompetenz zum Beispiel in der Sterbebegleitung zur Ausführung bringen" (ebd.).*

Die hier in gebotener Kürze geschilderten Überlegungen von Oevermann zum Arbeitsbündnis lassen sich zugespitzt im Bild der stellvertretenden Deutung resümierend wiedergeben. Gemäß dieser Auffassung besteht die Aufgabe des Therapeuten darin, unter der Reflexion seiner Gegenübertragungsgefühle, die latenten Sinnstrukturen des Klienten stellvertretend für ihn zu deuten. Diese Figur kann aber auch bemüht werden, um die Binnenstruktur des professionellen Handelns ins Blickfeld zu rücken, welches unter anderem durch die Gleichzeitigkeit von „Theorieverstehen" und „Fallverstehen" geprägt ist. Die Aufgabe des Professionellen zur kompetenten Bewältigung von lebenspraktischen Krisen eines Klienten besteht in der Vermittlung und Integration dieser beiden Sphären. Zur Darstellung der Vermittlung der zwei Bereiche kann das Wortpaar der stellvertretenden Deutung herangezogen werden. In diesem Sinne bedeutet Stellvertretung, den Fall aus einer angemessenen wissenschaftlichen und reflektierten Distanz stellvertretend für den Klienten zu betrachten. Dieses so gewonnene Wissen bedarf einer Deutung, die sich auf den konkreten Fall bezieht. Dies setzt eine „personale Zuwendung" und eine Analyse des biografischen Lebenskontextes voraus (vgl. ebd., S. 119 ff.). Trotz des therapeutischen Settings ist einerseits die Autonomie der Lebenspraxis zu wahren (vgl. Oevermann 1983, S. 142 f.; 1996, S. 115 f.), und andererseits sind auch Elemente der familialen Sozialisation in diesen Rahmen einzubeziehen (vgl. ebd., S. 117 ff.). Da nunmehr die wesentlichsten Grundkonturen des Arbeitsbündnisses vorgestellt wurden, kann, daran anknüpfend, eine abschließende Betrachtung der Schwächen und Stärken von Oevermanns Ansichten vorgenommen werden.

Die in den Formulierungen von Oevermann hervorgehobene Relevanz der stellvertretenden Deutung, hier als Vermittlung zwischen wissenschaftlichem Wissen und bestehendem Fallbezug verstanden, sieht Galuske als eine existenzielle Komponente der Sozialen Arbeit. Ihm ist zu folgen, auch wenn er den Wert dieser Reflexionskompetenz relativiert. Nach ihm besitzt sie zwar einen enormen Stellenwert als Basis für Interventionsprozesse, aber auf ihr kann das sozialpädagogische Handeln nicht beschränkt bleiben. Daher sind oftmals, wie Galuske in Übereinstimmung mit Gildemeister anmerkt, weitere Überlegungen und Handlungsschritte notwendig und grundlegender Bestandteil der Auseinandersetzung mit dem vorliegenden Fall (vgl. Galuske 1999, S. 138 f.).

Ein weiterer Kritikpunkt bezieht sich auf die mangelnde Übertragbarkeit des Arbeitsbündnisses auf die sozialpädagogische Praxis. So stellt beispielsweise die Psychoanalyse als Therapieverfahren einen Beratungsraum zur Verfügung, in dem sich die Beziehung zwischen Analytiker und Patient entwickeln kann. Dabei ist dies ein künstlicher Raum, da unmittelbare Umwelteinflüsse und institutionelle Interessen keinen direkten Bezug zu der dort stattfindenden Interaktion nehmen können. Für den Kontext der Sozialen Arbeit scheinen diese Rahmenbedingungen keinen allgemein gültigen Charakter zu besitzen. So bedient sich zum Beispiel die sozialpädagogische Familienhilfe oftmals der Räumlichkeiten ihrer Klienten, um gerade die direkten, alltäglichen „Störungen" zum Gegenstand der Auseinandersetzungen werden zu lassen.

Insofern ist auch die Übertragung der Abstinenzregel des Therapeuten auf den sozialpädagogischen Rahmen bedenklich. Unter Verweis auf Körner führt Burkhard K. Müller aus, dass mit diesem Gebot die Wirkung erzielt wird, die erforderliche Grenze zwischen dem therapeutischen Kontext und realem Leben zu erhalten. Diese Bedingung kann für die Sozialpädagogik keine Gültigkeit beanspruchen, da sie gerade im Alltag der Betreffenden Unterstützungsleistungen ermöglicht, wie der Ansatz der Lebensweltorientierten Sozialen Arbeit von Thiersch verdeutlicht. Deshalb kann es als erforderlich angesehen werden, die Abstinenzregel für den sozialpädagogischen Rahmen zu modifizieren. In diesem Interventionsprozess scheint der Begriff der Abstinenz dann angemessen zu sein, sobald die beiden Seiten von Möglichkeiten und Grenzen der Unterstützungsleistung vom Helfer verkörpert werden. Dies beinhaltet ein Handeln, welches dem Klienten ermöglicht, das Ziel der Lebens- und Alltagsbewältigung zu erreichen und dennoch die Sicherung der Autonomie der Lebenspraxis zu wahren. Während der Terminus Abstinenz sich im sozialarbeiterischen Kontext somit auf die Grenze der Unterstützungsleistung selbst bezieht, geht es in der Psychoanalyse um die Bewahrung der Grenze zwischen Alltag und therapeutischem Rahmen (vgl. Müller 2002, S. 84 f.). Sozialpädagogisch verantwortliches Handeln in suizidalen Situationen verlangt, die eigenen, aber auch die mit dem institutionellen Setting verbundenen Grenzen und Möglichkeiten zu reflektieren und als Person zu verkörpern. Überdies sind sie gemeinsam mit dem Klienten zu besprechen. Diese Partizipation ermöglicht es dann, die Autonomie der Lebenspraxis des Klienten zu gewährleisten, auch wenn beispielsweise die erforderliche Überstellung der betreffenden Person in einen Zwangskontext unerlässlich erscheint.

In Oevermanns Beziehungsmodell wird die geschädigte Autonomie der Lebenspraxis dem biografischen Kontext des Individuums einseitig zugeordnet. Mögliche Einflüsse der Gegenwartsgesellschaft bleiben dabei unberücksichtigt. Eine Annäherung an die sozialen Lebensumstände und deren Auswirkungen auf Heranwachsende ist beispielsweise im Entwurf von Beck angelegt (vgl. Kapitel 3.2). Ebenso fehlt die notwendige geschlechtsspezifische Auseinandersetzung mit dieser Thematik, welche einen weiteren Zugang zur Struktur des Beziehungsverhältnisses liefern kann.

Bei der Darstellung der verschiedenen Schwachstellen des Arbeitsbündnisses von Oevermann darf nicht übersehen werden, dass es auch wichtige Anregungen zur Struktur des sozialpädagogischen Beziehungsmodells bietet. So weisen Dewe et al. zu Recht darauf hin, dass dieser Ansatz die Möglichkeit enthält, die Vereinbarkeit zwischen helfender Intervention und Handlungsautonomie zu reflektieren (vgl. Dewe et al. 2001, S. 68). Eine weitere Stärke von Oevermanns Vorstellungen liegt darin, dass der Blick nicht nur auf spezifische, sondern auch auf die diffusen Anteile im Beziehungshandeln des Sozialpädagogen gerichtet wird. Demzufolge liegt eine Interpretationsfolie vor, mit der diese beiden Komponenten erfasst werden können. Beide Einflussgrößen sind in der Beziehung zwischen dem Professionellen und dem Klienten, auch im Rahmen der Supervision, immer wieder zu überprüfen und gegebenenfalls zu regulieren. Allerdings haben die spezifischen Anteile im sozialpädagogischen Kontext einen anderen Stellenwert als im psychoanalytischen Setting. So besitzen sie beispielsweise für den beruflich tätigen Sozialpädagogen, anders als für den Psychoanalytiker, einen kontrollierenderen Fokus. Entsprechend ist es notwendig, die spezifischen Anteile im Hinblick auf das entsprechende Arbeitsfeld und den individuellen Fall auszurichten bzw. fortlaufend zu reflektieren.

Ein weiterer Vorteil des Ansatzes von Oevermann liegt in der Diskussion der Übertragung und Gegenübertragung im Arbeitsbündnis. Diese unbewusste Dimension der Beziehung zwischen dem Sozialpädagogen und seinem Klienten kann das Fallverstehen erweitern, da sie oftmals einen Zugang zum Verständnis der Situation bietet. Während die Übertragung einen Schlüssel zur Lebensgeschichte des Handlungsadressaten bedeuten kann, liefert der Gegenübertragungsprozess eine Möglichkeit zur Annäherung an die Biografie des Helfers. Dies akzentuiert das Erfordernis der Reflexion der Übertragung und Gegenübertragung im Fallbezug, die auch zum Gegenstand der Supervision werden kann. Im Gegensatz zum psychoanalytischen Setting haben diese unbewussten Phänomene im sozialpädagogischen Kontext einen anderen Stellenwert. In der Psychoanalyse sind Übertragungen vom Klienten auf den Therapeuten grundsätzlich erwünscht. Das klinische Setting fördert dabei die Möglichkeit, den Therapeuten als Übertragungsperson zu verwenden. In der pädagogischen Arbeit ist dieser Vorgang nicht immer erstrebenswert, da er die Beziehung durchaus erschweren kann, sobald beispielsweise die Übertragungen nicht in Einklang mit den Vorstellungen und Verhaltensvorschriften des Sozialpädagogen bzw. mit der Einrichtung stehen.

Der Beitrag von Oevermann verdeutlicht insgesamt einerseits die Schwierigkeit der Übernahme disziplinfremder Ansätze; insofern ist eine Herangehensweise sinnvoller, welche die eigenen Wissensbestände nutzt, um den spezifischen Anforderungen des sozialpädagogischen Handelns gerecht zu werden. Andererseits illustrieren seine Überlegungen das Erfordernis, über den eigenen „wissenschaftlichen Tellerrand" zu blicken, um weitere Dimensionen in diesem Fall zur Struktur des Arbeitsbündnisses zu identifizieren und zu diskutieren.

9.3 Die Bedeutung der helfenden Beziehung im Umgang mit der Suizidalität von Jugendlichen

Die Ausführungen der bisherigen erläuterten sozialpädagogischen Konzeptionen lassen sich im Hinblick auf die inhaltliche Beschreibung und Klärung des Verhältnisses zwischen Helfer und Klient als „nebulös" charakterisieren. Die helfende Beziehung bildet dabei die Schlüsselkategorie und die Grundvoraussetzung für die Bearbeitung der Suizidalität von Jugendlichen. Diese Sichtweise verdeutlicht, dass es bei einer sozialpädagogischen Beschäftigung mit dem Themenfeld Suizidalität von Jugendlichen einer Auseinandersetzung mit diesem zentralen Gegenstand bedarf. Zwar lassen sich in dem Ansatz von Thiersch hierzu einige Gedanken finden, die jedoch insofern bedenklich erscheinen, als dass sie dem Klienten die Entscheidungsfreiheit zugestehen, seine letztendliche Problemlösungsstrategie auszuwählen. Bezogen auf Suizidalität kann dieser Anspruch als bedenklich bezeichnet werden, da er nicht in Einklang mit der aktuellen Gesetzgebung steht (vgl. Colla 2001a, S. 1859), dennoch lassen sich auch unter der Bezugnahme dieses Modells einige Grundelemente der helfenden Beziehung entwickeln bzw. weiterentwickeln, die für diesen Arbeitsbereich geeignet sind.

So fördert die Lebensweltorientierte Soziale Arbeit die Einsicht, den Klienten als Experten und als kompetente Person für seinen lebensweltlichen Kontext, seine individuelle Eigensinnigkeit und seine biografischen Besonderheiten zu betrachten. Gemeinsam mit dem Adressaten werden eine Veränderungsperspektive und potenzielle Hilfsschritte entwickelt, die einer kontinuierlichen Überprüfung bedürfen und sich an den Ressourcen des Einzelnen und seinen lebensweltlichen Bezügen orientieren. Dabei wird ein Beziehungsverhältnis zwischen dem Helfenden und dem Adressaten als notwendig angesehen, bei dem sich der Helfer auf die Einsichten, Meinungen und Betrachtungen des Klienten einlässt und versucht, sie nachzuvollziehen (vgl. Kapitel 8.1).

Diesem Verständnis folgend, kann sich das Interesse der Sozialpädagogik innerhalb eines suizidologischen Prozesses auf den fremden und subjektiven Sinnzusammenhang des Klienten richten. Seine Lebensgeschichte mit ihren individuellen Denk-, Emotions- und Verhaltensabläufen, aber auch die mit den ausschließlich aus dieser Biografie zu verstehenden Entscheidungsstrukturen, sind nachzuvollziehen. In der Arbeit mit dem Jugendlichen gilt es, die in der Regel vorliegende suizidale Entwicklung zu rekonstruieren und die subjektiv sinnhafte Handlung nachzuempfinden.

Um einen Zugang zu der Erlebnis- und Erfahrungswelt zu erhalten, ist die Beschäftigung mit den verschiedenen Suizidtheorien hilfreich. Dabei geht es nicht darum, sich auf einen Ansatz festzulegen, sondern die unterschiedlichen Konzepte sind hinsichtlich ihrer Bedeutung zu bewerten, die sie für das Verstehen der individuellen suizidalen Handlung haben. Zudem lassen sich vor dem Hintergrund dieser Beiträge auch Interventionsstrategien entwickeln, die ebenfalls im Kontext der Einzelperson zu betrachten sind. Theorien helfen somit, einige Bedingungen zum Verständnis der Suizidalität zu erkennen und darauf aufbauend Unterstützungsmaßnahmen zu entwerfen (vgl. Colla 2001a, S. 1858). Allerdings besteht bei diesem theoretisch gewählten Zugang die Gefahr, vorschnell eine zu eingeengte Sichtweise auf die Person zu erhalten. In Anlehnung an die Termini der strukturierten Offenheit von Thiersch (vgl. Grunwald/Thiersch 2001) und der stellvertretenden Deutung von Oevermann (vgl. Oevermann 1996) kann dabei eine Vorgehensweise gewählt werden, die sich einerseits eines systematisch, methodisch abgesicherten Fokus bedient. Andererseits bedarf es aber gleichzeitig einer offenen, interessierten und gespannten Wahrnehmung, die die Vielfältigkeit der lebensweltlichen Zusammenhänge des Einzelnen berücksichtigt. Beide Bereiche sind im Klientenbezug miteinander zu vereinbaren, ohne dabei eine einzelne Seite zu bevorzugen. Eine so formulierte Prämisse ermöglicht es, die individuelle Sinnhaftigkeit der suizidalen Handlung zu verstehen und sich auf die Einmaligkeit des Erlebens der Person einzulassen.

Um jugendliche Denk- und Handlungsweisen nachfühlen zu können, sind ferner Hintergrundinformationen notwendig, die eine Annäherung an die Lebensphase Jugend ermöglichen. Aus dem Blickwinkel und der Bedürfnislage von Jugendlichen werden sie mit einer Vielzahl von Entwicklungsaufgaben (Aufbau eines Freundeskreises, Identitätsfindung, Zukunftsplanung, Ablösung vom Elternhaus etc.) konfrontiert, die sich zum Teil geschlechtsspezifisch aufschlüsseln lassen (vgl. Kapitel 3). Besonders der Versuch, in das Erwerbsleben einzutreten, ist aufgrund der Arbeitsmarktsituation sowohl für Jungen als auch für Mädchen mit erheblichen Schwierigkeiten verbunden (vgl. Münchmeier 2001, S. 818). Diese erwähnten Faktoren enthalten ein Krisenpotenzial und können somit zu einem Krisenanlass werden. Abhängig von der subjektiven Bedeutung und dem Lebenskontext des Einzelnen kann darüber hinaus jedes einzelne Thema ein Krisenpotenzial beinhalten (vgl. Langer 2001, S. 100 f.). In der Arbeit mit dem Jugendlichen ist zu berücksichtigen, dass er, im Unterschied zum Erwachsenen, noch unerfahren im Umhang mit Krisen ist. Er verfügt noch nicht über das Wissen, dass auch diese belastende Zeit vorübergeht (vgl. Mišek-Schneider 1994, S. 31; Swientek 1990, S. 134). Im Hilfeprozess können die Jugendlichen vom Erwachsenen als äußert ambivalent erlebt werden. So kann die Gefühlslage der betreffenden Person zwischen Zuversicht und Aussichtslosigkeit schwanken. Diese Stimmungslabilität scheint besonders bei Jugendlichen anzutreffen zu sein (vgl. Mišek-Schneider 1994, S. 31). Im Anschluss an das Modell von Pöldinger und die Ausführungen von Drömann ist auch dann Vorsicht geboten, wenn der Jugendliche wieder scheinbar lebensfroh an seiner Umwelt partizipiert, weil dieses Verhalten nicht zwangsläufig mit seiner inneren Entwicklung übereinstimmen muss. So kann die suizidale Handlung dennoch unmittelbar bevorstehen (vgl. Drömann 1983, S. 89; Pöldinger 1968, S. 19 ff.). Wie die Studie von Löchel verdeutlicht, sind neben den Hinweisen, die das präsuizidale Syndrom von Ringel zur Erkennung der Suizidgefahr liefert, noch zusätzliche psychosomatische Äquivalente feststellbar (vgl. Löchel 1983). Im Gegensatz zu der suizidalen Entwicklung von weiblichen Heranwachsenden kann der Prozess bei den männlichen Adoleszenten mit verschiedenen Handlungszielen verbunden sein. So zeigen Mädchen bevorzugt nach innen gekehrte Handlungen, während die Jungen nach außen gekehrte Handlungen erkennen lassen (vgl. Schröer 1995, S. 146 f.).

Ausgehend von diesem individuellen, lebensweltlichen, jugend- und geschlechtsspezifischen Verständnis von Suizidalität sind gemeinsam mit dem Betreffenden alternative Lösungsmöglichkeiten zu entwickeln. Wie alle drei sozialpädagogischen Konzeptionen verdeutlichen, ist dabei eine Herangehensweise sinnvoll, die anstelle einer defizitären eine ressourcenorientierte Sichtweise einnimmt (vgl. Kapitel 8). Jenseits aller Differenzierungen, die mit den unterschiedlichen theoretischen Zugängen einhergehen, kann es erforderlich sein, die Entwicklung des Selbstwertgefühls und die Aktivierung der familiären, schulischen und freundschaftlichen Ressourcen besonders zu forcieren. Insofern darf der Unterstützungsprozess des Heranwachsenden nicht nur auf ihn beschränkt bleiben, sondern im Hilfeprozess ist fallbezogen auch sein soziales Umwelt zu berücksichtigen. Im Sinne der Suizidtheorien sind zudem diejenigen Potenziale zu entfalten, die es dem Jugendlichen ermöglichen, einen geeigneten Umgang mit seiner Wut und seinen

Aggressionen zu finden (vgl. Kapitel 5). Gemeinsam mit der betreffenden Person sind Ziele zu vereinbaren, die die Potenziale des Individuums nicht übersteigen und kurzfristig zu erreichen sind. Dies könnte einen Beitrag leisten, damit der Einzelne Selbstvertrauen zu sich und seinen Handlungsmöglichkeiten aufbaut. Der Helfer hat überdies die Aufgabe, die möglichen aggressiven und appellativen Anteile der suizidalen Handlung herauszuarbeiten. Innerhalb dieses Hilfeprozesses obliegt es dem Sozialpädagogen, das aktuelle Erleben der Person aufzugreifen und ihn so emotional zu entlasten. Gleichzeitig gilt es, den Klienten zu ermutigen, Gefühle von Trauer, Schmerz, Feindseligkeit und Ärger zu zeigen (vgl. Colla 2001a, S. 1859). Das Bestreben der Sozialpädagogik kann darauf abzielen, den Jugendlichen aus seiner Passivität herauszuholen, damit er sich als aktiv Handelnder erlebt, der in der Lage ist, wieder perspektivisch zu leben.

Um auf die Besonderheit der Lebensphase Jugend mit ihren spezifischen Aufgaben einzugehen, ist es ferner für die Unterstützungsmaßnahme hilfreich, ein Helfernetz zu etablieren, das kurzfristig aktiv werden kann. Dazu können fallbezogen ein Psychotherapeut, ein Arzt (Jugendpsychiater), ein Schullaufbahn-Spezialist (Lehrer) und ein Arbeitsamt-Spezialist gehören. Von erheblicher Relevanz ist auch der Kontakt zu einem Heim oder Krankenhaus, damit der Jugendliche eventuell zeitnah untergebracht werden kann. Der Moment der Ankündigung bzw. des Begehens einer Suizidhandlung stellt eine hoch authentische Situation der betreffenden Person dar, insofern bedarf der Unterstützungsprozess einer äußerst kurzfristigen Realisierung. Um dies zu ermöglichen, ist das Installieren eines Meldesystems (Polizei, Krankenhaus und Jugendamt) notwendig, das dann zeitnah zum Sozialpädagogen Kontakt aufnehmen kann, damit dieser im Rahmen einer Sofort-Hilfe den Klienten aufsucht. Anschließend kann der Sozialpädagoge dann gemeinsam mit dem Betreffenden zusätzliche Kontakte und Hilfen organisieren, die sich im Anschluss an den Ansatz von Thiersch an den Ressourcen des Einzelnen und seinem Lebenskontext orientieren (vgl. Kapitel 8.1). Aus dieser Perspektive scheint es notwendig zu sein, mobile soziale Notdienste einzurichten, die eine frühzeitige Betreuung der Suizidenten gewährleisten.

In Übereinstimmung mit Oevermann ist es erforderlich, Unterstützungsmaßnahmen auf ihre Vereinbarkeit mit der Handlungsautonomie der betreffenden Person zu überprüfen (vgl. Oevermann 1996). Für die hier vorliegende Thematik stellt sich dabei die Frage, wie einerseits die Autonomie des Klienten mit dem potenziellen

Wunsch nach Suizidalität gewahrt und andererseits gleichzeitig die rechtliche Situation anerkannt bleiben kann. Denn die berufliche Sorgfalts- und Aufsichtspflicht nimmt im Vergleich zur Wahlmöglichkeit des Klienten einen übergeordneteren Stellenwert ein (vgl. Colla 2001a, S. 1859). Eine Annäherung an die Beantwortung dieser Frage ist unter Rekurs auf Oevermanns Überlegungen zur Abstinenzregel (vgl. Oevermann 1996) und den Ausführungen von Müller, der diese Kategorie für den sozialpädagogischen Rahmen modifiziert, möglich. Müller führt aus, dass sich der Begriff Abstinenz in der Psychoanalyse auf die Bewahrung der Grenze zwischen Alltag und Unterstützungsleistung bezieht, während es beim sozialarbeiterischen Kontext auf die Grenze des Hilfearrangements selbst geht (vgl. Müller 2002, S. 84). Somit kann es als erforderlich angesehen werden, die eigenen, aber auch die mit dem institutionellen Setting verbundenen Grenzen und Möglichkeiten zu reflektieren und sie als Helfer zu verkörpern. Diese Bedingungen sind mit dem Klienten fortlaufend zu klären; damit auch dann, wenn beispielsweise die erforderliche Überstellung des Klienten in einem Zwangskontext notwendig wird, die Autonomie des Jugendlichen erhalten bleibt. Der Sozialpädagoge vermittelt ihm so das Gefühl, ihn als Person anzuerkennen und er erhält eindeutige Signale, die sein Selbstwertgefühl stärken können.

Im Umgang mit dem suizidalen Jugendlichen ist ein Gespür erforderlich, welches die erforderliche Nähe und notwendige Distanz entlang den Bedürfnissen des Heranwachsenden fortwährend ausbalanciert, ohne dabei die eine oder andere Seite permanent zu bevorzugen (vgl. Colla 2001a, S. 1860; Nohl 1988, S. 172 f.; Schröer 1995, S. 162). Dieses Arbeitsprinzip stellt eine geeignete Reflexionsfolie dar, die zum einen hilft, dem Jugendlichen situations- und personenangemessen zu begegnen und zum anderen verringert diese Hilfsstrategie die Gefahr, eine zu distanzierte oder eine zu nahe Beziehungsgestaltung einzugehen. Auch dieser permanente Aushandlungsprozess ist im Kontext der Garantenpflicht zu sehen, die die übergeordnete Prämisse für den Sozialpädagogen darstellt (vgl. Colla 2001a, S. 1860).

Zur Erhaltung und Gestaltung der Beziehung zwischen dem Klienten und dem Helfer sind im Anschluss an Oevermann sowohl die spezifischen und diffusen Anteile als auch die Übertragungs- und Gegenübertragungsprozesse im Beziehungsgeschehen zu reflektieren. Dies kann unter anderem im Rahmen der Supervision und Fortbildung erfolgen (vgl. Oevermann 1996). Sozialpädagogisch verantwortliches Handeln in suizidalen Situationen verpflichtet den

Helfer auch dazu, sich zu fragen, inwieweit die Beziehung zum Klienten tragfähig ist und ob sie ausreicht, um einen adäquaten Hilfeprozess anzubieten. Nur wenn sich beide Seiten auf ein pädagogisches Verhältnis einlassen, besteht die Chance, Entwicklungsmöglichkeiten mit der Aussicht auf einen gelingenderen Alltag (vgl. Thiersch 1986) zu ermöglichen. Falls dies nicht erreichbar erscheint, ist in Übereinstimmung mit Nohl eine Beziehungsaufnahme zu einem anderen Menschen zu arrangieren (vgl. Nohl 1965c).

In der Arbeit mit dem Jugendlichen gehört die Einschätzung der Suizidgefahr zu den schwierigsten Aufgaben. In diesem Kontext sollte ein Vorschlag zur Verbesserung der Effizienz diagnostischer Maßnahmen Berücksichtigung finden. Eine Fortentwicklung der diagnostischen Möglichkeiten ist durch eine gezielte Aus- und Weiterbildung jener Personen zu erreichen, die ständige Bezugs- oder Kontaktpersonen suizidgefährdeter Gruppen sind. Ziel kann es sein, diese „Schlüsselgruppen" mit spezifischen Kenntnissen der Konzepte und Risikolisten auszustatten, die eine Annäherung an die Erkennung suizidaler Neigungen gewährleisten (vgl. Kapitel 6). Fehleinschätzungen sind nicht auszuschließen, ihre Häufigkeit lässt sich durch eine systematische Erfragung des Betroffenen, gezielte Aus- und Weiterbildung der Helfer und die Einbeziehung des Teams, der Supervision und anderer Fachgruppen (Arzt, Jugendpsychiater) bzw. anderer klinischer Einrichtungen, reduzieren. Falls es nötig wird, andere Institutionen im Hilfeprozess zu berücksichtigen, ist der möglicherweise entstandene Bezug zum Klienten aufrechtzuerhalten. Als hilfreich wird es sich zudem erweisen, wenn sich die Ausbildung bzw. Weiterbildung dieser Bezugspersonen sich nicht nur auf die Aneignung diagnostischer Fertigkeiten beschränkt, sondern auch die Erarbeitung wichtiger Regeln der Gesprächsführung vermittelt und die Bedeutung der Beziehung zwischen dem Helfer und dem Klienten intensiv behandelt. Dazu gehört unter anderem auch die Thematisierung von Möglichkeiten und Grenzen, eine tragfähige und vertrauensvolle Beziehung zum Jugendlichen aufzubauen. Die Schlüsselgruppen können die Wichtigkeit einer gezielten Reflexion des Umgangs mit suizidalen Menschen erfahren und diese im Rahmen einer Supervision als unabdingbaren Teil ihrer Arbeit ansehen.

Natürlich bleiben auch weitere Aufgaben bzw. Fragen bestehen, deren Reflexion grundlegend für die pädagogische Beziehung ist: Lässt sich das Handeln von Pädagogen ohne Blick auf die empirisch überprüften Wirkungen ihres Handelns auf die jeweilige Klientel bearbeiten, also gleichsam nur auf der Basis der verfolgten Absichten und vollzogenen Handlungen der Pädagogen? Der pädagogische Bezug darf nicht von allen Wirkungsfragen isoliert betrachtet werden. Aus diesem Grund ist zu diskutieren, ob nicht der Schritt zum eigentlichen Klienten zu vollziehen und zu fragen ist, inwieweit sich beispielsweise das Handeln von einem Pädagogen positiv oder negativ ausgewirkt hat. Möglicherweise ist es auch sinnvoll der Frage nachzugehen, ob sich Kommunikations- und Hilfsstrategien zur Gestaltung der Praxis mit jugendlichen Suizidenten standardisieren lassen? Für einen gelingenden Aufbau und die Erhaltung des pädagogischen Verhältnisses sind unter anderem diese und weitere Fragestellungen zu vertiefen. Einige seien hier skizziert: Welche konzeptionellen Rahmenbedingungen (Gesprächsatmosphäre, Supervision, Fortbildungen etc.) sind notwendig? Wie kann eine erforderliche interdisziplinäre Kooperation fallbezogen stattfinden? Was ist beim Erst- bzw. beim Abschlussgespräch zu beachten? Lassen sich geschlechtsspezifische Differenzen im Umgang mit suizidalem Verhalten auffinden und inwieweit wirken sich diese auf den männlichen bzw. weiblichen Suizidenten aus? Wie kann ein Umgang mit manipulativ-drohendem Verhalten aussehen? Welchen Einfluss hat die Organisations- und Trägerstruktur bzw. wie ist sie zu gestalten? Welchen Stellenwert im Hilfeprozess nimmt der Standpunkt des Helfers zum Leben und zum Tod ein? Ist das Aufsetzen eines Nicht-Suizid-Vertrages sinnvoll? Was ist zu beachten, wenn der Klient die Unterstützungsleistungen freiwillig anfordert oder wenn diese gegen den Willen der Betroffenen bzw. durch andere Instanzen eingeleitet werden?

10. Resümee

Ausgangspunkt der vorliegenden Arbeit war es, die sozialpädagogischen Möglichkeiten zum Themenfeld der Suizidalität im Jugendalter zu bewerten und Perspektiven zu ihrer Weiterentwicklung aufzuzeigen. Zur Konkretisierung dieser Aufgabenstellung dienten die beiden nachfolgenden Fragen:

- Reichen die existierenden Ansätze aus oder bedarf es einer spezifischen konzeptionellen Neuorientierung zum Gegenstand der Suizidalität?
- Inwieweit besteht die Möglichkeit, Erkenntnisse der Suizidologie in die sozialpädagogischen Entwürfe zu implementieren?

Anhand einiger Berührungspunkte lässt sich zunächst einmal eine inhaltliche Nähe zwischen den wissenschaftlichen Arbeiten zur Suizidforschung und den sozialpädagogischen Konzeptionen erkennen, sodass eine Bearbeitung der Thematik erleichtert wird. Demnach sind die Forderungen der Suizidologie nach Ressourcenorientierung, fallbezogenem Zugang, individueller Hilfeleistung und Verbesserung der Lebensbedingungen, wenngleich mit zum Teil differenten Strategien und Schwerpunktsetzungen, als Bestandteile der Lebensweltorientierten Sozialen Arbeit, der Sozialraumorientierung und der Gesundheitsförderung erkennbar. Wichtige Ansprüche der Suizidologie sind somit konzeptuell verankert. Obwohl das Verhältnis zwischen den Rahmenmodellen und den beiden Kriterien „Thematisierung der Beziehungsebene zwischen Berater und Klient" und „Realisierung des jeweiligen Ansatzes in der Praxis" noch ungeklärt erscheint, ist eine konzeptionelle Neuorientierung zu dem Gegenstand der Suizidalität nicht erforderlich. Denn bezüglich der beiden letztgenannten Kriterien lässt sich das Folgende festhalten: Zum einen existieren deutliche Anzeichen, dass die vorgestellten Ansätze mit ihren Prämissen in der Praxis zunehmend an Bedeutung gewinnen, auch wenn abzuwarten bleibt, inwieweit und ob sich der Vorschlag der Vertreter des Ansatzes der Sozialraumorientierung durchsetzen kann, die bisherige Fallfinanzierung zugunsten des Sozialraumbudgets aufzugeben. Zum anderen scheint die Thematisierung der Beziehungsebene zwischen Berater und Klient in die Ansätze der Gesundheitsförderung und der Sozialraumorientierung integrierbar zu sein. In der Lebensweltorientierung findet sogar eine Beschäftigung mit diesem zentralen Gegenstand statt, jedoch sind die dort erwähnten Vorstellungen im Hinblick auf die Suizidalität von Jugendlichen zu überprüfen. Um die gesamten sechs Kriterien nicht als inhaltsleere Schlagwörter aufzufassen, bedürfen sie jedoch einer detaillierten Analyse und Konkretisierung im Hinblick auf die unterschiedlichen Handlungsfelder der Sozialen Arbeit. Die sozialpädagogischen Ansätze dienen als Rahmenkonzepte, an denen sich das alltägliche berufliche Handeln orientieren kann.

Wenn nun im Folgenden die bisher ungeklärten oder nur unzureichend bearbeiteten Forschungsfragen im Hinblick auf das Themenfeld der Suizidalität von Jugendlichen angesprochen werden, dann verbunden mit der Forderung nach einem Arbeitsprogramm, welches den Diskurs zwischen der Sozialen Arbeit und der Suizidologie intensivieren und fördern soll. Eine sozialpädagogische Vertiefung der Thematik ist durchaus lohnenswert, da sich erstens am Beispiel der Grenzsituation von Suizidalität die Tragfähigkeit und Reichweite der Rahmenkonzeptionen überprüfen lassen, und sich die Sozialpädagogik zweitens traditionell den Menschen widmet, die sich in einer Krisensituation befinden (vgl. u.a. Mennemann 2001, S. 1835). Demnach darf sie sich auch gegenüber der Suizidalitätsthematik nicht verschließen. Drittens können von der Sozialen Arbeit wichtige Impulse für die Suizidologie ausgehen. Jenseits aller Differenzierungen, die mit den unterschiedlichen sozialpädagogischen Konzeptionen einhergehen, liegt eine wesentliche Bereicherung für die Suizidologie darin, dass diese Ansätze nicht nur auf der individuellen Ebene Unterstützung liefern, sondern auch Möglichkeiten anbieten, verbesserte soziale Bedingungen anzustreben, welche als Wirkfaktoren im Suizidgeschehen relevant sind (vgl. Colla 2001a, S. 1858). An dieser Stelle wird ein wichtiger Knotenpunkt zwischen der Suizidologie und der Sozialen Arbeit erkennbar. Die Soziale Arbeit ist somit aufgefordert, ihre Stärken, ihre Erfahrungen und ihre Potenziale in die Diskussion der Suizidologie einzubringen. Gerade die Schwerpunktsetzung der Gesundheitsförderung könnte für eine Perspektiverweiterung sorgen, da es sich hierbei um ein komplexes Modell handelt, dass ein interdisziplinäres und intersektorales Denken und Handeln ermöglicht. Zudem ist die Gesundheitsförderung um einen positiven und optimistischen Zugang bemüht, der in Abgrenzung zu den bisherigen Präventionskonzepten nicht das Verhindern und Vermeiden von spezifischen Verhaltensweisen, sondern das Fördern und Entwickeln von Ressourcen in den Mittelpunkt stellt.

Will man zukünftig eine intensivere sozialpädagogische Profilierung im Handlungsfeld der Suizidologie anstreben, sind verschiedene Forschungsfragen und Themenkomplexe relevant:

Bislang fehlen Forschungsergebnisse, die belegen, wie die Adressaten die dargestellten sozialpädagogischen Konzeptionen beurteilen, sodass es sinnvoll ist, folgender Frage nachzugehen: Welche Einschätzung haben Suizidenten in Bezug zu diesen Hilfsformen? Eine solche Erhebung ist unbedingt notwendig, um genauere adressaten- und geschlechtsspezifische Angaben über die Möglichkeiten und Grenzen des jeweiligen Konzepts zu erhalten.

Aus der Perspektive der Suizidologie fehlt in den sozialpädagogischen Konzeptionen die Thematisierung der Beziehungsebene zwischen Berater und Klient, auch wenn in der Lebensweltorientierten Sozialen Arbeit eine inhaltliche Beschäftigung mit diesem zentralen Gegenstand stattfindet. Allerdings erfolgt auch in diesem Ansatz keine Überprüfung der theoretischen Annahmen hinsichtlich des Themas Suizidalität. Vor diesem Hintergrund ist die Sozialpädagogik aufgefordert, zu den zwei folgenden Fragen Position zu beziehen: Wie kann eine theoretische und empirische Arbeitsbeziehung in diesem interdisziplinären Handlungsfeld aussehen? Inwieweit kann die Sozialpädagogik Aufgaben wie die der interprofessionellen Kooperation, interinstitutionellen Koordination und/oder psycho-sozialen Betreuung in diesem Bereich übernehmen?

Alle drei sozialpädagogische Ansätze haben bei der Realisierung ihrer Prämissen Schwierigkeiten. Ein schwerwiegendes Problem, welches sowohl auf die Lebensweltorientierung als auch auf die Gesundheitsförderung zutrifft, besteht darin, dass beide Titel oftmals in die Praxis übernommen wurden, ohne dabei die gesamten Intentionen der Konzepte zu berücksichtigen. Die Verwirklichung der Sozialraumorientierung ist ebenfalls mit Hindernissen verbunden, da besonders die inhaltlichen Vorstellungen des Ansatzes in der Fachliteratur kontrovers diskutiert werden, wie zum Beispiel der Vorschlag die bisherige Fallfinanzierung zugunsten des Sozialraumbudgets aufzugeben. Aus dieser Perspektive heraus lassen sich zwei Fragen formulieren: Inwieweit können die sozialpädagogischen Modelle in den verschiedenen Handlungsfeldern der Sozialen Arbeit umgesetzt werden? Lassen sie die Ansätze der Sozialen Arbeit modifizieren, um den Erfordernissen der Suizidologie gerecht zu werden?

Bei der Analyse der sozialpädagogischen Ansätze fällt auf, dass zwar allen Konzeptionen eine Doppelverpflichtung von individueller Hilfeleistung und strukturverändernder Zielsetzung zugrunde liegt, dass die Schwerpunktsetzungen jedoch unterschiedlich sind. Sowohl die Lebensweltorientierte Soziale Arbeit (vgl. Füssenhäuser/Thiersch 2001) als auch das Modell der Gesundheitsförderung (vgl. WHO 1986, zitiert nach: Franzkowiak/Sabo 1993) betrachten beide Komponenten als gleichrangig, während im Sozialraumansatz der einzelfallbezogenen Intervention gegenüber der strukturverändernden Zielsetzung eine geringere Bedeutung eingeräumt wird (vgl. Hinte 2002a). Für die Suizidologie ist jedoch eine Sichtweise wie die der Lebensweltorientierten Sozialen Arbeit und der Gesundheitsförderung erforderlich, die strukturelle Problemlagen und den spezifischen Einzelfall als gleichwertige Konzepte berücksichtigt, da sich beide Einflussgrößen gegenseitig bedingen und ergänzen. Überdies wird so die Gefahr verringert, dass eine der beiden Perspektiven vernachlässigt wird.

Um eine Verbesserung der strukturellen Problemlagen zu erreichen, verfolgen die vorgestellten Modelle unterschiedliche Strategien. Während die Sozialraumorientierung von Hinte versucht, die Bürger mit ihren Anliegen und Wünschen zu unterstützen (vgl. Hinte 1991), betont der Ansatz von Thiersch die Bedeutung der Zusammenarbeit von Politik- und Gesellschaftsbereichen (vgl. Grunwald/Thiersch 2001). Die Gesundheitsförderung nimmt hingegen beide Perspektiven in den Blick und ist bestrebt, beide Möglichkeiten zu realisieren (vgl. WHO 1986, zitiert nach: Franzkowiak/Sabo 1993). Aufgrund der vielfältigen Bedingungen von Suizidalität und der Anzahl der unterschiedlichen strukturellen Einflussgrößen ist es schwierig, spezifische, empirisch gesicherte Variablen festzulegen, die die Auftrittswahrscheinlichkeit für Suizidalität vergrößern. Auf die Entwicklung und die Entstehung der Suizidalität wirken so viele Faktoren ein, dass eine eindeutige Kausalitätszuschreibung eines strukturellen Faktors für die Veränderung der Suizidrate nur spekulativen Charakter hätte. Insofern ist eine Vorgehensweise sinnvoller, die den Menschen hilft, ihre Lebensbedingungen selbst und aktiv zu gestalten. Sowohl die Sozialraumorientierung als auch die Gesundheitsförderung liefern hierzu notwendige Orientierungen und können als Rahmenkonzeptionen dienen. Besonders in Bezug auf die Gesundheitsförderung lassen sich weit angelegte Möglichkeiten entwickeln, den identifizierten strukturellen Herausforderungen durch verschiedene Strategien zu begegnen.

Am Ende dieser Arbeit ist eines klar geworden: Es gibt mehr Fragen als Antworten, mehr Forschungsbedarf als gesichert geltende Wissensbestände zu einer sozialpädagogischen Auseinandersetzung mit dem Handlungsfeld Suizidalität von Jugendlichen. Demzufolge sind verstärkt Anstrengungen darauf zu richten, den sozialpädagogischen Blick intensiver und kontinuierlicher auf diese Thematik zu lenken, was zweifelsfrei zu einer Weiterführung und Belebung der bisherigen Diskussion innerhalb der Suizidologie und der Sozialen Arbeit führen wird.

11. Literaturverzeichnis

Abels, H.: Jugend vor der Moderne. Soziologische und psychologische Theorien des 20. Jahrhunderts, Opladen 1993.

Abram, A.; Berkemeier, B.; Kluge, K.-J.: Suicid im Jugendalter. Band 1: Es tut weh, zu leben. Darstellung des Phänomens aus pädagogischer Sicht, München 1980a.

Abram, A.; Berkemeier, B.; Kluge, K.-J.: Suicid im Jugendalter. Band 2: Wir könnten weiterhin zusammenleben. Ursachenforschung, Pädagogik, Therapie, Prophylaxe, München 1980b.

AKL-Team: Arbeitskreis Leben (AKL) e.V. Laienhilfe und Kontakt in Lebenskrisen. Konzeption vom Juni 1984, in: Arbeitskreis Leben (AKL) e.V.; Schuldt, K.-H. (Hrsg.), Lebenskrisen. Möglichkeiten der Bewältigung. Suizidverhütung zwischen individueller Krise und gesellschaftlichen Bedingungen, Tübingen 1984, S. 243-254.

AKL-Team: Jahresbericht 2000. Arbeitskreis Leben e.V. (AKL). Krisenberatungsstelle Reutlingen und Tübingen, Tübingen 2001, zu beziehen bei: Arbeitskreis Leben e.V., Österbergstraße 4, 72074 Tübingen.

Alvarez, A.: Der grausame Gott. Eine Studie über den Selbstmord, Hamburg 1999.

Angermann, Ch.: 18 Jahre Münchener Arche: Institution und Prozeß, in: Wolfersdorf, M.; Wedler, H.-L. (Hrsg.), Beratung und psychotherapeutische Arbeit mit Suizidgefährdeten, Regensburg 1988, S. 147-157.

Angst, J.; Clayton, P.: Premorbid Personality of Depressive, Bipolar, and Schizophrenic Patients with Special Reference to Suicidal Issues, in: Comprehensive Psychiatry, 27. Jg., 1986, S. 511-532.

Ansen, H.: Klinische Sozialarbeit und methodisches Handeln, in: Sozialmagazin, 25. Jg., 2000, S. 16-26.

Améry, J.: Hand an sich legen. Diskurs über den Freitod, Stuttgart 1976.

Amendt, G.; Schwarz, M.: Das Leben unerwünschter Kinder, Bremen 1990.

Amman, A.: Familientherapie. Ein Überblick über die wichtigsten neuen Entwicklungen (I), in: Psychologie heute, 6. Jg., 1979, S. 47-53.

Arbeitsmaterial des Statistischen Bundesamtes (Zweigstelle Bonn): Todesursachenstatistik, Bonn 2000a, zu beziehen bei: Statistisches Bundesamt, Gustav-Stresemann-Ring 11, 65189 Wiesbaden.

Arbeitsmaterial des Statistischen Bundesamtes (Zweigstelle Bonn): Todesursachenstatistik, Bonn 2000b, zu beziehen bei: Statistisches Bundesamt, Gustav-Stresemann-Ring 11, 65189 Wiesbaden.

Atkinson, R. L. et al.: Persönlichkeit, in: Grabowski, J.; van der Meer, E. (Hrsg.), Hilgards Einführung in die Psychologie, Heidelberg/Berlin 2001, S. 445-473.

Axline, V. M.: Play Therapy. The Inner Dynamics of Childhood, Boston 1947.

Baacke, D.: Vom Zersplittern des Alltags, in: neue praxis, 25. Jg., 1995, S. 235-236.

Baethge, M.: Individualisierung als Hoffnung und als Verhängnis. Aporien und Paradoxien der Adoleszenz in spätbürgerlichen Gesellschaften oder: die Bedrohung von Subjektivität, in: Lindner, R.; Wiebe, H.-H. (Hrsg.), Verborgen im Licht. Neues zur Jugendfrage, Frankfurt am Main 1985, S. 98-123.

Baisch-Weber, A. V.: Die Bedeutung des Sozialraums für Lebensbewältigungsprozesse Jugendlicher. Eine vergleichende Untersuchung zweier Sozialräume einer norddeutschen Großstadt, Frankfurt am Main et al. 2002.

Baltz, J.: Sozialraumbudgetierung. Wohlfahrtspolitische und jugendhilferechtliche Würdigung der Modelle sozialräumlicher Budgetierung, insbesondere am Beispiel der Modelle in Stuttgart und Celle, in: Merten, R. (Hrsg.), Sozialraumorientierung. Zwischen fachlicher Innovation und rechtlicher Machbarkeit, Weinheim/München 2002, S. 203-217.

Baumgarten, M.-O.: The Right to Die? Rechtliche Probleme um Sterben und Tod. Suizid – Sterbehilfe – Patientenverfügung – „Health Care Proxy" – Hospiz im internationalen Vergleich, Bern 1998.

Beck, U.: Risikogesellschaft. Auf dem Weg in eine andere Moderne, Frankfurt am Main 1986.

Beck, U.: Politik in der Risikogesellschaft. Essays uns Analysen, Frankfurt am Main 1991.

Beck, U.: Die Erfindung des Politischen. Zu einer Theorie reflexiver Modernisierung, Frankfurt am Main 1993.

Beck, U.: Jenseits von Stand und Klasse? In: Beck, U.; Beck-Gernsheim, E. (Hrsg.), Riskante Freiheiten. Individualisierung in modernen Gesellschaften, Frankfurt am Main 1994, S. 43-60.

Beck, U.: Das Zeitalter der Nebenfolgen und die Politisierung der Moderne, in: Beck, U.; Giddens, A.; Lash, S. (Hrsg.), Reflexive Modernisierung. Eine Kontroverse, Frankfurt am Main 1996, S. 19-112.

Beck, U.; Beck-Gernsheim, E.: Nicht Autonomie, sondern Bastelbiographie. Anmerkungen zur Individualisierungsdiskussion am Beispiel des Aufsatzes von Günther Burkart, in: Zeitschrift für Soziologie, 22. Jg., 1993, S. 178-187.

Beck, U.; Beck-Gernsheim, E.: Individualisierung in modernen Gesellschaften – Perspektiven und Kontroversen einer subjektorientierten Soziologie, in: Beck, U.; Beck-Gernsheim, E. (Hrsg.), Riskante Freiheiten. Individualisierung in modernen Gesellschaften, Frankfurt am Main 1994, S. 10-39.

Becker, P.: Die Bedeutung integrativer Modelle von Gesundheit und Krankheit für die Prävention und Gesundheitsförderung – Anforderungen an allgemeine Modelle von Gesundheit und Krankheit, in: Paulus, P. (Hrsg.), Prävention und Gesundheitsförderung. Perspektiven für die psychosoziale Praxis, Köln 1992, S. 91-107.

Biermann-Ratjen, E.-M.; Eckert, J.; Schwartz, H.-J.: Gesprächspsychotherapie. Verändern durch Verstehen, Stuttgart/Berlin/Köln 1997.

Birgmeier, B. R.: Soziale Arbeit: „Handlungswissenschaft", „Praxiswissenschaft" oder „Praktische Wissenschaft"? Überlegungen zu einer handlungstheoretischen Fundierung Sozialer Arbeit, Eichstätt 2003.

Birtsch, V.: Modernes Management contra Lebensweltorientierung oder wer soll wen in der Jugendhilfe steuern? In: Jugendhilfe, 35. Jg., 1997, S. 258-270.

Bischof-Köhler, D.: Von Natur aus anders. Die Psychologie der Geschlechtsunterschiede, Stuttgart/Berlin/Köln 2002.

Blättner , B.: Gesundheitsförderung und Gesundheitsbildung – aktueller Stand der Diskussion –. Literaturrecherche zur Vorbereitung des Kongresses „anders leben lernen". Beiträge der Erwachsenenbildung zur Gesundheitsförderung vom 13.-16. November 1994, Hamburg 1994.

Böhnisch, L.: Sozialpädagogik des Kindes- und Jugendalters. Eine Einführung, Weinheim/München 1992.

Böhnisch, L.: Pädagogische Soziologie. Eine Einführung, Weinheim/München 1996.

Böhnisch, L.: Sozialpädagogik der Lebensalter. Eine Einführung, Weinheim/München 1997.

Böhnisch, L.: Abweichendes Verhalten. Eine pädagogisch-soziologische Einführung, Weinheim/München 1999.

Bogyi, G.: Psychotherapie versus Krisenintervention, in: Reinelt, T.; Bogyi, G.; Schuch, B. (Hrsg.), Lehrbuch der Kinderpsychotherapie. Grundlagen und Methoden, München/Basel 1997, S. 111-116.

Bohleber, W.: Identität und Selbst. Die Bedeutung der neueren Entwicklungsforschung für die psychoanalytische Theorie des Selbst, in: Bohleber, W. (Hrsg.), Adoleszenz und Identität, Stuttgart 1996, S. 268-302.

Bonse-Rohmann, M.: Gesundheitsverhalten und Gesundheitsbildung von Auszubildenden. Ein empirischer Beitrag aus berufs- und wirtschaftspädagogischer Perspektive, Frankfurt am Main et al. 1999.

Bonß, W.: Unsicherheit und Gesellschaft – Argumente für eine soziologische Risikoforschung, in: Soziale Welt, 42. Jg., 1991, S. 258-277.

Bourne, L. E.; Ekstrand, B. R.: Einführung in die Psychologie, Eschborn bei Frankfurt am Main 1992.

Brandl-Nebehay, A.: Geschichte der systemischen Familientherapie, in: Brandl-Nebehay, A.; Rauscher-Gföhler, B.; Kleibel-Arbeithuber, J. (Hrsg.), Systemische Familientherapie. Grundlagen, Methoden und aktuelle Trends, Wien 1998, S. 17-59.

Brenner, Ch.: Grundzüge der Psychoanalyse, Frankfurt am Main 1988.

Brenning, U.; Witte, M.: Hilfen für suizidgefährdete Kinder und Jugendliche. Ein neuer Weg in der Arbeit mit suizidgefährdeten Kindern und Jugendlichen, in: Suizidprophylaxe, 11. Jg., 1984, S. 5-11.

Bronisch, Th.: Der Suizid. Ursachen – Warnsignale – Prävention, München 1995.

Bründel, H.: Suizidgefährdete Jugendliche. Theoretische und empirische Grundlagen für Früherkennung, Diagnostik und Prävention, Weinheim/München 1993.

Brunner, E. J.: Familientherapie, in: Eyferth, H.; Otto, H.-U.; Thiersch, H. (Hrsg.), Handbuch zur Sozialarbeit/Sozialpädagogik. Studienausgabe, Neuwied/Darmstadt 1987, S. 364-371.

Buckert, F.; Fuhr, H.; Heinz, G.: Risiken bei der Umsetzung sozialräumlicher Konzepte, in: Evangelischer Erziehungsverband e.V. (Hrsg.), Werkstattheft Sozialraumorientierung. Eine Arbeitshilfe, Hannover 2001, S. 31-36.

Bundesminister für Jugend, Familie, Frauen und Gesundheit: Achter Jugendbericht. Bericht über Bestrebungen und Leistungen der Jugendhilfe, Bonn 1990.

Bundesministerium für Familie, Senioren, Frauen und Jugend: Handbuch Sozialpädagogische Familienhilfe, Stuttgart 1999.

Chatzikostas, K.: Die Disponibilität des Rechtsgutes Leben in ihrer Bedeutung für die Probleme von Suizid und Euthanasie, Frankfurt am Main et al. 2000.

Chodorow, N.: Das Erbe der Mütter. Psychoanalyse und Soziologie der Geschlechter, München 1994.

Christe, Ch.: Suizid im Alter. Dimensionen eines ignorierten Problems, Bielefeld 1989.

Cierpka, M.: Familientherapie, in: Heigl-Evers, A. et al. (Hrsg.), Lehrbuch der Psychotherapie, Lübeck et al. 1997, S. 330-341.

Colla, H. E.: Suizid, in: Eyferth, H.; Otto, H.-U.; Thiersch, H. (Hrsg.), Handbuch zur Sozialarbeit/Sozialpädagogik. Studienausgabe, Neuwied/Darmstadt 1987, S. 1160-1179.

Colla, H. E.: Suizidales Verhalten junger Menschen – eine nicht wahrgenommene Aufgabe in der Heimerziehung, in: Colla, H. E. et al. (Hrsg.), Handbuch Heimerziehung und Pflegekinderwesen in Europa, Neuwied/Kriftel 1999, S. 541-573.

Colla, H. E.: Suizid, in: Otto, H.-U.; Thiersch, H. (Hrsg.), Handbuch Sozialarbeit Sozialpädagogik, Neuwied/Darmstadt 2001a, S. 1850-1862.

Colla, H. E.: Personale Dimension des (sozial-)pädagogischen Könnens – der pädagogische Bezug in der Heimerziehung, in: Knapp, G.; Scheipl, J. (Hrsg.), Jugendwohlfahrt in Bewegung. Reformansätze in Österreich, Klagenfurt et al. 2001b, S. 7-37.

Colla-Müller, H. E.: Suizidales Verhalten bei Schülern und Jugendlichen, in: Faust, V.; Wolfersdorf, M. (Hrsg.), Suizidgefahr. Häufigkeit – Ursachen – Motive – Prävention – Therapie, Stuttgart 1984, S. 14-24.

Combe, A.; Helsper, W.: Professionalität, in: Otto, H.-U.; Rauschenbach, Th.; Vogel, P. (Hrsg.), Erziehungswissenschaft: Professionalität und Kompetenz, Opladen 2002, S. 29-47.

Conzen, P.: Erik H. Erikson. Leben und Werk, Stuttgart/Berlin/Köln 1996.

Crepet, P.: Das tödliche Gefühl der Leere. Suizid bei Jugendlichen, Reinbek bei Hamburg 1996.

Cullberg, J.: Krisen und Krisentherapie, in: Psychiatrische Praxis, 5. Jg., 1978, S. 25-34.

Dahme, H.-J.; Wohlfart, N.: Sozialraumorientierung und Sozialraumbudgetierung: Sparprogramm oder Innovationsimpuls? In: Theorie und Praxis der Sozialen Arbeit, 53. Jg., 2002, S. 268-274.

Deinet, U.: Der „sozialräumliche Blick" der Jugendarbeit – ein Beitrag zur Sozialraumdebatte, in: neue praxis, 32. Jg., 2002, S. 285-296.

Deinet, U.; Krisch, R. (Hrsg.): Der sozialräumliche Blick der Jugendarbeit. Methoden und Bausteine zur Konzeptentwicklung und Qualifizierung, Opladen 2002.

de Vries, B.: Suizidales Verhalten alter Menschen, Hamburg 1996.

Dewe, B. et al.: Professionelles soziales Handeln. Soziale Arbeit im Spannungsfeld zwischen Theorie und Praxis, Weinheim/München 2001.

Dinnerstein, D.: Das Arrangement der Geschlechter, Stuttgart 1979.

Dörner, K.: Einleitung, in: Durkheim, E., Der Selbstmord, Neuwied/Berlin 1973, S. IX-XVII.

Doll, H.; Giernalczyk, Th.; Skogstad, H.: Nun mag ich auch nicht länger leben. Zur Beratung und Begleitung von suizidalen Jugendlichen und ihren Angehörigen, in: Riess, R.; Fiedler, K. (Hrsg.), Die verletzlichen Jahre. Handbuch zur Beratung und Seelsorge an Kindern und Jugendlichen, Gütersloh 1993, S. 382-398.

Dreher, E.; Dreher, M.: Wahrnehmung und Bewältigung von Entwicklungsaufgaben im Jugendalter: Fragen, Ergebnisse und Hypothesen zum Konzept einer Entwicklungs- und Pädagogischen Psychologie des Jugendalters, in: Oerter, R. (Hrsg.), Lebensbewältigung im Jugendalter, Weinheim 1985a, S. 30-61.

Dreher, E.; Dreher, M.: Entwicklungsaufgaben im Jugendalter: Bedeutsamkeit und Bewältigungskonzepte, in: Liepmann, D.; Stiksrud, A. (Hrsg.), Entwicklungsaufgaben und Bewältigungsprobleme in der Adoleszenz. Sozial- und entwicklungspsychologische Perspektiven, Göttingen/Toronto/Zürich 1985b, S. 56-70.

Drömann, S.: Todesphantasien und -vorstellungen bei jugendlichen Suizidanten, in: Jochmus, I.; Förster, E. (Hrsg.), Suizid bei Kindern und Jugendlichen, Stuttgart 1983, S. 88-91.

Dross, M.: Krisenintervention, Göttingen et al. 2001.

Dubitscher, F.: Lebensschwierigkeiten und Selbsttötung. Beratung und Vorbeugung, Stuttgart 1971.

Durkheim, E.: Le Suicide. Etude de Sociologie, Paris 1897.

Durkheim, E.: Der Selbstmord, Neuwied 1973.

Engelke, E.: Theorien der Sozialen Arbeit. Eine Einführung, Freiburg im Breisgau 1998.

Erikson, E. H.: Kindheit und Gesellschaft, Stuttgart 1961.

Erikson, E. H.: Identität und Lebenszyklus. Drei Aufsätze, Frankfurt am Main 1966.

Erikson, E. H.: Jugend und Krise. Die Psychodynamik im sozialen Wandel, Stuttgart 1970.

Erikson, E. H.: Identität und Lebenszyklus. Drei Aufsätze, Frankfurt am Main 2000.

Erlemeier, N.: Suizidalität im Alter. Bericht über den aktuellen Forschungsstand. Studie im Auftrag des Bundesministeriums für Familie und Senioren, Stuttgart/Berlin/Köln 1992.

Evangelischer Erziehungsverband e.V. (Hrsg.).: Jugendhilfe im Sozialraum. Lippenbekenntnis oder neue Verantwortung für die Sozialraumverwaltung und freie Träger der Jugendhilfe, Hannover 2000.

Evangelischer Erziehungsverband e.V. (Hrsg.).: Werkstattheft Sozialraumorientierung. Eine Arbeitshilfe, Hannover 2001.

Ewerhart, M.; Scheven, C.; Schlegel, M.: Wenn die Seele überläuft. Junge Menschen erleben psychische Krisen: Angst – Essstörungen – Suizid, Lehrerbegleitheft zu „Wenn die Seele überläuft" und „Irrwege, eigene Wege" für Sekundarstufe I und II, Bonn 2001.

Fend, H.: Entwicklungspsychologie des Jugendalters. Ein Lehrbuch für pädagogische und psychologische Berufe, Opladen 2000.

Ferchhoff, W.: Jugend an der Wende vom 20. zum 21. Jahrhundert. Lebensformen und Lebensstile, Opladen 1999.

Feuerlein, W.: Selbstmordversuch oder parasuicidale Handlung? Tendenzen suicidalen Verhaltens, in: Der Nervenarzt, 42. Jg., 1971, S. 127-130.

Finckh, H. J.: Der Begriff der „Deutschen Bewegung“ und seine Bedeutung für die Pädagogik Herman Nohls, Frankfurt am Main/Bern/Las Vegas 1977.

Finke, J.; Teusch, L.: Gesprächspsychotherapie, in: Senf, W.; Broda, M. (Hrsg.), Praxis der Psychotherapie. Ein integratives Lehrbuch: Psychoanalyse, Verhaltenstherapie, systemische Therapie, Stuttgart/New York 2000, S. 252-257.

Finzen, A.: Suizidprophylaxe bei psychischen Störungen. Prävention – Behandlung – Bewältigung, Bonn 1997.

Flitner, W.: Allgemeine Pädagogik, Stuttgart 1980.

Franzkowiak, P.: Gesundheit, in: Bundeszentrale für gesundheitliche Aufklärung (Hrsg.): Leitbegriffe der Gesundheitsförderung. Glossar zu Konzepten, Strategien und Methoden der Gesundheitsförderung, Schwabenheim an der Selz 1996, S. 24-27.

Franzkowiak, P.: Gesundheitsbezogene Soziale Arbeit zwischen Public Health und Gesundheitswissenschaft, in: neue praxis, 28. Jg., 1998, S. 171-179.

Franzkowiak, P.; Lehmann, M.: Gesundheits-/Krankheits-Kontinuum, in: Bundeszentrale für gesundheitliche Aufklärung (Hrsg.): Leitbegriffe der Gesundheitsförderung. Glossar zu Konzepten, Strategien und Methoden der Gesundheitsförderung, Schwabenheim an der Selz 1996, S. 53-54.

Franzkowiak, P.; Sabo, P. (Hrsg.): Dokumente der Gesundheitsförderung. Internationale und nationale Dokumente und Grundlagentexte zur Entwicklung der Gesundheitsförderung im Wortlaut und mit Kommentierung, Mainz 1993.

Franzkowiak, P.; Wenzel, E.: Gesundheitserziehung und Gesundheitsförderung, in: Otto, H.-U.; Thiersch, H. (Hrsg.), Handbuch Sozialarbeit Sozialpädagogik, Neuwied/Darmstadt 2001, S. 716-722.

Freud, S.: Gesammelte Werke. Band 15: Neue Folge der Vorlesungen zur Einführung in die Psychoanalyse, Frankfurt am Main 1967.

Freud, S.: Studienausgabe. Band 5: Sexualleben, Frankfurt am Main 1997.

Freud, S.: Abriß der Psychoanalyse. Einführende Darstellungen, Frankfurt am Main 2001a.

Freud, S.: Das Ich und das Es. Metapsychologische Schriften, Frankfurt am Main 2001b.

Freytag, R.: Unsereins macht „es“ richtig! Die Geschichte von Axel M. oder die Macht eines geschlechtstypischen Spruchs, in: Freytag, R.; Giernalczyk, Th. (Hrsg.), Geschlecht und Suizidalität, Göttingen 2001, S. 106-113.

Fuchs, W.: „Jugendliche Statuspassage oder individualisierte Jugendbiographie?“ In: Soziale Welt, 34. Jg., 1983, S. 341-371.

Füssenhäuser, C.; Thiersch, H.: Theorien der Sozialen Arbeit, in: Otto, H.-U.; Thiersch, H. (Hrsg.), Handbuch Sozialarbeit Sozialpädagogik, Neuwied/Darmstadt 2001, S. 1876-1900.

Galuske, M.: Methoden der Sozialen Arbeit. Eine Einführung, Weinheim/München 1999.

Galuske, M.: Flexible Sozialpädagogik. Elemente einer Theorie Sozialer Arbeit in der modernen Arbeitsgesellschaft, Weinheim/München 2002.

Gappmayer, A.: Adoleszenz und Selbsttötung. Schüler zeichnen aktuelle Suizidgedanken, Regensburg 1987.

Gaupp, R.: Über den Selbstmord, München 1905.

Gerisch, B.: Suizidalität bei Frauen. Mythos und Realität. Eine kritische Analyse, Tübingen 1998.

Gerisch, B.: „Auf den Leib geschrieben“. Der weibliche Körper als Projektionsfläche männlicher Phantasien zum Suizidverhalten von Frauen, in: Götze, P.; Richter, M. (Hrsg.), Aber mein Inneres überlaßt mir selbst. Verstehen von suizidalem Erleben und Verhalten, Göttingen 2000, S. 78-115.

Gerisch, B.: „Sterbe ich vor meiner Zeit, nenn` ich es noch Gewinn“. Weiblichkeit und Suizidalität – Eine quellenkritische Sichtung traditioneller Erklärungsmodelle, in: Freytag, R.; Giernalczyk, Th. (Hrsg.), Geschlecht und Suizidalität, Göttingen 2001, S. 68-80.

Geulen, D.: Die historische Entwicklung sozialisationstheoretischer Paradigmen, in: Hurrelmann, K.; Ulich, D. (Hrsg.), Handbuch der Sozialisationsforschung, Weinheim/Basel 1980, S. 15-49.

Geulen, D.; Hurrelmann, K.: Zur Programmatik einer umfassenden Sozialisationstheorie, in: Hurrelmann, K.; Ulich, D. (Hrsg.), Handbuch der Sozialisationsforschung, Weinheim/Basel 1980, S. 51-67.

Giesecke, H.: Die pädagogische Beziehung. Pädagogische Professionalität und die Emanzipation des Kindes, Weinheim/München 1997.

Gillis, J. R.: Geschichte der Jugend. Tradition und Wandel im Verhältnis der Altersgruppen und Generationen in Europa von der zweiten Hälfte des 18. Jahrhunderts bis zur Gegenwart, Weinheim/Basel 1980.

Ginsberg, R. B.: Anomie and Aspirations. A Reinterpretation of Durkheim`s Theory, New York 1980.

Göpel, E.: Reflexion über Zielsetzungen und Rahmenbedingungen für Gesundheitsförderung, in: Göpel, E.; Schneider-Wohlfart, U. (Hrsg.), Provokationen zur Gesundheit. Beiträge zu einem reflexiven Verständnis von Gesundheit und Krankheit, Frankfurt am Main 1994, S. 267-278.

Gores, R.: Suizid als Problemlösung – Eine Fokaltheorie suizidalen Handelns, Düsseldorf 1981.

Grande, T.: Suizidale Beziehungsmuster. Eine Untersuchung mit der Strukturalen Analyse Sozialen Verhaltens (SASB), Opladen 1997.

Grawe, K.: Psychotherapie ohne Grenzen. Von den Therapieschulen zur Allgemeinen Psychotherapie, in: Verhaltenstherapie und psychosoziale Praxis, 26. Jg., 1994, S. 357-370.

Grawe, K.; Donati, R.; Bernauer, F.: Psychotherapie im Wandel. Von der Konfession zur Profession, Göttingen et al. 1994.

Griese, H. M.: Sozialwissenschaftliche Jugendtheorien. Eine Einführung, Weinheim/Basel 1982.

Gropp, W.: Zur Freiverantwortlichkeit des Suizids aus juristisch-strafrechtlicher Sicht, in: Pohlmeier, H.; Schöch, H.; Venzlaff, U. (Hrsg.), Suizid zwischen Medizin und Recht, Stuttgart/Jena/New York 1996, S. 13-31.

Gross, P.: Die Multioptionsgesellschaft, Frankfurt am Main 1994.

Grunwald, K. et al. (Hrsg.): Alltag, Nicht-Alltägliches und die Lebenswelt. Beiträge zur lebensweltorientierten Sozialpädagogik, Weinheim/München 1996.

Grunwald, K.; Thiersch, H.: Lebensweltorientierung, in: Otto, H.-U.; Thiersch, H. (Hrsg.), Handbuch Sozialarbeit Sozialpädagogik, Neuwied/Darmstadt 2001, S. 1136-1148.

Gudjons, H.: Erziehungswissenschaft kompakt, Hamburg 1999.

Gugutzer, R.: Leib, Körper und Identität. Eine phänomenologisch-soziologische Untersuchung zur personalen Identität, Wiesbaden 2002.

Gundel, K.: Psychopathologie und Suizid – Zusammenhänge im Lichte einer neuen Theorie, in: Suizidprophylaxe, 12. Jg., 1985, S. 33-55.

Haasis, M.: Die feministische pädagogische Beziehung. Ausgewählte pädagogische Konzepte und der Beitrag des Affidamento, Königstein/Taunus 2002.

Häfner, H.; Schmidtke, A.: Selbstmord durch Fernsehen: Die Wirkung der Massenmedien auf Selbstmordhandlungen, in: Häfner, H. (Hrsg.), Psychiatrie: Ein Lesebuch für Fortgeschrittene, Stuttgart/Jena 1991, S. 238-255.

Haenel, Th.: Suizidhandlungen. Neue Aspekte der Suizidologie, Berlin et al. 1989.

Haenel, Th.: Suizid und Zweierbeziehung, Göttingen 2001.

Haller, R.; Lingg, A.: Selbstmord. Verzweifeln am Leben, Wien 1987.

Harms, A.: Die Geschichte der Kinderpsychotherapie, in: Reinelt, T.; Bogyi, G.; Schuch, B. (Hrsg.), Lehrbuch der Kinderpsychotherapie. Grundlagen und Methoden, München/Basel 1997, S. 40-51.

Haußer, K.: Identitätspsychologie, Berlin et al. 1995.

Havighurst, R. J.: Developmental Tasks and Education, Chicago 1948.

Heitmeyer, W.: Rechtsextremistische Orientierungen bei Jugendlichen. Empirische Ergebnisse und Erklärungsmuster einer Untersuchung zur politischen Sozialisation, Weinheim/München 1987.

Heitmeyer, W.: Entsicherungen. Desintegrationsprozesse und Gewalt, in: Beck, U.; Beck-Gernsheim, E. (Hrsg.), Riskante Freiheiten. Individualisierung in modernen Gesellschaften, Frankfurt am Main 1994, S. 376-401.

Heitmeyer, W. et al.: Die Bielefelder Rechtsextremismus-Studie. Erste Langzeituntersuchung zur politischen Sozialisation männlicher Jugendlicher, Weinheim/München 1992.

Heitmeyer, W.; Olk, Th.: Das Individualisierungs-Theorem – Bedeutung für die Vergesellschaftung von Jugendlichen, in: Heitmeyer, W.; Olk, Th. (Hrsg.), Individualisierung von Jugend.

Gesellschaftliche Prozesse, subjektive Verarbeitungsformen, jugendpolitische Konsequenzen, Weinheim/München 1990, S. 11-34.

Henseler, H.: Narzißtische Krisen. Zur Psychodynamik des Selbstmords, Reinbek bei Hamburg 1974.

Henseler, H.: Narzißtische Krisen. Zur Psychodynamik des Selbstmords, Opladen 1984.

Herkner, W.: Psychologie, Wien/New York 1986.

Herrmann, U.: Erziehung und Bildung in der Tradition Geisteswissenschaftlicher Pädagogik, in: Lenzen, D.; Mollenhauer, K. (Hrsg.), Enzyklopädie Erziehungswissenschaft. Band 1: Theorien und Grundbegriffe der Erziehung und Bildung, Stuttgart 1983, S. 25-41.

Hey, G.: Klinische Sozialarbeit. Zu den Aufgaben Sozialer Arbeit in Einrichtungen des Gesundheitswesens, in: Sting, S.; Zurhorst, G. (Hrsg.), Gesundheit und Soziale Arbeit. Gesundheit und Gesundheitsförderung in den Praxisfeldern Sozialer Arbeit, Weinheim/München 2000, S. 163-175.

Hinte, W.: Von der Gemeinwesenarbeit zur Stadtteilbezogenen Sozialen Arbeit, in: Hinte, W.; Karas, F.: Studienbuch Gruppen- und Gemeinwesenarbeit. Eine Einführung für Ausbildung und Praxis, Neuwied/Frankfurt am Main 1989, S. 29-40.

Hinte, W.: Innovation im ASD: Strukturelle Chancen und Grenzen für eine stadtteilbezogene Arbeit, in: Institut für soziale Arbeit e.V. (Hrsg.), ASD. Beiträge zur Standortbestimmung, Münster 1991, S. 9-20.

Hinte, W.: Fallarbeit und Lebensweltgestaltung – Sozialraumbudgets statt Fallfinanzierung, in: Institut für soziale Arbeit e.V. (Hrsg.), Soziale Indikatoren und Sozialraumbudgets in der Kinder- und Jugendhilfe, Münster 1999a, S. 82-94.

Hinte, W.: Soziale Arbeit als gestaltende Instanz. Sozialraumbudgets statt Fallfinanzierung, in: Forum für Kinder- und Jugendarbeit, 14. Jg., 1999b, S. 13-18.

Hinte, W.: Jugendhilfe im Sozialraum – Plädoyer für einen nachhaltigen Umbau, in: Der Amtsvormund, 73. Jg., 2000, S. 929-942.

Hinte, W.: Sozialraum: Fall im Feld, in: Sozialmanagement, 11. Jg., 2001, S. 10-13.

Hinte, W.: Fälle, Felder und Budgets. Zur Rezeption sozialraumorientierter Ansätze in der Jugendhilfe, in: Merten, R. (Hrsg.), Sozialraumorientierung. Zwischen fachlicher Innovation und rechtlicher Machbarkeit, Weinheim/München 2002a, S. 91-126.

Hinte, W.: „Sozialraumorientierung" – den eigenen Tunnelblick mit der Weite des Raumes verwechseln? In: Theorie und Praxis der Sozialen Arbeit, 53. Jg., 2002b, S. 366-372.

Hinte, W.: Von der Gemeinwesenarbeit über die Stadtteilarbeit zum Quartiermanagement, in: Thole, W. (Hrsg.), Grundriss Soziale Arbeit. Ein einführendes Handbuch, Opladen 2002c, S. 535-548.

Hinte, W.; Litges, G.; Springer, W.: Soziale Dienste: Vom Fall zum Feld. Soziale Räume statt Verwaltungsbezirke, Berlin 1999.

Hirzel-Wille, M.: Suizidalität im Alter. Individuelles Schicksal und soziales Phänomen, Bern et al. 2002.

Hockel, C. M.: Gesprächspsychotherapie – ein wissenschaftlich anerkanntes Verfahren. Die beharrliche Blockierung einer bewährten psychotherapeutischen Grundorientierung und ihre Konsequenzen für die Aus-, Fort- und Weiterbildung, Bonn 1999.

Hoffmann, S. O.: Psychoanalyse, in: Asanger, R.; Wenninger, G. (Hrsg.), Handwörterbuch Psychologie, Weinheim 1994, S. 579-586.

Holderegger, A.: Suizid und Suizidgefährdung. Humanwissenschaftliche Ergebnisse. Anthropologische Grundlagen, Freiburg/Wien 1979.

Holderegger, A.: Suizid – Leben und Tod im Widerstreit, Freiburg/Schweiz 2002.

Homfeldt, H. G.: Soziale Arbeit im Gesundheitswesen und in der Gesundheitsförderung, in: Thole, W. (Hrsg.), Grundriss Soziale Arbeit. Ein einführendes Handbuch, Opladen 2002, S. 317-330.

Homfeldt, H. G.; Steigleder, S.: Gesundheitsvorstellungen und Lebenswelt. Subjektive Vorstellungen von Bewohnern benachteiligter Wohngebiete über Gesundheit und ihre Einflussfaktoren, Weinheim/München 2003.

Hurrelmann, K.: Einführung in die Sozialisationstheorie. Über den Zusammenhang von Sozialstruktur und Persönlichkeit, Weinheim/Basel 1993.

Hurrelmann, K.: Lebensphase Jugend. Eine Einführung in die sozialwissenschaftliche Jugendforschung, Weinheim/München 1999.

Hurrelmann, K.: Gesundheitssoziologie. Eine Einführung in sozialwissenschaftliche Theorien von Krankheitsprävention und Gesundheitsförderung, Weinheim/München 2000.

Iskenius-Emmler, H.: Psychologische Aspekte von Tod und Trauer bei Kindern und Jugendlichen, Frankfurt am Main et al. 1988.

Jacobs, J.: Selbstmord bei Jugendlichen. Erklärung, Verhinderung, Hilfe, München 1974.

Janz, G.; Pankau, A.; Schuldt, K.-H.: Den Menschen aus der Beengung führen. Die Laienhilfe „Arbeitskreis Leben", in: Haller, M. (Hrsg.), Freiwillig sterben – freiwillig? Selbstmord, Sterbehilfe, Suchttod, Reinbek bei Hamburg 1986, S. 213-224.

Joas, H.: Das Risiko der Gegenwartsdiagnose, in: Soziologische Revue, 11. Jg., 1988, S. 1-6.

Joecks, W.: Studienkommentar Strafgesetzbuch, München 2001.

Käsler, H.: Suizidales Verhalten in der Heimerziehung, in: Colla, H. E. et al. (Hrsg.), Handbuch Heimerziehung und Pflegekinderwesen in Europa, Neuwied/Kriftel 1999, S. 613-620.

Kaiser-Asmodi, K.: Suizidprävention bei Adoleszenten. Ein familienpsychologischer Ansatz auf der Grundlage der Familienstreßtheorie, Frankfurt am Main et al. 1997.

Kast, V.: Der schöpferische Sprung. Vom therapeutischen Umgang mit Krisen, Solothurn/Düsseldorf 1994.

Kasten, H.: Pubertät und Adoleszenz. Wie Kinder heute erwachsen werden, München/Basel 1999.

Keupp, H.: Auf der Suche nach der verlorenen Identität, in: Keupp, H.; Bilden, H. (Hrsg.), Verunsicherungen. Das Subjekt im gesellschaftlichen Wandel. Münchener Beiträge zur Sozialpsychologie, Göttingen/Toronto/Zürich 1989, S. 47-69.

Keupp, H.: Identität, in: Otto, H.-U.; Thiersch, H. (Hrsg.), Handbuch Sozialarbeit Sozialpädagogik, Neuwied/Darmstadt 2001, S. 804-810.

Kind, J.: Suizidal. Die Psychoökonomie einer Suche, Göttingen 1992.

Kind, J.: Gegenübertragung und Beziehungswunsch bei Suizidalität, in: Giernalczyk, Th. (Hrsg.), Suizidgefahr. Verständnis und Hilfe, Tübingen 1997, S. 65-71.

Kind, J.: Geschlechtertypische Suizidmotivation? Ein klinischer Eindruck, in: Freytag, R.; Giernalczyk, Th. (Hrsg.), Geschlecht und Suizidalität, Göttingen 2001, S. 95-105.

King, V.; Müller, B. K.: Adoleszenzforschung und pädagogische Praxis – Zur systematischen Reflexion von sozialen Rahmenbedingungen und Beziehungskonflikten in der Jugendarbeit, in: King, V.; Müller, B. K. (Hrsg.), Adoleszenz und pädagogische Praxis. Bedeutungen von Geschlecht, Generation und Herkunft in der Jugendarbeit, Freiburg im Breisgau 2000, S. 9-35.

Klemann, M.: Zur frühkindlichen Erfahrung suizidaler Patienten. Eine Analyse biographischer Rekonstruktionen der Familiendynamik, Frankfurt am Main/Bern/New York 1983.

Klika, D.: Herman Nohl. Sein „Pädagogischer Bezug" in Theorie, Biographie und Handlungspraxis, Köln/Weimer/Wien 2000.

Kluge, N.: Sexualverhalten Jugendlicher heute. Ergebnisse einer repräsentativen Jugend- und Elternstudie über Verhalten und Einstellungen zur Sexualität, Weinheim/München 1998.

Knapp, R.: Konstitutive Momente pädagogischer Situationen, in: Badry, E.; Buchka, M.; Knapp, R. (Hrsg.), Pädagogik. Grundlagen und Arbeitsfelder, Neuwied/Kriftel 1999, S. 111-146.

Körner, W.: Zur Kritik Systemischer Therapien, in: Hörmann, G.; Körner, W.; Buer, F. (Hrsg.), Familie und Familientherapie. Probleme – Perspektiven – Alternativen, Opladen 1988, S. 153-184.

Kohnstamm, R.: Praktische Psychologie des Jugendalters, Bern et al. 1999.

Kolip, P.: Geschlecht und Gesundheit im Jugendalter. Die Konstruktion von Geschlechtlichkeit über somatische Kulturen, Opladen 1997.

Kombüchen, S.: Von der Erlebnisgesellschaft zur Mediengesellschaft: Die Evolution der Kommunikation und ihre Folgen für den sozialen Wandel, Münster 1999.

Kommunale Gemeinschaftsstelle für Verwaltungsvereinfachung: Kontraktmanagement zwischen öffentlichen und freien Trägern, Köln 1998.

Kreft, D.: „Brauchen wir eine umfassende Strukturdebatte in der Jugendhilfe?" In: Bundesministerium für Familie, Senioren, Frauen und Jugend (Hrsg.), Mehr Chancen für Kinder und Jugendliche. Stand und Perspektiven der Jugendhilfe in Deutschland. Veranstaltungsdokumentation, Band 2, Münster 2001, S. 179-193.

Kriz, J.: Systemtheorie für Psychotherapeuten, Psychologen und Mediziner. Eine Einführung, Wien 1999.

Krölls, A.: Die Sozialraumbudgetierung aus jugendhilfepolitischer und jugendhilferechtlicher Sicht. Ein rechtswidriges Sparprogramm mit fragwürdigem jugendhilfepolitischem Nutzen, in: Merten, R. (Hrsg.), Sozialraumorientierung. Zwischen fachlicher Innovation und rechtlicher Machbarkeit, Weinheim/München 2002, S. 183-201.

Kulessa, Ch.: Zur Theorie der Krise. Krisenphänomene und Prädiktoren ihres Verlaufes, in: Gastager, H.; Gastager, S. (Hrsg.), Hilfe in Krise. Wege und Chancen einer personalen Krisenintervention, Wien et al. 1982, S. 67-93.

Langer, J.: Auf Leben und Tod. Suizidalität bei Jugendlichen als Herausforderung für die Schülerseelsorge, Frankfurt am Main et al. 2001.

Larisch, H.: Ein Trainingsprogramm zur sozialen Perspektivenübernahme im Jugendalter. Zur Veränderbarkeit von rigiden Wertvorstellungen bei der Personenwahrnehmung, Hamburg 1997.

Lauterbach, M.: Suizidales Verhalten bei Kindern und Jugendlichen, Berlin, Dissertation 1976.

Lee, J.-S.: Der Pädagogische Bezug. Eine systematische Rekonstruktion der Theorie des Pädagogischen Bezugs bei H. Nohl unter Berücksichtigung der Kritiken und neuerer Ansätze, Frankfurt am Main 1989.

Lenz, K.: Alltagswelten von Jugendlichen. Eine empirische Studie über jugendliche Handlungstypen, Frankfurt am Main/New York 1986.

Lewinsky-Aurbach, B.: Suizidale Jugendliche. Grenzen und Möglichkeiten psychologischen Verstehens, Stuttgart 1980.

Lindner, W.; Freund, Th.: Der Prävention vorbeugen? Thesen zur Logik der Prävention und ihrer Umsetzung in der Kinder- und Jugendarbeit, in: deutsche Jugend, 48. Jg., 2001, S. 212-220.

Linehan, M. M.: A Social-Behavioral Analysis of Suicide and Parasuicide. Implications for Clinical Assessment and Treatment, in: Clarkin, J. F.; Glazer H. I. (Hrsg.), Depression. Behavioral and Directive Intervention Strategies, New York/London 1981, S. 229-294.

Linster, H. W.: Gesprächspsychotherapie, in: Asanger, R.; Wenninger, G. (Hrsg.), Handwörterbuch Psychologie, Weinheim 1994, S. 242-248.

Löchel, M.: Die präsuizidale Symptomatik bei Kindern und Jugendlichen – ein Beitrag zur Früherkennung der Selbstmordgefährdung, in: Jochmus, I.; Förster, E. (Hrsg.), Suizid bei Kindern und Jugendlichen, Stuttgart 1983, S. 61-65.

Lohaus, A.: Gesundheitsförderung und Krankheitsprävention im Kindes- und Jugendalter, Göttingen et al. 1993.

Loviscach, P.: Soziale Arbeit im Arbeitsfeld Sucht. Eine Einführung, Freiburg im Breisgau 1996.

Ludewig, K.: Systemische Therapie mit Familien. Probleme, Lösungen, Reflexionen, Praxis, in: Familiendynamik, 25. Jg., 2000, S. 450-484.

Lüdke, Ch.: Zur Kritik von Erklärungsansätzen für Selbsttötungshandlungen, Lünen 1992.

Lungershausen, E.: Ethische und juristische Aspekte von Suizidhandlungen, in: Faust, V.; Wolfersdorf, M. (Hrsg.), Suizidgefahr. Häufigkeit - Ursachen - Motive - Prävention - Therapie, Stuttgart 1984, S. 173-178.

Mackensen, R.: Die Postmoderne als negative Utopie, in: Soziologische Revue, 11. Jg., 1988, S. 6-12.

Malchau, J. F. A.: Zur Affinität von Drogenkonsum und Suizid bei Jugendlichen, in: Welz, R.; Möller, H. J. (Hrsg.), Bestandsaufnahme der Suizidforschung. Epidemiologie, Prävention und Therapie, Regensburg 1984, S. 210-218.

Malchau, J. F. A.: Drogen und Suizid als Überlebensoption. Untersuchung zur Affinität von direkt und indirekt selbstdestruktiven Handlungen Jugendlicher, Weinheim 1987.

Mansel, J.: Sozialisation in der Risikogesellschaft. Eine Untersuchung zu psychosozialen Belastungen Jugendlicher als Folge ihrer Bewertung gesellschaftlicher Bedrohungspotentiale, Neuwied/Kriftel/Berlin 1995.

Mennemann, H.: Sterben lernen heißt leben lernen. Sterbebegleitung aus sozialpädagogischer Perspektive, Münster 1998.

Mennemann, H.: Krise als Zentralbegriff der (Sozial-)Pädagogik – eine ungenutzte Möglichkeit? In: neue praxis, 30. Jg., 2000, S. 207-226.

Mennemann, H.: Sterbebegleitung, in: Otto, H.-U.; Thiersch, H. (Hrsg.), Handbuch Sozialarbeit Sozialpädagogik, Neuwied/Darmstadt 2001a, S. 1834-1841.

Menninger, K.: Selbstzerstörung. Psychoanalyse des Selbstmords, Frankfurt am Main 1989.

Merchel, J.: Beratung im „Sozialraum". Eine neue Akzentsetzung für die Verortung von Beratungsstellen in der Erziehungshilfe? In: neue praxis, 31. Jg., 2001, S. 369-387.

Merten, R. (Hrsg.): Sozialraumorientierung. Zwischen fachlicher Innovation und rechtlicher Machbarkeit, Weinheim/München 2002a.

Merten, R.: Sozialraumorientierung im Widerstreit zwischen fachlicher Innovation und rechtlicher Machbarkeit, in: Merten, R. (Hrsg.), Sozialraumorientierung. Zwischen fachlicher Innovation und rechtlicher Machbarkeit, Weinheim/München 2002b, S. 9-17.

Merton, R. K.: Social Theory and Social Structure, London 1963.

Milch, W. E.: Gesprächsführung und klientenzentrierte Gesprächstherapie, in: Wedler, H.-L.; Wolfersdorf, M.; Welz, R. (Hrsg.), Therapie bei Suizidgefährdung. Ein Handbuch, Regensburg 1992, S. 71-83.

Miller, D.: Herman Nohls „Theorie" des pädagogischen Bezugs. Eine Werkanalyse, Bern et al. 2002.

Miller, P. H.: Theorien der Entwicklungspsychologie, Heidelberg/Berlin/Oxford 1993.

Mišek-Schneider, K.: Aspekte ambulanter psychotherapeutischer Interventionen bei suizidalen Krisen im Jugendalter, in: Beck, M.; Meyer, B. (Hrsg.), Krisenintervention. Konzepte und Realität, Tübingen 1994, S. 28-39.

Mišek-Schneider, K.; Schneider, W.: Die Problematik des Suizids von Kindern und Jugendlichen für ihre Angehörigen und Therapeuten, in: Freytag, R.; Witte, M. (Hrsg.), Wohin in der Krise? Orte der Suizidprävention, Göttingen 1997, S. 21-38.

Mohr, A.: Peer-Viktimisierung in der Schule und ihre Bedeutung für die seelische Gesundheit von Jugendlichen, Lengerich et al. 2000.

Mühlum, A.: Klinische Sozialarbeit – Modebegriff oder Modernisierungsprojekt? In: Soziale Arbeit, 50. Jg., 2001, S. 162-169.

Mühlum, A. et al.: Soziale Arbeit und Gesundheit. Eine Positionsbestimmung des Arbeitskreises Sozialarbeit und Gesundheit, in: Blätter der Wohlfahrtspflege, 145. Jg., 1998, S. 116-121.

Müller, B. K.: Hans Thiersch: Alltagshandeln und Sozialpädagogik, in: neue praxis, 25. Jg., 1995, S. 257-259.

Müller, B. K.: Sozialpädagogische Interaktions- und Klientenarbeit, in: Otto, H.-U.; Rauschenbach, Th.; Vogel, P. (Hrsg.), Erziehungswissenschaft: Professionalität und Kompetenz, Opladen 2002, S. 79-90.

Müller-Bülow, B.: Therapie in der Spätadoleszenz. Eine qualitative Studie über Beratungserfahrungen weiblicher Jugendlicher, Münster et al. 2001.

Münch, R.: Dialektik der Kommunikationsgesellschaft, Frankfurt am Main 1991.

Münch, R.: Dynamik der Kommunikationsgesellschaft, Frankfurt am Main 1995.

Münchmeier, R.: Jugend, in: Otto, H.-U.; Thiersch, H. (Hrsg.), Handbuch Sozialarbeit Sozialpädagogik, Neuwied/Darmstadt 2001, S. 816-830.

Myschker, N.: Verhaltensstörungen bei Kindern und Jugendlichen. Erscheinungsformen, Ursachen, hilfreiche Maßnahmen, Stuttgart/Berlin/Köln 1999.

Nagl, E.: Pädagogische Jugendarbeit. Was leistet Jugendgruppenarbeit für Jugendliche? Weinheim/München 2000.

Neidhardt, F.: Die junge Generation. Jugend und Gesellschaft in der Bundesrepublik, Opladen 1970a.

Neidhardt, F.: Bezugspunkte einer soziologischen Theorie der Jugend, in: Neidhardt, F. et al. (Hrsg.), Jugend im Spektrum der Wissenschaften. Beiträge zur Theorie des Jugendalters, München 1970b, S. 11-48.

Niemeyer, Ch.: Klassiker der Sozialpädagogik. Einführung in die Theoriegeschichte einer Wissenschaft, Weinheim/München 1998.

Nohl, H.: Die geistigen Energien der Jugendwohlfahrtsarbeit, in: Furck, C. L. et al. (Hrsg.), Aufgaben und Wege der Sozialpädagogik. Vorträge und Aufsätze von Herman Nohl, Weinheim 1965a, S. 10-16.

Nohl, H.: Die Sozialpädagogik in der Wohlfahrtspflege, in: Furck, C. L. et al. (Hrsg.), Aufgaben und Wege der Sozialpädagogik. Vorträge und Aufsätze von Herman Nohl, Weinheim 1965b, S. 17-19.

Nohl, H.: Gedanken für die Erziehungstätigkeit des Einzelnen, in: Furck, C. L. et al. (Hrsg.), Aufgaben und Wege der Sozialpädagogik. Vorträge und Aufsätze von Herman Nohl, Weinheim 1965c, S. 28-35.

Nohl, H.: Erziehung als Lebenshilfe, in: Furck, C. L. et al. (Hrsg.), Aufgaben und Wege der Sozialpädagogik. Vorträge und Aufsätze von Herman Nohl, Weinheim 1965d, S. 64-70.

Nohl, H.: Das Verhältnis der Generationen in der Pädagogik (1914), in: Neue Sammlung, 19. Jg., 1979, S. 583-591.

Nohl, H.: Die pädagogische Bewegung in Deutschland und ihre Theorie, Frankfurt am Main 1988.

Nolting, H.-P.; Paulus, P.: Psychologie lernen. Eine Einführung und Anleitung, Weinheim 1996.

Oerter, R.; Dreher, E.: Jugendalter, in: Oerter, R.; Montada, L. (Hrsg.), Entwicklungspsychologie. Ein Lehrbuch, Weinheim 1998, S. 310-395.

Oevermann, U.: Hermeneutische Sinnrekonstruktion: Als Therapie und Pädagogik missverstanden, oder: das notorische strukturtheoretische Defizit pädagogischer Wissenschaft, in: Garz, D.; Kraimer, K. (Hrsg.), Brauchen wir andere Forschungsmethoden? Beiträge zur Diskussion interpretativer Verfahren, Frankfurt am Main 1983, S. 113-155.

Oevermann, U.: Theoretische Skizze einer revidierten Theorie professionalisierten Handelns, in: Combe, A.; Helsper, W. (Hrsg.), Pädagogische Professionalität. Untersuchungen zum Typus pädagogischen Handelns, Frankfurt am Main 1996, S. 70-182.

Oevermann, U.: Die Architektonik einer revidierten Professionalisierungstheorie und die Professionalisierung rechtspflegerischen Handelns. Vorwort zu Andreas Wernet: Professioneller Habitus im Recht, in: Wernet, A., Professioneller Habitus im Recht. Untersuchungen zur Professionalisierungsbedürftigkeit der Strafrechtspflege und zum Professionshabitus von Strafverteidigern, Berlin 1997, S. 9-19.

Oevermann, U. et al.: Die Methodologie einer „objektiven Hermeneutik", in: Zedler, P.; Moser, H. (Hrsg.), Aspekte qualitativer Sozialforschung. Studien zu Aktionsforschung, empirischer Hermeneutik und reflexiver Sozialtechnologie, Opladen 1983, S. 95-123.

Orbach, I.: Kinder, die nicht leben wollen, Göttingen 1997.

Pallasch, W.: Pädagogisches Gesprächstraining. Lern- und Trainingsprogramm zur Vermittlung therapeutischer Gesprächs- und Beratungskompetenz, Weinheim/München 1993.

Paulus, P.: Die Gesundheitsfördernde Schule. Der innovativste Ansatz gesundheitsbezogener Interventionen in Schulen, in: Die deutsche Schule, 87. Jg., 1995, S. 262-281.

Pervin, L. A.: Persönlichkeitstheorien. Freud, Adler, Jung, Rogers, Kelly, Cattel, Eysenck, Skinner, Bandura u.a., München/Basel 2000.

Pfingsten, U.: Klinische Psychologie. Ein Grundriß, Stuttgart et al. 1985.

Pöldinger, W.: Die Abschätzung der Suizidalität. Eine medizinisch-psychologische und medizinisch-soziologische Studie, Bern/Stuttgart 1968.

Pöldinger, W.: Klinische Aspekte der Aggression und Selbstaggression – ein integrales Konzept der Suizidalität, in: Pöldinger, W.; Wagner, W. (Hrsg.), Aggression, Selbstaggression, Familie und Gesellschaft. Das Mayerling-Symposium, Berlin et al. 1989, S. 49-69.

Pohlmeier, H.: Selbstmord und Selbstmordverhütung, München/Wien/Baltimore 1983.

Pohlmeier, H.: Depression und Selbstmord, Düsseldorf/Bonn 1995.

Popp, U.: Geschlechtersozialisation und schulische Gewalt. Geschlechtstypische Ausdrucksformen und konflikthafte Interaktionen von Schülerinnen und Schülern, Weinheim/München 2002.

Prölß, R.: „Blauäugig und unpolitisch!" Eine Polemik wider die Sozialraumbudgetierung, in: Forum Erziehungshilfen, 6. Jg., 2000, S. 141-146.

Rachor, Ch.: Selbstmordversuche von Frauen. Ursachen und soziale Bedeutung, Frankfurt am Main/New York 1995.

Rachor, Ch.: Der „weibliche Suizidversuch". Geschlechterstereotypen und suizidales Verhalten von Mann und Frau, in: Freytag, R.; Giernalczyk, Th. (Hrsg.), Geschlecht und Suizidalität, Göttingen 2001, S. 45-67.

Rausch, K.: Suizidsignale in der sozialen Interaktion – und Auswege in der Therapie, Regensburg 1991.

Rauschenbach, Th.: Das sozialpädagogische Jahrhundert. Analysen zur Entwicklung Sozialer Arbeit in der Moderne, Weinheim/München 1999.

Reimer, Ch.: Prävention und Therapie der Suizidalität, in: Kisker, K. P. et al. (Hrsg.), Psychiatrie der Gegenwart 2. Krisenintervention, Suizid, Konsiliarpsychiatrie, Berlin et al. 1986, S. 133-173.

Reinders, H.: Politische Sozialisation Jugendlicher in der Nachwendezeit. Forschungsstand, theoretische Perspektiven und empirische Evidenzen, Opladen 2001.

Reiner, A.; Kulessa, Ch.: Ich sehe keinen Ausweg mehr. Suizid und Suizidverhütung – Konsequenzen für die Seelsorge, München/Mainz 1981.

Remschmidt, H.: Suizidhandlungen im Kindes- und Jugendalter. Therapie und Prävention, in: Jochmus, I.; Förster, E. (Hrsg.), Suizid bei Kindern und Jugendlichen, Stuttgart 1983, S. 8-18.

Ringel, E.: Der Selbstmord. Abschluß einer krankhaften psychischen Entwicklung. Eine Untersuchung an 745 geretteten Selbstmördern, Wien/Düsseldorf 1953.

Ringel, E.: Selbstmordverhütung, Bern/Stuttgart/Wien 1969.

Ringel, E.: Über die Selbstmordtendenz bei Jugendlichen – Möglichkeiten zu ihrer Verhütung, in: Bundesarbeitsgemeinschaft Aktion Jugendschutz (Hrsg.), Schluß. Selbstmord bei Jugendlichen. Vorbeugung und Hilfe, Mainz 1985, S. 6-16.

Ringel, E.: Die Beurteilung der Suizidalität, in: Pöldinger, W.; Wagner, W. (Hrsg.), Aggression, Selbstaggression, Familie und Gesellschaft, Berlin et al. 1989a, S. 71-79.

Ringel, E.: Selbstmord. Appell an die anderen, München 1989b.

Ringel, E.: Selbstmord bei Jugendlichen, in: Speck, O.; Martin, K.-R. (Hrsg.), Sonderpädagogik und Sozialarbeit, Berlin 1990, S. 597-609.

Ringel, E.: Besonderheiten der Selbstmordtendenz im Alter, in: Friedrich, I.; Schmitz-Scherzer, R. (Hrsg.), Suizid im Alter, Darmstadt 1992, S. 41-53.

Ringel, E.: Neue Gesichtspunkte zum präsuizidalen Syndrom, in: Ringel, E. (Hrsg.), Selbstmordverhütung, Eschborn bei Frankfurt am Main 1997a, S. 51-116.

Ringel, E.: Der Selbstmord. Abschluß einer krankhaften psychischen Entwicklung. Eine Untersuchung an 745 geretteten Selbstmördern, Eschborn bei Frankfurt am Main 1997b.

Ringel, E.: Das Leben wegwerfen? Reflexionen über den Selbstmord, Wien 1999.

Ringel, E.; Sonneck, G.: Präsuizidales Syndrom und Gesellschaftsstruktur, in: Pohlmeier, H. (Hrsg.), Selbstmordverhütung. Anmaßung oder Verpflichtung, Düsseldorf/Bonn 1994, S. 99-113.

Röhr, A.: Gesundheitsförderung im Rahmen der haushaltsbezogenen Bildung – ein deutsch-niederländischer Vergleich, Berlin 2002.

Rogers, C. R.: Counseling and Psychotherapy. Newer Concepts in Practice, Boston 1942.

Rogers, C. R.: Encounter-Gruppen. Das Erlebnis der menschlichen Begegnung, München 1970.

Rogers, C. R.: Die nicht-direktive Beratung. Counseling and Psychotherapy, München 1972.

Rogers, C. R.: Therapeut und Klient. Grundlagen der Gesprächspsychotherapie, München 1977.

Rolff, H.-G.; Zimmermann, P.: Kindheit im Wandel. Eine Einführung in die Sozialisation im Kindesalter, Weinheim/Basel 1997.

Rosemann, B.; Bielski, S.: Einführung in die Pädagogische Psychologie, Weinheim/Basel 2001.

Rosenbrock, R.: Die Umsetzung der Ottawa Charta in Deutschland. Prävention und Gesundheitsförderung im gesellschaftlichen Umgang mit Gesundheit und Krankheit, Berlin 1998.

Rossmann, P.: Einführung in die Entwicklungspsychologie des Kindes- und Jugendalters, Bern et al. 1996.

Sacher, A.: Gesundheitsförderung zwischen Utopie und Wirklichkeiten – Zur Entwicklung der WHO-Programmatik, in: Amann, G.; Wipplinger, R. (Hrsg.), Gesundheitsförderung. Ein multidimensionales Tätigkeitsfeld, Tübingen 1998, S. 53-71.

Sahle, R.: Gabe, Almosen, Hilfe. Fallstudien zu Struktur und Deutung der Sozialarbeiter-Klient-Beziehung, Opladen 1987.

Schäfers, B.: Jugendsoziologie. Einführung in Grundlagen und Theorien, Opladen 2001.

Scheib, K.: Kriminologie des Suizids, Groß-Gerau 2000.

Schilling, J.: Soziale Arbeit. Entwicklungslinien der Sozialpädagogik/Sozialarbeit, Neuwied/Kriftel/Berlin 1997.

Schipmann, W.: „Sozialraumorientierung“ in der Jugendhilfe. Kritische Anmerkungen zu einem (un-)zeitgemäßen Ansatz, in: Merten, R. (Hrsg.), Sozialraumorientierung. Zwischen fachlicher Innovation und rechtlicher Machbarkeit, Weinheim/München 2002, S. 127-149.

Schmid-Bode, W.; Breucha, H. P.; Möller, H. J.: Ergebnisse einer 3-Jahres-Katamnese an 100 ambulant nachbetreuten Parasuizidenten, in: Welz, R.; Möller, H. J. (Hrsg.), Bestandsaufnahme der Suizidforschung. Epidemiologie, Prävention und Therapie, Regensburg 1984, S. 153-157.

Schmidtke, A.: Verhaltenstheoretisches Erklärungsmodell suizidalen Verhaltens, Regensburg 1988.

Schmidtke, A.; Häfner, H.: Suizide und Suizidversuche im Kindes- und Jugendalter in der Bundesrepublik Deutschland: Häufigkeit und Trends, in: Specht, F.; Schmidtke, A. (Hrsg.), Selbstmordhandlungen bei Kindern und Jugendlichen, Regensburg 1986, S. 27-49.

Schmidtke, A.; Weinacker, B.: Suizidalität in der Bundesrepublik und den einzelnen Bundesländern: Situation und Trends, in: Suizidprophylaxe, 21. Jg., 1994, S. 4-16.

Schmidtke, A.; Weinacker, B.; Löhr, C.: Epidemiologie der Suizidalität im 20. Jahrhundert, in: Wolfersdorf, M.; Franke, Ch. (Hrsg.), Suizidforschung und Suizidprävention am Ende des 20. Jahrhunderts, Regensburg 2000, S. 63-88.

Schmidtobreick, A.: Systemische Familientherapie in der ambulanten Suchtkrankenhilfe. Eine Evaluationsstudie, Freiburg im Breisgau 1992.

Schmidtobreick, B.: Suizid und Suizidversuche bei Suchtkranken, in: Ringel, E. et al. (Hrsg.), Sucht und Suizid, Freiburg im Breisgau 1976, S. 37-53.

Schmitz, G.: Untersuchungen zur Motivstruktur bei jugendlichen Suizidenten. Eine literaturkritisch-empirische Studie, Dortmund, Dissertation 1984.

Schnell, M.; Wetzel, H.: Krisenintervention und -therapie, in: Asanger, R.; Wenninger, G. (Hrsg.), Handwörterbuch Psychologie, Weinheim 1994, S. 371-376.

Schobert, K.: Der gesuchte Tod. Warum Menschen sich töten, Frankfurt am Main 1989.

Schröder, H.: Jugend und Modernisierung. Strukturwandel der Jugendphase und Statuspassagen auf dem Weg zum Erwachsensein, Weinheim/München 1995.

Schröer, S.: Jugendliche Suizidalität als Entwicklungschance. Eine ressourcenorientierte empirische Studie, München 1995.

Schulze, G.: Die Erlebnisgesellschaft. Kultursoziologie der Gegenwart, Frankfurt am Main/New York 1992.

Seiffge-Krenke, I.: Gesundheitspsychologie des Jugendalters, Göttingen et al. 1994.

Seligman, M. E. P.: Erlernte Hilflosigkeit, München/Wien/Baltimore 1983.

Seyfried, M.: Suizidalität, Suizidprophylaxe und Sozialarbeit, Regensburg 1995.

Sickendiek, U.; Engel, F.; Nestmann, F.: Beratung. Eine Einführung in sozialpädagogische und psychosoziale Beratungsansätze, Weinheim/München 2002.

Somm, I.: Eine machtanalytische Revision von Oevermanns Professionalisierungstheorie aus sozialpädagogischer Perspektive, in: Zeitschrift für Pädagogik, 47. Jg., 2001, S. 675-691.

Sonneck, G.: Krisenintervention und Suizidverhütung, Wien 2000.

Sonneck, G.; Etzersdorfer, E.: Krisenintervention, in: Wedler, H.-L.; Wolfersdorf, M.; Welz, R. (Hrsg.), Therapie bei Suizidgefährdung. Ein Handbuch, Regensburg 1992, S. 57-70.

Steden, H.-P.: Psychologie. Eine Einführung für soziale Berufe, Freiburg im Breisgau 1999.

Steffen, F.: Das Hamburger Suizidgeschehen. Eine Analyse der Jahre 1985-1999 unter besonderer Berücksichtigung des Alterssuizides, Hamburg 2001.

Steinert, T.: Freizeitrisikoverhalten – ein suizidales Phänomen? In: Suizidprophylaxe, 20. Jg., 1993, S. 45-55.

Steinhausen, H.-Ch.: Psychische Störungen bei Kindern und Jugendlichen. Lehrbuch der Kinder- und Jugendpsychiatrie, München/Wien/Baltimore 1996.

Stengel, E.: Selbstmord und Selbstmordversuch, Frankfurt am Main 1969.

Stengel, E.: Grundsätzliches zum Selbstmordproblem, in: Ringel, E. (Hrsg.), Selbstmordverhütung, Frankfurt am Main 1981, S. 9-50.

Stich, W.: „Hinterbliebene nach Suizid" – Erfahrungen aus drei Jahren Gruppenarbeit, in: Suizidprophylaxe, 23. Jg., 1996, S. 157-160.

Sticher-Gil, B.: Soziosomatik: Schnittstellen zwischen Gesundheitsarbeit und Sozialarbeit, in: Wendt, W. R. (Hrsg.), Lehre und Praxis als Partner in der sozialen Arbeit. Beiträge zum 20jährigen Bestehen des Ausbildungsbereichs Sozialwesen der Berufsakademie Baden-Württemberg, Rudersberg 1995, S. 82-99.

Sting, S.: Gesundheit, in: Schröer, W.; Struck, N.; Wolff, M. (Hrsg.), Handbuch Kinder- und Jugendhilfe, Weinheim/München 2002, S. 413-426.

Sting, S.; Zurhorst, G. (Hrsg.): Gesundheit und Soziale Arbeit. Gesundheit und Gesundheitsförderung in den Praxisfeldern Sozialer Arbeit, Weinheim/München 2000.

Stober, B.: Suizidale Handlungen bei Kindern und Jugendlichen, in: Welz, R.; Pohlmeier, H. (Hrsg.), Selbstmordhandlungen. Suizid und Suizidversuch aus interdisziplinärer Sicht, Weinheim/Basel 1981, S. 168-186.

Swientek, Ch.: Wenn Frauen nicht mehr leben wollen, Reinbek bei Hamburg 1990.

Tausch, R.; Tausch, A.-M.: Gesprächspsychotherapie. Hilfreiche Gruppen- und Einzelgespräche in Psychotherapie und alltäglichem Leben, Göttingen/Toronto/Zürich 1990.

Teising, M.: Alt und lebensmüde. Suizidneigung bei älteren Menschen, München/Basel 1992.

Textor, M. R.: Schulen der Familientherapie, in: Textor, M. R. (Hrsg.), Das Buch der Familientherapie. Sechs Schulen in Theorie und Praxis, Eschborn 1984, S. 1-39.

Thalmann-Hereth, K.: Jugend zwischen Früh und Spät, Heidelberg/Kröning 2001.

Thiersch, H.: Alltagshandeln und Sozialpädagogik, in: neue praxis, 8. Jg., 1978, S. 6-25.

Thiersch, H.: Die Erfahrung der Wirklichkeit. Perspektiven einer alltagsorientierten Sozialpädagogik, Weinheim/München 1986.

Thiersch, H.: Strukturierte Offenheit. Zur Methodenfrage einer lebensweltorientierten Sozialen Arbeit, in: Rauschenbach, Th.; Ortmann, F.; Karsten, M.-E. (Hrsg.), Der sozialpädagogische Blick. Lebensweltorientierte Methoden in der Sozialen Arbeit, Weinheim/München 1993, S. 11-28.

Thiersch, H.: Lebenswelt und Moral. Beiträge zur moralischen Orientierung Sozialer Arbeit, Weinheim/München 1995.

Thiersch, H.: Lebensweltorientierte Soziale Arbeit. Aufgaben der Praxis im sozialen Wandel, Weinheim/München 1997.

Thiersch, H.: Lebensweltorientierte Soziale Arbeit, in: Wöhrle, A. (Hrsg.), Profession und Wissenschaft Sozialer Arbeit. Positionen in einer Phase der generellen Neuverortung und Spezifika in den neuen Bundesländern, Pfaffenweiler 1998, S. 287-304.

Thiersch, H.: Lebensweltorientierung in der Sozialen Arbeit – als radikalisiertes Programm. Eine Skizze, in: Müller, S. et al. (Hrsg.), Soziale Arbeit. Gesellschaftliche Bedingungen und professionelle Perspektiven, Neuwied/Kriftel 2000, S. 529-545.

Thiersch, H.: Positionsbestimmungen der Sozialen Arbeit. Gesellschaftspolitik, Theorie und Ausbildung, Weinheim/München 2002a.

Thiersch, H.: Ambulante Erziehungshilfen und das Konzept Lebensweltorientierung, in: Chassé, K. A.; von Wensierski, H.-J. (Hrsg.), Praxisfelder der Sozialen Arbeit. Eine Einführung, Weinheim/München 2002b, S. 121-133.

Thiersch, H.; Grunwald, K.; Köngeter, S.: Lebensweltorientierte Soziale Arbeit, in: Thole, W. (Hrsg.), Grundriss Soziale Arbeit. Ein einführendes Handbuch, Opladen 2002, S. 161-178.

Tillmann, K.-J.: Sozialisationstheorien. Eine Einführung in den Zusammenhang von Gesellschaft, Institution und Subjektwerdung, Reinbek bei Hamburg 1994.

Tornow, H.: Sozialraumorientierung – Spricht auch etwas dagegen? Einige kritische und skeptische Bemerkungen, in: Evangelischer Erziehungsverband e.V. (Hrsg.), Werkstattheft Sozialraumorientierung. Eine Arbeitshilfe, Hannover 2001, S. 21-30.

Treeß, H.: Prävention und Sozialraumorientierung, in: Schröer, W.; Struck, N.; Wolff, M. (Hrsg.), Handbuch Kinder- und Jugendhilfe, Weinheim/München 2002, S. 925-941.

van Wissen, P.: Suizidalität bei Kindern und Jugendlichen, in: Freytag, R.; Witte, M. (Hrsg.), Wohin in der Krise? Orte der Suizidprävention, Göttingen 1997, S. 13-20.

Varbelow, D.: Aggressionen im Kindes- und Jugendalter, Marburg 2000.

Veiel, H. O. F. et al.: Charakteristische Muster sozialer Unterstützung im Umfeld von Suizidversuchen, in: Suizidprophylaxe, 15. Jg., 1988, S. 176-190.

Volkmann, U.: Das schwierige Leben in der „Zweiten Moderne“ – Ulrich Becks „Risikogesellschaft“, in: Schimank, U.; Volkmann, U. (Hrsg.), Soziologische Gegenwartsdiagnosen I. Eine Bestandsaufnahme, Opladen 2000, S. 23-40.

von Schlippe, A.: Familientherapie im Überblick. Basiskonzepte, Formen, Anwendungsmöglichkeiten, Paderborn 1995.

von Schlippe, A.; Schweitzer, J.: Lehrbuch der systemischen Therapie und Beratung, Göttingen 1999.

von Sydow, K.: Familien- und Paartherapie, in: Reimer, Ch. et al. (Hrsg.), Psychotherapie. Ein Lehrbuch für Ärzte und Psychologen, Berlin et al. 1996, S. 296-323.

von Troschke, J.: Voraussetzungen und Perspektiven für die Forschung zur Gesundheitsförderung, in: Prophylaxe, 14. Jg., 1991, S. 14-17.

Waller, H.: Gesundheitswissenschaft. Eine Einführung in Grundlagen und Praxis, Stuttgart/Berlin/Köln 1995.

Weber, G.; Simon, F. B.: Systemische Therapie, in: Asanger, R.; Wenninger, G. (Hrsg.), Handwörterbuch Psychologie, Weinheim 1994, S. 768-772.

Weber, K.: „O Gott, o Gott, nimm mich von dieser Welt!" Der Fall Sandra D., in: Weber, K. (Hrsg.), Nimm Dir doch das Leben! Wenn Jugendliche das Leben satt haben, Recklinghausen 1994, S. 13-26.

Wedler, H.-L.: Der suizidgefährdete Patient. Grundlagen, Diagnostik, Krisenintervention, Nachsorge, Stuttgart 1987.

Wedler, H.-L.: Krisenkonzepte – Kriseninterventionen, in: Schneider, V.; Israel, M.; Felber, W. (Hrsg.), Suizidprävention und gesellschaftlicher Wandel, Regensburg 1994, S. 57-64.

Weiglhofer, H.: Die Förderung der Gesundheit in der Schule. Grundlagen, Programme, Methoden und Ergebnisse der schulischen Gesundheitserziehung und Gesundheitsförderung, Wien 2000.

Weinberger, S.: Klientenzentrierte Gesprächsführung. Eine Lern- und Praxisanleitung für helfende Berufe, Weinheim/Basel 1994.

Welz, R.: Selbstmordversuche in städtischen Lebensumwelten. Eine epidemiologische und ökologische Untersuchung über Ursachen und Häufigkeit, Weinheim/Basel 1979.

Welz, R.: Soziale Unterstützung und die Struktur des sozialen Netzes bei Suizidenten, in: Suizidprophylaxe, 13. Jg., 1986, S. 281-294.

Welz, R.: Neue epidemiologische Aspekte von Suizid und Suizidversuch, in: Petrowski, F.; Zimmer, F. P. (Hrsg.), Suizid – Weg der Freiheit? Regensburg 1991, S. 16-34.

Welz, R.: Definition, Suizidmethoden, Epidemiologie und Formen der Suizidalität, in: Wedler, H.-L.; Wolfersdorf, M.; Welz, R. (Hrsg.), Therapie bei Suizidgefährdung. Ein Handbuch, Regensburg 1992, S. 11-22.

Welz, R.: Suizid, in: Albrecht, G.; Groenemeyer, A.; Stallberg, F. W. (Hrsg.), Handbuch soziale Probleme, Opladen/Wiesbaden 1999, S. 667-679.

Welz, R.; Pohlmeier, H.: Vorwort, in: Welz, R.; Pohlmeier, H. (Hrsg.), Selbstmordhandlungen. Suizid und Suizidversuch aus interdisziplinärer Sicht, Weinheim/Basel 1981, S. 7-11.

Wenglein, E.: Der suizidale Patient in der psychosomatisch-psychotherapeutischen Klinik. Zur Häufigkeit, Klinik, Therapie und Prognose bei stationären suizidalen Patienten, Regensburg 1995.

Wiesner, R.: Die Leitideen des KJHG und ihre Vereinbarkeit mit dem sozialräumlichen Planungsansatz, in: Merten, R. (Hrsg.), Sozialraumorientierung. Zwischen fachlicher Innovation und rechtlicher Machbarkeit, Weinheim/München 2002, S. 167-181.

Willemsen, R.: Einleitung, in: Willemsen, R. (Hrsg.), Der Selbstmord in Berichten, Briefen, Manifesten, Dokumenten und literarischen Texten, München 1989, S. 13-52.

Wipplinger, R.; Amann, G.: Gesundheit und Gesundheitsförderung – Modelle, Ziele und Bereiche, in: Amann, G.; Wipplinger, R. (Hrsg.), Gesundheitsförderung. Ein multidimensionales Tätigkeitsfeld, Tübingen 1998, S. 17-51.

Witte, M.: NEUhland – Hilfen für suizidgefährdete Kinder und Jugendliche, in: Kind, Jugend, Gesellschaft, 42. Jg., 1997a, S. 49-50.

Witte, M.: Krisenunterkunft für suizidgefährdete Kinder und Jugendliche, in: Freytag, R.; Witte, M. (Hrsg.), Wohin in der Krise? Orte der Suizidprävention, Göttingen 1997b, S. 147-159.

Witteriede, H.: Schul Soziale Arbeit und Gesundheitsfördernde Schule. Gesunde und erfolgreiche Lebensphase Schulzeit für alle Schülerinnen und Schüler. Praxisgestützte Analyse und Entwicklung eines integrativen Ansatzes, Baltmannsweiler 2003.

Witterstätter, K.: Soziale Beziehungen. Gesellschaftswissenschaftliche Grundlagen für die Soziale Arbeit, Neuwied/Kriftel 2002.

Wolfersdorf, M.: Der suizidale Patient in Klinik und Praxis. Suizidalität und Suizidprävention, Stuttgart 2000.

Wolf-Schmid, R. et al.: 30 Jahre ambulante Suizidprävention. Die Arche. Selbstmordverhütung und Hilfe in Lebenskrisen e.V., München 1999, zu beziehen bei: Die Arche, Viktoriastraße 9, 80803 München.

Wüllenweber, E.: Krise, Intervention, Krisenintervention: Schlüsselbegriffe der psychosozialen Versorgung, in: Wüllenweber, E.; Theunissen, G. (Hrsg.), Handbuch Krisenintervention. Hilfen für Menschen mit geistiger Behinderung. Theorie, Praxis, Vernetzung, Stuttgart/Berlin/Köln 2001, S. 11-27.

Wunderlich, U.: Suizidalität bei Jugendlichen und jungen Erwachsenen. Risikofaktoren und Häufigkeit, Regensburg 1999.

Xochellis, P.: Erziehung am Wendepunkt? Grundstrukturen des „pädagogischen Bezuges" in heutiger Sicht, München 1974.

Zimbardo, P. G.: Psychologie, Berlin et al. 1983.

Zimmermann, P.: Grundwissen Sozialisation. Einführung zur Sozialisation im Kindes- und Jugendalter, Opladen 2000.

Zurhorst, G.: Armut, soziale Benachteiligung und Gesundheit, in: Sting, S.; Zurhorst, G. (Hrsg.), Gesundheit und Soziale Arbeit. Gesundheit und Gesundheitsförderung in den Praxisfeldern Sozialer Arbeit, Weinheim/München 2000, S. 41-54.

Zwingmann, Ch.: Selbstvernichtung. Einführung, in: Zwingmann, Ch. (Hrsg.), Selbstvernichtung, Frankfurt am Main 1965, S. IX-XXIII.

Zeitfracht Medien GmbH
Ferdinand-Jühlke-Straße 7
99095 Erfurt, Deutschland
produktsicherheit@kolibri360.de